东 南 法 学

(2018 年辑春季卷·总第 13 辑)

东南大学法学院
刘艳红　主编

东南大学出版社
南京

图书在版编目(CIP)数据

东南法学. 2018年辑. 春季卷. 总第13辑 / 刘艳红主编. —南京：东南大学出版社，2018.9
 ISBN 978-7-5641-7990-8

Ⅰ.①东… Ⅱ.①刘… Ⅲ.①法学—文集 Ⅳ.①D90-53

中国版本图书馆CIP数据核字(2018)第207368号

东南法学(2018年辑春季卷·总第13辑)

出版发行	东南大学出版社
地　　址	南京市四牌楼2号　邮编:210096
出 版 人	江建中
网　　址	http://www.seupress.com
经　　销	全国各地新华书店
印　　刷	江苏凤凰数码印务有限公司
开　　本	787 mm×1092 mm　1/16
印　　张	14
字　　数	338千字
版　　次	2018年9月第1版
印　　次	2018年9月第1次印刷
书　　号	ISBN 978-7-5641-7990-8
定　　价	45.00元

本社图书若有印装质量问题,请直接与营销部联系。电话(传真):025-83791830。

《东南法学》编委会

学术顾问　（以姓氏笔画为序）

王利明　李步云　张文显　应松年

陈兴良　韩大元

编委会主任　周佑勇

主　　编　刘艳红

副 主 编　汪进元（常务）　熊樟林

编　　委　龚向和　孟鸿志　肖　冰　孟　红

周少华　张洪涛　胡朝阳　施建辉

欧阳本祺

编　　辑　熊樟林　单平基　陈道英　冯煜清

梁云宝　杨志琼　叶　泉　徐珉川

CONTENTS 目 录

东南法学
SOUTHEAST LAW REVIEW

名家讲坛
国家监察法与刑事诉讼法的关系
——根据陈卫东教授讲座内容记录整理（陈卫东） 1

医事法专论
论预先医疗指示（李　霞） 5

理论前沿
论网络应成为学术论文发表的主阵地
——从浙大文件将网络文章视同核心论文说起（王春业） 16

三权分置背景下集体土地所有权行使困境及其应对
（牧　宇　付坚强） 27

行为无价值论理论优势之探析
——兼与张明楷教授的商榷（黄得说） 37

论家庭教育立法中的若干基础问题（叶　强） 53

"共享经济"时代个人信息数据权的应用与保障（李　帅） 77

法学教育
日本法科大学院教育模式及其镜鉴（储陈城） 93

2018年春季卷·总第13辑

实务论坛

论行政公益诉讼诉前程序的完善(何湘萍) ... 104

青年法苑

宪法修正案的去留
——以监察委员会入宪为中心的分析(孔德王) ... 110

论行政合同中的情势变更原则(陈俊生) ... 118

教义学语境下以刑制罪的理性反思(刘 浩) ... 134

违反正当程序行政行为的司法裁判路径辨析(张文慧) ... 157

域外法制

英国消费者保险(说明与告知)法
(2012年3月8日公布;2013年4月6日实施　译注:施文森) ... 169

错误出生案件中孩子的抚养费用能否得到赔偿:动机分析
(杰夫·米尔斯腾　译者:唐　超) ... 177

标准与买卖法中的货物相符
([英]贾康吉尔·赛多夫　译者:曾二秀　吴燕凌) ... 192

国家监察法与刑事诉讼法的关系
——根据陈卫东教授讲座内容记录整理

陈卫东

时　　间：2018年5月26日
地　　点：东南大学九龙湖校区模拟法庭
题　　目：国家监察法与刑事诉讼法的关系
讲 座 人：陈卫东教授　中国人民大学法学院教授
　　　　　教育部长江学者奖励计划特聘教授
主　　持：刘艳红教授　东南大学法学院院长

2018年5月26日，东南大学法学院专为广大师生打造的"法学长江学者论坛"第二期如约而至，全场座无虚席。陈卫东教授以"国家监察法与刑事诉讼法的关系"为题，以监察体制改革的背景为出发点，剖析了监察体制改革后，检察机关职务犯罪侦查权、监察法与刑事诉讼法如何衔接等问题。

一、监察委改革概述

2016年11月，《关于在北京市、山西省、浙江省开展国家监察体制改革试点方案》提出在试点地区设立监察委员会、改革监察体制，同年12月，全国人大常委会通过《关于在北京市、山西省、浙江省开展国家监察体制改革试点工作的决定》。2017年11月，全国人大常委会公布了《中华人民共和国监察法（草案）》，对监察机关的组织形式、监察范围、监察职责、监察权限、监察程序等内容予以制度化，标志着国家监察体制改革步入了新的发展阶段。

国家监察体制改革旨在构建一套"全面覆盖国家机关及其公务员的国家监察体系"，其职责为"对行使公权力的公职人员进行监察，调查职务违法和职务犯罪"。广大媒体将监察委定义为政治机关，这个说法很恰当，因为监察委是党领导的机构。但是若用法言法语界定监察委的性质，政治机关这一表述则不十分妥当。监察委应该是一个国家机构，它不受国务院领导，同时它也不是司法机关，不具有司法中立、消极被动的属性。《中华人民共和国监察法》（简称《监察法》）第三条规定："各级监察委员会是行使国家监察职能的专责机关。"这个法律表述很恰当。而王岐山书记把监察委称为国家反腐败专门机构，则更加通俗易懂。

监察委改革于2017年11月下达中央文件，2017年12月决定在北京、山西、浙江三地试点，2018年3月20日《中华人民共和国监察法》经由全国人大常委会表决通过，改革决定通过之快、力度之大，是近几年之最。现今26％的人员已经整体转到监察委，标志着监察体制改革已经基本步入正轨。作为从事法律研究的学者，我们应当充分肯定这次改革，只不过改革过程中一些具体措施、体制机制的设计和构建需要时间作进一步的检验和完善。

这次监察委改革中一个很大的变化是进入刑事司法领域，被追究刑事责任案件的比例大幅度下降，代之施以其他处分，比如撤职、开除等。监察机关成立以后，移送起诉的职务犯罪案件反而减少了。这种不移交检察机关审查起诉的做法是否有利于改革？

二、监察委的职能定位

国家《监察法》与《刑事诉讼法》如何衔接的第一个问题是监察委的职能问题。监察委职能主要有三部分：监督、调查和处置。监督，即过去纪检的工作。调查，亦即今天讲座的重点，是指对涉嫌贪污贿赂、滥用职权、玩忽职守、权力寻租、利益输送、徇私舞弊以及浪费国家资产等职务违法和犯罪行为进行的调查，主要涵盖刑事侦查中的12项常规侦查手段，增加技术调查、留置、限制出境等手段。处置，即是将构成违法犯罪的案件移交检察机关进行审查起诉。

（一）厘清监察委的调查职能与刑事诉讼程序中侦查的关系

我们常用的调查主要是商务调查，但是法律用语"调查"一词是出现在《中华人民共和国刑事诉讼法》（简称《刑事诉讼法》）第一百零六条中，该条规定："'侦查'是指公安机关、人民检察院在办理案件过程中，依照法律进行的专门调查工作和有关强制性措施。"侦查就是专门的调查加上有关的强制性措施，强制性措施主要包括以下五种：拘传、取保候审、监视居住、拘留、逮捕。而《监察法》也把调查的概念抽出，做了一个专门限定。"调查"的含义在《刑事诉讼法》和《监察法》中出现了冲突，应该怎么解决？《刑事诉讼法修正案（草案）》第八项针对该问题做出了回答，把专门的调查、收集证据、查明案情和《监察法》中的调查划清了界限。二者性质不同，不可同日而语，但是《监察法》意义上的"调查"又实际承担了职务犯罪案件的侦查，监察机关调查终结移送到公诉机关检察院，就直接进入公诉阶段。《监察法》意义上的调查受《监察法》的规范和调整，《监察法》是基本法，非行政法、刑事法，更非刑事诉讼法。监察的案件未进入刑事司法程序，这是和《刑事诉讼法》最大的不同，虽然两法在范围、内容上均有不同之处，但两法都是国家基本法，法律位阶相同。调查同时也承担了职务犯罪案件的侦查功能，我们必须认识到这种调查的功能就是侦查的功能，手段、强度一模一样。侦查具有专属性、强制性、独立性、公开性四个特点，这四个特点同样也是调查所具备的。但是由于监察的案件未进入诉讼程序，检察监督不能对监察案件适用，因为检察监督是一种法律监督，所以监察反对检察监督。

（二）反思监察委留置措施的必要性

紧接着陈教授谈到了留置措施的必要性。调查涉及多种手段，比如询问被调查人、技术调查、留置等，这些手段在未来实践中的应用会越来越广泛。监察案件中由于无被害人，无犯罪现场，无目击证人，无成型的物证、书证，而且被调查人是国家工作人员，一般均受过高等教育，人脉关系比较广，反侦查能力较强，所以案件难以侦破。这就造成实践中的案件多以口供为中心突破,监察人员顺藤摸瓜,从而侦破案件。这样一来,口供就成了监察案件中最重要的证据。但是获得口供的过程往往是封闭的且无第三方监督,所以询问口供的合法性和正当性成为关注的焦点。《监察法》第四十条规定了"两个严禁",即"严禁以威胁、引诱、欺骗及其他非法方式收集证据,严禁侮辱、打骂、虐待、体罚或者变相体罚被调查人和涉案人员"。但如何界定威胁、引诱、欺骗是个很难的问题。除了上述问题以外,询问被调查人这一环节还会出现很多其他问题,比如被调查人受到不公正对待后是否有权投诉等。关于留置措施问题,《监察法》规定将被调查人"留置在特定场所",并"应当保障被留置人员的饮食、休息和安全,提供医疗服务"。从制度设定的内容来看,此种留置与我国《人民警察法》中的"留置"颇为不同,其指向乃取代"双规""双指"的长时间羁押。关于留置场所问题,《监察法》中未规定专门的留置场所,有些学者建议将看守所作为留置场所,在看守所中,监察人员滥用权力询问被调查人的情况能够被有效规制。在留置时询问被调查人的相关细节,《监察法》规定得很笼统,所以应该制定监察细则进一步加以规范和明确。"秘密侦查"改称为"技术调查",《监察法》规定只有贪污贿赂重大案件才能使用技术调查手段。问题在于如何界定"重大",同时对于"技术调查"所获得的证据,陈教授主张用于破案而非定案,破案以后可以转换为口供等其他证据,因为定案就要移送,移送以后法庭必须进行举证质证,这就涉及技术侦查等相关人员的人身安全等问题。

(三) 明确监察委移送起诉与补充调查程序

最后陈教授提到了"捕诉合一"的问题。《刑事诉讼法修正案(草案)》明确了检察机关的自侦权,检察机关在诉讼监督中监督的主体是司法人员,监督的是侵权案件和损害司法公正的案件。《刑事诉讼法修正案(草案)》第十九条第二款拟规定:"人民检察院在对诉讼活动实行法律监督中发现司法工作人员利用职权实施的非法拘禁、刑讯逼供、非法搜查等侵犯公民权利、损害司法公正的犯罪,可以由人民检察院立案侦查。对于公安机关管辖的国家机关工作人员利用职权实施的其他重大的犯罪案件,需要由人民检察院直接受理的时候,经省级以上人民检察院决定,可以由人民检察院立案侦查。"陈教授指出监察案件的调查程序与刑事侦查程序在职务犯罪案件的审前阶段发挥着实质意义上的相同作用。《监察法(草案)》除规定"将调查结果移送检察机关依法提起公诉""制作起诉意见书""连同被调查人、案卷材料、证据一并移送检察机关"等原由侦查部门行使的侦查职权与履行的侦查程序外,其规定的"补充调查"机制更加表明了调查与侦查在内容上的一致性。《监察法》第四十七条第三款规定:"人民检察院经审查,认为需要补充核实的,应当退回监察机关补充调查,必要时可以自行补充侦查。对于补充调查的案件,应当在一个月内补充调查完毕。补充调查以二次为限。"而现实中的做法是检察院无论是否需要核实,一律退回检察机关补充调查。以往的职务犯罪案件中,负责补充侦查的主体是检察机关公诉部门的公诉人员,而不是侦查部门的侦查人员,侦查人员只是在案件退回补充侦查的时候才参与其中。监察机关在职务犯罪案件中行使的是监察权中的调查权,因此可以将原侦查部门的补充侦查称为监察机关的补充调查。

三、《监察法》的证据条款成为《刑事诉讼法》的直接渊源

国家《监察法》与《刑事诉讼法》如何衔接的第二个问题是证据问题。《监察法》第三十三条第一款规定:"监察机关依照本法规定收集的物证、书证、证人证言、被调查人供述和辩解、视听资料、电子数据等证据材料,在刑事诉讼中可以作为证据使用。"《监察法》采取了直接规定的方式,明确规定行政机关收集的特定证据可以在刑诉中作为证据,直接解决了行政证据的刑诉证据资格。这本应由《刑事诉讼法》规定,所以《监察法》大大超越了《刑事诉讼法》,将成为《刑事诉讼法》的直接渊源。《刑事诉讼法》排除了行政机关的言词证据,因为言词证据关系到特定情形下证据收集的真实性,但实物证据的收集不影响其客观性和真实性。但由于行政执法人员的素质参差不齐,他们收集的言词证据很多时候不敢采信。《监察法》规定了言词证据,但是不等于这些证据可以直接作为刑诉证据使用,还需要在法庭上经过辩论质证方能使用。《监察法》第三十三条第二款规定:"监察机关在收集、固定、审查、运用证据时,应当与刑事审判关于证据的要求和标准相一致。"《监察法》并未考虑以审判为中心,监察机关本身并非刑事司法机关。这一条款说明了《监察法》和《刑事诉讼法》的关系。《刑事诉讼法》是监察机关办理案件的重要渊源和依据,使得其和《监察法》深度融合。《监察法》第三十三第三款规定:"以非法方法收集的证据应当依法予以排除,不得作为案件处置的依据。"非法证据排除,是我国刑事诉讼进步的重要标志,契合保障人权的基本理念。监察机关是否存在非法证据?非法是违反什么法律,是《监察法》还是《刑事诉讼法》抑或是司法解释?是否规制其他环节,在审判、检察阶段能否排除?这些问题都需要进一步的解答。

四、结语

讲座虽有时间限制,但是两个小时带给广大师生们和实务工作者们的思考远不是时间价值所能衡量一二的。讲座尾声,陈卫东教授耐心解答了参加讲座的师生和实务工作者的问题,东南大学法学院法学长江学者论坛第二期在热烈的掌声中圆满结束。

(责任编辑:杨志琼)

论预先医疗指示

李 霞

摘 要 预先医疗指示有指令型(instruction directive)和代理型(proxy directive)两种类型。其理论基础一方面来自德沃金的先前自主权理论,从自主权完整性角度看,应包括尊重他事先作出的日后变成痴呆时的安排;另一方面是医疗决定不许代理原则的例外,这在我国《收养法》《医疗机构管理条例》等规范性文件中已经有依据。中国目前不仅尚未出现有关预先医疗指示的明确立法,且在医疗自主权立法进程上也与发达国家(地区)之间存在着巨大差距,缺乏对患者医疗自主权和尊严风险的支持与承认。医疗家庭主义正在逐渐占据上风并形成新型的、秉持替代决定规则的家父主义,并且医事立法中缺乏"医疗决定能力"这一能够反映患者是否具备自主资格、确保其医疗自主权实然状态与应然状态匹配的法律概念。令人遗憾的是,《民法总则》中的意定监护制度萌芽不论从生效要件还是监护人职责要求等方面,均未脱离传统法定监护的大范畴,在医疗决定过程中起不到有效地对抗法定监护人/家属全面干预的作用,因此无法承担支援自主决定、抗衡替代决定制度垄断的使命。这些都与预先医疗指示关于最大尊重原则、设立医疗持续代理人、意思能力推定等要求相去甚远,也与国际先进经验有较大差距。

关键词 预先医疗指示 先前自主权理论 民法总则 医疗决定能力 意思能力推定

一、预先医疗指示介绍

预先医疗指示是有意思能力的患者对自己将来丧失意思能力时的医疗事务作出安排的法律工具。预先医疗指示制度为患者在将来丧失意思能力时仍能主导自己的医疗事务提供了路径,无意思能力患者的自己决定权将依此制度得到最大限度的伸张。预先医疗指示有指令型(instruction directive)和代理型(proxy directive)两种类型。指令型预先医疗指示直接表达患者的医疗意愿,代理型预先医疗指示则来源于英美法中的持久授权制度,即医疗持续性代理(power of attorney for healthcare)。通过代理型预先医疗指示,患者根据自己的意愿预先指定一位医疗代理人(healthcare proxy/healthcare agent),当自己丧失意思能力时,由该代理人代患者做出医疗决策。

作者简介:李霞,华东政法大学科学研究院,教授,博士生导师,sandandefeng@126.com。

代理型预先医疗指示有如下优势：第一，指令型预先医疗指示一般需要解释，并且不可能涵盖将来所有的医疗情形。而医疗代理人了解患者的医疗意愿，能够应对不可测的未来情势。第二，医疗代理人将如具备意思能力的患者一般参与复杂的医疗决策。他可以提问，评估风险和代价，与患者的家属和朋友交流，考量一系列的医疗选择，获取医师的意见，评估患者的身体状况和恢复可能性。第三，由于法律一般规定患者只能指定一名医疗代理人，这就避免了存在多名医疗决策者带来的利益冲突。医疗代理人具有患者的授权，由他来行使患者医疗决策权符合患者的意愿，其他亲友则没有代做决定的权利，除非向法院起诉医疗代理人滥用权利。第四，医疗决策权被授予了医疗代理人，医师只要按照该代理人的指示进行医疗行为即可，这就给医师卸下了为患者做决定的沉重包袱，医师也就不太可能被追究由于做决定而造成患者损害的民事和刑事责任。代理型预先医疗指示也有其不足之处：首先，医疗代理人一般是患者亲友，而许多患者并不想让自己的亲友因要做出"艰难的抉择"而背负重任。其次，医疗代理人并不一定能贯彻患者的意愿，例如由于做决定的重任压在他一人的肩上，医疗代理人可能因压力而做出非理性的医疗决定。

相关研究表明，预计在21世纪中叶，我国老年人口将达到4.4亿，相当于3人中就有一个老年人，而且按照现在我国老龄化发展趋势，人口老龄化比例从20%提高到30%只需20多年的时间，发展非常迅速①。在如此严峻的老龄化趋势下，预先医疗指示这样一种给予老年患者极大自主权和个人尊严的法律工具将对我国老年人的善终权益产生重大意义。

作为预先医疗指示类型之一的生前预嘱对应对我国日趋严重的老龄化将具有非常重要的意义。很多老年人都将面对末期疾病，需要他们对是否实施人工维生治疗做出选择，个人的价值观有差别，有的老年人期望能活多久就活多久而不管生命质量，有的老年人则希望随着末期疾病的自然转归而死亡，而并不愿意背负各种人工维生设备走向生命的终点。不同的价值观都应当尊重，但是尊严死需要生前预嘱作为法律工具，如果将来认可生前预嘱的法律效力并将意定监护应用于医疗代理领域，那将真正地维护老年患者的人格尊严和自己决定权。到2050年，我国的老年人将占总人口的1/3，为他们提供一条充分尊重个人自主性、保障善终权益的法律途径，将对我国积极应对人口老龄化产生积极的影响。

二、预先医疗指示的正当性基础

第一，先前自主权理论。德沃金将医疗自主权的效力扩展到个人无能力的阶段，构造出完整的自主权以及先前自主权的理论。根据该理论，不仅个人的自主权要受到尊重，而且当本人失去行为能力时，他过去所提出的要求也要得到尊重。一个还具有行为能力的人，要是为他万一变成痴呆后所需的治疗事先签署了在世预嘱，从完整性的自主权观点来看，他所做的决定就是自主权最要尊重的决定，因为他所做的决定其实是和他想过的人生的整体形式有关。一个有行为能力的人，其自主权是建立在他过去所做的决定应该受到尊重上的，也应当是有关他日后要是变成痴呆，别人应该怎么对待他的种种决定的。就算他对财产法益过去所做的决定和他后来的愿望或想法有所冲突，这些决定也应该受到尊重。

---

① 全国老龄工作委员会办公室：《2050年我国老年人口将达到4.4亿》，http://www.cncaprc.gov.cn/tongji/35764.jhtml，最后访问日期：2017年11月10日。

第二,医疗决定不许代理原则及其例外。对财产法益的侵害,原则上可由他人代理受害人表示同意;对身份行为而言,以不许代理为原则,因为身份行为与当事人人格有密切关系,因此原则上医疗决定不许代理人代为同意。医疗决定与身份行为有类似之处,甚至有过之而无不及,因为医疗决定直接关系人身,甚至比身份行为更为关切人格,因此同意身份受医疗给付侵袭之损害是高度专属于病患的权利,同意权专属于本人,即"病患自主决定权"。但是,身份行为不许代理是有例外的。例如,《中华人民共和国收养法》第 11 条规定"收养人收养与送养人送养,须双方自愿。收养年满十周岁以上未成年人的,应当征得收养人的同意",即对 10 岁以下未成年人收养及解除收养的行为由送养人代理。身份行为不许代理的例外类推适用于医疗决定,即对医疗决定有特别规定的,可以由代理人代理,但是限于本人没有意思能力的情况。例如《医疗机构管理条例》第 33 条规定,医疗机构施行手术时必须征得患者同意,无法取得患者意见时,应当取得家属或者关系人同意并签字。"基于病患同意原则所植基之病患自主决定权,得行使同意权之人应仅限于病患本人,惟病患之同意能力欠缺者,其同意权始例外退让由其法定代理人代为行使","限定意定代理人仅限于病患无从有效表达意见之情形下,方具有代理同意权限,譬如病患于接受手术前,授权意定代理人于病患处于麻醉状态下,必要时代理其行使同意权";"医疗决定是一个不可代理的行为,但是当患者陷入无能力时代理医疗决定是不可避免的,因此关键问题是在于,患者是否以及通过何种方式能够选择代理人做医疗决定,而患者控制自己医疗决定的权利包含了指定代理人在患者陷入无能力时做这些决定的权利"。

三、预先医疗指示在中国的现状和学说争论

2006 年,罗点点作为创始人之一,创办了"选择与尊严"公益网站①,倡导尊严死,推广使用生前预嘱(预先医疗指示的一种形式),并推出了中国首个民间生前预嘱文本"我的五个愿望",同时建立了生前预嘱注册中心②。在此公益网站的基础上,"北京生前预嘱推广协会"(Beijing Living Will Promotion Association,简称 LWPA)于 2013 年 6 月 25 日成立,它是经北京市民政局批准,北京市卫生局主管的公益社团组织,陈小鲁为协会会长、理事长,罗点点为常务副会长③。截至 2013 年 7 月底,共有 9 580 人通过"选择与尊严"公益网站完成了生前预嘱④。2010 年至 2013 年,在全国人民代表大会和全国政协会议上部分代表提出在中国法律环境下推广生前预嘱和建立政府指导下的生前预嘱注册中心的提案⑤。例如,在 2012 年,上海代表团全国人大代表、北京大学临床肿瘤医院结肠肿瘤外科主任顾晋向十一届全国人大五次会议提交议案,建议制定行政法规或规章在全社会推广尊严死,让生前预嘱

---

① http://www.xzyzy.com/index.html,最后访问日期:2017 年 11 月 10 日。
② 选择与尊严网站,生前预嘱注册中心,http://www.xzyzy.com/page/shengqianyuzhuzhucezhongxin/jianjie/,最后访问日期:2017 年 11 月 10 日。
③ 选择与尊严网站,北京生前预嘱推广协会,http://www.xzyzy.com/page/guanyuwomen/womenshishui/,最后访问日期:2017 年 11 月 10 日。
④ 李秋萌:《若选"尊严死"须签生前预嘱,卫生局将观察运行效果》,http://news.china.com.cn/2013-07/30/content_29565614.htm,最后访问日期:2017 年 11 月 10 日。
⑤ 选择与尊严网站,北京生前预嘱推广协会,http://www.xzyzy.com/page/guanyuwomen/womenshishui/,最后访问日期:2017 年 11 月 10 日。

具备法律效力,这一议案已被列为正式议案①。生前预嘱在我国并无法律明确支持或禁止,目前尚处民间推广阶段②。

目前看来,中国不仅尚未出现有关预先医疗指示的明确立法,且在医疗自主权立法进程上也与发达国家(地区)之间存在着巨大差距。同时,中国的现行民事立法和医事立法中均缺乏对患者医疗自主权和尊严风险的支持与承认,而医疗自主权是预先医疗指示制度构建与发展不可或缺的法律基础,尊严风险和支援自主决定制度的功能定位则是其发展中重要的推动因素。同时中国关于患者医疗决定的法律规范尚未脱离家本位的掌控,立法长期以来在医疗个人主义和家庭主义之间摇摆不定,态度暧昧。从性质上看,医疗家庭主义正在逐渐占据上风并形成新型的、秉持替代决定规则的家父主义,这为预先医疗指示制度的创设带来了不确定因素,也是未来立法必须克服的难题。还需注意的是,中国医事立法中缺乏"医疗决定能力"这一能够公正、准确反映患者是否具备自主资格,确保其医疗自主权实然状态与应然状态匹配的法律概念,而是泛泛地沿用了行为能力标准。行为能力固有的整体性、简单性和缺乏对老龄化社会预期的弊端使其不但无法保障患者的医疗自主权,甚至成为妨碍其主体资格获取的最大阻力。最后,《中华人民共和国民法总则》(简称《民法总则》)中的意定监护制度萌芽一直被寄予了承担支援自主决定制度重任、抗衡替代决定制度之垄断局面的厚望,但目前看来,它不论从生效要件还是监护人职责要求等方面,均未脱离传统法定监护的大范畴,在医疗决定过程中起不到有效地对抗法定监护人/家属全面干预的作用。总体来看,中国预先医疗指示的立法——《民法总则》中的意定监护制度可谓任重而道远。

1. 关于医疗自主权

医疗个人主义视个人自主优先于家庭的完整性和整体利益,这与传统儒家"家本位"的文化气质格格不入。中国社会中的个体更讲究"克己"以限制自己的欲望表达,这一点同样反映在立法中,因此即使医疗个人主义要在中国法律中扎根,也要对权利主体作出符合中国国情的扩大解释,即将患者家属一并囊括进来,医生将医疗信息告知整个家庭并通过整个家庭的讨论做出决定。家庭是一个不可分割的、集合型的自主权权利主体,家庭被赋予了名正言顺地参与个体成员医疗决定过程中,影响并最终掌握患者的医疗决定走向的权利。即便能够在这种家庭本位的立法基础上设立预先医疗指示,该制度也不过就是在家庭的夹缝中生存罢了,其维护丧失医疗决定能力患者的效用必定大打折扣。与传统社会不同的是,在如今的家庭结构与立法模式下,并非单一地强调家人的单方面奉献义务,尤其是子女的"孝道"义务,家人的权利意识也逐渐提高,并要求其权利状态与义务状态相匹配。以老年患者的医疗照顾为例,既然子女等家庭成员承担了大部分的赡养与照顾义务,那么他们要求参与到医疗决定过程中,提前知晓自己所面临的义务并不过分,甚至其通过各种方式影响或改变潜在的义务内容也无可厚非。

2. 医患关系利益分析

近年来,中国社会中医患矛盾越发突出,医患关系趋于紧张,医患纠纷日益增多。据统

---

① 姚丽萍:《人大代表提"让生前预嘱具备法律效力"成正式议案》,http://news.ifeng.com/mainland/detail_2012_03/31/13590757_0.shtml,最后访问日期:2017年11月10日。

② 汲东野:《法律空白处的"尊严死"》,http://www.legaldaily.com.cn/locality/content/2013-08/07/content_4737968_2.htm,最后访问日期:2017年11月10日。

计,2015年中国共发生医患纠纷11.5万起,并且许多医患冲突已经突破了单纯的纠纷层面,上升到了"袭医""医闹"以及对医务人员进行人身攻击的程度。在导致患者家属不满的理由中,家属未参与到医疗决定过程中而实行了手术等治疗一直名列前茅。正是基于这种不信任的考量,医生及相关工作人员也需要相应的自身保护机制,目前这一防御性机制是围绕预防医患纠纷发生为核心建立的,即让尽可能多的家庭成员参与到医疗决定过程中来,与医生沟通,表达家庭的意愿。虽然冲突、不满甚至医疗决定效率低下等问题无法避免,但相比遭到患者家属提起诉讼而言,医生花在事先与全体家庭成员沟通交流并取得其同意上的时间已经是最节约成本的了。对于医生和家属来说,二者的确达成了一致,彼此满意,但这一合意是建立在剥夺了患者的自主权利之上的,尤其是在患者意愿与家属不一致时,医生为了保护自我利益也会选择由家属做出的决定,又反而造成了医患关系的进一步紧张,因此这种薄弱的"合意"只能维持医患的表面和谐。

3. 关于立法理念:从医疗父权主义到医疗家庭主义

1982年,中国卫生部颁布的《医院工作制度》第40条所附的"施行手术的几项规则"第6条规定,实行非体表手术前必须经过患者(原文为"病员")家属或单位签字同意,紧急情况下无法及时征求家属或机关同意时,由主治医生签字。这是中国首次明确挑战医疗父权主义的规范尝试,但与西方国家直接确立医疗个人主义指导思想不同的是,此规定转而将决定权利赋予了患者家属或单位,而非患者本人,因此只是医疗家庭主义对医疗父权主义的取代。1994年国务院颁布的《医疗机构管理条例》第33条、卫生部《医疗机构管理条例实施细则》第62条,让中国的患者首次拥有了法律上自主做出医疗决定的权利,这标志着中国医疗个人主义的初步确立。1998年全国人大常委会制定的《执业医师法》明显对医疗个人主义的态度有所转变。2010年开始实施的全国人大常委会制定的《侵权责任法》第55条既可喜又可惜:可喜的是,将患者的医疗决定权利正式纳入了民事立法的调整范围,改变了以往仅通过卫生法及文件进行规范的局面,无疑明确了患者的绝对自主权利与自主地位,患者为首要的医疗决定主体,而家属只能在满足"近亲属"以及病情"不宜向患者说明"的情况下方取得决定权,属于替代性权利;可惜的是,规范中的简单抽象的"不宜向患者说明"这一条件,使近亲属极容易获取替代患者决定权利。在这种立法理念下,越是侵扰程度高、对人体影响大的医疗干预,患者病情越是严重、年龄越大,越无法靠个人做出自主决定。任何涉及其个人的生命、健康、身体、隐私与人格尊严的医疗决定,都是家庭意志的体现,而非个人自主决定的结果。这种崇尚家庭主义的立法模式显然与预先医疗指示的理念基础相互排斥。家庭作为一个独立的法律主体参与知情同意的全过程带来另外一个严峻问题——家庭行使了医疗决定过程中的绝大部分权利,正因如此,他们甚至淡化了患者本人作为医疗决定主体的权利意识与主导地位。与早前的医疗父权主义时代下的模式无本质差别。

4. 关于医疗决定能力

中国所有关于医疗决定的法律法规等规范性文件中,未发现根据患者自身医疗决定能力来决定其是否具备行使医疗自主权条件的规定,尤其是在位阶最高的《执业医师法》和《侵权责任法》中,都未提及以患者无医疗决定能力为标准判断是否将医疗决定权移转给家属行使,反而使用了与医疗决定能力并无直接关系的标准,只有2000年的卫生部《临床输血技术规范》第6条、2010年卫生部《病历书写基本规范》第10条两个位阶较低的规范性文件中提出了"自主意识"与"完全民事行为能力"这两个虽然不能等同于医疗决定能力但至少有所关联的概念。这导致患者的医疗自主权与其真实的精神健康状态、心智健全程度脱钩了。

概念混淆也是一个重要弊端。在中国整个民事法律体系中，仅存在行为能力一个概念可充当评价患者做出医疗决定时的心智、精神状态的参照标准。然而根据临床医学研究结果来看，法律上的行为能力并不能替代临床上的医疗决定能力，二者之间存在着本质区别，不可混为一谈。行为能力是订立遗嘱或合同，缔结婚约，做出医疗决定等所有意思能力（capacity）的集中表现，因此英文中"legal competence（行为能力）"又被称为"global competency（整体能力）"，即行为能力等于各种意思能力总和（其中也包括医疗决定能力），但是这并不科学。行为能力是一个法律概念，行为能力的具备与否最终是由法官来裁定的，因此这是一个法律问题，而针对具体医疗决定能力（decisional capacity）的神经学科方面的测试结果却是一个事实问题。它与法律概念"行为能力"之间不仅不是完全对接的，且是完全不同的：一个是为临床诊断或治疗所进行的患者精神状态测试，一个是针对法律主体进行集合型民事法律活动是否具备相应能力的综合评价，很显然后者涵盖的方面要复杂得多。具体的决定能力指的是自然人接受某一类信息，理解领会这一类信息，加以思考鉴别，并预见其选择后果的能力，如患者在做出医疗决定时只需要能够理解疾病和治疗信息，并自行消化判断，预见医疗的后果，而不需要在此过程中一并理解缔结合同、订立婚约的信息等。首要错误在于将行为能力视为所有意思能力的集合（capacity in all domains），而却没有认识到不同意思能力之间的独立性，从而导致了一个人某个具体意思能力出现问题时，整个人的行为能力都被全盘否定的短板效应。行为能力的整体性将各种具体的意思能力从"一个面"抽象为"一条线"，行为能力的整体性很显然限制了其自主权的最大化。

5. 关于支援自主决定措施

《民法总则》新规定的意定监护制度不具备支援自主决定之功能。（1）《民法总则》中的意定监护仍旧保留着强烈的传统法定监护属性，至少从生效条件上来看，依然坚守行为能力标准，与法定监护并无区别，也与坚持医疗决定能力标准的代理型预先医疗指示相去甚远。（2）从意定监护人的职责标准上看，究竟"最大利益"与"最大尊重""最低干预"孰轻孰重，尚不分明。《民法总则》第35条将决定支援制度所要求的支持者必须秉承的最大利益、最大尊重和最低干预原则融合在了一个条文里，势必与最大尊重原则所强调的尊重患者医疗意愿，发挥其存余的决定能力余热，使患者能够掌握自己医疗命运的追求之间存在巨大鸿沟。（3）意定监护对被监护人"推定意愿"的忽视。从保护患者医疗自主权角度出发，他们推定意愿之发现方式、法律地位和效力承认是决定支援制度中不可忽略的问题，尤其是在患者并无确切明示意愿的情况下，推定意愿几乎就成为守护他们自主权利的最后一道防线。但这一要求并未体现在意定监护设计中。第35条虽然提出了"应当最大程度地尊重被监护人的真实意愿"，但仅有可能指向的是被监护人在协议中明示的意愿，而当意定监护人怠于履行发现、推定患者未明示之医疗意愿的义务时，总则并未提出有效的约束方式。（4）为了给患者医疗自主提供周密的保障，赋予其反抗不符合自己意愿的替代决定之权利，并起到威慑监督医疗持续性代理人的作用，预先医疗指示几乎可以任何形式解除，如单方面撕毁、涂鸦、更改等简单易行的方式，这对于丧失医疗决定能力的患者来说依然是可行的、可能的。

四、预先医疗指示制度的具体构建

建立预先医疗指示制度将对我国具有重要意义,我国应通过立法构建预先医疗指示制度,在法律上承认预先医疗指示(包括指令型预先医疗指示和代理型预先医疗指示)的法律效力。那么,如何具体构建预先医疗指示制度呢?

(一)预先医疗指示

预先医疗指示的做成就是患者通过一定的行为做出预先医疗指示,并使之有效成立。

1. 需成年且有意思能力的人

关于预先医疗指示的主体,多数国家和地区都要求成年、有意思能力。本文认为:首先,成年的要求是必要的,因为预先医疗指示制度乃至整个无意思能力人医疗决定制度都是针对成年人的,而未成年人的医疗决定应专门设计法律制度予以规制,原因是未成年人不具有完全的人身独立性。其次,如果未成年人已脱离父母而完全独立生活了,作为成年人来对待的,则可以做出预先医疗指示。第三,有意思能力是做出预先医疗指示的必要条件,此处的意思能力特指"理解医疗措施的好处、风险和替代措施的能力以及做出和交流医疗决定的能力"。即使是成年人,但如果因受伤或疾病而丧失了意思能力,则其不能订立预先医疗指示。不过,能力要件并不要求在做出预先医疗指示之前都要审查该成年人有无意思能力,成年人的预先医疗指示首先应被推定为有效,只有当有充分证据证明该成年人在做出预先医疗指示时是处于无意思能力的状态,该预先医疗指示才可被推翻。

我国今后立法也应要求成年、有意思能力。同时,《民法总则》规定,16岁以上且以自己的劳动收入为主要生活来源的未成年人,视为完全民事行为能力人,因此也可做出预先医疗指示。

2. 形式上取决于内容是否对健康有重大影响

本文认为,是否采用书面形式,主要看预先医疗指示的内容是否涉及维生治疗或其他对健康有重大影响的医疗措施。如果涉及,则须用书面形式;如果不涉及,则无须用书面形式。因此,对于代理型预先医疗指示,无须书面。例外情况是,如果允许、不允许或撤回允许某项医疗措施将导致患者死亡或严重的长期健康损害,而意定代理权中包含了此项措施,则该意定代理权必须以书面授予。

对于指令型预先医疗指示,以拒绝维持生命治疗为内容的预先决定必须是书面且须有患者签字,其他的可口头可书面。这一方面保证了患者的口头意思也能够具有法律效力从而全面维护患者自己的决定权,另一方面体现了法律对涉及维生治疗或其他重大医疗措施的决定的严肃态度。因此,我国应区分一般的预先医疗指示和涉及维生治疗或其他重大医疗措施的预先医疗指示,前者可以是口头形式,后者则必须为书面形式。

3. 见证程序因内容而区分原则

关于是否要求见证程序,本文赞同英国的态度,即涉及维生治疗或其他对健康有重大影响的医疗措施的预先医疗指示的程序要求应当严格,一般的预先医疗指示的程序可以简化。质言之,首先,对于涉及维生治疗或其他对健康有重大影响的医疗措施的预先医疗指示,应当规定见证程序,确保了此种重大决定的严肃性。其次,如果不涉及维生治疗或其他对健康有重大影响的医疗措施,则分两种情况处理:书面形式,则无须见证;口头形式,则应当有见证,增强其证明力。

　　对于见证人资格,各国主要考虑两方面的因素:一是是否与患者有亲属关系或其他重要利益关系;二是是否为患者所在医疗机构的医师或员工。这种考虑在于确保患者不受家属或医疗机构的劝诱或压迫,也为了防止家属或医疗机构为私利而做出不客观的判断。

4. 指令型预先医疗指示和代理型预先医疗指示

　　首先明确的是,预先医疗指示的内容是医疗决定,其他事务如财产、家庭(如无意思能力期间子女由谁来抚养)等应订立其他文件来说明。就具体内容而言,应区分指令型预先医疗指示和代理型预先医疗指示。指令型预先医疗指示有积极指示和消极指示之分,一些国家的法律已明定其只规制消极指示,如英国、奥地利、新加坡。其他国家和地区的法律则明定其既规制消极指示又规制积极指示,如美国、德国、瑞士、英国苏格兰地区、我国台湾地区。不管是同意或要求某种治疗还是拒绝某种治疗,都是患者的选择,法律没有必要限制,因此我国应采纳后一类做法。此外,患者不可仅写"拒绝一切治疗",而应当写明在何种情况下同意或拒绝何种医疗措施,对于拒绝维生治疗的决定,则必须特别写明。

　　代理型预先医疗指示内容主要应注意代理人的资格和授权权限的问题。有的国家并未规定代理人的资格问题,本文认为我国应当规定,例如除非与授权人有血缘、婚姻或收养关系,否则代理人不得是授权人所在医疗机构的所有人、经营人或雇员。同时,应规定患者可指定替代医疗代理人(alternate agent),以防原医疗代理人发生诸如丧失意思能力等不适合担当代理人的情形。

　　对于患者是否可以指定共同医疗代理人,为避免家属之间对如何代做决定的争执,一般不应允许,患者只得指定一名自己最信赖的人作为代理人。

　　关于授权权限,本文认为,维生治疗等关系到患者重大生命健康利益的决定,宜由患者本人在预先医疗指示文件中明确授权,以体现对此问题的重视和严肃对待,如果没有明确授权,则代理人无权决定维生治疗等重大医疗措施,但可以决定除此之外的其他医疗措施,德国亦采用此种做法。

　　如今,一份预先医疗指示文件可以同时包含指令型预先医疗指示和代理型预先医疗指示,美国《统一医疗决定法》、英国《意思能力法》都认可这个做法。

(二)预先医疗指示的生效和效力

1. 附条件或期限与判断人

　　对此仍应区分指令型预先医疗指示与代理型预先医疗指示。指令型预先医疗指示是在患者发生某种状况并丧失意思能力时生效,例如这种状况可以是末期疾病的来到,这就需要对预先医疗指示中规定的适用情形与实际的情形是否符合进行审查,符合则预先医疗指示生效并予以适用。如果某指令型预先医疗指示只适用于末期疾病(该预先医疗指示即是生前预嘱),则纵然患者丧失意思能力,也要等到确定该患者已患末期疾病时该预先医疗指示才生效。

　　代理型预先医疗指示一般情况下于患者丧失意思能力时代理人的代理权生效,除非授权人明确约定在自己有意思能力时,医疗代理人也得代做决定,但如果授权人没有明示,则代理型预先医疗指示还是须在授权人丧失意思能力时生效。

既然预先医疗指示是附条件生效,那么由谁来判断条件是否成就呢?本文赞同美国和新加坡的做法,即由医师来判断,照管人或代理人或家属自己不能作此判断,但可以申请医师进行判断。

2. 指示型的遵从与代理型的替代判断

预先医疗指示生效后,医师应当遵从患者的指令型预先医疗指示以及医疗代理人根据授权做出的医疗决定。这也应当是我国将来立法所应采取的基本立场。同时,本文认为奥地利《生前预嘱法》区分有法律拘束力的预先医疗指示和无法律拘束力的预先医疗指示的创造性做法值得采纳。完全符合法律做成要件的预先医疗指示当然具有必须遵从的法律效力,但是未满足所有法律要件的预先医疗指示并不是没有任何价值,而是"在确定患者意思时必须予以考虑",并且"满足的要件越多则越须考虑之"。该法还详细列举了应当考虑的各种因素来确定考虑预先医疗指示的程度,这就使得预先医疗指示的效力处于动态之中,而不是"全或无"的状态,在考虑预先医疗指示效力时也不是"一刀切",而是要综合衡量各种因素来确定对预先医疗指示的考虑程度。

医师应当遵从预先医疗指示,但也有例外,主要分为6类:(1)在做出预先医疗指示时患者的意志不自由或发生了错误或未预料到某种可能影响其决定的情形;(2)患者撤销了预先医疗指示;(3)某些重大变故发生以至于对预先医疗指示是否仍然符合患者的推定意思存在合理怀疑;(4)内容违反制定法;(5)内容违背一般医疗准则;(6)医疗人员或医疗机构认为预先医疗指示的内容违反了自己的道德观。上述的6种情形均可作为我国的参考,其中第三种和第六种情形值得研究。第三种情形的关键是如何界定重大变故,奥地利《生前预嘱法》规定的情形是医疗科技自从预先医疗指示被订立时已经发生了实质性改变,值得借鉴。还有一种情况也可归为重大变故,即信仰的改变。在做出预先医疗指示后、丧失意思能力前,患者改变了作为该预先医疗指示基础的宗教信仰(如耶和华见证人),此时纵然患者并未撤销该预先医疗指示,但是以先前的宗教信仰为基础的该预先医疗指示恐怕已不符合患者现在的意愿。第六种情形是基于医师或医疗机构本人的道德观,这是考虑到了医师所享有的医学裁量权。如果负责治疗患者的医师在道德上不能接受预先医疗指示中的内容,则法律应允许该医师不遵从预先医疗指示,这时医师的医学裁量权就抗衡了患者的自己决定权,但是法律同时也应当规定医师的转移义务,即拒绝遵从后应"立即尽一切合理努力将患者转移给其他愿意遵从指令型预先医疗指示或医疗决定的医疗提供人或医疗机构"。

代理型预先医疗指示的效力还涉及医疗代理人。医疗代理人有权代患者做医疗决定,但此项权利必须根据一定的准则来行使。首先,依据患者的指令型预先医疗指示和其他明确的医疗愿望,即适用替代判断标准;其次,如果没有这些明确的意思,则综合考虑客观的医学上的患者最佳利益和从患者个人价值观中推定出来的意思,根据具体情事做出衡量(而不是将最佳利益作为考虑推定意思的前提条件),即综合适用最佳利益标准和替代判断标准。

(三)预先医疗指示的撤销与保存

1. 预先医疗指示的撤销

纵观各国和各地区规定,除了英国《意思能力法》明文规定了预先医疗指示的修改,其他国家和地区都对此未作规定;除我国台湾地区规定代理人也可撤销外,其他国家和地区均规定预先医疗指示只得由做出它的患者本人来撤销。将来我国的预先医疗指示撤销制度可以这样设计:第一,应明文规定预先医疗指示可以被撤销和修改,虽然部分撤销和新指示代替旧指示的规定足以说明预先医疗指示可以被修改,但也不妨碍对修改做出明文规定;第二,应规定撤销须由患者本人为之,代理人只得按预先医疗指示的内容行事而无权撤销或修改预先医疗指示本身;第三,无须规定患者在撤销时须具备意思能力,否则将导致预先医疗指示难以被撤销;第四,参照《瑞士民法典》的做法,规定以预先医疗指示做成制度所要求的形式(包括是否书面及是否见证)撤销预先医疗指示,使撤销及修改的形式要求与做成的形式要求一致;第五,规定撤销包括全部撤销和部分撤销,并且新做成的预先医疗指示自动撤销与之相冲突的先前预先医疗指示的全部或部分;第六,患者指定配偶为医疗代理人,后来双方离婚或婚姻被宣告无效,则此事件自动撤销代理型预先医疗指示,除非该预先医疗指示有特别的相反说明。

2. 预先医疗指示的保存

即使订立了预先医疗指示,但若其难以被发现,也难以伸张患者自己的决定权。因此如何保障预先医疗指示被及时地触及就成了重要的问题,这涉及了预先医疗指示的保存制度。

各国和各地区对预先医疗指示的保存一般有两种规定,即要求患者保存和要求医师保存,但是有的还规定了撤销需要登记,有的就没有。

相比较而言,要求医师保存的规定以医师原本就知道预先医疗指示的存在为前提,将预先医疗指示记入患者的医疗记录或病史中可以向以后的医疗人员(包括该医师自己)提供预先医疗指示的相关信息。但是如何能确保医师一开始就知道预先医疗指示的存在呢?这是要求医师保存的立法例难以解决的问题。而要求患者保存特别是要求患者向有权机关登记的立法例就可以较好地解决预先医疗指示的触及问题。

预先医疗指示的各种保存制度各有可取之处,但是如果选择了登记,那么不仅预先医疗指示的做出需要登记,而且其撤销和修改也都要登记。新加坡《预先医疗指示法》规定他人可以不遵从未经登记的预先医疗指示,实际上是使登记影响了预先医疗指示的效力。本文认为,登记只是用以证明预先医疗指示是否存在以及便于他人触及预先医疗指示的工具,而不能作为影响预先医疗指示效力的障碍,如果患者没有选择登记,他人也仍有可能发现预先医疗指示,只要该预先医疗指示是按照法律的规定做成的,相关人员就应遵从之,不得以其未予登记而不遵从。

(四)责任

美国《统一医疗决定法》规定了责任豁免条款善意医疗提供人、医疗机构在以下条件下不负刑事或民事责任。情况包括:(1)遵从外观上有权代患者做医疗决定的人的医疗决定,包括拒绝或撤除医疗措施的决定;(2)基于相信某人欠缺代决定权而拒绝遵从某人的医疗决定;(3)遵从一个预先医疗指示并推定其是有效的并且没有被撤销或终止。善意医疗代理人或法定代决定者不负刑事或民事责任。其他国家也有类似规定。

本文认为,至少在下列情况下,医师是非善意和有过错的:(1)明知预先医疗指示无效仍遵从预先医疗指示,例如患者在家属逼迫下订立拒绝维生治疗的预先医疗指示,而医师知晓此事却仍按此预先医疗指示行事将维生治疗设备撤除;(2)明知患者订有预先医疗指示且预先医疗指示中规定的情形(例如患者丧失意思能力)发生且没有可不遵从预先医疗指示的法定情形,仍拒绝遵从预先医疗指示并且没有尽其所能把预先医疗指示转移给其他医师;

(3)明知他人并非医疗代理人或法定代决定者,仍遵从其医疗决定;(4)明知他人是医疗代理人或法定代决定者,仍拒绝遵从其按法律规定(即并非滥用代决定权)做出的医疗决定。至少在下列情况下,医疗代理人是非善意和有过错的:(1)明知没有获得关于某医疗事务的授权,例如患者并未以法定形式授权其做出关于维生治疗的医疗决定,而越权做出此类决定;(2)明知授权被撤销,仍以医疗代理人的身份做出医疗决定(如果属于法定代决定者,则其可以法定代决定者的身份做出医疗决定);(3)没有遵循法律规定的代理规则(前文所述的替代判断标准和最佳利益标准)行事,滥用代理权,例如做出违背患者的指令型预先医疗指示或明确的医疗意愿的医疗决定。

如有上列过错行为,医师(医疗机构)或者医疗代理人应当承担民事责任。

须注意一个问题,即医师故意不遵从以拒绝维生治疗为内容的指令型预先医疗指示或医疗代理人的决定时,如何确认侵权责任?在这种情况下,医师仍然给予患者维生治疗,很难认定患者受到了什么实际损失,因此被称为"不当生存之诉"(wrongful living)。只有对这种故意不遵从患者的明确医疗意愿的行为苛以法律责任才能防止他人随意不遵从预先医疗指示,因此这种情况下,医师也应负赔偿责任。

(责任编辑:冯煜清)

论网络应成为学术论文发表的主阵地
——从浙大文件将网络文章视同核心论文说起

王春业

摘　要　网络论文能否作为学术评价指标本质上涉及对学术论文发表载体的认定问题。当下,纸质期刊容量的有限性、过长的出版周期等弊端,已经不适用学术发展的现实需要,而网络传播的快捷性、大容量、开放性等优点,决定了它可以作为网络时代学术论文发表的载体,进而取代纸质期刊。只要把握严格的学术标准和规范的审稿程序,网络发表的学术论文不会影响学术的严肃性、论文的质量等。今后,应把网络作为原生性论文发表的主渠道,制定网络学术论文的认定标准,完善网络论文的审稿程序与规则,使网络成为学术论文发表的主阵地。

关键词　学术论文　网络载体　期刊评价

2017年9月,浙江大学出台了一份校内文件,即《浙江大学优秀网络文化成果认定实施办法(试行)》(以下简称《浙大成果认定办法》),引起了社会的广泛争议,在学术界更是产生了很大反响。《浙大成果认定办法》不仅对网络论文能否作为学术评价标准提出了不同做法,实际上也对学术论文发表的载体问题提出了挑战。

一、从浙大一份文件所产生的影响谈起

《浙大成果认定办法》共10条,但实质性条款只有4条,就是对发文载体的列举以及对论文影响度认定标准的规定。其中规定,作者在网络等媒体上发文,只要达到了《浙大成果认定办法》所规定的要求,就可以被认定为核心期刊文章、一级期刊文章,甚至是权威期刊文章。当然,要搞清楚这种分类,就必须关注一下浙江大学对期刊的分类标准。按照对期刊分类的规定,浙江大学将国内期刊分为权威、一级、核心期刊。权威期刊一般是某一学科中的顶级期刊,一个学科往往有一个[①];一级期刊一般是某一学科中具有很高水平的期刊,一个

作者简介:王春业(1970—),男,安徽明光人,法学博士,河海大学法学院教授。

① 例如,法学类期刊中,《法学研究》是唯一的权威期刊。当然,《中国社会科学》《新华文摘》等也属于该校认定的权威期刊,也可以发表法学类论文,但由于其属于综合性的,因此,没有将之列入法学类的期刊中。

学科有3个左右这样的期刊①；核心期刊则一般是CSSCI期刊②。《浙大成果认定办法》的出台，意味着今后即使不是在上述期刊上发表的论文，而是在相关网络媒体发表的，只要达到了文件规定的要求，就可以视同上述期刊论文，在成果统计、晋升评聘、评奖等方面与上述期刊论文具有同等效力。

实际上，按照内容是否由纸质期刊转换而来，网络学术论文可以分为原生性网络论文和转换性网络论文两类。前者发表的是作者直接向网站投去的稿件，后者发表的是已经在纸质期刊上刊发的文章③。《浙大成果认定办法》显然是针对原生性网络论文的，是指在网络等媒体上发表字数在1 000字以上的类似于评论、解读等通俗性文章。

《浙大成果认定办法》出台后，有为之叫好的，说这是对多元化学术评价体系的有益探索，"在媒体与互联网大融合背景下，一大批有专业素养和学术精神的学者、科研机构和政府部门更愿意通过'两微一端'等新媒体方式首发和传播学术思想"④，是一种大胆的创新。但更多的是谴责之声：说这是对学术严肃性的挑战，是学术的低俗化开端，"媚俗世风，将严谨学术研究与舆报网文混为一谈，尽失大学之义"⑤；说这是行政干预学术的一个缩影，"暴露出相关决策者的无知、霸道和蛮横，而且还破坏了学术规矩，损害了学术生态"⑥；说它"背离了大学本质、大学精神，贬低了学术研究价值"⑦；还有人提出要求对其进行合法性审查⑧；等等。

《浙大成果认定办法》只是一份学校内部的管理文件，不是全国性的文件，对其他高校不产生任何影响，在学术界却产生如此大的反响，还是不多见的。之所以如此，是因为该文件触碰到了当下学术成果通常的认定标准问题，改变了人们的通常做法，与学术界多年的评价体制、机制和标准明显相左的缘故。

作为高校的科研人员，必然要进行职称晋升、业绩考核等，而这些都需要有一个评价标准。以何评价呢？除了课题项目、获奖、课时之外，最主要的就是论文，这也是最重要的一个评价指标。但对于学术论文的评价，全国几乎一盘棋的做法是，论文必须在规定的期刊上发表。只有在期刊上发表的论文才能算作学术论文，其他的载体上发表的都不能算数。不仅在报纸上发文不能算作学术论文，在一般的网上发表的论文也同样不算，更不要说在所谓的公众号上发表论文了。因此，期刊是学术论文公认的最重要的载体。而且各省、各高校对期刊的级别都有明确的要求，都有自己的对期刊分类的目录，只有在一定级别期刊上发表的论文才可能作为评价的依据。多少年来，不知有多少科研人员，为了获取职称的晋升，花费时间写文章，只希望在认定的期刊目录上发表。长期不在期刊上发文，只在报纸、网络上发文

---

① 在法学类的期刊中，像《中国法学》《政法论坛》《中外法学》等都属于此等级。
② 也就是说，16种法学类CLSCI期刊中的《法学》《法商研究》等非常优秀的法学期刊，在浙江大学仅能算作核心期刊。
③ 曹小春：《网络时代学术期刊的发展路径》，载《出版广角》2006年第11期。
④ 朱巍：《很多网络成果学术价值和影响力远超核心期刊》，http://www.ei72.cn/23461193224077_139908. 最后访问日期：2017年9月25日。
⑤ 详见 http://www.jianshu.com/p/e4c1661cfacc. 最后访问日期：2017年9月28日。
⑥ 王军：《浙大"学术新规"：高校行政化的缩影》，http://www.ftchinese.com/story/001074393. 最后访问日期：2017年9月29日。
⑦ 陈东升：《浙大何以再成网红？》，"法制洋葱头"（微信公众号），2017-09-17.访问日期：2017年9月27日。
⑧ 陈东升：《建议对浙大新规作合法性审查》，载《法治日报》2017年9月21日第7版。

的人,往往被认为是不务正业,在学术界难以获得学术地位。在这种学术界几乎一致认同规则的情况下,《浙大成果认定办法》却规定在网络等载体上发表论文可以视同核心期刊甚至权威期刊,这显然是打破了通常的规则,甚至可以说是触碰到了学术评价的底线。

《浙大成果认定办法》表面上提出的是,网络论文能否作为学术成果的问题,但细细研究就会发现,远不止这些,其还进一步延伸性地引发我们以下的思考:是否必须在期刊上发表的论文才是学术论文?纸质期刊作为学术论文的主要载体存在哪些现实弊端?纸质期刊作为学术论文的载体是否已经滞后于网络时代的要求?学术论文的发表载体是否要进一步变革?思考和回答这些问题,必将会对现行学术评价制度提出改革的要求。因此,从这个意义上讲,浙江大学这份文件的出台,不是坏事,它带给人们对现实问题更多的反思,并可能带来其预想不到的变革,引发对学术论文发表载体的革命性变革。因此,对浙江大学这份文件分析的延伸,对发表载体变革问题的探讨,将有很大的意义和价值。

二、期刊载体本身的弊端已经到了非改不可的地步

目前的期刊是以纸质为载体,即使使用了中国知网,甚至一些期刊拥有了自己的公众号,但其内容也是以纸质版的内容为基础的,是纸质版期刊传播的延伸而已,网络并没有成为其内容独立发表的载体。尽管,要求在期刊上发表学术论文本身并无不当,也在一定程度上体现了学术的严肃性,但其弊端也随着学术研究事业的发展而越来越显现出来,这主要是作为学术论文载体的期刊出了问题。

(一)期刊容量非常有限

期刊大多是双月刊,两个月出一期,好的刊物一期只有十几篇文章。以法学类的权威期刊《法学研究》为例,其每一期只有 12 篇论文,双月刊,一年才 72 篇论文,而且,涉及法学的十几个学科方向,也就是说,一个学科方向在《法学研究》上每年只能发文不到 10 篇,每一期最多只有 1~2 篇。全国那么多从事法学学术工作的科研人员,要想在《法学研究》这样的期刊上发表一篇论文,非常困难。再加上,其中不乏关系稿,不乏随时加塞的情形,因此,普通科研人员想在像《法学研究》这样的期刊上发表一篇论文,不比登天容易,甚至许多人把在《法学研究》上发表一篇文章作为毕生追求,却往往实现不了。其他被列为法律类核心期刊的也同样如此,其他学科也存在着同样的问题。现在的科研人员不愁写不出来,而愁发不出去。辛辛苦苦写出来的论文,却苦于发表无门,稿件被拒是家常便饭。有人说期刊发文少、周期长可以精选更好的稿件,以提高用稿质量。其实不然,倒是因此而使得许多高质量的稿件,因为版面的问题而无法在好的期刊上得到发表。一些刊物的主编也不断犯愁,那么多可以刊用的稿件却因版面紧张而造成积压,无法及时刊出,有的甚至采取尽量不接纳新的投稿、只消化积压稿件的方式来处理,这种做法更不值得提倡。

(二)期刊内容滞后于现实

由于期刊的发表周期都很漫长,且不说其一审、二审、三审等动辄 3 个月甚至更长时间的硬性规定,即使已经收到了用稿通知,也不是立刻就能刊登出来的,还要看是否有版面。正如上文所讲的,一两个月一期以及每期有限的论文数,就往往会使一篇被录用的文章,至

少要等半年以上才有可能被刊登出来,甚至不少论文一两年后才被刊登。中国的学术研究往往都与现实联系比较紧密,而如此长的时间才能见刊,其内容的滞后性可想而知了。例如,当检察机关提起行政公益诉讼制度已经在实践中积累了丰富的经验时,一些法学类期刊还处在探讨是否要实行该制度或停留在探讨其必要性的内容上。经常遇到这样的现象:当学术界为某个问题而争论不休时,实务界则说,这个问题现实中已经得到解决了,这不能不说与期刊论文滞后有一定关系。这也难怪有人说,中国的期刊只有三个人在看,一个是作者,一个是编辑,一个是评委,其他人则很少看,因为早就过时了。期刊论文滞后于现实,解决不了现实问题,跟不上现实发展的需要,学术界严重滞后于实务界,严重影响了学术论文的价值。

(三)期刊公正性逐渐堕落

随着从事学术研究人数的增长以及学术成果数量的剧增,再加上有限的版面,发文章难已经成为一个现实问题,期刊也由此成为一种紧俏资源。按道理说,学术论文多,期刊用稿有限,更有利于期刊精选到高质量的论文,进而提高期刊论文层次,但现实却并非如此,反而导致了期刊用稿不公正的现象。期刊的公正性是指期刊对所有来稿一视同仁,坚持以质量取文,坚持公正的审稿程序。然而,纵观期刊现状,却存在不少不公正现象。例如,发文章要找关系,发好期刊要找编辑,由此编辑成了一个非常吃香的职业,被一些高校争相聘为兼职教授,定期邀请去讲学。实际上这是一种变相地支付报酬的方式,以便使该校的稿件赢得该编辑格外关注。而《求索》原主编乌东峰版面费牟利上亿的案例,就是当下期刊因资源稀缺而产生腐败的一个典型例子。由于供求关系的失衡,期刊也不再公正审稿,关系稿、金钱稿、人情稿就已经占满了。某一核心期刊已经将两年内的用稿都大致安排完了,普通作者基本上没有一点机会。许多期刊的投稿系统几乎变成了僵尸,无人问津,投稿之后几年里,稿件仍是初审的状态。更有一些大学自办的刊物,俨然变成了自家的自留地,自发率极高。以法学期刊的自发率为例,有的法学期刊的自发率达到 21.65%[①]。从理论上讲,尽管内稿发表多少可能与学术伦理、学术规律无涉[②],但在当下僧多粥少、学术资源十分稀缺的背景下,不限制内稿比例就相当于纵容单位熟人的关系稿。

期刊的现实弊端一直受到学术界的抨击,也经到了非改不可的地步了,但作为弱势群体的科研人员,只有抱怨,而无力改变。而浙江大学的文件,对网络上发文进行一定程度的认可,客观上有利于改变期刊作为学术论文载体的独家垄断现状,为从事学术研究者新增发表载体提供了机会,似乎给科研工作者带来一缕希望,让他们如同在黑暗中行走的人,忽然看到了远处的一丝明亮,这个光线虽然小,也虽然远,但毕竟还是给人们带来了一点希望。可以说,浙江大学打响了全国论文发表载体和认定方式变革的第一枪,必将打破纸质期刊独家垄断学术资源的局面,为其他高校开了一个好头,必须使这种符合社会潮流的做法成为全国的通行做法。希望浙江大学的做法,能成为燎原之火,在全国各省、各高校燃烧起来,能得

---

① 中国法学创新网对法学类 CLSCI 16 种期刊的自发率进行统计比较表明,与 2015 年相比,《政法论坛》的自发率(21.65%)超过了该网设置的黄线(20%)。资料来源于 http://www.fxcxw.org/index.php/Home/Faxue/artIndex/id/14833/tid/5.html,最后访问日期:2017 年 9 月 20 日。

② 秦前红:《法学期刊发表内稿,孰是孰非?》,http://opinion.caixin.com/2015-08-11/100838297.html,最后访问日期:2017 年 6 月 29 日。

到教育部的认可,能在学术界引起一场学术评价的革命。

三、学术论文网络发表载体成为一种必然趋势

科研需要发表,发表需要载体,然而,思想传播的载体是不断发展演进的。

人类在思想载体方面,最初是口口相传,是以有声语言为媒介的;到后来随着文字的出现,以及书写工具和材料的产生,便将文字刻在竹简上,以记录和传播思想;再后来,发明了造纸和印刷术,人们通过纸质的印刷,表达、传播思想;再到如今的网络时代,网络成为人们生活的组成部分。这些都表明了思想传播载体随着科学技术的发展而不断发展的历程。纸质期刊产生有其历史的条件,抛开其政治、经济等大背景不谈,单就其技术背景而言,是造纸术的普及和印刷术传播的结果,那时还没有现在的各种媒体,尤其是网络媒体还未出现,纸质是当时的主流形式。即使是在20年前,刚刚出现网络时,许多人也还不会用电脑,投的都是手写稿,甚至连邮箱都很少用。科研人员做研究时,也是到图书馆里翻一翻期刊,寻找所需要的论文。因此,纸质的刊物是当时学术信息的主要承载体,期刊也是适应了那个时代的要求而存在的。

然而,当今社会已经进入了网络时代,进入了信息爆炸的时代,有人称之为"人类文明以来首次遇到的本质上的转换"①。学术论文发表的载体也应与时俱进,应当主动适应网络时代的要求,而不是相反。为此,必须在发表的载体方面进行一场彻底的革命,否则,将会让人看到手机淘汰 BP 机、社会快递业冲击邮政等现象及其不可挽回的结局。

(一)网络为作者快速传播学术思想提供良好平台

当下,搞学术研究的人越来越多,科研成果的数量也呈几何级数递增,已经不同于期刊创办时期的情形了。期刊有限的容量和漫长的出版周期已经不适应学术研究成果传播的现实需要,致使许多有价值的科研成果因得不到及时传播而造成浪费,这对从事学术研究的人来讲,也是不公平的②。目前,学术期刊虽然也在利用中国知网的网络平台进行传播,但其主要内容的来源仍然是纸质的刊物,属于转换性网络学术论文,而非原生性网络论文,无法改变学术期刊的容量有限性、内容滞后性等缺陷。而网络是以信息技术为基础的高速数字传播媒体,具有传播速度快、范围广、信息量大、开放性强等优势,为学术论文的发表和学术思想的传播提供了前所未有的优势平台。特别是网络的快捷性,省略了传统纸质期刊的印刷、发行等中间环节,消除了等待、积压的时间,可以根据内容的需要,快速传播,实时更新,将最新的内容及时呈现给社会,提高了传播效率,减少了时间的延误,满足了作者发表的需要,也可以满足人们对学术前沿研究的阅读需要,有助于更多学术新思想的及时传播。因此,在网络时代,学术论文的发表载体必须彻底打破纸质的桎梏,采取原生性网络期刊,充分利用网络,让学术文章的内容及时、直接面对网络。网络时代,互联网为学术研究提供了如

---

① 黄德发:《后信息社会——你的未来不是梦》,中国统计出版社1995年版,第16页。
② 与非学术研究的作者不同,学术研究人员在学术期刊上发表学术论文的主要目的不是为了经济利益,而是希望取得同行的认可和提高学术地位,在尽可能大的范围内传播自己的研究成果。积压和拖延,都会使得科研人员丧失了这个机会,影响其所追求的学术目标的实现。

此好的传播平台,期刊却仍然拘泥于纸质形式,是不适应社会发展的表现。

(二) 网络为读者快速获取学术信息提供优势工具

社会已经进入网络时代,网络几乎成为所有行业的办公平台、所有人获取信息的工具,人们的工作、生活方式已经严重依赖于网络,网络阅读越来越成为人们获取信息的习惯。人们不仅可以在电脑上阅读,而且随着手机功能的强大,也可以随时在手机上进行各种阅读,不受时空的限制。尤其是新生代的读者和学者,已经习惯在电子产品上阅读,"传统的纸质出版物对于这部分受众来说,已经失去吸引力"①。若干年之前,人们还喜欢到图书馆翻阅期刊,查询纸质的期刊内容,而如今,期刊基本上无人光顾,图书馆的期刊几乎就是一种陈设,利用率不高,在图书馆翻阅纸质的期刊,在快速发展的现代社会,几乎是一种浪费。而网络的快捷性和更新的及时性适应了人们快节奏阅读的需要,而且网络具有检索方便的特点,利用搜索引擎,通过关键词、作者、题名、刊名、刊号甚至一些模糊搜索,即可以快速搜寻到所需要的各类信息,随时下载,比较容易地发现研究的现状,减少重复劳动,节省时间,提高效率,使更多的精力投入到思想的创新上来。此外,网络传播还具有互动性特点,阅读者可以通过留言、发表评论等方式,就某一感兴趣的内容与作者交流看法,有利于阅读者理解文章的内容。在我国的网民已经达到了7.5亿的今天,不考虑这么多阅读者的现状,而一味地沉浸在纸质的期刊载体中,必然会被社会所淘汰。

(三) 网络为编辑工作带来前有未有的便利

传统的纸质期刊编辑工作较为烦琐、冗长,要接受纸质稿、分类登记、分发处理等,不仅时间长、效率低,而且工作量大,每出版一期都需要大量人力,付出巨大精力。而网络时代,网络技术的支持给期刊的编辑工作带来了前所未有的便利,"编辑工作各环节因为有了网络的支持变得简单快捷、省时省力,提高了工作效率,减轻了工作量"②。比如,网上组稿、网上接受投稿、网上稿件处理、网上审稿、建立匿名审稿专家库,短短的几天内就可以高质量地完成审稿工作,克服了传统审稿程序时间长等缺陷,极大地提高了用稿工作效率。甚至排版软件的运用、校对软件的运用等的智能排版与校对,都减少了编辑劳动,降低了技术方面的错误率。因此,网络时代,为期刊编辑提供了前所未有的工具和平台,也为学术论文的原生性网络发表提供条件。要充分利用这个有利条件,与时俱进。当然,编辑人员不仅要改变传统的编辑观念,更要不断提高自身运用网络的技术水平,使自己成为适应网络时代需要的编辑人才。

(四) 网络成为期刊加强自身建设的平台

"传播是期刊作为介质的基本功能,期刊没有将传播功能做到位,就根本谈不上注意力与影响力","期刊的生命力是依靠传播来体现的,没有传播就没有期刊的生命力"③。当期刊社辛辛苦苦编辑了一期刊物,却无人阅读,这就是其不适应社会公众需要的一种表现。如

---

① 林士平:《网络时代的挑战与法学期刊的发展》,载《新闻爱好者》2009 年第 12 期。
② 于涛:《网络时代的期刊新发展》,载《农业图书情报学刊》2006 年第 7 期。
③ 亓国:《网络时代期刊传播力的提升》,载《传播与版权》2014 年第 3 期。

今,网络成为人们生活不可或缺的组成部分,即使那些仍然要求有纸质文本的部门,也同时进行了网络上的及时传播。作为传播思想的重要形式,学术论文的发表载体,期刊必须回应时代的要求,必须采取更有效的发表载体,使其真正成为社会进步的推动器。但期刊的网络传播,并不是将纸质期刊的内容上传到中国知网上这样一个概念,"网络时代对期刊的出版发行要求是提高出版效率,缩短刊发周期,从而可以吸引更多的作者投来最新和高质量的稿件,刊发学术领域最新的研究成果,吸引更多的读者关注、下载和引用本刊的论文,提升刊物的知名度"。① 因此,在网络时代,作为学术主要载体的期刊面临着这样的选择:要么跟上这些趋势,顺应网络时代期刊"快、广、大、强"的特点,迅速发展,占领学术期刊新的制高点;要么沿袭原有的生存方式而自生自灭,被更强有力的竞争对手取代②。

可见,在网络已经成为这个时代主旋律的背景下,如果我们的期刊仍然抱残守缺,是非常可笑的,"在互联网出现之后,仍然认定期刊上发表的才算学术成果,就好像有了钢笔之后,仍然规定用鹅毛笔写出来的才算文字一样可笑。从这点上说,浙大接纳互联网作品,向互联网开放科研成果是值得赞赏的"③。

四、网络学术发表中几个问题的厘清

《浙大成果认定办法》之所以引起如此大争议,实际上是因为存在对相关问题的误解和由此带来的种种顾虑,这也是许多人反对网络作为学术论文发表载体的主要理由,需要从思想上予以澄清。

(一)网络发表是否会破坏学术的严肃性

就在《浙大成果认定办法》发布不久,有学者就连声高呼:这是严肃学术生活的终结,大骂浙大新规是一种堕落,"不是个好制度","是一根有毒的狗骨头"。各种负面评论更是一浪高过一浪。学术确实需要严肃,没有严肃,就难以探寻真理,也无法构建真正的学术科研体系,但网络发表真的会影响学术的严肃性吗?其实,这是一个伪命题。学术是否严肃,与其载体没有必然联系。期刊也有不严肃的期刊,期刊上不是也有许多垃圾论文吗?网络也有严肃的平台,许多有价值的学术观点也曾最先在一些权威的网络上出现。而当下的期刊,不能认真对待作者的科研成果,荒废了一个又一个创新成果,那更是对学术的不严肃。是否是严肃的学术,不能以载体为判断标准,而应看论文的质量。认为只有期刊上发表论文才代表学术的严肃性,不仅是一种观念的陈旧,更是一种无知。实际上,只要导向正确,把好质量关,什么载体都不会影响学术的严肃性。

(二)网络发表是否会影响学术论文的质量

有人担心,原生性网络论文的发表虽具有便捷的特点,但可能因发表门槛低等问题而导

---

① 李靖波:《网络时代学术期刊变革与创新的思考》,载《湖南大学学报》(社会科学版)2008年第5期。
② 李靖波:《网络时代学术期刊变革与创新的思考》,载《湖南大学学报》(社会科学版)2008年第5期。
③ 朱海就:《网红能不能当教授?》,http://www.xitouwang.com/bbs/main.html? q=view&tid=606672,最后访问日期:2017年9月28日。

致论文质量良莠不齐,并进而影响整个学术质量。实际上,这种假设是缺乏发展眼光的。就目前来看,网络上的一些论文确实存在着质量不高、学术不规范等问题,但这不应是网络论文应有的常态。随着网络作为学术论文发表载体的推进,学术界对在网上发表的论文质量也会有相应的要求。例如,可以继续采取严肃的同行专家匿名审稿方式,继续对学术论文提出很高的要求。论文质量的高低与在何处发表没有关系,而与对论文的要求有关。实际上,与传统期刊发表相比,网络发表只是容量增大了,周期缩短了,与读者见面更及时了,无须像纸质期刊那样,即使达到了发表的程度却必须等待版面的现象,除此之外,网络平台不会也不应该降低对学术论文发表的要求,不会对论文的质量产生任何影响,网络发表与低质论文不能画等号。

(三)网络发表是否会造就一些网红教授问题

"网红"是指在现实或者网络生活中因为某个事件或者某个行为而被网民关注从而走红的人①,而"网红教授"则是对高校某一类人的蔑称,此类人不钻研学术,只是在网上发一些豆腐块式的短文,并因其着实抓眼球,迎合了网民的心理而格外受到众多网民的追捧。《浙大成果认定办法》一出台,立刻有一部分人就联想到周某某这样的人是否也会当上教授的问题,并由此作为对网络发表的讥讽。确实,像周某某这样的人网络小文较多,而严肃性的论文却很少,是个典型的网红。但也有很多网红的水平远远高于高校教授的,因为网红毕竟是市场竞争出来的,要不断地创作才能维持网红地位,而高校教授混日子的太多②。如果这样的人不断产生新的思想,在网络上能得到众多人的拥护,当了教授,也不会对教授的名声产生玷污,相反,那些在高校里,仅因有几篇关系稿而成为教授的人,才是最应该被淘汰的。再说,"学术界以学术论文为主要标准构建学术评价体系,也并非自古以来的传统,曾经学者也可以用演讲和专著获得教职"③。推行一个制度时,不要盯着某些人是否获利,而要看其对整个学术领域是否有利,更不能把少数人获利作为攻击这一制度的理由。

(四)网络发表是否可以量化的问题

目前,我们已经建立了一套对期刊及其所发表论文进行量化的标准,那就是根据期刊的质量对期刊进行等级分类。网络发表的论文是否也可以量化呢?答案是肯定的。对网络发表的量化表示怀疑,是因为我们现在还没有建立完善的网络论文量化机制或网络论文评价机制不科学。实践表明,网络论文不仅可以量化,而且可以建立比纸质期刊论文更公正、透明的量化标准。对网络论文进行量化,既可以从发表的平台进行考虑,也可以从引用、转载、点击量等方面进行考虑。

其实,是否承认网络发表的论文,不仅有观念的问题,也有利益的问题。作为既得利益者,许多期刊已经从论文发表中尝到了甜头,更尝到了前有未有的存在感,而认可网络的发表,必然对其既得利益产生极大的冲击,这可能是他们极力维护期刊地位的最主要动因。然

---

① 详见 https://baike.so.com/doc/5388443-5625018.html. 最后访问日期:2017年9月29日。
② 朱海就:《网红能不能当教授?》,http://www.xitouwang.com/bbs/main.html?q=view&tid=606672. 最后访问日期:2017年9月28日。
③ 张效羽:《学术论文意味着什么》,"法律与公共政策"微信公众号,2017-09-17. 最后访问日期:2017年9月29日。

而,"青山遮不住,毕竟东流去",网络的迅速发展不以任何人的意志为转移,"顺者昌,逆者亡",只有适时变革,才有出路。

五、网络发表良性发展的展望和希冀

对于日益成为趋势的网络学术论文的发表,传统的期刊要做的,不是拒绝和不理睬,而应该是采取积极措施,改革现行期刊发表中存在的问题,充分利用网络作为学术发表的载体,使之逐步适应网络时代的要求。

(一)期刊完全实行网络发行制度

网络时代,人们对论文的阅读呈现出单篇化趋势,只关注自己所需要的文章,而不在意整本期刊的内容,这为期刊出版实行完全网络化发行提供了条件。目前,要彻底改革以纸质期刊为载体的学术论文发表模式,采取无纸化的网络作为载体。为此,各个期刊可以在经过严格审稿之后,将审查合格的高质量稿件及时通过特定的网站发表出来。这样,成熟一篇,发表一篇,不受时间、期数、版面的限制,只要有合格的论文,即可在网上发表出来,让更多的高质量的稿件及时与读者见面,将最新的研究成果奉献给读者。为实现此目的,建议建立中国学术期刊的数字化平台,将国内的所有期刊按照学科的分类纳入其中。例如,首先按照自然科学、社会科学等进行大的分类,然后每个大类中继续进行小的分类,每个小的分类下还可以进一步细分,以此将所有的学术期刊都集中在该网络平台之下,每个期刊设置链接,阅读者可以方便地读到该期刊下的每一篇论文。也可以由各学科自己建立数字化平台,比如,法学类的期刊可以建立法学期刊的数字化共享平台,将所有的有关法学类的期刊纳入其中,各法学期刊将审稿后的论文及时发表在自己期刊的网站上。同时,要在整个期刊网站上设置题目、关键词、作者等检索项,方便读者查询相关主题的论文等。这种期刊网络化出版模式将彻底告别纸质期刊的低容量、长周期、内容滞后等缺点,使得期刊发展充分适应网络时代的要求。

当然,这里需要国家教育主管部门和出版主管部门的支持。就前者而言,各级教育主管部门要在各项评估、职务晋升中,将网络发表的学术论文与现在的期刊论文同等看待,同等作为评估的指标。目前,我国绝大多数机构都没有承认网络发表的学术论文在评价体系中的作用,不要说原生性的网络学术论文,即使转换性的学术论文,在评价时,也要提交纸质版,而不承认通过网络上查询到的论文,这可能是推行网络发表学术论文的最大障碍。国家教育主管部门要为扫除这个障碍提供条件。只有这样,才能在各高校、在社会上形成一股认同网络学术论文、接纳网络学术论文的氛围。网络学术论文也就不再成为后娘的孩子,就可以堂堂正正地登上大雅之堂,成为我国学术成果中的主体。就后者而言,国家出版总署也要逐步放开对期刊网络版发行的限制,允许有纸质期刊的刊物都可以出版网络版,而且不再对各期刊出版的期数、页数等进行限制。也就是说,国家出版总署只加强对期刊文号的批准与质量的监督,而不对其具体运作进行干预。

在由纸质期刊转为实行完全网络发行的过程中,可以采取一定的过渡办法,即纸质版和网络先行出版相结合,这一点,《浙江大学学报(人文社会科学版)》的做法值得借鉴。由于好的稿源越来越多,但囿于版面与周期的限制,该刊在确定论文被录用后,让论文先行在学报网站、中国知网、万方数据知识服务平台及教育部科技论文在线等面世,将一些论文通过网络优先出版,并同时提供了下载、阅读、引用的平台,有效缩短了出版时间,促进了最新成果的快速交流①。

(二)对网络期刊学术论文仍要坚持严格标准

学术论文的网络出版发行快捷后,并不应降低论文的质量,否则,就失去了意义,久之,将损害学术的环境和质量。人们之所以对网络论文不信任,主要源于当下网络论文发表确实存在着一些问题。例如,许多网络论文没有经过审稿环节,没有经过筛选加工编辑程序,存在着质量低劣问题,难以保证知识的正确性、准确性和信息的可靠性。这些缺陷,作为即将推行的网络期刊学术论文的发表,必须加以克服。要坚持学术论文核心竞争力所应该具有的要素,比如,学术前沿性、匿名评审原则、文献原则等②。首先,要坚持学术创新标准。创新是学术的灵魂,学术创新是学术质量的核心,也是学术质量的基本要求。尤其是一些好的期刊,更要把学术创新放在第一位,宁缺毋滥,不应因为推出了网络出版和用稿量的增大就降低对学术创新的要求。其次,要坚持严格的学术研究规范。学术研究规范是作为学术论文所应具备的基本要求,包括论文的摘要、关键词、规范化的注释引用等,"只有建立完善的学术规范,才能使学术自由在一定秩序中获得充分的实现"③。没有严格的学术研究规范,就失去了学术论文的严肃性,长此以往,将影响学术论文的质量,并最终失去阅读者的关注。最后,要坚持学术论文严格的审稿程序。必须继续使用查重、同行评议、双向匿名评审、审稿会等程序,遴选出优秀的学术成果。

(三)建立和完善网络学术论文质量分类评价制度

对学术论文作出的评价,也是各种评价的基础。网络学术论文的评价可以分为两种情形:一是对期刊网络学术论文的评价,二是对具有较大价值的其他网络学术论文的评价。

对于以期刊名义发表的网络学术论文,仍然要坚持当下的考核评价方式,即定期对网络期刊进行评价,坚持以影响因子作为网络期刊的考核指标,不能以点击率作为评价标准。为保证网络期刊的质量,仍需要像现在的"中文社会科学引文索引"(CSSCI)评价一样,每两年对各网络期刊上的论文进行评价,评价其发表论文的质量,采取定量与定性分析相结合的方法,从现有的中文网络期刊中选出学术水平高、编辑规范的期刊作为核心期刊,并实行动态管理,以此促进各网络期刊保证所发论文的质量,并不断提高论文质量。

对于非期刊的网络发表的论文,要坚持平台认定与影响度计算相结合的原则。就平台认定而言,就像现在对期刊的认定一样,也要对网络的平台进行评估,认定哪些网络平台可以作为学术论文的发表平台。一般而言,高层次的网络平台不会滥发垃圾文章,而低劣的平台往往是垃圾论文的藏身之地。《浙大成果认定办法》在这方面的做法具有一定的借鉴性。

---

① 详见《在"名刊建设"中探索前进的〈浙江大学学报(人文社会科学版)〉》,http://www.zjujournals.com/soc/CN/column/column79.shtml. 最后访问日期:2017年9月29日。
② 杨万东:《网络时代学术期刊的发展之路》,载《理论与当代》2006年第6期。
③ 李晓燕:《学术自由、学术规范与学术秩序治理》,载《陕西师范大学学报(哲学社会科学版)》2010年第6期。

其将非期刊类的网络论文的平台分为三类：中央级的网站及其"两微一端"①，在其他主流媒体的网站及其"两微一端"②，重要商业门户，即新浪、搜狐、网易、腾讯、优酷、凤凰网等网站及其"两微一端"。这些都是正规的媒体，也是非常讲究质量的平台。当然，浙江大学所认定的网络平台还存在着一种认官媒的倾向，仍具有沿用既有的行政化手段来套用网络时代成果的特点。实际上也应该给其他没有获得官方认可但比较严肃的网络平台以机会。就论文的影响度的计算而言，与期刊学术论文相比，其他非学术的网络发文相对要容易一些，为此，就必须从它的影响度来进行量化。《浙大成果认定办法》中进行了有效的量化，可以借鉴。它采取的是以多家网站的刊发、转载以及阅读量等指标来进行考核。当然，对点击量、访问量方面，要充分考虑到网络作弊的各种弊端，例如刷流量、拉人气等，这些作弊行为也如同拉人来引用某人某刊的论文一样令人憎恶，必须予以防范与制止。除此之外，也可以将引用次数作为对非期刊的网络论文进行考核的指标之一，因为，随着网上论文的增多，直接引用网上论文也在逐步增加，也应将此作为考核指标。

与此同时，也要对当下的转载、转摘等来源途径进行改革。对学术论文的转载、转摘是目前评价期刊的重要方式之一，我国已经形成了几个重要的二次发表的载体，即人大复印报刊资料全文转载、《新华文摘》《高等学校文科学术文摘》等。但当下的转载、转摘只限于纸质期刊，而没有把网络学术论文作为来源。为此，作为评价论文质量和载体的重要方式之一，转载、转摘等也要改变以往单一的来源渠道，这也将促进各期刊趋向网络出版。与此同时，人大复印报刊资料等转载、转摘刊物本身也要逐步实行网络化的出版，以增加本身的容量和传播速度。

当然，在强调学术论文网络发表的同时，也要完善相关立法。目前的《著作权法》对纸质作品的著作权保护比较得力，但对网络发表作品的保护尚有待于进一步加强。为此，必须根据新形势，完善《著作权法》，制定实施细则，加强对网络发表作品的保护力度，防止和打击侵犯网络作品著作权的违法行为。

（责任编辑：熊樟林）

---

① 即《人民日报》《光明日报》《求是》杂志、中央电视台、《新华每日电讯》《中国日报》《参考消息》《半月谈》《环球时报》的网站和"两微一端"。

② 即《浙江日报》等各省（自治区、直辖市）党报、电视台，《杭州日报》等省会城市党报、电视台，《中国教育报》《中国青年报》《中国科学报》《新京报》、中国教育电视台等影响力广泛的报刊、电视、网站及其"两微一端"；省部级单位网站、省会城市政务网、新闻网，中国网、中国新闻网、澎湃新闻等网站及其"两微一端"；浙江大学WWW网（求是新闻网）、官方微博、微信公众号及头条号。

三权分置背景下集体土地所有权
行使困境及其应对

牧 宇　付坚强

摘 要　三权分置将集体土地承包权和经营权分离,促进了土地流转,但三权分置中基础性的权利即所有权却经常被忽视,相关法律规定简陋,导致现实中权利关系不明确、非权利主体行使所有权等一系列问题。只有解决土地所有权的行使问题,三权分置政策才能得到有效实施。本文尝试分析农村集体土地所有权行使中的困境,并在分析问题基础上找寻解决方案。

关键词　三权分置　农民集体　所有权　集体土地

一、三权分置与集体土地所有权的行使困境

三权分置指的是在原有的土地集体所有权和承包经营权的二权分置情况下,将经营权从承包经营权中分离出来,形成所有权、承包权、经营权三权分置的局面。三权分置的提出,是对承包经营权的进一步改革,是为了适应现代土地利用集约化的趋势,提高土地利用的效率,"集体经营、合作经营、企业经营是承接农民土地经营权流转的重要载体"[①]。同时又是在充分考虑到农户切实的需求,在保留承包权的基础上放活经营权,在保证农户对土地享有承包资格的基础上给予一定的经济收益,解放农村劳动力。三权分置的提出及随后体现三权分置内容的规章制度的制定和颁布是随生产力提高的生产方式改变的表现,但也应该发现,三权分置中相关法律权利的设置存在诸多问题。这些问题大致可分为两种类型:第一种是由于三权分置提出时间不久,规范制定主体在实践中对具体的权利义务设置得不完善,包括相关法规、部门规章、地方政府规章的权利义务内容中存在的问题。"中央文件只是指明了改革的方向,但是法律上的操作措施必须稳妥可靠,必须考虑到现行法律制度本身的和谐统一等方面的规则。"[②]第二种类型是由于三权分置中所有权、承包权和经营权的理论基础存在问题,即集体土地所有权的渊源、内容以及与其他两项权利之间的关系存在问题。本文旨在讨论后一种类型中存在的法律问题并尝试寻找解决方法。

作者简介:牧宇,南京农业大学人文与社会发展学院硕士研究生;付坚强,南京农业大学人文与社会发展学院教授、副院长。

① 冯海发:《为全面解决"三农"问题夯实基础——对十八届三中全会〈决定〉有关农村改革几个重大问题的理解》,载《农民日报》2013年11月18日。

② 孙宪忠:《推进农地三权分置经营模式的立法研究》,《中国社会科学》2016年第7期,第20页。

（一）权利主体不明确

就解释论而言，现有法律对集体所有权的规定非常抽象，不同的法律法规和行政规范对集体所有权的主体规定不明确。《物权法》第五十八条规定了集体所有的不动产和动产的范围①；第五十九条规定了"农民集体所有的不动产和动产，属于本集体成员集体所有"，并规定了应当由集体决定的事项②；第六十条规定了对于集体所有的土地和森林、山岭、草原、荒地、滩涂的所有权的行使规则。《土地管理法》第十条规定"农民集体所有的土地依法属于村农民集体所有的，由村集体经济组织或者村民委员会经营、管理"，《关于完善农村土地所有权承包权经营权分置办法的意见》中规定"农民集体是土地集体所有权的权利主体"。由于《物权法》规定了集体所有权，则集体所有权也是一种一般的所有权，具有所有权的内容即占有、使用、收益、处分四个基本权能，这四个权能是承包权经营权等第二层次权利的基础。但对于权利的主体即谁拥有这项权利，在法律法规表述中并不明确。根据《物权法》五十九条，土地集体所有的主体是农民集体，农民集体和集体成员是一个事物的两种表述，但从逻辑上来说农民集体不能等同于集体成员，农民集体由集体成员构成。对于土地所有权而言，不同权利主体的差别是巨大的。根据《物权法》第六十条规定，集体所有的土地由村集体经济组织或者村民委员会代表集体行使所有权，那么此处的村集体经济组织和村民委员会就是所有权主体。但根据《土地管理法》第十条的规定③，农民集体所有的土地依法属于村农民集体所有，由村集体经济组织或者村民委员会经营、管理，村集体经济组织和村民委员会又成了经营管理权的主体。也有经营管理权完全不能等同于所有权的，例如公司的所有人是股东，但经营管理人是董监高，那么村集体经济组织或者村民委员会究竟是不是所有权权利主体呢？或者村集体经济组织或者村民委员会既是所有权的权利主体，又是集体所有土地的管理经营者？可见不同规范中对集体所有权主体的规定并不明确。

（二）权利主体缺乏主体的一般要件

集体土地所有权主体欠缺作为权利主体的一般要件。《物权法》中规定了集体土地所有权，集体土地所有权即民事权利的一种，因此作为土地所有权主体的必须是法律上的权利义务主体。通过上述的分析可知对于所有权主体各种规范性文件的规定有冲突，无法明确，至少包括三种可能的权利主体，即农民集体、集体成员、集体经济组织。这三个主体都欠缺作为权利主体的一般要件，故无论土地所有权权利主体是哪一个，都存在要件欠缺的问题。对于农民集体和集体成员这两个表述，除了《物权法》中将其作为土地所有权主体之外，其他法律法规或规范中没有规定。即使是《物权法》，也仅第五十八条有所规定。作为民事权利的享

---

① 《物权法》第五十八条："集体所有的不动产和动产包括：（一）法律规定属于集体所有的土地和森林、山岭、草原、荒地、滩涂；（二）集体所有的建筑物、生产设施、农田水利设施；（三）集体所有的教育、科学、文化、卫生、体育等设施；（四）集体所有的其他不动产和动产。"

② 《物权法》第五十九条："……下列事项应当依照法定程序经本集体成员决定：（一）土地承包方案以及将土地发包给本集体以外的单位或者个人承包；（二）个别土地承包经营权人之间承包地的调整；（三）土地补偿费等费用的使用、分配办法；（四）集体出资的企业的所有权变动等事项；（五）法律规定的其他事项。"

③ 《土地管理法》第十条："农民集体所有的土地依法属于村农民集体所有，由村集体经济组织或者村民委员会经营、管理；已经分别属于村内两个以上农村集体经济组织的农民集体所有的，由村内各该农村集体经济组织或者村民小组经营、管理；已经属于乡（镇）农民集体所有的，由乡（镇）农村集体经济组织经营、管理。"

有者即民事主体,必须是自然人、法人、非法人组织的一种,但《民法总则》中的自然人、法人、非法人组织都不包括农民集体和集体成员,这可能也是通常认为农村集体土地所有权主体属于集体经济组织的原因所在。但这不代表农民集体和集体成员必然是不适格的主体,通过对这两个概念进行分析解释,将其作为权利主体也有一定的合理性。

农民集体是作为农民的自然人的集合,农民是从事特定行业的人群,本质上也是自然人。农民集体不是作为农民这样特殊的自然人的随机集合,也不是所有农民的整体结合,而是某一块区域内因为各种特殊原因而形成的一个集体。这种原因可能是历史上的原因,如因人民公社运动残留下来的集体;也可能是政策上的原因,例如如今很多农村户口的迁入迁出;也可能是事实上的原因,如生老病死。无论集体的形成原因是怎样的,农民集体的本质仍然是独立的不可分的自然人的集合,如果这样理解,土地所有权属于农民集体即可理解为集体中的作为自然人的农民共同享有土地所有权。如果这样的解释得以成立,则在土地所有权体系中,国家所有即全民所有和集体所有的区别只在于前者是所有公民对所有土地拥有所有权,后者是特殊区域内农民对特殊宗地拥有所有权,即只有量的差别,没有质的差别。这种解释造成的困境仍然是作为权利主体的农民集体的权利主体要件的缺失:国家作为特殊法人拥有对公有土地的所有权,农民集体无法成为所有权的权利主体。这种缺失因而造成对所有权行使的混乱:国家可以通过立法规定对公有土地的处分规则,立法机构通过法定程序颁布的法律即是全民的意思表示的体现,作为国家的代理人的地方政府可以代理国家在地方行使土地管理权。但农民集体没有代表集体的意思表示的机构组织,也没有行使管理权的机构。

集体成员指集体中的每一个具有成员资格的自然人,理论上应该以每个自然人为单位,但实践中《土地管理法》《农村土地承包法》等几乎所有涉及农村土地承包经营的法律都将农户作为承包权的主体。《民法总则》第二章第四节规定了个体工商户和农村承包经营户,将其作为一种特殊的自然人,是适格的民事权利主体。如果将集体成员理解为集体中作为特殊自然人的农户的集合,则集体土地的集体成员所有就是农户对土地的共有。《民法总则》中规定了农村承包经营户的资格和权利,并规定了债务责任的分配,但总体规定得过于简单粗糙。结合《民法总则》第五十五条①和五十六条②可知,承包经营户的债务以根据家庭为单位承担为常态,以部分成员承担为例外。问题在于,家庭的范围没有据以确定的标准,以家庭为单位的农户在形成意思表示和表达意思表示方面都存在问题。因此,以农户对土地的共有作为集体土地所有权的形态仍然因为权利主体的要件缺失而有缺陷。

目前来看,将农村集体经济组织理解为集体土地所有权主体是主流观点,集体经济组织是《民法总则》中规定的特别法人,具有法人资格。和对农户的规定一样,对集体经济组织的规定也过于简陋,这导致:第一,在理论上对集体经济组织应怎样行使所有权有各种不同理解;第二,在实际中集体经济组织的样态很多,管理不规范。

---

① 《民法总则》第五十五条:"农村集体经济组织的成员,依法取得农村土地承包经营权,从事家庭承包经营的,为农村承包经营户。"

② 《民法总则》第五十六条:"农村承包经营户的债务,以从事农村土地承包经营的农户财产承担;事实上由农户部分成员经营的,以该部分成员的财产承担。"

(三)三权之间权利关系不明确

三权分置中,所有权的规定比较抽象,导致三种权利之间的关系不够明确。"发挥好'三权分离'的积极作用,预防可能带来的负面效应,关键是要合理界定农地所有权、承包权、经营权的权能范围。"①三权分置的新型农地制度的实现,"需要围绕正确处理农民和土地关系这一改革主线,科学界定'三权'内涵、权利边界及相互关系,逐步建立规范高效的'三权'运行机制"②。所有权、承包权和经营权并不是同一层次的权利,就此而言,用"分置"描述本身就容易产生误导,因为这三种权利不是并列关系。所有权是其他任何土地上权利的基础和依据,同时也是其他权利的界限。承包权包括两项内容:一个是对集体内土地拥有获得分配的请求权,一个是通过正当合法程序获得的集体内部分土地的使用权。承包权"属于成员权,只有集体成员才有资格拥有,具有明显的身份依附性、社区封闭性和不可交易性"③。如果将农民集体理解为社团,则承包权大致与社团的成员权的内容相同。集体内土地分配之请求权并不是每个集体成员都具有,还需要有权利能力和行为能力的要求,同时使用权也是有一定期限的。承包权虽然形式上是承包合同中的合同权利,但实质上是所有权人行使所有权中的用益物权。正因为所有权主体规定得不明确,让人误以为集体成员是通过承包合同而获得的承包权,对权利关系产生错误理解。另一方面,将土地承包经营权分设为承包权和经营权,有过于简单之嫌,这同样是由于对所有权和承包经营权之间法律上权利关系不够明确造成的。"稳定承包权的宗旨是确认并强化农户已取得的土地承包经营权的物权属性"④,"但成员享有的承包资格应是成员权中的集体利益分配请求权,即请求集体分配财产利益的权利,该权利是取得土地承包经营权的资格权,属于集体土地所有权主体的构成要素,而不是作为财产权的土地承包经营权的内容,单独列出承包权反而导致了法律概念上的混乱"⑤。

"新的权利对应于新的经济力量产生"⑥,对土地多方式利用的需求催生了经营权的独立。经营权是在三权分置提出来之后从承包权中分离出来的权利,是指通过流转合同取得土地的使用和收益以及在承包权人许可的情况下改良土地的权利。经营权和以前的承包经营权中的经营权利在内容上没有差别,只是在三权分置的语境下权利的主体可以是本集体承包户以外的自然人、法人,取消了对土地使用人的审查和批准程序。经营权并没有创设出新的不同内容的权利,提出经营权的目的一是为了加快土地的流转,提高市场配置资源的效率,二是明确集体成员对集体土地享有的分配土地的资格,非本集体不得享有承包资格,防止承包权和经营权混淆,保障集体成员的财产权不受侵犯。对农户而言,流转权带来的利益是其因为拥有承包权而享有的与非本集体成员签订流转合同的自由以及合同利益。因为无

---

① 叶兴庆:《从"两权分离"到"三权分离"——我国农地产权制度的过去与未来》,载《中国党政干部论坛》2014年6期,第7页。
② 蔡立东、姜楠:《农地三权分置的法实现》,载《中国社会科学》2017年第5期,第103页。
③ 叶兴庆:《从"两权分离"到"三权分离"——我国农地产权制度的过去与未来》,载《中国党政干部论坛》2014年6期,第9页。
④ 蔡立东、姜楠:《农地三权分置的法实现》,载《中国社会科学》2017年第5期,第107页。
⑤ 高飞:《土地承包权和土地经营权分设的法律反思和立法回应——兼评〈农村土地承包法修正案(草案)〉》,载《法商研究》2018第3期,第4页。
⑥ [美]Y.巴泽尔:《产权的经济分析》,费方域、段毅才译,上海三联书店、上海人民出版社,1997年,第89页。

论是承包经营权还是承包权与经营权,农户都可以自己行使经营权,单独将经营权列出并不能改变原有的权利状况,三权分置给予农户的权利实际上是一种根据自己的意愿对流转合同相对人的选择权。所以我认为经营权的提法不是很妥当,将其命名为流转选择权可能更能体现政策的本意。

二、集体土地的所有权行使之困境的原因分析

对于我国农村集体所有的分析,必须要从对集体所有权的权利类型、渊源和权利规范方面入手。在现行的法律中,没有对集体所有做出明确的定义,只有《土地管理法》中对集体土地的经营管理的主体做出了规定。这种规定是不全面的,对集体土地的管理经营者的规定和对集体所有和所有权的规定完全是两回事,甚至可以说,管理经营者与集体所有和集体所有者之间也没有必然的联系。有学者认为根据《土地管理法》可以将集体分为"乡镇集体经济组织""村集体经济组织""组集体经济组织",这就是混淆了上述的概念。

(一)对集体土地的所有权的理解不同

关于集体所有权的分析,主要有如下几种观点:

第一种观点认为既然集体所有目前没有相关的规定,那么应该套用法人的规范来将其纳入法律上的权利体系。集体并非法人,这就需要提高集体经济组织的法律地位,以集体经济组织的法人作为行使集体所有权的主体。这种理解的问题在于:在法理上农民集体所有不能等同于集体经济组织所有。村民委员会及村民小组承担得更多的是社会职能,是一种社团组织,以自我管理为主要活动方式。然而农村集体经济组织是对集体资产独立进行管理、使用、收益、处分,对集体土地享有所有权的一种经济组织①。第一,这种做法不仅有违《土地管理法》,也有违宪的嫌疑。第二,根据统计,基层的集体经济组织的发展也很不完善,有些地方的基层经济组织名存实亡,即使是作为实践中行使集体所有权的替代方案也会遇到极大的困难。第三是集体所有是一种完全的恒久的所有,而一个经济组织是无法拥有这样的所有权的,因为经济组织只是为一定的利益而存在的,如果赋予经济组织以所有权,则很容易造成对土地的短期的不顾后果的利用,造成无法挽回的损失。

第二种观点认为集体所有权是"个人化与法人化的契合"②,集体财产为集体组织法人所有,而集体组织成员对集体财产享有股权或社员权。这种观点不仅很难在法理上站得住脚,在实际中也遭遇到了困难,现今的农村集体是无法"企业化"的,不仅缺乏这样的条件,也没有这样做的必要。

第三种观点认为农村集体所有是一种特殊的共同共有。这种观点的弊端是:第一,从存续时间上,共同共有一般都有一定期限,无论是夫妻共同共有还是家庭共同共有,都可能会因为自然人的因素而有终期,但是集体所有和国家所有是平行的,这种所有的存续和国家所有是没有期限的,是应该永久存在的。第二,共同共有是基于一种特殊关系而存在的,决定

---

① 吴春香:《农村集体经济组织成员资格界定及相关救济途径研究》,载《法学杂志》2016 年第 11 期,第 16 页。
② 胡吕银:《集合共有:一种新的共有形式——以集体土地所有权为研究对象》,载《扬州大学学报(人文社会科学版)》2006 年第 1 期,第 56 页。

共同共有成立的核心是共有人之间具有共同关系①。这种关系隐含在这个关系中的人对对方负有一定的责任和义务。共同共有实际上可以说是所有关系中的特殊类型,是民法对于生活中存在的可能影响法律关系的现象的一种适用,但是集体所有并没有存在一种特殊的生产或生活上的关系,更不可能产生特殊的权利和义务。第三,集体所有强调的是集体这个抽象的主体的所有权,或者说,集体也有自己的私利,这种私利是和全民所有相比较而言的私利②。共同共有强调的是私主体的共同所有,权利最终还是落到单个的私主体上,权利的主体是不一样的。有学者认为,正是"集体"的虚化产生了诸多实践中的问题,但是使用"集体所有"也表明了这里的所有权的性质仍然是公有性质,而不是私主体的所有,这是由国家性质所决定的。集体所有和国家所有的区别只是"公共"的范围有所缩小,但归根结底仍然是公共所有,而不能降到私人所有。如果是后者,那么集体所有则变成了私主体,这是不符合实际的。

第四种观点认为目前我国集体所有类似于"总有"的概念。成员集体与集体成员之间的关系可借鉴英美法的信托法律制度或者日耳曼法的总有制度③。总有的概念即一个没有法人资格的团体以团体资格而取得的一种所有。它解决了集体的虚位问题,承认集体本身的存在,比用法人的模式去套用更加符合实际。在总有之中,具有团体资格的主体不能要求分割总有之物,即没有要求分割的请求权,具有团体资格的主体只有收益权,而没有处分权和管理权。总有模式的弊端就是扩大了组织管理者的权力,是对所有权的质的分割,作为总有的成员只拥有占有收益的权力,却没有管理处分的权力。如果认为当下中国集体所有是总有,那就相当于是剥夺了农民集体对属于自己土地的管理处分的权力,这不仅与现实不相符合,也与制度设计的初衷相违背。尽管实际中的确在很多情况下村委会或集体经济组织在行使对土地的管理权,但要看到这种现象本身也是不规范的、没有法律依据的,有关集体土地的重大事项仍然需要集体过半同意才可以。农民作为弱势群体,法律应该更倾向于赋予其更多的权利,而不是剥夺权利。中央的一号文件也在逐年放宽管理,放开权利,这是一个值得重视的趋势。

(二)重效率、轻权利构建的价值取向

随着三权分置的提出,土地的利用方式将进一步多样化,自二权分置分离土地所有权和使用权起,对农村土地权利的制度设计一直将能否促进土地生产效率,能否促进土地市场资源配置作为衡量政策、法律是否合理的依据。家庭联产承包的土地利用方法,正是因为包产到户,激发了农民的积极性,促进了生产效率而被中央所肯定,进而发展成"二权分置"的基础,确立了土地所有权与使用权的分离。二权分置解决了农民的温饱问题,随着生产力的逐步提高,仅仅温饱不能满足实际需求,土地需要流转进入市场才能进一步提高利用效率,分配资源。在这种背景下,三权分置的提出也是为了促进资源配置,增加土地利用效率。可见关于土地权利的政策和立法的宗旨是为了促进效率,改变生产方式,生产力的改变造成生产方式的改变,本身并没有什么问题,但一味注重效率却忽视了相应的法律权利的构建,将效

---

① 杨勇:《论共同共有——以其适用类型为核心》,载《华东政法大学学报》2015年第5期,第22页。
② 韩松:《农民集体土地所有权的权能》,载《法学研究》2014年第6期,28页。
③ 孟勤国:《物权法如何保护集体财产》,载《法学》2006年第1期,第72页。

率价值凌驾于公平价值之上,是产生土地所有权在权利体系中困境的原因。有关土地权利的法律中,对承包经营权的行使,承包合同都有详细的规定,但对所有权的规范很少。权利构建不完善体现在:(1)所有权的基础地位没有体现。土地所有权是其他权利的基础,但有关土地权利的法律法规只是简单地写明所有权属于农民集体,对所有权怎样行使没有规定。(2)承包经营权是所有权基础上的用益物权,但承包经营权却是通过承包合同取得,且发包方是集体经济组织。《土地管理法》明确了集体经济组织并非代替农民集体享有所有权,但集体经济组织的发包权及管理监督权是从农民集体对土地的所有权中分离的依据不充分。(3)发包过程中的公平性得不到保证。农民集体中成员享有承包权和经营权,发包过程中每个成员所享有的公平性得不到保障。因为农民集体无法直接行使所有权,集体经济组织不能代表农民集体的意愿,所以在发包过程中存在很大的不公平的可能性。

在重效率、轻权利构建的思路下设计的制度,一方面充分地释放经济活力,注重对土地的开发利用,另一方面欠缺了相应的权利体系的构建,使得对土地利用的权利可能遭受侵犯,为分配土地中不合理和不公平留下余地,对权利遭受侵犯后的救济制度规定不到位。其总体上虽提高了土地的生产力,增加了财富,但在集体成员之间的对财富的分配可能更加不平均、不公平,甚至增大集体内成员之间的贫富差距,与共同富裕的发展观背道而驰。

三、三权分置中集体所有权行使困境的应对方案

发展牵涉到利益再分配机制、正义的尺度、法律制度安排及其合法性等诸多问题,而绝非仅仅是传统的制度经济学所强调的产权、契约自由等议题①。三权分置的提出正是因为受发展的影响,是必然的结果。只有在法律上明确的规定,才能更好地利用发展的力量,并防止发展带来的负面影响。

(一)将集体所有理解为集体成员对土地的共有

集体所有在历史中并非陌生的概念,反之,在个人所有权出现之前就存在集体所有。梅因在探讨所有权起源时就曾认为"真正古代的制度很可能是共同所有权而不是个别的所有权"②。笔者认为目前所有权体系下集体成员对土地是处于一种特殊的共有之中。集体所有权"是与近现代个人所有权相邻而又相区别的社会化所有权"③。土地集体所有作为与土地公有并存的所有制,并不因表述为区别于国家公有而自然成为一种特殊所有,仍然需要相应法律的构建。"但是,集体土地所有权制度并不能因此而遭到彻底否定,相反应对其进行反思、修正和完善。"④

一块土地仅具有一个所有权,所有权在法律上属于集体,但集体并不是承担权利和义务的法律主体,所以一块土地上的所有权应该由属于集体的农户享有,在一个所有权上有两个以上的人拥有,是一种共有。"每个成员不可分割地享有集体所有权,没有现实的应有份额,

---

① 鲁楠:《全球化视野下的法律与发展》,法律出版社2016年版,第17页。
② [英]亨利·梅因:《古代法》,沈景一译,商务印书馆1959年版,第147页。
③ 刘俊:《土地所有权国家独占研究》,法律出版社2008年版,第95页。
④ 吴义龙:《"三权分置"论的法律逻辑、政策阐释及制度替代》,载《法学家》2016年第4期,第34页。

只能按照集体分配原则平等地享受利益。"①这里的共有有以下的特征:具有一定的资格才能成为集体成员,这里资格一般是户籍,集体成员对土地的权利是平等的,集体成员拥有的使用和收益权不能被非法剥夺,在法律赋予的权利之下可以使用多种途径利用土地,集体成员之间没有特殊的权利和义务,但在有关集体的重大事项上需要过半数同意,且集体成员不能分割土地。

这是一种特殊的共同,这种共有状态的成员之间没有显著的积极义务,只要不影响他人使用即可。共有的成员不要求有血缘关系或其他亲近的关系,只要求有属于某一集体组织的户籍即可,这样的资格要求决定了集体成员之间不需要负特定的责任和义务。相对于总有关系而言,这种特殊共有对组织管理者的权利做了限定,集体的重大事项是由集体做出决定,而非集体的管理组织。

将农村土地集体所有理解为这种松散的共有,有利于更加清晰地认识到农村土地集体所有的本质,有利于根据其性质更好地利用农村土地,解决广大农民的经济收入问题,让更多的人享受改革开放的红利。集体所有就其历史而言,是社会主义改造的一种遗留,尽管在当时促进了生产力的发展,但在经济重心早已经转移到城市的情况下,农村想走集体生产发展的老路是不会有重大突破的,封闭的具有各种门槛的经济也和当今的主流不符。首先,这种共有确保所有权属于集体,所有权属于集体就相当于集体成员共有,这是一个基础性的准则,也是其上各种权利的基础。三权分置也必须建立在所有权稳固的这个基础之上。其次,这种共有要求成员之间的权利是平等的,在实际中主要体现为承包权的平等。平等是共有状态中权利得以行使的基础,也就是承包权的基础,如果没有这个基础那么所谓共有就不复存在。三权分置也强调集体成员之间的平等,目前正在进行的确权登记即是为了保证平等。再次,这种共有强调成员之间没有特殊的权利义务,也即主要的经济关系不是发生在成员内部,成员之间只是松散的共有关系。同样三权分置的目的就是放活管理,开发多种对土地的利用形式。农村土地可以由本村人经营,可以将经营权流转给外村人,也可以流转给城里人,实现了土地资源在更大范围内优化配置②,也促进了农业的现代化发展。只有先在法律规定上减轻成员之间的义务才能让农民没有负担地去自由选择土地利用方式。

松散的共有既在一定程度上放松了对个人使用土地的管制,同时也为利用土地的行为设置了必要的限制。集体成员一方面拥有使用土地的自由,另一方面也要受到对土地处分的法律上的限制。这种限制的必要性来自以下几个方面:其一,土地归根结底是一种具有公共性的自然资源。随着对环境的理解的深入,土地逐渐从早期的完全的所有权转变为现代的受到限制的物权,个人在行使对土地的物权时应该考虑行为可能带来的影响。即使在承认私人对土地所有的国家,土地的使用也要受到相邻关系等的限制。正是基于土地的这种特性,作为集体成员的个人就不能违背自然规律去使用土地,例如对抛耕弃耕的,发包方有权收回土地。其二,目前我国人多粮少,为了满足社会需要,稳定经济,必须要控制耕地面积,所以集体成员不能随意改变土地的用途。其三,如果完全放开对土地的管制,则不仅是对城市人口的一种不公平,也不利于形成良好的城市格局,造成管理的混乱。

---

① 韩松:《坚持农村土地集体所有权》,载《法学家》2014年第2期,第90页。
② 中华人民共和国农业部,http://jiuban.moa.gov.cn/zwllm/zwdt/201711/t20171117_5903782.html,2018年3月10日最后访问。

（二）明确和规范集体土地所有权权利主体

首先，农民集体应该是所有权主体。所有权是其他权利的基础，明确和规范所有权的权利主体是三权分置得以实施的基础。"'农民集体'不是一个严格的法律术语，故应立足于我国所处的时空环境，依照民事主体的内涵对其进行充实，使其符合民事主体的特性。"[①]农民集体应该被认作所有权主体，而不是集体经济组织、村民委员会、村民小组。这是因为：首先在法律上土地所有权被赋予农民集体，农民集体是符合法律规定的所有权主体。尽管现阶段法律对农民集体的规定尚不完善，但应该加以改造，规定其组成、任免、决策程序、意思表示机关、监督机关等，使之成为具有权利能力和行为能力的法律上的主体，而不应将所有权让渡给其他组织，因为其他组织既在法律上无法享有所有权，又容易在实践中滥用所有权。

其次，将农民集体作为所有权主体比其他主体更为合理。第一，更能代表集体对土地的使用意愿，保证了土地的合理利用。所有权在一方面让权利人的财产利益受到保护，另一方面也让所有权对应的财产受到责任人的保护，使所有权的标的物从自然的可能遭受各种意外的不定状态中进入到人为的受到保护的安稳状态，并由相关的法律规定强制手段作为保障。土地作为一种自然资源理应受到保护，农民集体作为土地的所有者和使用人会从自己的利益出发最大限度地利用和保护土地。现阶段屡见不鲜的农村土地纠纷很多情况下是因为村委会、村民小组、集体经济组织用自己的意志代替农民集体的意志，将土地以不合理价格卖给集体以外的人，引发各种利益冲突。根本原因是这些组织既不是法定所有权主体，也不会实际使用土地，容易在利益驱使下做出有违集体利益的行为。将农民集体作为所有权主体，既能实际保障集体所有权不被侵犯，也能保护土地得到合理的开发利用。第二，农民集体拥有所有权可以促进土地在集体成员之间的公平分配。农民集体中每一个成员都有对分配方案投票的权利，保证分配计划公开透明，最大限度保护了集体成员之间分配的公平性。第三，将农民集体作为土地所有权的权利主体，是基层自治所赋予的应然权利，也是基层自治权的实际体现。没有实际权利的自治容易虚化，权利是自治的基础。"农村土地制度是乡村社会的基础，现行农村土地所有权主体与村民自治具有某种同构关系。"[②]

规范集体所有权权利主体，因为承包经营权以农户为单位[③]，故所有权权利主体也应以户为单位，设置决策机关、意思表示机关、监督机关。决策机关由能代表以户为单位的集体成员意见的代表组成，对土地发包方案和土地处分具有最终决定权。意思表示机关对外表达集体的意思，受集体委托和集体以外的人签订合同等。监督机关对发包出去的土地的使用进行监督，对决策机关和意思表示机关的行为进行监督。构建一个能真正代表集体意思的组织，使农民集体管理土地，行使所有权，本身也是基层民主的体现。

严格按照法律和法规，规定成员的成员权，确保集体中每个成员都平等享有所有权。集体内的每个成员都应该享有所有权，可以依据成员身份取得集体利益中属于成员的那一部分。由于国家取消了农业税，集体收益缩减，三权分置强调土地的家庭承包责任，在一定程

---

① 高飞：《论集体土地所有权主体之民法构造》，载《法商研究》2009 年第 4 期，第 13 页。
② 崔智友：《中国村民自治与农村土地问题》，载《中国农村观察》2002 年第 3 期，第 2 页。
③ 土地承包经营权的主体是农户，而非个体成员，不仅是《物权法》（第 124 条）、《农村土地承包法》（第 3 条、第 15 条、第 41 条）的公共选择，"农地三权分置意见"再次明确了这一立场。同时，这也构成我国学界的共识。

度上更加稀释了集体收益,对于没有承包土地的农户或个人,在制度上造成了收益差距的扩大。"没有承包土地的农村集体经济组织成员,则既没有享有基于土地承包经营权产生的收益,也不能分享基于土地所有权而产生的收益。"①

近几年国家愈发重视"三农"问题,中央明确将农民集体规定为集体土地所有权主体②,并将所有权置于三权分置的基础地位,为将来的立法确定了正确的方向。立法也将朝着完善所有权相关规定方向发展,为农村土地更有效率的利用建立法律上的保障。

(责任编辑:单平基)

---

① 高飞:《集体土地所有权主体制度研究》,中国政法大学出版社2017年第2版,第253页。
② 参见中共中央办公厅、国务院办公厅:《关于完善农村土地所有权承包权经营权分置办法的意见》,http://www.gov.cn/xinwen/2016-10/30/content_5126200.htm,2018年6月3日最后访问。

行为无价值论理论优势之探析
——兼与张明楷教授的商榷

黄得说

摘 要 规范是法益侵害的逻辑前提与评价依据,无规范则无"法益"也无"侵害";法益侵害不是一客观事实,而是规范对特定事实状态的评价结果。采取行为无价值论,将故意、过失纳入违法的判断资料,有利于更准确地描述不法,也有利于我国犯罪论体系中对罪责"量"的考察。在现代产权制度中,法益保护的核心内容应为对产权者自由支配权保护,即自由先于功利,作为违法阻却事由的一般原理不应被简化为法益衡量。从刑法的法益保护目的出发,也不能直接推导出不法的实质为法益侵害,对不法的界定要受到刑法目的和实现目的的手段的双重制约。行为无价值论与结果无价值论相比,提高了刑法的最优威慑水平,增进了预防效益,降低了产权制度的运行成本。

关键词 行为无价值论 结果无价值论 规范违反 法益侵害

结果无价值论与行为无价值论的争论,不知不觉在国内蔚然成风。结果无价值论(Erfolgsunwert)认为,违法性的根据在于行为造成了法益侵害或者危险结果,而对行为现实引起的对法益侵害或者危险作否定评价。该理论在国内的主要代表有张明楷教授与黎宏教授。其中,张明楷教授早在 2000 年出版的《法益初论》中,就力倡以法益侵害为基础的结果无价值论,并以此为脉络,在随后的论著中,他全力推行自己的结果无价值论立场,对结果无价值论进行充分的论证,并对行为无价值论及其相关的规范违反说展开尖锐的批判[1],在 2012 年出版的《行为无价值论与结果无价值论》一书中,张明楷教授更是系统地阐述了结果无价值论的理论优势,试图对行为无价值论进行"彻底"的清算,将结果无价值论的立场贯彻到刑法目的、犯罪论体系、未遂犯、共同犯罪、刑罚论等几乎所有的刑法理论领域;黎宏教授作为结果无价值论的积极支持者,其在 2005 年发表的一篇《行为无价值论与结果无价值论:现状和展望》已展现出对结果无价值论的偏好,之后发表的《行为无价值论批判》与《结果无价值论之展开》,长期以来被视为结果无价值论声讨行为无价值论的有力檄文。毫无疑问,到目前为止,结果无价值论在我国已经拥有可观的拥趸[2]。行为无价值论(Handlungsunw-

---

作者简介:黄得说,安徽大学法学院副教授,刑法学博士,通信地址:合肥市经济技术开发区九龙路 111 号,电话:18792295004。

[1] 张明楷:《结果无价值论的法益观——与周光权教授商榷》,载《中外法学》2012 年第 1 期;张明楷:《行为功利主义违法观》,载《中国法学》2011 年第 5 期;张明楷:《行为无价值论的疑问——兼与周光权教授商榷》,载《中国社会科学》2009 年第 1 期。

[2] 如付立庆:《日本刑法学中的行为无价值论与结果无价值论之争及中国的选择》,载《江苏行政学院学报》2013 年第 1 期;杜文俊、陈洪兵:《二元的行为无价值论不应是中国刑法的基本立场》,载《东方法学》2009 年第 4 期等,皆为拥护结果无价值论的文章。

ert)主张违法的实质在于行为对规范的违反,故应对与结果切断的行为本身的样态作否定评价。几乎与结果无价值论在我国兴起的同时,在国内高举行为无价值论大旗的是同样来自清华园的周光权教授,在此期间,其撰写的《规范违反说的新展开》《行为无价值论之提倡》《违法性判断的基准与行为无价值论——兼论当代中国刑法学的立场问题》等一系列论著客观上对行为无价值论在我国的兴起起到了启蒙作用。但长期以来,包括周光权教授在内的行为无价值倡导者将规范违反理解为对伦理规范的违反,导致法与伦理的混淆,而招致结果无价值阵营的大加挞伐。周光权教授近来所倡导的"新行为无价值论"主张:新行为无价值论需要"同时考虑新规范违反说和行为的法益侵害导向性说,而且将行为的法益侵害导向性说置于优先考虑的地位"。但如其所言:"这一意义上的行为无价值论,其实与结果无价值论相比,除了方法论上的差异以外,其他方面的差异已经很小。"[①]该新行为无价值论,并未展示出行为无价值论的应有魅力,相反,它将"行为的法益侵害导向性置于优先考虑的地位"的立论,已脱离了行为无价值论者本该坚守的规范违反阵地,表现出向结果无价值论妥协的倾向,以至于被张明楷教授调侃为"向结果无价值论迈进了一大步,但不无商榷之处"。虽然周光权教授在随后发表的一系列论著中(如2015年出版的《行为无价值论的中国展开》),试图继续为行为无价值论张目,但不得不承认,在我国刑法理论学派之争中,就影响力而言,结果无价值论相比于行为无价值论已经形成了一定的比较优势。

鉴于"当今的结果无价值与行为无价值之争,基本上只是结果无价值论与法规范违反说的行为无价值论之争"[②],二者在刑法"法益保护"之目的上可达成共识。如罗克辛(Roxin)作为二元行为无价值论者也是法益论的坚定捍卫者。其曾表示:"因为只有行为才能是行为规制的对象,保护某种法益,必须以禁止损害法益为指向的行为为前提。"[③]总结国内外学者对结果无价值论与行为无价值的解读与阐述,笔者归纳结果无价值论与通行的行为无价值论的争议焦点为:

1. "无价值"的判断基准。结果无价值论主张"无价值"的判断基准为法益侵害,而行为无价值论则认为"无价值"的判断基准应为规范违反。

2. "无价值"的判断资料。结果无价值论主张应当客观地考察违法性,原则上否认主观要素(故意、过失)是违法性的判断资料,而行为无价值论则认为行为人的主观方面是违法性的根据之一,承认故意、过失是违法的要素。

3. 作为第一争议点的延伸,结果无价值论在违法阻却事由的根据上倡导法益衡量说,否认偶然防卫的可罚性,而行为无价值论根据规范违反理论,主张偶然防卫的可罚性。

笔者赞同通行的行为无价值论的观点[④],即认为违法的本质为行为具有规范违反性,这里的规范是指维护社会秩序、保护法益所需要遵守的行为规范,而与伦理道德无必然联系。本文以该通行的行为无价值论为基点,以归纳的争议焦点为主线,对行为无价值论的理论优势进行挖掘,期为刑法理论之繁荣献上绵薄之力。

---

① 周光权:《新行为无价值论的中国展开》,载《中国法学》2012年第1期,第179页。
② 张明楷:《行为无价值论与结果无价值论》,北京大学出版社2012年版,第47页。
③ [德]克劳斯·罗克辛:《德国刑法学总论》,王世洲译,法律出版社2005年版,第213页。
④ 确切地说,笔者赞同的是以法规范违反为基础的二元行为无价值论,在此,行为无价值是违法的基础,结果无价值在限定处罚范围、构建刑罚的边际威慑力具有重要意义。

一、行为无价值论于"法益侵害"之评价优势

在法经济学论著中,为探讨产权制度的设计对经济效率的影响,经常可以阅读到类似农场主和牧场主之间就牧场主的牛毁坏农场主的谷物而进行谈判的例子:一个牧场主生活在农场主的附近,农场主在他的土地上种植谷物,牧场主则利用土地来放牛,因牧场与农场的边界没有栅栏隔开,因此,牧场主的牛会跑到农场主的土地上,毁坏谷物①。如何处理行为产生的负外部性?自庇古以来,解决外部性的基本思路为谁制造了外部性谁负责,既然是牧场主的牛糟蹋了农场主的谷物,而农场主的谷物没有对牛产生侵害,那么,这个损失的发生是由牧场主带给农场主的,出于对损失原因与公平的考虑,应当由牧场主承担该损失。但科斯认为,外部性具有相互性,既有造成侵害的一面,又有增加社会福利的一面,关键是寻求最优的外部性水平,使损害最小而收益最大。当交易成本为零时,将产权赋予哪个主体都一样,因为外部性可以通过当事人无成本的谈判而得到纠正;而当交易成本为正时,产权的赋予将影响资源配置效率,从节约交易成本和提高资源的使用效率出发,应当将产权赋予评价最高的主体。结合该例,如果农场主在谷物周围构筑栅栏的费用为 50 美元,而牧场主在牧场周围构筑栅栏的成本为 75 美元,即农场主预防牛的侵害比牧场主更有效率,为节约谈判成本,应当赋予牧场主以"牧场主权"。

科斯的产权赋予的效率评价原则虽然是一种理论,但给笔者启发性思考为:既然产权赋予规则可以因不同的制度价值追求而有所不同,那么,对具体资源的产权归属就不是理所当然的。翻开人类发展史,人类拥有的每一项"产权"都可以说不是天然的,即便是所谓天赋的人权。在人类历史上,法律曾把奴隶当作权利的客体,而听任主人的随意处置,甚至规定:债权人可以把无力偿还债务的人,按比例切成碎块加以分配。牧场主是否"侵害"了农场主的权益,显然需要看法律采纳了哪一种产权赋予规则,如果采取的是"牧场主权",即农场主有责任把牛控制在耕地范围之外,那么,他就应当自行承担牛进入耕地所造成的损失,对于牛的入侵,就不应当视为牧场主"侵害"了农场主的权益。

结果无价值论宣称"物的违法论",认为违法性的实质(或根据)是法益侵害及其危险,是一客观事实,但对"法益侵害及其危险"并不具有不证自明性。在一个没有法律、没有产权制度的世界,面对土地,人人都可以自由使用,无所谓"侵害",显然,规范才是"侵害"的逻辑前提与评价依据。

在刑法理论与实践中,违法的本质为规范违反而不是法益侵害的一重要的例证为不作为犯罪。对此,不仅是因为"不作为与外部世界的被改变有因果关系的观点,一再受到怀疑,而且直至今日仍然受到怀疑"。② 即便承认不作为对法益侵害的因果流程具有原因力,但作为不作为犯罪成立的核心要件仍为行为人不履行规范所确定的作为义务。比如,在会游泳的旁观者对落水儿童不予施救最终导致该儿童死亡的案例中,若旁观者都是会游泳的人,假如其能积极施救的话,无疑会增加落水儿童生还的可能性。即便肯定旁观者的不救助与落水人员的死亡之间具有因果关系(该因果关系并未增加法益侵害的风险),但显然不能仅此

---

① [美]考特、尤伦:《法经济学》,史晋川等译,上海人民出版社 2012 年版,第 74 页。
② [德]李斯特:《德国刑法教科书》,徐久生译,法律出版社 2006 年版,第 194 页。

认定旁观者的行为违法，进而对其追究相应的刑事责任。旁观者的行为是否违法，必须要依托于其对落水儿童是否具有救助义务。简而言之，不作为行为构成犯罪必须以行为人具有一定的作为义务为前提，没有这种法定的作为义务，也就欠缺要求某种不作为行为承担刑事责任的法律依据。张明楷教授试图用作为法益侵害的范式（制造危险→危险增大→实害结果现实化）来解读不作为与作为之间的因果流程的相当性，但该相当性的成立仍然要以行为人负有对"对危险源的支配产生的监督义务""基于与法益的无助（脆弱）状态的特殊关系产生的保护义务"或"基于对法益的危险发生领域的支配产生的阻止义务"为前提条件①。

"规范"不同的作为义务设定，意味着不同的不作为犯罪的成立范围。见危不救，如曾引起广泛关注的"小悦悦事件"，路人的冷漠在国内最多带来舆论上的道义谴责，但在刑法规定"见危不救罪"国度（如《法国刑法典》第 223-6 条,《德国刑法典》第 323 条 c 项,《西班牙刑法典》第 489-1 条,《奥地利刑法典》第 95 条），路人的不救助行为则可能违法。可见，规范对不作为犯罪的成立起着决定性的作用。

另外，虽然说法益的利益属性可先于规范而存在，但利益是否向法益转化，是由规范来确认的，这决定了"法益"本身即为法之下的概念。"既然是'法'益，就不可能是离开法的利益；某种利益尽管能够满足主体的需要，但当它并不受法保护时，无论如何也不能称之为法益。"②当不受规范保护的利益受到侵害时，显然也不构成违法，如甲拒绝归还乙的赌债。无法之规范，则无法益的存在；无法益之存在，法益之侵害也将成为无源之水、无本之木。当所谓的"侵害事实"发生时，首先要分析该利益是否为法律所保护的利益，尤其在网络环境下，新型财产权利（如虚拟财产权、网络域名权、信息权利等）是否受到"侵害"，并不像传统型产权那样显而易见、根深蒂固，在法律未赋予产权的情形下，不能将其视为"侵害"的客体，法益"侵害"也将无从发生。

在笔者看来，法益"侵害"本身即带有违反规则之意，结果无价值论将"无价值"界定为"法益侵害"，但"法益侵害"需要用"规范违反"对其再诠释。法益是否受到侵害，必须用规范进行衡量，只有违反规范的"进犯"才能构成"侵害"。总而言之，规范是"法益侵害"的逻辑前提与评价依据，法益之"侵害"是法秩序之下的一个概念，不能脱离规范而存在。法益侵害亦不是一客观事实，而是规范对特定事实状态的评价结果。并且，将违法理解为规范违反并不存在观念上的障碍。"以行为时违反禁止性规范，还是违反命令性规范为标准区分作为与不作为，是一种传统的观点。这种观点并没有过时，仍然具有重要意义。"③张明楷教授如此陈述，但刑法理论通常将行为概括为两种基本形式，即作为与不作为，作为违反的是禁止性规范，而不作为违反的是命令性规范，而作为与不作为两种行为模式原则上构成了犯罪行为的所有外延。在不经意间，张明楷教授已流露出其意识深处的"规范违反"之情结。

二、行为无价值论于"我国犯罪论体系"之构建优势

行为无价值论与结果无价值论的争论，首先是在犯罪论体系中不法阶层展开的，而不法

---

① 张明楷：《刑法学》（第 4 版），法律出版社 2011 年版，第 155-159 页。
② 张明楷：《法益初论》，中国政法大学出版社 2000 年版，第 162 页。
③ 张明楷：《刑法学》（第 4 版），法律出版社 2011 年版，第 148 页。

作为犯罪构成的基石性要件，选择行为无价值论还是结果无价值论，必然受制于犯罪论体系特定的目的功能。在犯罪论体系考察的犯罪成立的要素一致的情形下，选择以行为无价值论或结果无价值论为根基构建不法，在犯罪成立的范围上并不会具有显著差异，因为主观要素虽不为结果无价值之不法要素，但确需在罪责阶层得到验证；若如张明楷教授所阐明的那样，罪刑法定的实现不是仅倚赖于构成要件合致阶层，而是延伸至罪责阶层，选择结果无价值论构建不法也不会有损犯罪论体系罪刑法定功能的实现。但是，理论体系是追求精致与准确性的，在此，笔者要解答的核心问题为："为什么一般法应当采取物的违法论，而刑法采取人的违法论？"①

（一）纯粹的客观不能准确描述不法

平野龙一认为："有无侵害法益的危险，是指客观的危险性，所以，是否存在法益侵害的危险，必须基于行为的客观要素作出判断；行为人主观上是怎么想的，是责任的问题，而不是违法性与作为违法行为类型的构成要件的问题。"②张明楷教授也持结果无价值论立场，维持"违法是客观的"这一命题，否认故意、过失是主观违法要素，因为一个行为的正当与否，与行为人实施行为时具有何种心理态度没有关系③。他指出，被害人牵着自己的宠物狗散步，行为人发射的子弹从狗与被害人中间穿过……只要该行为具有致人死亡的具体危险，行为人对此有认识，就不难认定为杀人未遂；反之，即使行为人对此没有认识，任何人也不能否定其行为具有致人死亡的具体危险④。但问题的症结即在于"危险"判断，相同的子弹路径可能因为行为人不同的目的设定而不同，如：甲以杀人的故意实施射击行为，仅仅因枪法的不准而导致子弹从狗与被害人中穿过，乙为狙击手，具有精准的射击能力，主观上以实现子弹运行轨迹与甲的子弹一致而实施射击行为，现实中甲的射击行为容易被评价为具有致人死亡的危险，而乙的射击则易被评价为不具有致人死亡的危险，虽然二者子弹轨迹运行是一致的。显然，不同的目的设定甚至是不同的行为能力与危险存无的判断相关联。实际上张明楷教授也承认主观的行为意志是违法性要素，如其叙述"倘若进一步追问这种主观的行为意志，是表明行为的违法性还是有责性，答案或许就是前者"⑤。

实质上，探讨危险的存无是很"危险"的，德国学者布黎即对危险持否定态度，他如此认为："客观世界只存在必然的因果法则，一切结果的发生都有其必然的原因，因此认为对于结果的发生在客观上有所谓'能'或'不能'的区分，有所谓'有危险'或'没有危险'的差别，都只是一种错觉；既然犯罪未能既遂，那么在客观上一定存在使其不能既遂的原因，只不过我们没有看到并且很难看到那种原因而已。"⑥他的意思是，考察行为时全部资料，既遂的不发生即是必然的。相反，张明楷教授提出了自己的判断思路："至于客观行为是否具有侵害法益的危险，则应以行为时存在的所有客观事实为基础，并进行一定程度的抽象（舍弃细微的具

---

① 张明楷：《行为无价值论与结果无价值论》，北京大学出版社2012年版，第188页。
② ［日］平野龍一：《刑法：總論》，有斐閣1972年版，第98页。
③ 张明楷：《行为无价值论与结果无价值论》，北京大学出版社2012年版，第138页。
④ 张明楷：《行为无价值论与结果无价值论》，北京大学出版社2012年版，第94页。
⑤ 张明楷：《犯罪构成体系与构成要件要素》，北京大学出版社2010年版，第43页。
⑥ 转引自黄荣坚："刑法"问题与利益思考，台湾九照出版公司1999年版，第122页。

体事实),站在行为时的立场,根据客观的因果法则进行判断。"①但舍弃的即便是"最细微的"具体事实,也质变地使本来必然不发生的事实具有一定程度的发生可能性,最终偏移了危险"客观"的立场。结果无价值论认为,无论采取何种客观危险的判断标准,作为行为人的"特别认知",必然应纳入危险的判断资料中。如:行为人明知飞机被恐怖分子安置了定时炸弹,劝说友人乘坐该飞机旅行的行为就是一杀人行为,明知对方为心脏病患者,一个拍大腿的行为即可为杀人行为;相反,如有必然证据显示,行为人瞄准的是被侵害人的胃而不是心脏,近距离开枪行为即可为伤害行为。

笔者注意到张明楷教授在论证"违法是客观的"这一命题时,所举的例证皆为侵害性的案例,如误以为对方是自己熟睡的妻子而与之性交或触摸下体等。但现实中确实存在着离开行为的主观面,无法确定行为是否违法,如甲趁乙不在家,牵走乙庭院中的牛由己饲养。该行为是合法行为还是违法行为,必须结合行为人的主观面进行确定:若甲以非法占有为目的饲养该牛,该行为即为违法的盗窃行为;若甲以避免乙损失为目的饲养该牛,那么,甲的行为即为合法的无因管理。如果抛开甲的主观面定性甲的行为(合法还是非法),那么,实际上的盗窃行为则可被认定为无因管理,形成处罚漏洞;相反,实际上的无因管理行为亦可被认定为盗窃行为,导致冤案(对之进行防卫)。

总之,笔者认为,虽然被评价为不法的行为客观上常常伴随着客观的侵害,但仅仅凭行为的客观面,不能准确描述不法,不能无误地区分合法行为与非法行为;并且,在处罚不能未遂的国度,以客观的侵害或危险解释不法显然不能涵摄于刑法规范。

(二)结果无价值论不利于罪责"量"的考察②

在犯罪构成探讨不法,终究的目的在于归责。不同于德日刑法,我国刑法明文对犯罪成立提出了"量"的规定,该"量"不仅是对"不法"提出的要求,更是对"罪责"提出的要求。在考察罪责"量"时,整个不法必然是作为罪责"量"的一个要素而存在,这从根本上否定了德日犯罪论体系模型(不法与罪责分治)在我国的适用。在考察罪责"量"时,行为的客观面是罪责"量"的因子(如杀一人与盗窃一千元钱,主观面皆为故意,但罪责"量"前者更大),主观的故意与过失也是影响罪责"量"的因子。如何组合行为的客观面与主观面最有利于罪责"量"的考察呢?

第一种即为宏观把握法,即以个别化的行为类型为原点(即在不法阶段,就区分故意杀人行为、过失致人死亡行为与故意伤害致人死亡的行为),赋予该类型化行为以非难系数,公式为 $S=KI$。

第二种即为微观拆分法,将不法行为分解为行为的客观面与主观面(故意或过失),分别对客观面(I_1)与主观面(I_2)赋予不同的非难系数(K_1、K_2),公式为 $S=K_1I_1+K_2I_2$(如故意杀人、过失致人死亡的行为客观面相同,故非难系数 K_1、I_1 也相同)。

笔者认为,第一种方法符合人类的思维习惯,与刑法的分则规定的法定刑相对应,有利于减少罪责"量"的考察误差,因为不法行为的类型化即是人们在分析不法行为主观构成要

---

① 张明楷:《刑法学》(第4版),法律出版社2011年版,第334页。
② 在《S=KIZ犯罪论体系的诠释》一文中,笔者提出了S=KIZ犯罪论体系的构想,S表示罪责,I表示期待可能性,K为不法与罪责间转换系数,同行最多的疑问莫过于在考察罪责"量"时,为何不能将行为的客观面与主观面分开,分别赋予非难系数,笔者在此作相应的回应。对于S=KIZ犯罪论体系的具体内容,可参阅笔者《S=KIZ犯罪论体系的诠释》一文,载陈兴良主编:《刑事法评论》(第33卷),北京大学出版社2013年版,第50-64页。

件和客观构成要件后对不法行为的综合性评价。且第二种罪责"量"的考察方法本质上是不可行的,因为故意并不是空洞的,而是有其故意内容的,该内容即为不法的客观面,也就是说,在赋予主观面相应的非难系数时,必然与客观面要素相交叉聚合,如对抢劫行为之"故意"之非难系数的赋予依赖于客观面的抢劫行为,这将导致客观面的要素被重复评价。

在犯罪论体系只求定性无求定量的国度,结果无价值论将行为的客观面、主观面豆剖,无伤犯罪论体系功能的发挥,但在犯罪论体系要求考察罪责"量"的情形下,行为客观面、主观面的豆剖将使罪责"量"的考量陷入悖论。

(三)作为防卫对象之"不法"

张明楷教授认为:"将故意、过失归入责任要素,意味着行为是否具有违法性不以行为人是否具有故意、过失为前提。因此,误将他人财物当作自己财物而取走的,误以为熟睡之人是自己的妻子而触摸其隐私部位的,都是侵害了他人法益的违法行为。"[①]结果无价值论采用物的违法论,意味着无论行为人主观状况,凡是客观上侵害他人合法权益的,都是违法行为,这与法秩序的整体精神一致(因为对法秩序而言,即便是无过错的侵害也是被否定的),此乃结果无价值论的优势。但是否如张明楷教授所陈述的那样,选择行为无价值论,"将故意、过失作为违法要素,也为公民的防卫行为设置了障碍。亦即,将故意、过失作为违法要素,意味着只有故意、过失实施的行为才具有违法性,这显然不利于国民行使防卫等权利"[②]?笔者不以为然。

首先,防卫权不专属于刑法领域。

虽然防卫权经历了从习俗到法律的嬗变,但从它的制度形成的历史沿革考察,防卫权是指当人们的人身、财产权等受到外界攻击、侵害时,基于人的自我防卫本能而产生的一种自我保护行为,具有广泛的经验认同性(天赋人权意义上的自然权利)。作为人类防卫本能性权利,虽然我国刑法、民法都有相应的规定,但刑法是民法与其他法律的保障法,这决定了民法是防卫权的最基本法律归属。既然防卫权首先是作为民法属性的权利存在,那么,作为防卫对象之"不法"即为民法中的不法,对防卫权人而言,只要自己的权利受到侵害,无论对方是否具有相应过错,作为权利人当然有权利进行防卫。就如张明楷教授指出的那样,一个可能造成法益侵害结果的行为,即使行为人没有故意、过失等责任要素,国民也是可以制止、防止或者防卫的。例如,即使狩猎者甲根本不可能预见到前方是人而事实上向人开枪时,其他国民都可以阻止甲的行为[③]。

其次,不同的制度构建渊源于不同的目的设定。

防卫权存在于整个法秩序之中(原则上在面临危险时,即可主张该权利),选择客观不法是权利本位、个人主义法治的应然选择;而作为犯罪论体系中的不法为法秩序中违法的一种,与法秩序的违法是特殊与一般的关系,即犯罪论体系中的不法除具有违法的一般属性外,还具有专属于自身的特殊属性,该自身属性服务于犯罪论体系的目的构建。在犯罪论体系中探讨不法是为"归责"服务的,并且专属于我国刑法的"犯罪"是具有罪责"量"的需求的。

---

① 张明楷:《行为无价值论与结果无价值论》,北京大学出版社2012年版,第204页。
② 张明楷:《行为无价值论与结果无价值论》,北京大学出版社2012年版,第137页。
③ 张明楷:《行为无价值论与结果无价值论》,北京大学出版社2012年版,第98页。

在无罪责"量"要求的犯罪论体系中,对选择物的违法抑或人的不法无碍犯罪论体系功能的发挥,但当犯罪论体系对罪责"量"有需求时,摒弃物的违法而选择人的违法为考察罪责"量"的必然要求。

综上,笔者认为,在犯罪论体系中选择人的违法论而非物的违法论,有利于更精确地描述不法,有利于将不能未遂涵摄于刑法规定,有利于犯罪论体系目的设定的实现和功能发挥,不会为正当防卫权设置障碍。

三、行为无价值论于"违法阻却事由"之解释优势

从结果无价值论的立场出发,作为违法阻却的一般原理,通常都是主张法益衡量说。所有的违法阻却事由,都表现为客观上损害了某种法益,与此同时保护了更为优越或者至少同等的法益。……换言之,之所以阻却违法,实际上是法益衡量的结果①。法益衡量说认为,在法益冲突的场合,牺牲价值较小的利益而救助价值较大的利益是违法阻却的一般原理。该理论无疑是受到了现代流行的功利主义"是非"观的影响,它不考虑行为人的动机与手段,而仅仅考虑该行为对于"最大多数人的最大幸福"值的影响。如能增加该值,则这个行为为"是",如果减少该值,那么这个行为就是"非"。

但法益如何衡量?如果法益是同一种类的,100 美元对比 99 美元,前者更高,但当法益不是同一种类时,如何比较?如生命权对比 100 万美元甚至更多,在衡量过程中,是否需要规范确定相应的法益位阶(如生命权一般优先于财产权)?如果规范确定的法益位阶也仅遵循客观的法益衡量规则,法益衡量在一定程度上可以自圆其说。在此,笔者欲指出的是,"侵害"也是一种资源配置的手段,导致资源低效率配置的行为可以理解为违法行为,但"侵害"有时也可实现财富的增值、社会总效用的增加,这主要源自边际效用递减原理与不同资源利用者对资源利用的效率差异。

首先,效用是指消费者通过消费或享受闲暇等使自己的欲望、需求等得到满足的一个度量。作为经济学中最常用的概念,其本身就具有一定的主观性。如果法益增值可置换为社会总效用提高的话②,那么,法益的增值同样适用边际效用递减原理:一个人对于财富的占有多多益善,效用函数一阶导数大于零;但随着财富的增加,满足程度的增加速度却不断下降,即效用函数二阶导数小于零。比方说,甲与乙对面包的边际效用曲线是一致的,第一个面包对甲、乙而言,效用皆为 10,第二个面包对甲、乙而言为 9,依次递减,如下表所示:

面包	1	2	3	4	5	6	7
边际效用	10	9	8	7	6	5	4

现假设甲拥有 7 个面包,而乙拥有 3 个面包,第 7 个面包对甲的效用为 4,如果将该面包转换为乙的第 4 个面包,效用则可提升到 7,从法益衡量、增加社会福利水平而言,乙有权要求甲无偿转让该面包,但这显然与现行的法律规定相矛盾。法益衡量理论导致的危险为:

---

① 张明楷:《行为无价值论与结果无价值论》,北京大学出版社 2012 年版,第 47 页。
② 张明楷教授对此也有类似的观点:将行为功利主义运用到刑法学的违法性领域中来时,其中的快乐与痛苦就是法益衡量的问题。张明楷:《行为无价值论与结果无价值论》,北京大学出版社 2012 年版,第 116 页。

当甲对乙拥有的某一产权的边际评价大于乙时,就有权要求将该产权赋予自己,因为这种赋予将增加社会的总福利。

其次,资源的最佳利用并不是自动实现的,它需要一定的前提条件,其中最关键的是与最佳利用者之间顺利结合。只有当资源与最佳使用者结合时,才能发挥出最大的效用。一个工具只有在具有高超使用技术的主体手中才能被充分利用,一个古董只有在古玩鉴赏者手中才能得到珍视与传承。假设一位古玩专家发现了农民持有的古董,极具收藏价值,但农民视之如草芥,于是专家就通过窃取或诈骗的方法占为己有。从社会总效用水平分析,该古董对农民而言,效用趋近为零,但对专家而言价值不菲,采用窃取或诈骗的强制性交易方式实现了社会总效用的增加,但该强制性交易方式显然应当受到当前法规范的"非法"评价。在此,法益衡量理论的危险为:当产权交易双方因分配合作剩余、禀赋效应等产生争议导致合作失败时,鼓励一方进行强制性交易而侵害另一方的自由权。帕累托改进的效率原则要求在没有使任何人境况变坏的前提下,使得至少一个人变得更好。但法益衡量理论显然走得更远,可为"法益增量"不择手段。结果无价值论以尊重自由为标榜,吹捧价值多元化,它批评行为无价值论将伦理规范纳入刑法保护内容,认为其未能尊重个人的自由决定权,违反了现代社会价值观多样化原则,但其本身却在以"法益衡量"为借口来推行自己的效率至上价值观,有侵犯他人的产权交易自由的嫌疑。

结果无价值论认为,刑法的目的为法益保护,但法益保护不应当被简化为法益衡量,在现代产权制度下,法益保护更应该体现为对产权人处分法益自由权的保护。不可否认,法益衡量可以解释部分违法阻却事由,但这只能说明法益衡量与违法阻却事由存在某种耦合关系。无限防卫权的赋予,意味着防卫对象的损害可以大于所要保护的法益;从利益最大化的价值追求来看,如果被侵害者能够通过逃跑或不予反抗来实现利益总和的最大化,刑法就不应放弃这种要求,但这与正当防卫的成立条件相矛盾,可见正当防卫规则与法益衡量并不完全一致。张明楷教授指出:"虽然在正当防卫情况下,即使所造成的损害大于所避免的损害,也可能排除犯罪的成立,但并不能由此否认法益衡量说。正当防卫是在紧急状态下实施的行为,在面临紧迫的不法侵害的情况下,行为人没有退避的义务,因为'正当没有必要向不正当让步';不法侵害者的法益虽然没有被完全否定,但其利益的保护价值在防卫的必要限度内被否认,因为在正与不正的冲突中只能通过损害不法侵害者的利益来解决冲突,于是,应受保护的法益优越于不法侵害者的利益(也可以说,不法侵害者的利益实质上受到了缩小评价)。"① 上述论证是矛盾的,既然肯定正当防卫客观上"所造成的损害大于所避免的损害",为何却又能对"不正者利益进行缩小评价"?法益的大小、程度可以根据行为符合法秩序规范与否而得到扩张或限缩,这也与结果无价值论宣扬的"行为是否侵害法益,是一种客观的事实"② 相矛盾。

能够支撑防卫者对不法侵害者实施更大损害的理由为"正当没有必要向不正当让步"抑或"应受保护的法益优越于不法侵害者的利益",但何为"正"与"不正"?何为"受保护的法益"与"不法侵害者的利益"?若这两个问题的回答仍遵循法益衡量原则,则是一个循环论证,其结果当然也不能自圆其说。显然,"正"与"不正""受保护的法益"与"不法侵害者的利

---

① 张明楷:《行为无价值论与结果无价值论》,北京大学出版社2012年版,第152页。
② 张明楷:《行为无价值论与结果无价值论》,北京大学出版社2012年版,第185页。

益"的区分与界定,是不能在"法益衡量"命题内得到诠释的,而必须在"法秩序"中得以阐明,离不开秩序规范。"正"意味着没有实施不正当的行为,显示与秩序规范一致的利益,处于受法秩序保护的地位,而"不正"则为反之。在笔者看来,在权利本位理论与利益本位理论就正当防卫的合法化根据展开相互角力的背后,体现的是自由主义与功利主义两种不同的价值在刑法学上的交锋,从正当防卫制度形成的历史沿革来看,自由主义无疑更具有解释力。法秩序之所以赋予防卫者"超损害"之防卫权,那是对"产权者"固有权利的尊重,是对"产权者"自由的尊重。当然,"超损害"之防卫权的赋予客观上有利于提高产权的保护水平,有利于抑制不法侵害的发生概率,最终降低产权的运行成本。

探讨阻却违法事由的一般原理,毫无疑问要从刑法规范设立的基本目的出发,刑法规范设立的目的不是为了维护本身的有效性而是为了保护法益,这一点在行为无价值论与结果无价值论中都可以达成共识。但法益保护不应当被简化为法益衡量,在现代产权制度下,法益保护的核心内容应体现为对产权者自由支配权的尊重与保护,即自由先于功利。正基于此,防卫者才可被赋予"超损害"之防卫权。基于被害人承诺而实施的毁损行为正是尊重了法益主体的处分自由而得以正当化;自救行为也因考虑到产权者权益的优先性而予以正当化;即便是紧急避险,乍看起来与法益衡量的原理契合,但从紧急避险的设置"迫不得已"为前提条件可见,规范原则上不认同以损害他人的合法权益来保护另一合法权益,宏观而言,规范优先保护的仍然是产权者对自己权益的优先支配权。在此必须说明,自由相对于功利的优先性应该这样解读,即当自由与功利相冲突时,自由相对于功利而言,应当被赋予更大的权重系数,也就是说,为保护更大的功利可以牺牲较小的自由为代价,见危不救罪的立法机理也正源于此。在笔者看来,规范不应当在如此情形,即"当价值100万元的甲利益与价值100万元的乙利益发生冲突,保护甲利益的唯一有效办法是损害乙利益时"鼓励行为人实施避险行为,虽然从整体上来看,并没有造成新的损害,但甲的避险行为显然是对乙的自由权的侵害,并且,在立法层面上,必须考虑紧急避险被滥用的风险,立法、司法违法阻却事由的认定,如同一指挥棒,现实中无疑会导致人为地创造出很多"迫不得已"的情形。以法益衡量作为阻却违法的一般原理,有侵害他人自由权的危险,这与结果无价值论根基相悖。显而易见,规范下的自由也不是无边无际的,如不动产的使用要受到相邻权的制约,只有超越"合理使用"的损害才能构成"侵害"。如果说将违法阻却事由纳入规范之内,只是对阻却违法事由的一般原理的形式化解读,那么作为违法阻却事由的一般原则,必须从规范设立的目的中解读却是亘古不变的。

四、行为无价值论于"法益保护"之路径优势

刑法的目的是保护法益,抑或维护规范?处于通论地位的当然是我们所熟知的"法益论",诚如许玉秀所描述的那样,真正为"规范论"孤军奋斗的几乎只有雅各布斯一人。实质上,就连雅各布斯也不得不承认:"根据影响广泛,甚至可以说是占主导地位的观点来看,刑法应当是为法益保护服务的。"[1]雅各布斯将刑法的任务理解为"保障规范的效用",而不对刑罚权的正当依据作出说明,但"如果没有法益这个目的的元素引领规范体系运作,整个规

---

① [德]雅各布斯:《刑法保护什么:法益还是规范适用?》,王世洲译,《比较法研究》2004年第1期。

范体系会形成空转。"①法秩序规范本身并没有价值,决定了它不是目的本身,只是作为保护一定价值的手段而存在。在最终的目的上,笔者赞同刑法是为利益服务的。

(一)结果无价值论的法益保护路径之悖论

刑法的目的是保护法益,是否就一定得出违法的本质就是法益侵害?张明楷教授认为,刑法的目的与违法的本质相对,"结果无价值论将刑法的目的首先理解为保护法益,所以违法性就是对法益的侵害或者威胁,现实产生的对法益的侵害或者威胁就成为违法性的根据"②。也即刑法的目的是保护法益,那么,法益侵害则是违法性的原点。结果无价值论与刑罚的逻辑结构为:刑罚必要性取决于法益侵害或危险这个前提条件,当法益有被侵害或危险时,为了保护法益,则产生了刑罚必要性;反之,倘无法益被侵害或危险时,也就没有刑罚必要性。看似合乎逻辑的直观推论,实质上隐藏着逻辑的悖论。因为当法益受到侵害已为既成事实时,刑罚的发动并不能让受损的法益复原如初,比如说故意杀人既遂后,被害人已经死亡,对犯罪人施加刑罚并不能使受害人死而复活;当法益遭受危险时,刑罚的滞后性决定了其也不具有使法益转危为安、化险为夷的功能,如行为人实施放火行为后,客观上对法益造成了侵害的危险,依照法院的判决对犯罪人进行惩罚并不能保护该有被侵危险的法益。从以上分析可以看出,刑罚的适用并不能保护具体犯罪行为指向的法益,只有当法益未受侵害时,才有刑罚的必要性。诚如在张明楷教授看来:"刑法对某个犯罪的处罚,并不是消极救济该犯罪已经侵害的法益,而是保护类似法益不被其他行为侵害","在乙已经被甲杀害的场合,对甲的处罚当然不是为了保护乙的生命,而是为了保护其他人的生命"。③既然刑罚的适用保护的是未受侵害的法益,换言之,刑罚的发动与具体法益保护之间不具有因果关系,那么,结果无价值论将违法的范围限定为"对法益的侵害或危险"就得在"法益保护"之外寻求依据,但结果无价值论并未给出有力的答案。

在笔者看来,张明楷教授所言的"对某个犯罪的惩罚,保护的是类似法益不被其他行为侵害",实质上是肯定刑法保护法益是通过一般预防实现的。既然刑法保护法益是通过一般预防实现的,而一般预防的实质就是通过处罚实施具体犯罪行为的犯罪人来遏制其他潜在犯罪人实施同类行为,为了实现最优遏制,这决定了刑罚的发动依据不在于具体行为是否对法益造成了现实的侵害或危险,而在于有无遏制其他同类行为的必要。比方说行为人误将白糖当作砒霜而实施杀人的不能犯行为,由于错误偶然性,我们不能期望一般人在欲用砒霜毒杀受害人之时都犯手段不能的错误,故该不能犯的行为有遏制的必要性,即不能犯具有可罚性。结果无价值论以"法益的侵害或危险"限定处罚范围,从最大化法益保护的角度解读,显属赘余。

在现实生活中,哪些行为具有遏制的必要性呢?如果刑法是以法益保护为目的制定的,那么,刑法中行为规范必然是保护法益的行为规范,凡是违反规范的行为都可以理解为对法益具有抽象的危险;有鉴于刑法保护法益的方式为一般预防,为了杜绝反规范行为的"传染性"和一般预防最优遏制的实现,我们没有理由将违反规范而仅仅因没有造成对法益的侵害

---

① 许玉秀:《当代刑法思潮》,中国民主法制出版社2005年版,第26页。
② 张明楷:《行为无价值论与结果无价值论》,北京大学出版社2012年版,第17页。
③ 张明楷:《行为无价值论与结果无价值论》,北京大学出版社2012年版,第267-268页。

或威胁的行为排除在刑法规制之外。换言之,凡是违反法规范的行为,都具有遏制的必要性。张明楷教授批评行为无价值论的法规范违反说,认为法规范违反说导致刑法目的与违法性的实质相分离:法规范违反说承认,刑法的目的与任务就是保护法益,可是,行为是否违法,不是取决于行为是否侵害法益,而是取决于行为是否违反保护法益所必须遵守的规范①。但只要分析刑法保护法益的运作机理,该批评即可避免。诚如福平田教授所言:"刑法的任务在于保护法益,与为了保护法益刑法应当做什么,是不同的问题。"②

至于将违法理解为对法规范的违反,是否是一个循环论证或者是什么也没说。在笔者看来,"将违法理解为对法规范的违反,认为是循环论证"的观点是形式化理解刑法规范的结果,在此需强调的是,法与其他社会规范一样,是一种实体规范。诚如实证分析法学所展示的那样,每个法律体系中都必然包含着用以评价这一法律体系中的其他规则的标准,规范的核心内容明了,其边界虽然模糊,但对成文法的解释属于法规范的本身。形式化理解法规范,探讨法规范之后的规范本体,将使规范的效力来源陷于无限倒退的困境。法律是一个规范,道德也是一种规范,不可否认,法律体系的稳定性部分地依赖于法律和道德的对应,但反之亦然,不能因法规范与其他社会规范的关联性而否定法规范的实体性与独立性。刑法规范是法益保护规则的集合体,是一个制度性事实。法律原则、法律制度的目的论背景、制度化的正义要求、法学家的理论著作等都可以纳入刑法规范的范围内。实体性理解刑法规范,那么,将违法理解为对法规范的违反,并非是循环论证,实证分析法学的成果值得借鉴。

(二)行为无价值论法益保护之经济优势

在行为既侵害法益又违反规范时,结果无价值论与行为无价值论都主张该行为违法并具可罚性,二者的处罚范围一致;在行为侵害法益未违反规范时,行为无价值论认定行为合法,合法的行为当然不具有可罚性,结果无价值论虽主张行为是违法的,但因罪刑法定与责任原则的限制,行为终竟也是不可罚的,二者的处罚范围亦一致;在行为违反规范未侵害法益时,结果无价值论认定行为不违法也不可罚,但行为无价值论却主张违法且可罚,如下表所示:

	结果无价值论	行为无价值论
侵害法益并违反规范	违法并可罚	违法并可罚
侵害法益未违反规范	违法但不可罚	不违法也不可罚
违反规范未侵害法益	不违法也不可罚	违法并可罚

结果无价值论与行为无价值论终极目的都是保护法益,而保护法益的路径手段皆为一般预防,若一般预防的效果取决于实际刑罚,而不是无制裁后果的空洞违法③,那么,行为无价值论与结果无价值论的核心争论可转换为在无法益侵害的情形下,是否能因行为违反规范而予以制裁。通过前一节的分析可以看出,对该类行为进行制裁,逻辑上可以收到法益保

---

① 张明楷:《行为无价值论与结果无价值论》,北京大学出版社2012年版,第38页。
② [日]福平田:《全訂刑法總論》(第四版),有斐閣2004年版,第142頁。
③ 笔者认为,"空白"的违法不具有行为规制机能,就像法律虽然规定了某种"行为模式",但对违反该"行为模式"的法律后果却只字未提,该"违法"只能沦为道德的说教;并且,事实可能事与愿违,"空白"的违法的设定,意味着违法与不利后果不存在必然的因果关系,反而会影响法的公信力。

护的一般预防效果。在此,笔者想指出的是,采取行为无价值论违法观比采取结果无价值论违法观更具有经济学优势。

刑法制度的运行是需要成本的,围绕犯罪行为的侦查、审判、执行都将耗费大量的司法资源;而刑法制度运行的收益则表现为被害的减少,如右图横轴表示犯罪的减少,纵轴表示犯罪减少的边际收益与边际成本。粗略运用边际报酬递减规律,结合经验,当犯罪率只降低5%时再降低1%要比犯罪率已下降95%时再降低1%要容易得多,也即犯罪率降低的边际成本是层层加码的,如右图中的 MSC 曲线代表为实现一个既定犯罪率的下降所消耗的

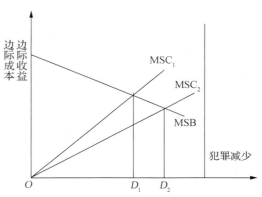

边际成本将向上倾斜。随着犯罪总数的减少,犯罪率每降低一个较小的比率,社会收益亦趋向减少,如犯罪率已降低到95%时再降低1%所得收益要小于犯罪率只降低到5%时再降低1%的收益,如右图中的 MSB 曲线衡量的是实现既定水平的犯罪率下降或威慑的边际社会收益将向下倾斜①。当降低犯罪率的边际成本等于边际收益时(即 D 点),出现社会最优威慑水平。若当前犯罪降低水平低于 D 点,社会就应当进一步加大预防成本投入,反之,则应当降低预防成本投入。

笔者认为,结果无价值论与行为无价值论相比,意味着经过侦查、起诉、审判后,侵害人获得无罪判决的概率增大,也可表示为该司法成本的投入没有起到降低犯罪率的作用;某些显而易见、侦查成本较低的不能犯,但因其非罪化,将导致司法资源不得不转移到破案成本较高的犯罪中。也就是说,结果无价值论的边际预防成本要高于行为无价值论的边际预防成本,如右上图所示,MSC_1 表示结果无价值论边际成本曲线,MSC_2 表示行为无价值论边际成本曲线,MSC_1 将在 MSC_2 的上方。显然选择行为无价值论,有利于将最优威慑水平提高到 D_2 点,增进预防效益。

有的学者会产生如下疑问:从经济学角度来论证行为无价值论对于法益保护的优势,是以威慑力大小作为核心,可能会导致刑罚的发动时间过于提前(甚至会有无限加重刑罚的风险),从而与法治国的人权保障机能不符。但笔者认为,无论是结果无价值论还是行为无价值论,都属于行为刑法的范畴,刑罚的发动皆以行为人实施了构成要件行为为前提条件,故在行为刑法的前提下,探讨行为无价值论的经济优势,并不会损害法治国的人权保障机能②。

---

① [美]考特、尤伦:《法经济学》,史晋川等译,上海人民出版社2012年版,第468页。
② 若抛开行为刑法的大前提,刑罚发动仅依赖经济学的成本收益模型,笔者认为,经济学的分析范式可能会与法治国的人权保障机能不符。虽然法经济学者一般以轻罪重罚事实上是在降低危害更大因而需要科刑更重的犯罪行为的价格、无限制刑罚会对人们选择更为轻微的犯罪行为产生负激励为由(比如绑架定为死刑,那么绑架杀人的行为会明显增多),来否认经济学范式可能存有的无限加重刑罚的风险,但只要刑法确定性的边际成本高于刑法执行的边际成本,就不能从根本上解决经济学范式具有的无限制加重刑罚的危险。笔者也曾试图从经济学的角度去探寻对犯罪人惩罚的限额标准,但最终的结论可能是悲观的。当然社会生活是许多价值的综合体,不仅仅是效率,而且有公正。科斯也明确表示,经济分析不是解决社会制度安排的唯一考虑,福利经济学的问题最终必然归结为美学和伦理学问题。引用经济学分析方法,不仅仅是为了刑罚效率,根本目的是为了实现一种有效率的公正。

五、偶然防卫可罚性的论证

偶然防卫是指行为人主观上没有防卫意图,但其实施的行为在客观上起到了保护自己或者无辜第三人的防卫效果的事实样态。对于偶然防卫,刑法理论上存在不同的处理意见,有行为无价值论意义上的既遂、未遂说,结果无价值论意义上的未遂说、两分说与无罪说。在国内,影响力较大的为行为无价值论意义上的未遂说和结果无价值论意义上的无罪说。张明楷教授基于结果无价值论立场,采取防卫意识不要说,认为偶然防卫与通常的正当防卫一样,只要没有超过必要限度,就意味着保护了更为优越或者至少同等的法益,因而阻却违法①。在此,笔者不想落入传统探讨该问题的窠臼,将讨论置于一个正确性有待检验的前提之下(结果无价值论或行为无价值论),故笔者从处罚必要性与后果来探讨偶然防卫。

(一) 偶然防卫的免于处罚,对犯罪决策具有加权作用

张明楷教授认为:"刑事司法宣布偶然防卫不违法,并不会带来消极效果。这是因为,刑事司法宣布偶然防卫不违法,既保护了偶然防卫者的法益,也不会导致有人在故意杀人时期待自己的行为产生偶然防卫的效果。否则,这种人的行为比守株待兔还可笑。换言之,在刑事司法上宣布偶然防卫不违法,不可能起到鼓励人们实施偶然防卫的作用。"②虽然说,偶然防卫的低概率决定了行为人一般不可能以实现偶然防卫为唯一动机来实施侵害行为,但根据米斯利(Miceli)给出的犯罪决策模型,当 $g > p(f+ct)$ 成立时,潜在的罪犯将实施犯罪。这里 g 为潜在罪犯通过犯罪得到的收益,p 为犯罪被抓获、定罪的概率,f 为罪犯实施犯罪将受到的罚金和监禁惩罚,c 为罪犯每一单位监禁时间 t 的成本。对偶然防卫者不进行刑法规制,意味着定罪概率 p 的降低,预期犯罪成本减少,而犯罪成本的减少,将会增加罪犯实施犯罪行为的需求。当行为人违反法益保护规范后,行为人被定罪的概率越低,实施违反规范的动机就越强烈。也就是说,偶然防卫的非处罚化,对犯罪决策具有加权作用。

并且,根据行为经济学的理论,实验研究表明,人们在风险决策中,隐含着过高地估计小概率事件,过低地估计中、高概率事件,低概率被赋予较大权重,中、高概率被赋予较小权重,权重函数与概率值的交叉点大致介于 0.1 和 0.3 之间(如右图所示)。

在展望理论中,非确定性结果的效用并不是直接用其概率来加权的,而是被乘以决策权重,即概率的函数。根据行为经济学的研究成果,现实中偶然防卫的概率虽然很低,但免于对偶然防卫惩罚所导致的对犯罪决策的加权作用不应被漠视、低估。

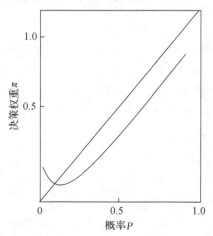

---

① 张明楷:《行为无价值论与结果无价值论》,北京大学出版社 2012 年版,第 185 页。
② 张明楷:《行为无价值论与结果无价值论》,北京大学出版社 2012 年版,第 117 页。

（二）惩罚偶然防卫不具有不利后果

张明楷教授批评偶然防卫"有罪说"道："行为无价值论的观点不顾现实地考虑未来。例如：丙着手实施暴力准备强奸妇女丁，乙在一无所知的情形下开枪将丙射中，造成丙重伤，客观上制止了丙强奸丁的犯罪行为。根据行为无价值论的观点，乙的行为是违法的，即刑法禁止乙对丙开枪射击。于是，结局只能有两种：其一，在乙遵守规范不开枪射击的情况下，丁遭受强奸，丙被以强奸罪论处；其二，在乙违反规范开枪射击的情况下，乙被以故意杀人罪或者故意伤害罪论处，丁免受强奸。但是，这两种结局都不能令人满意。换言之，行为无价值论是以牺牲现实的法益为前提考虑一般预防的。按照行为无价值论的观点，由于刑法禁止乙的偶然防卫，所以，乙的开枪射击是违法的，要受到刑罚处罚。于是，在规范意义上，就意味着通过牺牲丁的法益来预防其他人犯罪。不得不认为，行为无价值论是通过放纵犯罪（丙的行为）去追求预防犯罪的目的。"①

首先，其第一种"不满意"结论分明就是一种错误论断，因为乙是否实施偶然防卫行为与刑法是否惩处偶然防卫没有任何的关联性。因为乙在行为决策过程中，对自己行为的"防卫性"无知，所以刑法是否惩处偶然防卫对其行为决策无影响。如果刑法是不惩罚偶然防卫的，但乙实施行为过程中，并不知道行为构成偶然防卫，那么偶然防卫的免罚性不能对乙实施偶然防卫决策具有加权作用；若刑法是处罚偶然防卫的，但行为人本身意欲实施的就是侵害行为，对该惩罚性已在决策前的犯罪成本分析中予以了考虑，那么偶然防卫的惩罚性也不足以使行为人放弃实施偶然防卫行为。

宏观而论，偶然防卫的免罚性意味着降低了处罚的概率与犯罪成本，对犯罪决策具有加权作用，暗含着增加了偶然防卫的数量（但不是概率），但与偶然防卫"量"同时增加的是更多的侵害，并因偶然防卫的概率远远小于侵害的发生率，故偶然防卫的免罚对法益保护而言很不经济。

其次，就其第二种"不满意"结论而言，该"不满意"有违客观事实，因为偶然防卫"正当防卫说"在德国只有极个别支持者，在日本也属于少数说②。在国内，传统理论也主张"有罪说"，张明楷教授所言的"不能令人满意"显然是基于个人学术偏见得出的，不代表通论与大众的观点。

其实，张明楷教授对偶然防卫的免罚立论也并不能一以贯之。假如："一位刺客谋杀一位受到人民爱戴和拥护的总统，但子弹射偏了，击中一块岩石圈，结果导致发现一个巨大的油田，使得该地区的人们从此富裕起来。"对这一假设情形，他论述道：发现油田是一个好结果，对总统的生命产生的危险则是坏结果。但是，这两种结果并不是基于冲突而产生的，并不是只有刺杀总统才能发现油田，也不是一旦发现油田必然刺杀总统。所以，发现油田不能成为违法阻却事由，刺客仍然要承担杀人未遂的责任。但笔者看不出刺客行为与偶然防卫之间的本质区别，将刺客的行为过程稍做改动，刺客击中的不是岩石圈，而是正在实施杀人行为的杀人犯，刺客以非法侵害的目的而对总统使用了武力（对总统的生命产生具体危险），但客观上起到了防卫的效果，可构成偶然防卫。为何将行为功利的结果从生命权转变为发

---

① 张明楷：《行为无价值论与结果无价值论》，北京大学出版社2012年版，第169页。
② 邹兵建：《偶然防卫论》，见陈兴良主编：《刑事法评论》（第33卷），北京大学出版社2013年版，第137页。

现油田,行为就具有了可罚性,按照刺客事例的杜撰目的,发现油田要比保卫总统生命更能带来社会功利。

余论

排他权的创设是资源有效率地使用的必要条件,如果他不能收获,他就不会播种。社会将产权作为一种法律权力来建立客观上有利于鼓励生产,打击盗用行为,降低产权维护成本,但效率并不是产权制度的唯一立足点。民权社会,产权更意味着权利人在产权范围内支配产权的自由权,这决定了刑法保护的不仅仅是法益增量,还有法益的支配自由,并且支配自由优先于法益衡量。以行为功利主义为价值导向的法益衡量理论,有为了"最大福利"而侵害产权规则所追求的自由、公平等价值的危险。

"什么行为是正当的,与处罚什么是正当的,是两个不同的问题。或者说,行为的正当性与处罚某种行为的正当性,虽然具有联系,但不是同一问题。倘若均以功利主义为标准来衡量,前者讨论的问题是具体的行为是否产生最大的功利,因而是否正当;后者讨论的问题是,国家以刑罚处罚某种行为是否产生最大的功利,因而该刑罚处罚是否正当。……但显而易见的是,刑法绝对排斥对正当行为的处罚;一个国家处罚正当行为(善有恶报),奖励不正当的行为(恶有善报)的后果,是不堪设想的。所以,国家只能从不正当行为中挑选出部分行为作为处罚对象。"①该观点反映出张明楷教授并不是一个坚定的行为功利主义的拥护者,若他的立场是坚定的,对于"什么是正当的"与"处罚什么是正当的"两个命题都应当在行为功利主义框架内给予回复,但当面对"处罚正当行为能够获得最大的功利时,行为功利主义也会主张处罚正当行为"的诘难时,他却从规则功利主义立场做出了否定的回答。但现实可能如官渡之战典故中反映的那样,曹操斩仓官王垕,寻找"替罪羊"的效果是积极的。张明楷教授为避免陷入良性违法等争论,主观上欲将行为功利主义的功能发挥限缩在阻却违法事由的认定上,作为一种例外来使用,但限制违法的根据即为合法的依据,行为功利主义在说明行为符合构成要件但阻却实质违法的同时也在阐述着何为合法的依据。限制违法的根据与合法的依据之间是一体两面的关系,这决定了行为功利主义的功能发挥不可能仅限缩在阻却违法的认定上,"例外适用"的目标实现只是张明楷教授的一厢情愿。

刑法以保护法益为目的,这在行为无价值论与结果无价值论间可以形成共识,但结果无价值论与行为无价值论相比,并没有展示出它的行为功利主义优势,相反,选择行为无价值论,有利于降低刑法的运行成本,提高刑法的最优威慑水平,增进预防效益。

(责任编辑:梁云宝)

---

① 张明楷:《行为无价值论与结果无价值论》,北京大学出版社 2012 年版,第 104-105 页。

论家庭教育立法中的若干基础问题

叶 强

摘 要 如何推动家庭教育立法,目前已经在中央和地方进行了一些探索,积累了相当的立法经验,但是专门就家庭教育国家立法进行的理论研究,学术界还关注较少。为此,本文试图通过对家庭教育立法中的若干基础问题,即家庭教育立法目的、家庭教育事业发展的经费保障、家庭教育立法与学前教育立法的衔接、家庭教育指导行为的性质以及撤销父母的监护权后保障儿童得到有效的家庭教育的权利等问题进行分析,从而推动《家庭教育促进法》的制定和出台。

关键词 家庭教育　国家立法　软法

推动家庭教育的国家立法是国家保护和促进家庭教育的基点。目前在这一领域中,从国家立法层面来看,还没有制定专门的《家庭教育促进法》,只有若干条文散见于其他法律中,如《民法总则》第26条、第27条,《妇女儿童权益保障法》第17条,《婚姻法》第21条、第23条,《未成年人保护法》第12条,《预防未成年人犯罪法》第10条,《教育法》第50条,《反家庭暴力法》第12条;而在地方立法层面,重庆、新疆等地已经先行先试,制定了地方性法规,即《重庆市家庭教育促进条例》(2016年5月27日)、《新疆维吾尔自治区人民政府关于加强父母对未成年子女家庭教育的指导意见》(2016年6月9日)和《乌鲁木齐市人民政府关于加强父母对未成年子女家庭教育的指导意见》(2016年9月27日)等。这些立法固然为家庭教育的国家立法积累了经验,但学术界对家庭教育立法本身的理论研究还比较单薄,如目前的研究主要局限于为什么要进行家庭教育立法[①],以及描述家庭教育立法的法制进程上[②],而对于家庭教育立法应该涵盖的内容、制度和体系还远未深入。为此本文拟以《家庭教育促进法》的制定为契机,专门针对它的立法问题进行基础性的研究。

一、家庭教育立法的前提性问题:软法抑或硬法

一旦家庭教育法成文化,必然会在法律条款上涉及大量的宣示、指导、劝导、鼓励、奖励等内容,这就提出了家庭教育立法的定位问题:是软法还是硬法?如果是软法,那立法又有

作者简介:叶强,中南财经政法大学法治发展与司法改革研究中心讲师,法学博士后流动站在职研究人员。研究方向:教育法学和社会治理法学。

① 例如有学者认为,对于某一领域是否需要立法进行干预,主要决定于该领域对公共性社会性的影响程度,尤其是决定于该领域所体现出的公共利益性。如果该领域对于国家与社会利益至关重要,即可视为获得了进行立法干预的必要性。参见徐建、姚建龙:《家庭教育立法的思考》,载《当代青年研究》2004年第5期。

② 吕慧、缪建东:《改革开放以来我国家庭教育的法制化进程》,载《南京师大学报(社会科学版)》2015年第2期。

何必要性呢？

　　软法（soft law）是北京大学的罗豪才教授引介到中国的一个法学概念。在他的引领下，目前国内学术界在软法研究领域已经形成了相当的研究成果，其中《软法亦法：公共治理呼唤软法之治》一书系统构筑了中国的软法理论。在概念的使用上，软法来自国际法，发明者是罗德·麦克奈尔（Lord McNair）。他在1934年的论文中指出，在国际法领域存在具有道德约束和政治约束的宣言，但它们并不具有强制性①。在学术论著中，经常引用的软法概念出自法国学者弗朗西斯·施奈德（Francis Snyder）的定义，即认为软法是原则上没有法律约束力但有实际效力的行为规则②。在国内，罗豪才教授提出的软法概念也影响深远。他认为，软法指的是那些效力结构未必完整，无须依靠国家强制保障实施，但能够产生社会实效的法律规范③。在他的定义下，软法的概念非常广泛，包括法律、法规、规章中那些不具有强制性的条款。

　　关于法律、法规、规章中那些带有宣示、指导、劝导、鼓励、奖励等内容的条款是否能成为软法的一部分，目前有两种观点：一种是以罗豪才教授为代表的支持论④，一种是以杨海坤教授为代表的反对论⑤。笔者对软法研究抱非常欢迎的态度，但是对将软法的范围无限扩大的观点却十分怀疑。这是因为，如果将国家正式的立法，即法律、法规和规章也认为是一种夹杂硬法和软法的"混合法"，那国家正式立法的效力将很难得到保障。

　　周佑勇教授的观点深具启发。他虽然承认国家正式立法中的裁量基准是软法，但是认为，这些软法应该借助硬法保障措施，例如作为司法机关在裁判中的理由说明，获得一种间接的司法适用，进而发挥硬法的作用⑥。事实上，国家正式立法中的法律条款由于规范形态的不同，例如强制性法律规范和授权性法律规范，而表现出不同的法律效力。不能因为某些规范比另外一些规范在强制性上弱，就否认这些规范具有强制性。

　　举两个例子。一个是宪法上的例子。按照那些持支持论的学者的观点，八二宪法的序言和总纲大体上可以归为软法的范畴，然而事实绝不是这样。且不说宪法序言具有法律效力⑦，单说总纲中的条款，由于它赋予立法机关以立法形成的义务，立法机关就有责任受这一强制性的拘束。再一个是行政指导的例子。行政机关采取何种方式进行指导，在这一点上没有强制力，但是行政机关必须依法进行指导，在行政指导上不得滥用行政指导权，这仍然构成了某种强制力。因此从是否具有强制性的角度将法律、法规、规章中这些带有宣示、指导、劝导、鼓励、奖励等内容的条款认定为软法是带有逻辑瑕疵的。一旦将法律规范看作

---

　　① Lord McNair: *International Legislation*, *Iowa Law Review*, Vol. 17, 1934, p. 177.
　　② Francis Snyder: *The Effectiveness of European Community Law: Institutions, Process, Tools and Techniques*, *Modern Law Review*, Vol. 56, No. 1, 1993, p. 32.
　　③ 罗豪才、宋功德：《认真对待软法——公域软法的一般理论及其中国实践》，载《中国法学》2006年第2期。
　　④ 代表性论文有：罗豪才、宋功德：《认真对待软法——公域软法的一般理论及其中国实践》，载《中国法学》2006年第2期；姜明安：《软法的兴起与软法之治》，载《中国法学》2006年第2期；方世荣：《论公法领域中"软法"实施的资源保障》，载《法商研究》2013年第3期；姜明安：《软法在推进国家治理现代化中的作用》，载《求是学刊》2014年第5期。
　　⑤ 代表性论文有：杨海坤、张开俊：《软法国内化的演变及其存在的问题》，载《法制与社会发展》2012年第6期；强昌文：《公共性：理解软法之关键》，载《法学》2016年第1期。
　　⑥ 周佑勇：《在软法与硬法之间：裁量基准效力的法理定位》，载《法学论坛》2009年第4期。
　　⑦ 最新的研究成果，参见陈玉山：《中国宪法序言研究》，清华大学出版社2016年版。重点参阅该书第四章"宪法序言的法效力"。

一个整体,规范之间实则具有紧密的联系,法律规范在强制性上就只有强弱之分。对于授权性法律规范而言,其强制性依然存在。

张龑老师虽然认为软法存在于国家正式立法中,但是他的软法定义和支持论的观点明显不同。他认为,软法是在一个总体上具有强制性保障的主权国家中以常规方式实现的各类法律规范的总和①。首先,他从规范性的角度论证了硬法和软法都是法,因为硬法具有硬规范性,而软法具有硬规范性和软规范性两种属性,并明确指出硬法和软法的区别不在于规范性,也不在于实效性,而在于约束力和强制力。注意,他并不是说软法没有"约束力和强制力",而是说这种"约束力和强制力"是软强制力,这就表明了他的软法概念已经发生了变化。事实上,这种定义下的"软法"已经不是软法了,而是"软的法"②,它是具有国家强制性的正式立法的组成部分。其次,他从"常规性"的角度论证了他所理解的"软法"概念。他认为,常规性是"软法"的核心要素,它强调了法律规范如何获得习惯性服从,制度性事实和商谈型构了人们遵守"软法"的两种方式。这一见解可以说相当深刻。但是笔者以为,这里存在一个守法主体的差别。

对于普通人与国家机关及其工作人员而言,软法对二者的效力是不同的,二者守法的方式也是不同的。法律、法规、规章中那些带有宣示、指导、劝导、鼓励、奖励等内容的条款对国家机关及其工作人员仍然具有强制力,他们仍然要遵守,最起码要遵守基本的法律原则和法律程序;而对于普通人而言,这些条款对他们确实不具有强制性,但由于这些条款具有积极的正面意义,或者是民主协商的产物,遵守比不遵守能带来更大的效用。只是在这里,才产生强制性服从和习惯性服从的区隔。可见,对于软法的研究离不开对不同守法主体的区分。

以是否具有国家强制性为标准区分硬法和软法,这就将国家正式立法排除在软法之外。将软法限定在国际法、习惯法、社团自治规则、企事业单位内部文件、村规民约等确定范围之内,可能更具有研究意义。至于那些国家正式立法之外、在中国普遍盛行的"红头文件",也不宜定位于软法,因为这些政策不仅深刻地影响了公民的权利义务关系,而且还对国家机关及其工作人员赋予了职责。当这些国家政策实行一段时间之后,就应该通过正式的立法程序,将其以法律的形式确立下来。家庭教育立法即是如此,过去主要靠国家政策进行治理,现在则应该依靠宪法、法律来治理。

二、家庭教育立法的目的何在

立法目的是立法工作的灵魂,通常被写在法律的第一条。如何表述立法目的是一项非常复杂的立法技术③,并且随着目的性审查在比例原则司法适用中的扩展,立法目的的确定也应该更加慎重。

我们先来看重庆市、新疆维吾尔自治区家庭教育立法对立法目的的表述。《重庆市家庭教育促进条例》第1条规定,制定本条例的目的是为了推进家庭教育发展,促进未成年人全面健康成长,增进家庭幸福、社会和谐。《新疆维吾尔自治区人民政府关于加强父母对未成

---

① 张龑:《软法与常态化的国家治理》,载《中外法学》2016年第2期。
② 强昌文:《公共性:理解软法之关键》,载《法学》2016年第1期。
③ 刘风景:《立法目的条款之法理基础及表述技术》,载《法商研究》2013年第3期。

年子女家庭教育的指导意见》第一段规定,制定本指导意见的目的在于进一步加强父母对未成年人家庭教育工作,落实父母在未成年子女家庭教育中的主体责任。

这两部法律文件在立法目的上有相当之不同:其中重庆市突出了"未成年人",新疆突出了父母的主体责任;还有一点不同在于,新疆规定的目的非常具体,而重庆市的规定则相当广泛,从小到大,涵盖了人、家庭与社会。

在确定一部法律的立法目的时,一方面与这部法律所要处理的问题有关,即问题越具体,目的也就越容易明确;另一方面与人们对这部法律的期待有关,即人们的期待越多,也就越会将目的扩大化。如重庆市的规定将家庭教育立法目的与建立幸福家庭、和谐(祥和)社会相联系,不能说没有道理,但是家庭教育立法毕竟只是教育立法或者家庭立法的一个分支,将家庭教育立法目的上升到一个部门法的高度,这显然超出了家庭教育立法所要完成的任务。本文认为,家庭教育立法的目的在于:克服家庭教育风险,保障父母或者其他监护人的家庭教育权利,落实未成年人的受教育权利,实现儿童公民向积极公民的转化。

家庭教育立法,首先要解决现实中家庭教育面临的问题。如果没有这些问题,家庭教育立法的必要性就不存在。在逻辑关系上,既然家庭教育风险存在,从风险预防和风险教育的观念出发,立法首先就应该因应这些风险,也就是预防这些风险。重庆市、新疆维吾尔自治区的规定都没有提出"风险预防"的目的观,这可能与我们当前对预防的观念重视不够有关。立法作为调整社会生活的手段,它关乎执行、关乎救济、关乎监督,也关乎预防。凡事预则立,不预则废。如果立法能在"家庭教育风险"的预防上下功夫,它就能降低家庭教育问题发生的概率,减少家庭教育问题发生的危害,从而满足人们对建立幸福家庭与和谐(祥和)社会的美好期望。

预防意味着不发生风险,它满足了人们对社会生活的一种基本需求,所以预防家庭教育风险只是立法目的第一个层次。从家庭教育立法牵涉的关系来看,它表现为国家、父母(在广义上,也包含其他监护人)和儿童之间的三角关系。当人权话语成为世界话语之后,现代立法表达的价值观念应该秉持着人权保护的精神。人权保护作为立法目的,应该旗帜鲜明地表述出来,保障父母或者其他监护人的家庭教育权利、落实未成年人的受教育权理应成为家庭教育立法目的的组成部分。目前有一种较为普遍的看法,认为家庭教育立法就是为了保护儿童,似乎不保护父母权利,或者认为父母权利虽应当保护,但也是居于儿童权利之后。《重庆市家庭教育促进条例》第1条即是这种观念的反映。新疆的规定旨在强化父母对未成年子女教育的主体责任,这固然不错,可是父母权利作为基本权的意义首先在于防御国家的干涉①。家庭教育立法作为国家介入的一种形式,如果不能体现保护父母权利的要求,而仅仅只是强调父母责任,这在立法理念上是有缺失的。固然父母权利和儿童权利在现实中存在冲突,但这是利益冲突,并不代表它们不能同时得到保护。

人权保护是立法价值上的追求,是立法目的较高的一个层次,然而国家立法毕竟带有意识形态,它还具有国家所意图实现的形态,诸如"幸福家庭"或者"和谐(祥和)社会"之类。笔者虽然不赞同将这两项放入家庭教育立法目的之中,但是承认国家这一意图的合理性。具体而言,国家进行家庭教育立法的根本目的是为了塑造合格的公民。现代社会是一个公民社会,而公民的培养必然仰赖于教育,所以公民教育成为一个日益重要的全球议题,而家庭

---

① 叶强:《论作为基本权利的家庭教育权》,载《财经法学》2018年第2期。

教育的目的确定为培养儿童公民,实现儿童公民向积极公民的转化,使其成为国家共同体的一分子。这既是国家的期待,也是家庭教育必须发挥的作用。正是因为家庭无力独自承担这一使命,国家介入才有必要,国家介入才能获得充分的合法性。

这几个目的位于不同的层次,也存在内在的关联。其中克服家庭教育风险也体现了保护父母权利和儿童权利的意思,但是它不能完全满足父母权利和儿童权利的要求。因为基本权利对应了不同层次的国家义务,克服家庭教育风险不能概括其中较高阶段的义务。"实现儿童公民向积极公民的转化"和其他目的皆有关联,而之所以将它列为根本目的,是因为它不仅可以评价家庭教育风险的程度,还可以评价父母权利和儿童权利发生冲突时的利益选择机制。德国联邦宪法法院多次在判例中指出在学校事务上国家教育权和父母权利是平行的,因为国家负有将儿童培养成公民之职责,即是此意。

三、如何保障必要的家庭教育财政支出

据中国儿童中心的调查数据显示,工作经费欠缺是影响家庭教育事业发展的重要因素。在调查的12个省(市)中,虽然绝大多数省(市)都将家庭教育专项经费纳入财政预算,但2011年超百万元的只有2个省。按本省(市)未成年人平均计算,除上海(市)外其他省(市)人均均不足1元。从总体上看,家庭教育经费中用于日常工作经费的支出最多,占全部支出的36.1%。特别是在基层,经费欠缺的问题更加突出,基本以自筹为主[①]。还有调查显示,即使是像浙江省这样的富裕省份,全省81个县(市、区)也只有47个把家庭教育工作经费列入年度财政预算,而且数额非常小,多数年均在数千元到三五万元之间,而且省财政预算也多年维持在10万元不变[②]。这些数据表明,如果国家财政不投入,只靠相关工作人员自筹经费,家庭教育事业的发展会相当困难。

在法律文件上,家庭教育工作经费保障只是具有软约束力。《中国儿童发展纲要(2011—2020年)》提出"将家庭教育指导服务纳入城乡公共服务体系";《关于指导推进家庭教育的五年规划(2011—2015年)》提出,各地相关部门要加大家庭教育工作经费投入,保障各地家庭教育工作获得必需的财力支持;有条件的地区,可将家庭教育工作纳入政府民生工程。《关于指导推进家庭教育的五年规划(2016—2020年)》规定,积极争取各级政府加大对家庭教育事业的财政投入以及购买服务的力度,推动将家庭教育经费纳入地方财政预算或实施相关民生工程,保障家庭教育工作获得必需的财力支持。这三份法律文件并不具有法律的强制约束力,地方政府碍于财力问题,可能对此根本不予重视,但一旦地方政府重视起来,则是另一番光景,湖南省长沙市长沙县的例子即是如此。

从2007年起,长沙县就首次将家庭教育纳入全县经济社会发展整体规划,将家庭教育的经费列入财政预算,保证每年以家长学校建设名义列支7万元,然后县本级再按照各乡镇总人口数计算,保证每年人均达0.5元以上,以此为标准下发家庭教育工作经费。与此同时,县教育局将家庭教育工作纳入学校年度绩效考核内容,并增加权重,由此在全县的中小

---

① 中国儿童中心:《我国家庭教育指导服务体系状况调查研究》,中国人民大学出版社2014年版,第5-7页。
② 李杨、任金涛:《我国家庭教育指导服务保障体系现状与展望》,载《成人教育》2012年第11期。

学都建立了家长学校,成为湖南省乃至全国发展家庭教育事业的典型[①]。

长沙县的经验主要有三点:第一,将家庭教育工作经费纳入县级财政预算;第二,按人口数核发家庭教育经费额度;第三,以家长学校建设为抓手。由于"将家庭教育工作经费纳入财政预算"还没有成为法律硬性规定,为了推动这项工作,我们结合不久前国务院出台的《关于推进中央与地方财政事权和支出责任划分改革的指导意见》(国发〔2016〕49号,2016年8月24日),从国家正在推动的城乡义务教育经费保障机制中寻求启示。

国发〔2016〕49号文件是1994年分税制改革以来的又一次重大改革。这一次改革的重心是合理划分中央与地方财政事权和支出责任,其主要内容是适度加强中央的财政事权,保障地方履行财政事权,减少并规范中央与地方共同财政事权,建立财政事权划分动态调整机制,如将义务教育确定为中央与地方共同财政事权。至于中央与地方具体承担的比例,则规定"可以研究制定全国统一标准,并由中央与地方按比例或以中央为主承担支出责任"。对于省级以下财政事权和支出责任划分,则规定"避免将过多支出责任交给基层政府承担"。这些规定直指基层政府长期以来承担责任过大而财力不足的困境,可谓有的放矢。

在国发〔2016〕49号文件之前,国务院印发了《关于进一步完善城乡义务教育经费保障机制的通知》(国发〔2015〕67号,2015年11月28日)。国发〔2015〕67号文件确定了2016年生均公用经费基准定额为:中西部地区普通小学每生每年600元(东部地区为650元),普通初中每生每年800元(东部地区为850元)。在此基础上明确了中央与地方的投入比例:西部地区及中部地区比照实施西部大开发政策的县(市、区)为8∶2,中部其他地区为6∶4,东部地区为5∶5。这一改革的效果是非常好的。以云南省为例,自2012年先行实施城乡义务教育经费保障机制以来,云南省农村义务教育阶段中小学生辍学率明显降低,农村中小学教师工资得到保证,教师队伍结构日趋合理,而且还有效减缓了农村中小学生家庭的贫困趋势[②]。

完善城乡义务教育经费保障机制的实践可以为家庭教育事业发展提供借鉴。首先,国家介入家庭教育的根本目的是实现儿童公民向积极公民的转化,于是家庭教育带有全国性、全局性,而它与义务教育也紧密关联,又带有地方性,因而可以将家庭教育确定为中央与地方共同财政事权。其次,确定人均家庭教育经费额度。目前全国范围内人均家庭教育经费额度还不足1元,可以1元为基点,以后再逐年增加。再次,明确中央与地方的投入比例,可以参考城乡义务教育经费保障比例。最后,明确家庭教育工作经费向基层政府,主要是向县级政府倾斜,并优先保障贫困地区和农村地区。

本文建议可采取如下方案,即在中央人民政府和省级人民政府中专门预留一部分资金用作对地方家庭教育工作的补助。方案可分为两个层次:基层人民政府或者其他组织只向省级人民政府申请;省级人民政府优先使用本单位的资金,在资金耗费完之后,省级人民政府将基层人民政府或者其他组织的申请向中央人民政府转交。中央人民政府在审验之后,将资金直接拨付给基层人民政府或者其他组织,并将办理结果回复省级人民政府。

[①] 姚学文:《长沙县家庭教育全省领先》,载《湖南日报》2013年6月28日第7版。
[②] 梁青青:《农村义务教育经费保障机制改革实施情况调查研究——以云南省为例》,载《教育导刊》2016年第1期上半月。

四、家庭教育立法如何与学前教育立法相衔接

学前教育是幼儿保育机构对3～6岁的儿童实施的保育和教育,它和义务教育、职业教育、特殊教育、高等教育等组成国民教育体系。目前在法律位阶,国家还没有出台《学前教育法》,但学前教育立法也是今后的发展趋势。

在地方层面上,学前教育立法开展较早,而且范围更广。自从北京市人大常委会于2001年6月22日制定《北京市学前教育条例》以来,又有安徽省、云南省、天津市、吉林省,以及沈阳市、青岛市、杭州市、宁波市、淮南市、徐州市等省市制定了学前教育条例。从这些条例的文本来看,通常会包含这些内容:(1)学前教育的法律地位和责任主体;(2)学前教育机构,即幼儿园的设置和管理;(3)学前教育机构的管理人员、师资以及其他工作人员的任职条件和责任;(4)学前教育经费保障,特别是幼儿园收费问题;(5)违法责任。

在世界范围内,学前教育立法也具有若干共性,如:(1)明确学前教育价值与性质,确立并提升学前教育地位;(2)明确并强化政府在学前教育事业发展中的重要职责,并明晰各级地方政府学前教育职权;(3)明确政府学前教育财政投入责任,预算单列并设专项经费;(4)明确幼儿教师身份、地位、权益与资质要求;(5)扶助弱势群体,促进学前教育公平①。将国际学前教育立法和国内立法加以比较,可以发现学前教育立法的重点是学前教育机构的设置与幼儿教师的培养和规范。

这就将其与家庭教育立法区分开来。比较《重庆市家庭教育促进条例》和《天津市学前教育条例》(2016年5月27日制定)的结构,就可以发现这些明显差异。然而学前教育立法和家庭教育立法又有非常紧密的联系,具体表现在:(1)学前教育分担了父母对未成年子女进行保育和教育的部分职能,这就要求两者互相配合,共同担负起儿童成长的职责;(2)学前教育主要针对3～6岁的幼儿,这一时期是儿童心理发展的关键时期,学前教育机构不仅有担负幼儿保育和教育的职责,还要通过适当的方式对父母进行家庭教育指导,增强父母与幼儿间的联系;(3)学前教育不是义务教育,不具有强制性,但由于学前教育还不是免费教育,因而在确立幼儿园的收费标准时,必须照顾到不同家庭的承受能力,这方面德国已经做出了示范②。

因而,在进行家庭教育立法时应该考虑和学前教育立法的衔接问题。家庭教育立法和学前教育立法由于调整的对象和社会关系不同不可能相互替代,但是二者存在紧密的联系却是不争的事实。不论是家庭教育立法在先还是学前教育立法在先,都应该将对方纳入自己的视域中。如果家庭教育立法在先,在草拟家庭教育法时就应该设想这些内容:(1)幼儿园的设置和幼儿入园都应该满足方便父母的原则,如幼儿园距离幼儿的父母家太远,不方便父母对幼儿进行照顾和教育;(2)幼儿园定期开展家庭教育活动,对父母进行家庭教育指导;(3)幼儿园的收费标准应该满足国家财政投入和父母合理分担的原则,在有条件的地方,逐步实现学前教育免费。如果学前教育立法在先,则也应该考虑这些问题。

---

① 沙莉:《世界主要国家和地区学前教育法律研究及启示》,光明日报出版社2013年版,第71-135页。
② 关于德国学前教育立法,除了前文有所介绍外,还可参见庞丽娟主编:《国际学前教育法律研究》,北京师范大学出版社2011年版,第77-115页。

五、是否将家庭教育指导行为纳入行政诉讼受案范围

家庭教育指导行为,按主体可以划分为行政主体①实施的家庭教育指导行为和其他主体实施的家庭教育指导行为,如家庭教育指导师实施的行为。这里只讨论行政主体实施的家庭教育指导行为。在行政法上,行政行为有两种含义:一种是将其等同于行政法律行为,一种是将其作为行政法律行为和行政事实行为的上位概念。而对于行政事实行为,学术界也存在很大的争议②。为了简化这些讨论,本文暂且将行政事实行为定性为行政行为,即行政主体做出的对外不具有法律效力但事实上可能对行政相对人权利和义务造成影响的行为③。

行政主体实施的家庭教育指导行为属于行政指导的一种。目前关于行政指导也存在争议,主要有两种观点:其一,将行政行为等同于行政法律行为,并将行政指导也定义为行政法律行为④,这种观点占少数;其二,在划分行政法律行为和行政事实行为的基础上,将行政指导理解为非强制行政行为⑤或者非权力行政方式⑥,即将行政指导作为行政事实行为的一种,这种观点占多数。

笔者倾向于从行政事实行为的角度理解行政指导,这是因为行政指导最大的特征就在于不具有强制性,这和行政立法、行政许可、行政强制等行政法律行为存在明显区别。在定义上,国家工商总局依据学术界研究成果,在《工商行政管理机关行政指导工作规则》(工商法字〔2013〕3号,2013年3月1日)第3条中,将行政指导规定为"在其法定职权范围内,通过建议、辅导、提醒、规劝、示范、公示、约谈等非强制性方式,引导公民、法人和其他组织自愿做出或者不做出某种行为,以实现一定行政管理目的的行为",这体现了行政事实行为的意味。不过从法律救济的角度而言,行政指导是属于行政法律行为还是行政事实行为意义并不显著,因为"有权利必有救济"。从《国家赔偿法》(2012年10月26日修订)第2条规定看,国家机关和国家工作人员行使职权,对行政相对人的合法权益造成损害的,就应该承担赔偿责任。这意味着在行政赔偿上,针对行政指导的救济不存在法律障碍。

法律上的障碍主要出现在行政指导是否可以作为行政诉讼的受案范围。最新修订的《行政诉讼法》(2014年11月1日修订)第2条将行政诉讼受案范围规定为狭义的行政行为,即行政法律行为,第12条也没有明确列举行政指导,而最新出台的《行政诉讼法司法解释》⑦依然将行政指导行为排除在行政诉讼的受案范围之外(见该解释第一条)。这种立法态度仍然坚持了行政指导不能进入行政诉讼,也不能进行行政复议的传统立场。

---

① 依据《行政诉讼法》第2条之规定,行政主体包括行政机关和法律、法规、规章授权的组织。
② 王锡锌、邓淑珠:《行政事实行为再认识》,载《行政法学研究》2001年第3期。
③ 王红建:《行政事实行为概念考》,载《河北法学》2009年第7期。
④ 杨海坤、黄学贤:《行政指导比较研究新探》,载《中国法学》1999年第3期。
⑤ 崔卓兰、孙红梅:《非强制行政行为初探》,载《行政与法》1998年第3期。
⑥ 莫于川:《行政指导论纲:非权力行政方式及其法治问题研究》,重庆大学出版社1999年版,第32页。
⑦ 即《最高人民法院关于适用〈中华人民共和国行政诉讼法〉若干问题的解释》(法释〔2018〕1号),2018年2月6日。

将行政指导纳入行政诉讼受案范围是很多学者的共识。在这方面,日本和美国等都有过行政诉讼实践①。在功能上,行政指导可以分为规制性或抑制性的行政指导、调整性或调停性的行政指导、促进性或辅助性的行政指导。其中规则性的行政指导容易变相为强制性的指导行为,对于这类"违法不当且行政相对人有证据证明已变相具有实际强制力的行政指导行为"应该优先纳入行政诉讼受案范围②。具体来看,应该纳入行政诉讼受案范围的行政指导包括:(1)无权或越权指导;(2)行政指导内容上的瑕疵;(3)"异变"的行政指导;(4)行政指导的不作为③。分析至此,似乎意味着将部分行政指导纳入行政诉讼受案范围不存在理论困境,然而在现实中还存在一个文化接纳的因素。泉州市工商局推行的工商行政指导在全国具有垂范意义,其2005年制定的《泉州市工商行政管理机关行政指导程序规定》(泉工商〔2005〕287号,2005年11月24日)第37条④默许了行政诉讼,但是在执行中却没有发生一起行政指导纠纷,原因一方面在于行政相对人的自我转移型的化解,另一方面在于工商机关的主动监督⑤。这也说明行政诉讼并不是约束行政指导的唯一出路,从行政程序上保障行政指导的质量,强化立法约束也是关键之途⑥。根据《泉州市工商行政管理机关行政指导程序(2011年修订)》,原第37条的内容被删除。结合新规定第22条⑦、第23条⑧和第63条⑨的规定,其更加强调行政相对人的选择权和工商机关内部的监督。

具体到家庭教育指导,它属于行政指导功能中相对较弱的一种,即属于促进性或辅助性的行政指导。在指导效果上,它很难像工商行政指导那样表现为可以量化的金钱利益。如家庭教育指导机构对父母进行育儿方法上的指导,即使教育方法有误,不仅很难判断父母和儿童是否会受到不利影响,而且难以判断家庭教育指导机构的指导行为与父母和儿童受到不利影响之间的因果关系。举一个简单例子:一对父母在接受家庭教育指导机构的指导后,将学来的知识运用到自家孩子身上,结果发现孩子学习兴趣下降了。家长据此认为家庭教育指导有误,于是向法院申请赔偿。如果这类案件必须受理,法院在做出司法裁判时,将面临诸多困境,如证据的收集和运用、因果关系的判断等。

据此,不宜将家庭教育指导行为纳入行政受案范围,也不宜将其纳入行政赔偿范围,主要是因为家庭教育指导对父母和儿童的不利影响难以量化,恰当的方式可能是在行政程序上,即从家庭教育指导的依据、指导方式、指导原则、指导内容、发动程序、调查程序、公开程

---

① 莫于川:《国外行政指导典型案例研究》,载《行政法学研究》2003年第3期。
② 莫于川:《应将行政指导纳入我国行政诉讼受案范围》,载《重庆社会科学》2005年第8期。
③ 陆伟明、周继超主编:《行政指导在行政执法中的规范运用》,知识产权出版社2013年版,第232-233页。
④ 第37条 行政相对人因听从、配合行政指导致使自己的合法利益受到损害的,可以申请实施指导的工商机关给予一定补偿。工商机关实施行政指导,由于工作人员的疏忽或人类认识局限,给当事人的合法权益造成损害的,按照公平负担和特别牺牲、特别补救的原则,给予公平补偿。
⑤ 余凌云:《行政指导之中的合法预期——对泉州工商局实践经验的考察与思考》,载《法学家》2007年第5期。
⑥ 莫于川:《论行政指导的立法约束》,载《中国法学》2004年第2期。
⑦ 第22条 工商机关实施行政指导应当告知行政相对人有自由选择的权利,行政相对人可自主决定配合、听从行政指导,并有权陈述意见。工商机关应当认真听取、采纳行政相对人合理、可行的意见。
⑧ 第23条 工商机关在实施行政指导过程中,行政相对人如明显表示不服从行政指导的,工商机关应该终止行政指导,不得强行要求或迫使行政相对人服从。
⑨ 第63条 各级工商机关法制机构及业务机构在监督过程中发现具体实施的行政指导行为确有错误或实施机构不履行职责的,应当向实施机构提出纠正意见。实施机构应当在规定的期限内做出纠正并通知有关的行政相对人。

序上严加规范①。

六、撤销父母的监护权后,如何保障儿童得到有效的家庭教育的权利

自从 2015 年 1 月 1 日《关于依法处理监护人侵害未成年人权益行为若干问题的意见》实施以来,撤销监护人资格诉讼成为法院的一种诉讼类型。2015 年 2 月,徐州市铜山区人民法院宣判全国首例民政机关申请撤销监护人资格案,标志着这项制度正式落地。两年来,它日益被广大公众接受,但是一个没有得到有效解决的问题是:一旦父母的监护权被撤销了,谁来照顾孩子,谁来教育孩子②?

在目前的制度体系中,父母的监护权被撤销后,法院将为孩子寻找新的监护人。首先从孩子的亲属中寻找;如果亲属中没有合适的,就指定民政部门为监护人,具体负责收留抚养的是民政部门下属的儿童福利机构;儿童福利机构也可以依据收养法律送养孩子。这个制度链条看似完美,却忽视了三个因素:第一,由于儿童与父母之间的天然联系,儿童只有和父母一起生活才最符合儿童最大利益原则。第二,随着养育儿童的成本日益繁重,寄希望于父母以外的亲属成为监护人变得非常不确定,也许将会使儿童面临新的生活困境。第三,由民政部门作为儿童监护人固然可取,但是儿童成长的关键环节离不开家庭教育,这都需要大量的经过培训的专业人员。囿于民政部门的人力和物力,它还很难满足这一要求。

《国家人权行动计划(2016—2020 年)》提出,逐步建立以家庭监护为主体,以社区、学校等有关单位和人员监督为保障,以国家监护为补充的监护制度。完善和发展国家监护制度是解决父母的监护权被撤销之后的重大制度设计。它的关键在于成立一个强有力的行政部门,解决目前在儿童福利领域部门众多而职责又不清晰的状态③。在这一点上,笔者进一步强调,有必要在国务院组成部门中设置家庭、妇女与儿童部。

可以说,设置家庭、妇女与儿童部是完善国家监护制度的需要。一旦父母的监护权被撤销之后,可以由各地的家庭、妇女与儿童部门作为儿童监护人。家庭、妇女与儿童部门利用自身的条件,除了解决儿童住宿和照顾问题之外,还要通过家庭教育专业人员和志愿队伍对儿童进行心理辅导和给予亲情温暖,同时对儿童的父母进行有针对性的帮助,争取儿童早日回归到父母的家庭之中。当然,家庭、妇女与儿童部门也可以为儿童寻找合适的亲属作为监护人,或者收养家庭或者寄养家庭,等等,但是对于这类新组合的家庭,家庭救助和家庭教育指导更是不能偏废,而这也正是国家监护制度的意义。

七、结论

通过对以上问题的梳理,本文认为:即将制定的《家庭教育促进法》虽然在法律条款上涉及大量的宣示、指导、劝导、鼓励、奖励等内容,但仍然是硬法,不能定位于软法;家庭教育立

---

① 关于立法上对行政指导条款的构想,参见莫于川:《论行政指导的立法约束》,载《中国法学》2004 年第 2 期。
② 黄丹羽:《父母监护权被撤销,孩子谁来管?》,载《中国青年报》2015 年 2 月 7 日第 2 版。
③ 汪曼乔:《撤销监护权后未成年人权益后续保障问题研究》,载《预防青少年犯罪研究》2016 年第 1 期。

法的目的在于克服家庭教育风险,保障父母或者其他监护人的家庭教育权利,落实未成年人的受教育权利,实现儿童公民向积极公民的转化;应该设置专门的家庭、妇女与儿童部来执行《家庭教育促进法》;应该在法律中规定中央与地方承担的比例以保障必要的家庭教育财政支出;家庭教育立法应该做好与学前教育立法的相互衔接;针对家庭教育指导行为,不宜将其纳入行政受案范围,也不宜将其纳入行政赔偿范围;撤销父母监护权不是最终目的,而是要将儿童得到有效的家庭教育的权利贯彻始终。

(责任编辑:陈道英)

附:《家庭教育促进法(草案)》建议稿①

一、总则

第一条 为了推进家庭教育事业发展,克服家庭教育风险,保障父母的家庭教育权利,落实未成年人的受教育权利,实现儿童公民向积极公民的转化,根据《中华人民共和国宪法》第十九条和第四十九条之规定,制定本法。

第二条 本法所称家庭教育,是指父母对未成年子女的教育和影响。

父母以外的自然人或者组织担任未成年人的监护人的,视为父母。

第三条 推进家庭教育事业发展是父母和政府的共同责任,其中父母应当履行对未成年子女家庭教育的主体责任,国家履行补充责任。

国家完善包括生育支持、幼儿养育、青少年发展、老人赡养、病残照料、善后服务等在内的家庭发展政策。

国家完善税收、抚育、教育、社会保障、住房等政策,减轻生养子女家庭负担。

国家完善计划生育奖励假制度和配偶陪产假制度,设立男性职工带薪陪护分娩妻子的假期制度。大力发展针对0~3岁幼儿的托幼机构,持续发展学前教育事业,为妇女平衡工作与家庭提供支持。

国家完善未成年人监护制度。逐步建立以家庭监护为主体,以社区、学校等有关单位和人员监督为保障,以国家监护为补充的监护制度。

第四条 国家发展家庭教育事业,应该遵循家庭教育风险预防与家庭教育质量稳步提高相结合的原则、父母家庭教育权利和儿童最大利益相平衡的原则、家庭教育专业人才和志愿服务人员相配合的原则。

国家在推动家庭教育事业发展的过程中,应该遵循合法性原则、正当程序原则、合比例原则和最低生存保障原则。

第五条 国家在中央人民政府组成部门中设立家庭、妇女与儿童部,作为国家的家庭教育主管机关,负责全国的家庭教育事业。家庭、妇女与儿童部的具体职能由国务院规定。

地方人民政府在参照国务院家庭、妇女与儿童部的基础上,设立对应的行政机关,作为地方的家庭教育主管机关,负责地方的家庭教育事业。

各级家庭、妇女与儿童部门在履行职责时,应加强和同级妇女联合会(妇联)的密切配合,并联合其他有关部门和组织,有效开展家庭教育工作。

第六条 国家应该积极调动社会资源,充分发挥妇女联合会(妇联)、工会、社区、幼儿园、学校、家庭教育社会组织、家庭教育专家学者、专业人才和志愿人员的作用,共同推进家庭教育事业发展。

第七条 国家鼓励和支持有条件的高等院校开设家庭教育专业、开发家庭教育教材、培养家庭教育专业人才。

---

① 本建议稿,在若干条文上参考了《重庆市家庭教育促进条例》(2016年5月27日制定)的规定,特作说明。

第八条　国家建立家庭教育专业人才职业认证制度。

第九条　国家支持家庭教育志愿人员职业培训，鼓励社会工作服务机构和志愿服务组织开展家庭教育志愿服务，推动家庭教育志愿事业发展。

第十条　国家设立中华家庭教育基金会，支持家庭教育事业发展。

中华家庭教育基金会的具体管理办法由家庭、妇女与儿童部会同教育部和财政部共同制定。

国家鼓励依法设立其他家庭教育基金。

鼓励单位、个人向中华家庭教育基金会、家庭教育基金和家庭教育社会组织捐赠。捐赠人的捐赠支出，按照国家有关规定税前扣除。

第十一条　县级以上人民政府应当将家庭教育事业发展列入国民经济和社会发展规划，并将家庭教育事业经费纳入本级财政预算。

初期按照人均1元的标准确定家庭教育经费拨款额度，之后列入各级财政预算的家庭教育事业经费应逐步提高，保证家庭教育经费在财政性教育经费中占有合理比例。

第十二条　国家将每年的3月8日确定为国家家庭教育日，宣传家庭教育知识，提高全社会的家庭教育意识。

二、父母在家庭教育中的权利与义务

第十三条　教育未成年子女是父母固有的权利，除非父母不履行家庭教育义务或者因为其他行为导致未成年人最大利益受损，国家才能限制或剥夺父母的家庭教育权利。

第十四条　父母双方在家庭教育的权利上一律平等，共同行使。

第十五条　父母有选择幼儿园、中小学校和中等职业学校的权利。

第十六条　父母有参与幼儿园、中小学校和中等职业学校的事务管理的权利。

父母可以通过家长委员会的形式参与幼儿园、中小学校和中等职业学校的事务管理。

国家推动在幼儿园、中小学校和中等职业学校中普遍建立家长委员会，推动建立年级、班级家长委员会。幼儿园、中小学校和中等职业学校应该将家长委员会纳入学校日常管理，制定家长委员会章程，将家庭教育指导服务作为重要任务。

家长委员会是由父母组成的，对幼儿园、中小学校和中等职业学校的教育教学工作享有知情权、评议权、参与权和监督权的，联系家庭和学校的社会自治组织。

家长委员会应该制定组织章程，并根据实际需要设立家长代表大会和常务委员会。

家长代表大会由所在幼儿园、中小学校和中等职业学校学生的父母双方组成。家长委员会常务委员会是家长代表大会的常设机构。设主任委员1名、副主任委员2名、秘书长1名、常务委员和委员若干名。常务委员和委员人数根据幼儿园、中小学校和中等职业学校的学生规模确定。

家长代表大会由家长委员会常务委员会召集。必要时，家长代表大会可以召开临时会议，由家长委员会常务委员会主任委员召集。家长委员会常务委员会主任委员因故不能召集或不召集时，家长委员会中的会员代表10人或者1/5以上的会员代表联名提议，由家长委员共同推举一人临时组织并负责。

家长代表大会每学期至少举行一次会议,听取所在幼儿园、中小学校和中等职业学校的工作报告,提出意见和建议;听取家长委员会常务委员会的工作报告,确定家长委员会常务委员会的各项工作。

家长代表大会举行会议时,以家庭为单位,父母双方每人享有一个投票权;家庭中只有父母一方参加会议的,享有两个投票权。参加家长代表大会的父母代表达到会员代表总人数的3/4以上的多数的,开会有效;家长代表大会做出的决定,由与会的父母代表的3/4以上的多数通过。

其他未规定的事项由参加家长委员会的全体父母协商解决。对于家长委员会组织的活动,幼儿园、中小学校和中等职业学校应当支持和配合,并做好服务工作。

父母参与幼儿园、中小学校和中等职业学校等学校的事务管理的具体办法,由国务院制定。

第十七条 父母享有向家庭教育主管机关获取家庭教育知识、寻求家庭教育指导的权利。对于父母的申请,家庭教育主管机关必须受理。

家庭教育主管机关在接到父母的申请后,应该按照法定程序向父母提供充分的家庭教育知识。在必要时,应该安排家庭教育专业人员或者经过培训的家庭教育志愿人员提供上门服务。

家庭教育主管机关也可以不经过父母的申请,主动向父母提供家庭教育知识和家庭教育指导服务。在家庭教育主管机关按照法定程序提供家庭教育知识和家庭教育指导服务时,父母应该积极配合。

家庭教育主管机关提供家庭教育知识和家庭教育指导服务的具体程序,由国务院制定。

第十八条 父母应该遵守义务教育法律法规,保证适龄未成年子女按时入学接受并完成义务教育。

有条件的地方可以试点未成年人在家接受教育。试点地区及试点办法由国务院决定。

国务院在确定试点地区之前,应该聘请专门的委员会出具家庭教育试点报告。报告应该包括:在家教育在该地区的接受程度,在家教育可能给社会和未成年人成长带来的正反面影响,父母的受教育程度和家庭收入状况,等等。

国务院制定的试点办法,在内容上应该包括:在家教育的教学内容、教学形式、教学人员和教学效果评估,以及在家教育与学校之间的衔接,等等。总体上,试点地区在家教育的质量应当高于当地义务教育的平均水平。

第十九条 父母在教育未成年子女的事项上应该民主协商,力求一致,并按照儿童最大利益原则的精神采取合适的教育方式。

当父母在教育未成年子女的事项上不一致时,可以向家庭教育主管机关寻求解决办法。家庭教育主管机关在接到父母一方或者父母双方的申请之后,应该立即采取行动,在父母之间居中调解,并提供科学合理的教育建议。

父母一方或者父母双方不服家庭教育主管机关的调解的,家庭教育主管机关应该和妇女联合会(妇联)、学校、社区等机构合作,反复做好说服教育工作,争取化解家庭纠纷。

有条件的地方可以试点将此类家庭教育争议纳入家事审判改革的诉讼范围。试点办法由最高人民法院制定。

第二十条 父母在对未成年子女进行教育时,应当言传身教,以健康的思想和良好的品行教育和影响未成年人健康成长。

父母应当遵循必要的家长教育行为规范：

（1）进行民主教育和人权教育,树立未成年人的民主精神和民主意识；

（2）进行爱国主义教育、社会公德教育和家庭美德教育,培养未成年人的爱国情感和道德意识；

（3）进行责任教育,养成未成年人的责任伦理和责任精神；

（4）进行意志教育和身心健康教育,锻炼未成年人的社会适应能力；

（5）进行劳动教育,提升未成年人的自理能力；

（6）进行公民教育和法律教育,增强未成年人的公民理念和法治意识；

（7）法律、法规规定的其他行为规范。

父母应当学习家庭教育知识,树立正确的家庭教育观念,掌握科学的家庭教育方法,提高家庭教育的能力。为达成此目的,家庭教育主管机关应该主动向父母提供帮助和指导。

父母应当配合家庭教育主管机关、妇女联合会（妇联）、工会、幼儿园、中小学校和中等职业学校、社区开展的家庭教育指导活动,尤其应该参加幼儿园、中小学校和中等职业学校的家长委员会、家长学校等组织开展的家庭教育活动。

父母应该主动与幼儿园、中小学校和中等职业学校沟通未成年子女学习、生活的情况,配合幼儿园、中小学校和中等职业学校对未成年子女进行教育。

第二十一条 禁止父母采取暴力的方式对未成年子女实施家庭教育。

暴力是指以殴打、捆绑、残害、限制人身自由以及经常性谩骂、恐吓等方式实施的身体、精神等侵害行为。

父母应该和未成年子女保持良好的沟通,并就家庭教育事项交换意见。在必要时,父母可以采用申斥等温和的口头教育行为,但不得进行侮辱和谩骂。

未成年子女对父母的教育观念和教育方法存在疑惑时,可以向家庭教育主管机关寻求帮助。家庭教育主管机关在接到未成年人的求助申请后,应该按照法定程序,安排家庭教育专业人员或者经过培训的家庭教育志愿人员提供上门服务,并协调父母和未成年子女在教育观念上的冲突。

第二十二条 父母应当与未成年子女一起生活,共同承担家庭教育的义务。由于情感、两地分居、外出工作等原因,父母一方不能长期和未成年子女共同生活的,应该定期与未成年子女团聚,了解掌握未成年子女的生活、学习和心理状况。

父母双方应该至少有一方与未成年子女共同生活。当父母双方迫不得已与未成年子女分开生活时,应该委托有监护能力的其他成年人或者机构教育未成年子女。父母应该定期与未成年子女团聚,了解掌握未成年子女的生活、学习和心理状况。

父母双方无故与未成年子女分开生活时,未成年子女可以向家庭教育主管机关寻求帮助。家庭教育主管机关在接到未成年人的求助申请后,应该对父母采取说服教育等措施；必要时,可以对父母一方或者双方采取强制措施。

国家应该制定合理的人口迁徙政策,解决父母两地分居问题。因户籍等客观原因造成的父母两地分居问题的,国家应该出台政策优先解决。

国家应该通过教育扶贫和其他手段,提高就近就业和创业的机会,为父母和未成年人共同生活创造条件。

国家应该立即采取措施,保证6岁以下的儿童至少和父母一方共同生活。具体办法由国务院制定。

第二十三条　未成年人父母离异的,双方应当继续共同履行对未成年子女的家庭教育义务。一方履行家庭教育义务时,另一方应当予以配合。

养父母、与继子女形成抚养教育关系的继父母,应当履行对未成年养子女、继子女的家庭教育义务。

与未成年人形成寄养关系的寄养家庭,应当履行对未成年人的家庭教育义务。

家庭教育主管机关应该主动向单亲家庭、收养家庭和寄养家庭等家庭提供家庭救助或者家庭教育指导服务。

三、家庭教育风险预防

第二十四条　国家建立健全人口信息服务网络,实现信息联网、信息共享。各级家庭教育主管机构应该在人口信息服务网络的基础上,进行深入实地调查,建立本辖区内家庭信息服务网络,并实现全国联网。

家庭信息服务网络应该重点涵盖被遗弃、流浪等未成年人或者父母监护权被撤销的、离家出走的或者有过违法犯罪前科的未成年人等人群和孤残家庭、流动家庭、单亲家庭、隔代家庭、父母两地分居家庭、父母双方或者一方处于服刑或强制戒毒中的家庭、贫困家庭、收养家庭、寄养家庭和少数民族地区家庭等家庭。

第二十五条　国家大力开展风险教育活动,可以通过政府购买公共服务、公私合作等方式,开发家庭教育风险预防系统。

国家出台措施促进普通高等院校开设家庭教育专业,培养家庭教育专业人才。可以在普通师范院校进行家庭教育专业试点。试点办法由家庭、妇女与儿童部会同教育部共同制定。

国家资助设立国家级的家庭教育研究中心,负责家庭教育风险预防等理论研究工作。国家家庭教育研究中心应该每年发布家庭教育研究报告。

第二十六条　国家将家庭教育风险预防列入各级家庭教育主管机关的行政考核范围。

各级家庭教育主管机关应该将家庭教育风险预防列入幼儿园、中小学校和中等职业学校的校园管理和教师考核范围。

四、家庭教育指导的一般规定

第二十七条　家庭教育指导是家庭教育主管机关和家庭教育指导机构在从事家庭教育

事业管理和开展家庭教育活动中,通过建议、辅导、提醒、规劝、示范、公示、约谈等非强制性方式,引导父母和未成年人自愿做出或者不做出某种行为,以实现家庭教育立法目的的行为。

第二十八条　家庭教育指导可以适用于以下情形:

(1) 父母和未成年人需要家庭教育知识,以增进其合法权益的;

(2) 父母之间或者父母与未成年子女之间就家庭教育发生争议,需要及时化解的;

(3) 父母或者未成年子女自身的行为可能或已经危及儿童最大利益,需要国家介入的。

第二十九条　家庭教育主管机关在开展家庭教育指导时,可以依据父母和未成年人的申请进行,也可以依据职权主动进行。

家庭教育主管机关应该平等地对待每个父母和每个未成年人。

第三十条　家庭教育主管机关在实施家庭教育指导时,应该遵循通常的行政程序,应该在其职权范围内进行,应该以儿童最大利益原则为行为标准。

父母或者未成年人不听从、配合家庭教育指导时,家庭教育主管机关应该尽力做好说服教育工作,不得因相对人拒绝听从、配合的行为而对其采取不利措施或者进行打击报复。

为提高家庭教育指导质量,家庭教育主管机关可以通过妇女联合会(妇联)、幼儿园、学校和社区开展调查活动,详细了解家庭教育指导对象的家庭情况;并在充分听取父母和未成年人的意见之后,再实施有针对性的家庭教育指导。

关于家庭教育指导的内容,由家庭、妇女与儿童部会同教育部共同制定家庭教育指导大纲,供各级家庭教育主管机关和家庭教育指导机构参考。

五、家庭教育指导机构

第三十一条　本法所称的家庭教育指导机构,是指家庭教育主管机关以外的、与提供家庭教育指导服务相关的机构或者组织,包括妇女联合会(妇联)、工会、幼儿园、中小学校和中等职业学校、家长学校、社会救助机构、婚姻登记机构、医疗服务机构以及其他机构和组织。

(一) 妇女联合会(妇联)

第三十二条　各级妇女联合会(妇联)作为党和政府联系妇女群众的社会群众团体,应该积极推动家庭教育理论研究,协助家庭教育主管机关搞好家庭教育宣传工作,开展公益性家庭教育指导宣传和服务。

第三十三条　中华全国妇女联合会(全国妇联)应该配合家庭、妇女与儿童部制订年度家庭教育理论研究计划、年度家庭教育宣传计划和年度家庭教育指导计划。

中华全国妇女联合会(全国妇联)应该经常向其他各级妇女联合会(妇联)派驻家庭教育专家或者专业人才,持续提高各级妇女联合会(妇联)尤其是基层妇女联合会(妇联)实施家庭教育指导的水平。

基层妇女联合会(妇联)应该通过社区定期举办家庭教育宣传活动。

第三十四条　父母或者未成年人向所在地的妇女联合会(妇联)提出获取家庭教育知识、寻求家庭教育指导的申请时,妇女联合会(妇联)不得拒绝。必要时,妇女联合会(妇联)

可以向同级家庭教育主管机关寻求帮助。

（二）工会

第三十五条　工会作为职工自愿结合的工人阶级的群众组织,应该加强自身在家庭教育领域方面的建设,配置相应的家庭教育专业人才。

第三十六条　工会应该支持和鼓励国家机关、企业事业单位和社会组织将家庭教育纳入单位文化建设,把家庭教育开展情况作为评选文明职工、文明家庭和文明单位的重要内容。

工会应当配合妇女联合会（妇联）和家庭教育主管机关,支持职工举办志愿性的家庭教育宣传活动,或者为职工获取家庭教育知识、寻求家庭教育指导提供帮助。

职工在向所在单位的工会提出获取家庭教育知识、寻求家庭教育指导的申请时,工会不得拒绝。必要时,工会可以向同级家庭教育主管机关寻求帮助。

当职工所在单位对职工参加学校家庭教育活动或者举办志愿性的家庭教育宣传活动不支持时,工会应该居中协调,依法维护职工的家庭教育权益。

（三）幼儿园、中小学校和中等职业学校

第三十七条　幼儿园、中小学校和中等职业学校应当建立健全家庭教育工作制度,将家庭教育工作纳入学校工作计划。

幼儿园、中小学校和中等职业学校在教师队伍中应当配置一定数量的家庭教育专业人才。

幼儿园、中小学校和中等职业学校应当协助其所在地的教育部门或者家庭教育主管机关开展家庭教育指导工作。

家庭教育开展情况纳入幼儿园、中小学校和中等职业学校的学校评估和教学人员考核的范围。具体评估和考核办法由教育部会同家庭、妇女与儿童部共同制定。

第三十八条　幼儿园应该遵循幼儿的年龄特点和身心发展规律,科学合理制订保教工作计划。应该坚持以游戏为基本活动原则,灵活运用多种教学手段促进幼儿身心全面发展。

严禁幼儿园提前教授小学教学内容。

幼儿园应该和父母保持紧密联系,主动为其提供家庭教育指导服务。

第三十九条　中小学校和中等职业学校每学年应在正式课程外实施若干小时的家庭教育课程及活动。具体办法由教育部会同家庭、妇女与儿童部共同制定。

第四十条　中小学校和中等职业学校在办学过程中,发现学生有违反校纪校规行为或者其他不良行为的,应该通过合理方式及时告知学生的父母,并主动向父母和学生提供家庭教育指导,和父母共同改善学生的不良行为。

父母应该积极接受中小学校和中等职业学校提供的家庭教育指导。经过三次口头或者书面通知,父母仍然拒绝出席中小学校和中等职业学校组织的家庭教育指导活动的,中小学校和中等职业学校可以向其所在地的教育部门或者家庭教育主管部门申请对该父母采取强制措施。

第四十一条　中小学校和中等职业学校在办学过程中,发现学生的父母履行家庭教育职责确有困难的,应当及时提供家庭教育指导和帮助。

父母或者学生向中小学校和中等职业学校提出获取家庭教育知识、寻求家庭教育指导的请求时,中小学校和中等职业学校不得拒绝。必要时,中小学校和中等职业学校可以向其所在地的教育部门或者家庭教育主管部门寻求帮助。

(四)家长学校

第四十二条　幼儿园、中小学校和中等职业学校应当成立家长学校。

家长学校以未成年人的父母为主要对象,是为提高父母教育素质和家庭教育水平而组织的成人教育机构。

家长学校的任务是帮助和引导父母加强自身修养、树立正确的家庭教育思想和观念、掌握家庭教育的科学知识和方法、提高其家庭教育水平。

家长学校应该联合所在幼儿园、中小学校和中等职业学校、社区等教育单位或机构,为父母提供切实有效的家庭教育指导服务。

家长学校举行任何与家庭教育指导服务相关的活动均不得以营利为目的。

幼儿园、中小学校和中等职业学校不得强迫父母参加家长学校。

第四十三条　幼儿园、中小学校和中等职业学校应该将家长学校工作纳入幼儿园、学校工作的总体部署,把家庭教育指导纳入教师岗前培训、在岗培训和骨干培训、农村中小学现代远程教育、形式多样的教育教学活动、研究与督导评估中。

第四十四条　家长学校应该设立校务委员会(领导小组),一般由校长、教务主任、教师代表、家长代表等人员组成,负责家长学校的日常工作。校长对家长学校工作负有领导责任。

幼儿园家长学校校长由园领导兼任,与负责具体事务的教师、家长代表等人员共同组成校务管理委员会,负责家长学校日常管理工作。

中小学校家长学校校长由分管德育工作的校长兼任,与德育主任、年级组长、班主任、家长代表等人员共同组成校务管理委员会,负责家长学校日常管理事务。

中等职业学校家长学校校长由分管德育工作的校长兼任,与德育主任、班主任、家长代表等人员共同组成校务管理委员会,负责家长学校管理日常事务。

第四十五条　幼儿园家长学校每学期至少开展一次家庭教育指导和两次亲子实践活动。有条件的幼儿园要向周边社区延伸家庭教育活动。

中小学校家长学校每学期至少组织家庭教育指导和家庭教育实践活动各一次。

中等职业学校家长学校每学期至少组织一次家庭教育指导或家庭教育实践活动。

第四十六条　家长学校应当建立学员(父母)考勤考核制度。

学员(父母)结业时,应当以适当方式进行考核、评比、表彰,并将考核成绩及学习情况反馈到学员(父母)所在单位或社区,作为评选文明职工和"五好文明家庭"的参考。

第四十七条　教育部门会同家庭教育主管机关建立家长学校督导评估制度。

家长学校评估的内容包括:

(1)家长学校的组织管理、教育教学情况;

(2)父母参加家长学校的频率、考核和受益程度;

(3)家庭亲子关系的改善情况;

(4) 未成年人对父母的教育行为的评价；
(5) 家长学校对改善家庭教育的整体作用。
其中第(2)、(3)和(4)项作为评估重点指标。

家长学校评估结果可以分为不合格、合格、良好和优秀等四个等级。对于考核结果为合格以上等级的,经教育部门与家庭教育主管机关会商,可以在家长学校办学经费上予以适当照顾。

第四十八条　幼儿园、中小学校、中等职业学校应当为家长学校的活动提供必要的经费支持。

经费不足部分,可以按照成人学校收费标准向自愿参加家长学校的学生父母收取,也可以向有关企事业单位申请赞助,或者接受社会捐赠。

家长学校的收费标准,由国家发展改革委员会会同教育部及家庭、妇女与儿童部共同制定。

第四十九条　家长家校的办学经费,必须专款专用,不得浪费或者挪作他用。

家长学校的办学经费使用范围包括：
(1) 家长学校的办公费用；
(2) 授课教师的劳务费；
(3) 用于家长学校教师的备课和教研集体活动；
(4) 购置家长学校必需的资料和参考用书；
(5) 家长学校其他必要的零星购置和杂费开支。

第五十条　家长学校的日常经费开支,由家长学校校长审批；重大开支必须事先经家长学校校务委员会核准。

家长学校的财务收支状况,每年应当向家长学校校务委员会提交报告,接受集体监督；还应当定期向参加家长学校的全体父母公开,接受群众监督。具体公开办法,由参加家长学校的全体父母和家长学校校务委员会协商制定。

(五) 儿童福利院等社会救助机构

第五十一条　儿童福利院等社会救助机构在招录工作人员时,应当配置一定数量的家庭教育专业人员。

第五十二条　儿童福利院等社会救助机构应该定期对父母监护权被撤销、由民政部门担任监护人的儿童,以及其他纳入社会救助的儿童和寄养孤儿的家庭提供家庭教育指导服务。必要时,儿童福利院等社会救助机构可以向有关家庭教育主管机关寻求帮助。

第五十三条　未成年人流浪乞讨或者离家出走的,未成年人救助保护机构应当对未成年人进行临时照料,为未成年人提供心理疏导、情感抚慰等服务。其户籍所在地未成年人救助保护机构应当对其父母或者其他监护人提供家庭教育指导,并将其履行家庭教育义务的情况纳入监护评估内容。

(六) 婚姻登记机构

第五十四条　婚姻登记机构在招录工作人员时,应当配置一定数量的家庭教育专业人员。

第五十五条　办理结婚、离婚登记时,婚姻登记机构应当对申请人进行家庭教育宣传指导。

家庭教育宣传指导的内容包括:

(1) 免费发放家庭教育宣传手册;

(2) 向申请人告知父母的权利与义务;

(3) 向申请人告知解决家庭教育问题的渠道,如告知家庭教育主管机关等信息。

父母在办理结婚、离婚登记时,应当配合婚姻登记机构开展的家庭教育宣传指导工作。

(七) 妇幼保健院等医疗服务机构

第五十六条　妇幼保健院等医疗服务机构应当组织开展家庭教育宣传指导。

鼓励医疗服务机构和其他社会组织建立孕妇学校、新生儿父母学校,开展公益性早期家庭教育指导。

(八) 其他机构和组织

第五十七条　村民委员会、居民委员会和社区可以在本辖区内开展公益性家庭教育指导服务。

家庭教育主管机关在履行职务时,村民委员会、居民委员会和社区应当予以配合。

第五十八条　国家机关、企业事业单位和社会组织可以将家庭教育指导纳入本单位内部规章制度。

家庭教育主管机关在履行职务时,其他国家机关、企业事业单位和社会组织应当予以协助。

六、家庭教育指导师

第五十九条　家庭教育指导师是指经过正规机构培训、具有家庭教育知识、向父母宣传科学的家庭教育观念和方法、提高其家庭教育能力的专业人员。

第六十条　家庭教育指导师的职业资格条件和考试办法,由家庭、妇女与儿童部会同人力资源和社会保障部共同制定,由有资质的家庭教育职业培训机构组织实施。

通过家庭教育职业资格考试的人员向人力资源和社会保障部职业技能鉴定中心申请家庭教育指导师职业资格。人力资源和社会保障部职业技能鉴定中心在收到申请人的材料后,依法予以审核。符合条件的,在15个工作日内颁发职业培训资格许可;不符合条件的,向申请人一次性告知需要补充的所有材料。

家庭教育指导师职业资格证书的样式由人力资源和社会保障部会同家庭、妇女与儿童部共同制定。

七、家庭教育职业培训

第六十一条　成立家庭教育职业培训机构,应当具备以下条件:

(1) 有固定的办公场所;

(2) 配有充足的家庭教育师资人员；

(3) 具备完善的日常管理制度。

第六十二条　成立家庭教育职业培训机构的申请人应当向家庭、妇女与儿童部提交申请。家庭、妇女与儿童部按照法定条件对申请人的资质进行查验。符合条件的，在15个工作日内颁发职业培训资格许可；不符合条件的，向申请人一次性告知需要补充的所有材料。其他未规定的事项，按照《中华人民共和国行政许可法》的规定执行。

申请人取得家庭教育职业培训资格许可，在向工商部门申请营业登记，获得营业执照后，方可开展家庭教育职业培训工作。

第六十三条　家庭教育职业培训机构招收学员，应该核实报考人员的基本条件。

家庭教育职业培训机构可以向报考人员收取培训费。

关于报考人员的基本条件和家庭教育职业培训机构收取培训费的标准，由家庭、妇女与儿童部制定办法加以确定。

第六十四条　家庭教育主管机关应该对家庭教育职业培训机构的日常工作加强监督。

八、家庭教育社会组织和志愿人员

第六十五条　家庭教育社会组织是由家庭教育专家学者、家庭教育专业人员或者志愿人员组成的社会公益性组织。

家庭教育社会组织不得以营利为目的。

第六十六条　国家可以通过政府购买公共服务的形式，将若干家庭教育主管机关的职权委托家庭教育社会组织行使。具体办法由家庭、妇女与儿童部制定。

第六十七条　家庭教育志愿人员的培训由家庭教育职业培训机构或者有关普通高等院校完成。

国家承担家庭教育志愿人员的培训费用。

九、家庭教育事业经费保障

第六十八条　国家将家庭教育事业纳入中央与地方共同财政事权，按照中央与地方一定的投入比例分别承担支出责任。

中央与地方的投入比例在当前为西部地区及中部地区比照实施西部大开发政策的县（市、区）8∶2，中部其他地区6∶4，东部地区5∶5。

中央与地方的投入比例可以动态调整。

第六十九条　省级以下各级人民政府保障家庭教育事业的支出责任由省级人民政府规定，但是省级人民政府应该承担主要责任，不得将过多支出责任交给基层人民政府承担。

第七十条　家庭教育事业经费支出应该优先保证以下事项：

(1) 为遗弃、流浪等未成年人或者父母监护权被撤销的、离家出走的或者有过违法犯罪前科的未成年人提供家庭社会救助和家庭教育指导服务；

(2) 为孤残家庭、流动家庭、单亲家庭、隔代家庭、父母两地分居家庭或父母双方或者一方处于服刑、强制戒毒中的家庭提供家庭社会救助和家庭教育指导服务；

(3) 为收养家庭、寄养家庭提供家庭社会救助和家庭教育指导服务；

(4) 为贫困家庭、少数民族地区家庭提供家庭社会救助和家庭教育指导服务；

(5) 家长学校的推广和服务；

(6) 家庭教育志愿人员的培训；

(7) 基层人民政府开展家庭教育宣传，开展家庭教育活动。

第七十一条 县级以上人民政府及有关家庭教育主管机关可以向社会组织购买家庭教育公共服务。购买家庭教育公共服务在同等条件下可以优先选择家庭教育社会组织作为承接主体。

十、法律救济

第七十二条 父母在接受家庭教育主管机关提供的家庭教育指导服务中，发现家庭教育主管机关存在不正当行为时，可以向其提出异议，也可以向其上一级行政机关反映。家庭教育主管机关或者其上一级行政机关应该立即处理。

父母在接受家庭教育指导机构提供的家庭教育指导服务中，发现家庭教育指导机构存在不正当行为时，可以向其提出异议，也可以向家庭教育主管机关反映。家庭教育指导机构或者家庭教育主管机关应该立即处理。

第七十三条 未成年人在和父母共同生活中，发现父母的教育行为有下列情形之一的，可以向家庭教育主管机关、民政部门、学校、父母所在单位、村（居）民委员会、妇女联合会（妇联）、未成年人保护组织反映、投诉、求助，或者向公安机关报案，上述单位和组织应当及时处理：

(1) 不履行家庭教育职责，将未成年子女置于无人照看或者危险状态的；

(2) 采用暴力、侮辱等方式实施家庭教育的；

(3) 因父母死亡、失踪、重病、重度残疾，或者父母双方服刑、强制戒毒及其他情形不能履行家庭教育职责的。

其他单位和个人发现前款所列情形，或者未成年子女认为父母的教育行为有损自己身心健康的，可以向相关单位和组织反映。

十一、法律责任

第七十四条 父母不履行或者不当履行家庭教育职责，侵害未成年人合法权益的，家庭教育主管机关或者其他相关单位和组织应当依法予以劝诫和批评教育。

家庭教育主管机关根据情节轻重，有权对父母予以训诫、告诫、行政处罚或者采取行政强制措施。

父母的行为构成犯罪的，家庭教育主管机关将案件移送公安机关，由公安机关负责侦查。

其他相关单位和组织向公安机关报案的,公安机关应将案件移送家庭教育主管机关,由家庭教育主管机关先行处置。

父母不依法履行家庭教育职责,经教育不改的,人民法院可以根据家庭教育主管机关或有关人员或者有关单位的申请,撤销其监护人的资格,另行指定监护人。

第七十五条　家庭教育指导机构在提供家庭教育指导服务的过程中,违反本法相关规定的,由家庭教育主管机关予以训诫、告诫、行政处分、行政处罚或者撤销行政许可。

第七十六条　家庭教育主管机关或者家庭教育指导机构有以下情形的,由其所在单位或者上级机关责令改正;情节严重的,对直接负责的主管人员和其他责任人员依法给予行政处分;构成犯罪的,依法追究刑事责任:

(1) 不履行家庭教育工作职责,不落实家庭教育政策和措施的;

(2) 在家庭教育指导中,存在无权或越权指导、强制指导、错误指导的;

(3) 截留、挤占、挪用或者虚报、冒领家庭教育事业经费的;

(4) 因工作失职致使家庭教育事业经费被骗取的;

(5) 父母或者未成年人依照本法第七十三条、第七十四条的规定向有关单位或者组织求助,有关单位或者组织怠于行使职权或者互相推诿,造成严重后果的;

(6) 其他滥用职权、玩忽职守或者徇私舞弊行为。

十二、附则

第七十七条　家庭中除父母以外的成年人向家庭教育主管机关提出获取家庭教育知识、寻求家庭教育指导的申请的,家庭教育主管机关应当支持。

家庭教育主管机关和家庭教育指导机构也可以对家庭中除父母以外的成年人实施家庭教育指导,准用父母的规定。

第七十八条　本法自××××年××月××日起施行。

"共享经济"时代个人信息数据权的应用与保障

李 帅

摘 要 共享经济的重要特点之一是以网络平台为依托,通过信息数据的传播,引导线下的商品运输及服务提供,从而推动实体经济的发展。这些信息数据中除了包含商家经营所必需的技术性或描述性内容之外,也包含了相当数量的用户及消费者的个人信息数据。当前,个人信息数据在共享经济过程中承载着巨大的商业价值,日渐成为商家的重要经营资产,但由于其内容涉及用户个人隐私,故平台或商家的不当信息共享或交易行为将极有可能损害用户合法权益。本文探讨个人信息数据权的法律定位以及当前的应用与保障路径。坚持以开放为基本精神,合理规范个人信息数据的收集主体并限制共享范围,运用法社会学、法经济学基本理论以及概率统计、数据分析等研究方法,形成了涵盖法律规范、审查标准、个人权利意识构建等内容的机制模型。

关键词 共享经济 个人信息数据权 平台责任 隐私保护

一、从"菜鸟""顺丰"端口共享纠纷看信息数据权之争

(一)案情回顾

2017年6月1日下午,作为中国智能物流骨干网运营主体的菜鸟网络科技有限公司突然发布一则《菜鸟关于顺丰暂停物流数据接口的声明》,称顺丰相继关闭其自提柜物流更新信息及全淘宝平台物流信息的回传,导致用户无法通过淘宝页面查询顺丰快递运输的商品物流情况,极大程度降低了用户使用便捷性。但另一方面,顺丰则称事实是菜鸟违背签约时的承诺,要求丰巢将所有订单(包括非淘系订单)取件码信息无条件反馈,即所有快递柜信息的触发必须通过菜鸟裹裹,丰巢因难以接受以上条款而以数据安全为由暂停与菜鸟的合作,并在6月1日零点下线丰巢端口信息。7月3日,在经过一个月的协调后,双方本着对用户负责的态度最终达成一致意见,即在确保数据安全的前提下进行数据的交互和共享。

就本案来看,在共享端口关闭这一问题上,菜鸟与顺丰的回答截然相反,均指责是对方单方面终止合作,违约在先。但从双方回应中可以得到确认的是,菜鸟与顺丰的纠纷与丰巢自提柜的快递物流信息有关。菜鸟自称需进行信息安全升级但遭到顺丰拒绝,而顺丰则表

作者简介:李帅,中国政法大学法学院2016级博士研究生、中国政法大学与美国康奈尔大学联合培养博士研究生。电子信箱:lishuai_cupl@163.com。联系电话:18811326215。
基金项目:国家社科基金重大课题"国家治理体系现代化与法治政府建设研究"(项目号:14ZDA018)。

示菜鸟强制要求顺丰提供与阿里系无关的客户信息,顺丰无权提供。

(二)商家抗衡的资本——对用户信息数据的掌握

这次纠纷的产生原因从根本上来说,很显然是商务发展中的电商及电商周边企业间的"信息战"。也就是说,即使顺丰与"三通一达"(申通、圆通、中通、韵达)早在2013年就联合阿里巴巴成立菜鸟联盟,旨在打造开放的社会化物流大平台。但在当前网络消费已成主流趋势的背景下,仍无法避免各主体通过扩大对网购物流数据的独占权而直接获取更多经济利益。现实中,顺丰、申通、中通、韵达、普洛斯五家物流公司于2015年成立丰巢科技有限公司,致力于研发运营面向所有快递公司、电商物流使用的24小时自助开放平台——"丰巢"智能快递柜,以提供平台化快递收寄交互业务。丰巢成立后,迅速形成"丰巢派"与"菜鸟派"抢占物流配送"最后一公里"的局面。

商家在市场争夺战中依托的资本逐渐明朗化,其内容主要就是客户购买商品之后形成的物流反馈信息。从本质上来看,这些信息的产生源于公民个人的购买行为,虽然其更新离不开物流公司的网点反馈以及平台实时回传,但其中同时囊括了消费者姓名、住址、电话等在内的个人信息,具备个人信息数据的特征。可见,菜鸟与顺丰之争爆发的最重要基础就是两家企业联盟对用户信息的占有,而这种占有数量的多寡及占有范围的大小将直接决定企业的经济效益,可以纳入企业资产的一部分。

(三)权利客体的位移——从信息数据到个人信息数据

从企业发展路径来看,菜鸟与顺丰均是当前社会发展背景下"互联网+电商/物流"的典型代表。虽然菜鸟网络一直以"不涉足具体配送"自居,而顺丰的电商产业也显然未形成规模,但二者都希望在所处领域占据领军地位,因此对客户信息数据占有状态的维护也都达到较高程度。至此,一项存在于客户、商家及网络平台之间的权利逐渐明晰化,即不同主体之间就共享经济过程中产生的信息,特别是用户个人数据信息所享有的权利。

共享经济过程中,用户自注册行为开始,便不断通过上传数据的方式向平台或商家提供大量信息。由于平台的作用在于创造便捷的线上交易渠道,而最终买卖的实现还需要依托线下派送,因此用户在交易网页输入的信息大部分都是具有身份识别性的,这也是当前信息数据在内涵、外延及产生方式上实现拓展的重要表现之一。此外,用户每使用一个新的网络平台进行交易就会相应地创建一个新账户,并按照平台要求提交一系列个人信息,这在云技术高速发展、网络数据存储量大大提升的今天,极易形成个人信息的长久"在线",导致数据的清洗和"被遗忘"周期延长,信息数据权的保护面临更多挑战。由此可见,在当前电商交易已成趋势的背景下,个人信息数据的生成及存在形式与传统模式有了较大差异,从而导致实际运用过程中面临一些新的问题和障碍,亟待学界提供解决途径和相应的理论支持。

---

① 参考"被遗忘权"(right to be forgotten),即人们有权利要求移除自己负面或过时的个人身份资讯搜寻结果的权利。但因为产生了与言论自由间的冲突,与可能产生互联网审查的疑虑,因此引发了争议,且法律框架仍不明确,当前只有在欧盟实行。参见维基百科:https://zh.wikipedia.org/wiki/%E8%A2%AB%E9%81%BA%E5%BF%98%E6%AC%8A,最后访问时间:2017年10月30日。

二、"共享经济"时代实现个人信息数据权面临的问题

（一）定义缺失、范围不明造成权利确认存在障碍

在共享经济高速发展的背景下，企业掌握的大数据绝大部分都是以个人为信息源的数据，即这些数据均依赖个体产生；而与此同时，个体也是个人数据的主要载体和数据应用的服务对象。然而在互联网时代，多数公民个人无法认知自己作为信息源的事实，即使这些数据很可能会映射到自己的隐私，他们也仅局限于持续制造此类数据而缺乏保护观念①。

分析产生上述问题的原因，一方面是公民权利意识确实有待提升，但另一方面最主要还是确权机制不完善、对个人信息数据权的界定标准缺失所致。换言之，在公民个人信息权利意识尚未完全形成的时期，法律规范的欠缺在很大程度上成为公民认知权利、维护权利的障碍，具体表现为：第一，对个人信息没有明确定义。用户在使用互联网从事经济活动的过程中会产生多种多样的信息，其中满足何种条件的信息可被认定为个人信息，当前尚无据可依。第二，对个人信息数据中可共享的部分未制定明确规则。个人信息数据共享应用的实例在现实中大量存在，但不当共享与非法应用的情况却也并非少数，规制网络平台运营方、电商以及物流配送行业数据应用行为的强制性规范目前尚属空白。第三，缺乏将个人信息与个人隐私进行合理分离的规则。在用户购买过程中形成的个人信息中，隐私类信息与非隐私类信息往往糅合在一起，在没有明确标准的情况下很难将两者进行划分，进而无法对包含在个人信息数据中的个人隐私提供合法保障。

（二）产生途径广导致"所有"与"占有"相分离

作为共享经济时代贸易往来的重要载体，信息与数据在很大程度上能够影响买卖双方的选择，是知情权对应的核心对象。共享经济的特点之一就是通过平台完成各类交易，主要的方式包括以下几种：

1. 购买商品类。通过电商网站或手机 App 实现买卖并安排配送，在此过程中个人信息数据的产生主要依托的是个人购买者在平台上的录入行为，随后经互联网的上载而直接传输至电商服务器，实现第一次流转。随后，随着商品出库，前述用户个人信息被商家提供给物流企业，用以配置物流并将派送信息实时反馈给消费者。

2. 获取服务类。通过服务机构的网络平台申请在特定时间、地点以特定方式获得专项服务，例如在网络银行界面预约兑换外汇、在医院官方网站预约挂号等。在此过程中，公民将包含姓名、身份证号、银行卡号、医保卡号等隐私信息按网站提示予以录入，从而获得预期服务。当前述信息进入服务机构的计算机终端后，会被进一步分配给特定窗口或诊室，实现从"总平台"到"分平台"的流转。

3. 共享设施类。通过手机 App 共享实时位置并输入预期终点的方式呼叫专车或与其他用户拼车（例如滴滴、Uber 等打车软件），或者通过扫描共享设备上的二维码付款使用（例如 ofo、摩拜等共享单车软件）。在第一种网约车的情况下，平台通过卫星定位功能将用户

---

① 郭建利主编：《互联网＋法治思维与法律热点问题探析》，法律出版社 2016 年版，第 65 页。

所处位置及位移路线传输给潜在的服务提供者,并由这些潜在服务提供者(或称共享设备占有人)决定是否提供此项服务。在第二种共享单车的情况下,平台提供的信息则是以单车存放位置为主,提供的是一种与网约车相逆向的服务,但同样能够获取单车使用者的行进路线,并将其存储于 App 数据库中,该机构通过后台即可获知。

汇总上述三种情况可知,虽然个人向平台提供的信息具有明显的隐私属性,且平台运营者以及依托平台经营的商家均凭借这些个人信息数据获得了商业利益,但我们并不能因此主张个人向平台或商家索取其盈利分红,这是因为在共享经济时代,个人对自己产生的数据并不具有绝对的控制权和所有权。可以这样说,多种多样的信息获取途径使得公民个人信息被大量第三方主体所占有,并且很多第三方在一定范围内将这些信息共享使用(以前文所述"菜鸟联盟""丰巢科技"的成立为例),而个人作为信息的实际产生源,在这种情况下便陷入一种"怪圈":首先,个人享有信息数据的所有权,但仅凭其自身单一的信息数据并不足以产生社会经济价值,公民很难以其自身个人活动实现个人信息数据的经济效益,因此公民并不能完全享有所有权项下包含的全部权利内容;其次,公民上传个人信息数据的行为是自愿行为,也是实现平台交易的必要步骤和准备行为,不存在与平台或商家之间就信息上传的争议,但后期的使用是否合法则无法受公民控制;最后,平台或商家占有用户个人信息数据,在特定一次或几次交易中可以使用这些信息并以此收益,那么这种"占有"的内涵实际上并不属于法律意义上严格的占有。

综上,共享经济时代个人对基于其自身产生的信息数据享有的是一种不完全的"所有权",而平台及商家对这些信息数据的占有又远超过法律上传统"占有"的内容,即个人信息数据领域内"所有"与"占有"相分离,且权利行使方式均有变异。

(三)关涉主体多促使利益衡量因素复杂化

以实体经济主体的持续多元为背景,共享经济的参与者越来越多,包括国营、私营、联营等性质的企业在信息数据的共享中日益占据重要地位,而不同性质、不同种类的利益在此过程中也就发生碰撞,对数据共享主体之间全面平衡利益提出较高要求。

具体来说,在平台经济运作的过程中,电商卖家与物流企业看似"无缝对接",使用户个人信息持续处于闭合链条内,但实际上这些信息伴随着商品运输或服务进展的阶段变化,会被诸多性质不一的主体所获取。例如,客户有权选择是通过支付类软件付款还是通过国有银行或商业银行的网银付款,这样就会导致获取客户支付信息的主体在性质上存在差异。又如,当平台或电商的网站遭受不法攻击时,不特定用户的信息存在被泄露的风险,这说明在当前网络时代,挑战个人信息数据权实现的主体和因素都更加复杂化。综上,共享经济运作中涉及的主体包括但不限于提供支付服务的金融机构、贮存商品的仓库、物流环节中的各个分拨站点等,其中不同性质的利益涵盖了公民个人利益、国有企业经济利益、私营业主盈利利益,以及特殊情况下的社会公共利益等,复杂的利益构成亦可从侧面解释数据共享行为在特定时间及地域范围内易受干预的原因。在这种语境下探讨利益平衡,蕴含着如何对公私权利进行取舍以及如何在同质利益中做出选择的思想。

在共享经济局面全面推开的背景下,互联网平台及电商掌握的用户个人信息数量呈井喷态势,其中蕴含的潜在经济价值更是不可估量,因此在法律允许的范围内共享这些信息数据已成互联网商家及其周边企业不可避免的趋势。在此过程中,利益衡量需要关注的内容就是共享行为所关涉利益的主体、性质以及将相关利益量化之后的"利益大小"和社会影响程度。特别需要关注的是,相关利益量化之后的"利益大小"问题,这里需要有严格的标准作为依据,即企业或社会因共享个人信息数据获得的利益应如何与个人因此受损的利益进行对比,在对比结果相差多少的情况下可以做出共享或不共享的决定等。

三、个人信息数据权的理论与规范分析

(一)个人信息数据权的理论分析

1. 个人信息数据的内涵

作为自然人的公民个体,在社会生活中因自身活动或因其他主体及于自身的行为所产生的、可由此识别个人身份的各类信息数据的总和,即为个人信息数据。对于此处"可识别个人身份的信息"这一概念,笔者借鉴的是近几十年来隐私与信息法领域中的新生表述,尤其是指在美国已经形成公众认知的 PII(personal identifiable information)[①]。

如今,伴随计算机存储系统的完备和数据聚合分析技术的发展,大量信息数据正在以更为多样化的方式与个人产生联系[②],当前的计算机已经允许通过多个模糊属性而非单个的特定索引来搜索和组织信息[③]。在此背景下,美国隐私专家 Paul Schwartz 和 Daniel Solove 将个人信息进一步划分为 personal identifiable information 和 personal identified information,前者指具备能够被识别的抽象可能性,后者则是确实可以被识别[④]。

2. 个人信息数据权的法律性质

针对依托个人信息数据产生的权利,我国当前立法尚未对其做出直接定义,也未提出"个人信息数据权"这一权利种类,仅在《网络安全法》和最新出台的《民法总则》中有"个人信息"和"自然人个人信息"的表述[⑤],但并没有就其涵盖的范围进行具体规定。

在传统民事权利领域,物权和知识产权作为两项指向财产的权利种类,其客体主要分为有体物和知识成果两大类。信息数据由于不能全部满足前述两种客体的特征而尚未被纳入任何范畴,在当前仅可概称其为"信息数据权"。针对信息数据应当被认定为怎样的一项权利,美国学者 Vera Bergelson 曾在 *It's Personal But Is It Mine? Toward Property Rights in Personal Information* 一文中提出:"为了保护隐私并强化对个人信息的控制,公民必须

---

① 在美国,PII 于 20 世纪 60 年代左右伴随着计算机的出现开始成为信息法中的专有名词。参见 Daniel J. Solove, Privacy and Power: Computer Databases and Metaphors for Information Privacy, 53 Stanford Law Rev. 1393, 1402 (2001).

② Paul M. Schwartz, Daniel J. Solove, The PII Problem: Privacy and a New Concept of Personally Identifiable Information, 86 N. Y. U. L. Rev. 1814, 1894 (2011). pp. 1820-1821.

③ Privacy Prot. Study Comm'n, Personal Privacy in an Information Society app. 5: Technology and Privacy 21 - 22 (1977).

④ Paul M. Schwartz, Daniel J. Solove, The PII Problem: Privacy and a New Concept of Personally Identifiable Information, 86 N. Y. U. L. Rev. 1814, 1894 (2011). p.1817.

⑤ 《中华人民共和国网络安全法》第四十一条第一款:"网络运营者收集、使用个人信息,应当遵循合法、正当、必要的原则,公开收集、使用规则,明示收集、使用信息的目的、方式和范围,并经被收集者同意。"《中华人民共和国民法总则》第一百一十一条:"自然人的个人信息受法律保护。任何组织和个人需要获取他人个人信息的,应当依法取得并确保信息安全,不得非法收集、使用、加工、传输他人个人信息,不得非法买卖、提供或者公开他人个人信息。"

成为其个人信息的所有者"①,也就是将信息数据纳入了财产法调整的领域。围绕信息数据能否被视为财产法客体这一问题,美国隐私保护研究委员会(Privacy Protection Study Commission)在1977年的一份报告中明确使用了"信息记录的物理组织形式"(the physical organization of the records in the database)、"信息记录中数据源的物理形式"(the physical organization of the items of data within the record)等表述②,间接认可信息数据在一定程度上具备外在、有体的表现形式,可以成为财产权的适格客体。

此外,立足于权利属性及保护模式的层面,澳大利亚堪培拉大学George Cho教授认为,在信息和数据中研究财产权和所有权问题,对于理解数据提供者、用户以及第三方在合同、侵权、知识产权、法律责任方面的相互关系至关重要③。而美国科罗拉多大学Paul Ohm教授则指出,随着当前互联网"去匿名化"(De-anonymize)及"再识别"(Re-identify)技术的发展,传统权利路径下的事后补救对于个人信息的保护已不再妥当,需要转变思路选用一种事前规制模式,而财产权机制具备这一优势④。

3. 基于财产法属性的个人信息数据权界定

当前,我国法律对个人信息数据的保护基本采用侵权保护模式[详见本文三(二)的内容],但从企业对此类信息数据的占有和使用现状来看,这种存在于商业行为间的权利带有明显的所有权色彩,所以采用耶林主义式的"权利束"模式对依托信息数据产生的行为进行调整与规制,将个人信息数据产权化并适用财产法规则,已呈现出不可逆的发展趋势。

综上,在当前个人信息数据规范尚属空白的阶段,结合立法中已有的对于"个人信息"内涵的界定,可初步对大数据时代的个人信息数据权做出如下定义,即:个人信息数据权,指的是公民个人对于与其自身相关,或者能够依此确定个人身份的信息或原始数据享有的包含所有权、使用权、修改权、处分权等在内的复合性权利。对个人信息数据权的保护既有利于保障公民个人的隐私及自由,又能够实现公民对其私有信息的经济化利用,因此兼具人格权和财产权的双重属性。

(二)我国个人信息数据权的规范体系

1. 个人信息数据保护的法律制度架构

当前,我国有近40部法律、30部行政法规以及200余部规章中的规定直接涉及对个人信息的保护,并有以《身份证法》《护照法》等为代表的多部间接立法调整个人信息的保障工作。我国自2012年起开始制定针对网络时代个人信息保护的专门性立法,主要包括《关于加强网络信息保护的决定》《电信和互联网用户个人信息保护规定》等。通过对《消费者权益

---

① "In order to protect privacy, individuals must secure control over their personal information by becoming its real owners." See Vera Bergelson, It's Personal But Is It Mine? Toward Property Rights in Personal Information, 37 U. C. Davis L. Rev. 379, 452 (2003), p. 383.

② Privacy Prot. Study Comm'n, Personal Privacy in an Information Society app. 5: Technology and Privacy 21-22 (1977). In his prescient study, The Assault on Privacy, Miller also discusses computers' so-called retrieval capacity, which is the ability of computers to filter through.

③ See George Cho, Legal Dilemmas in Geographic Information: Property, Ownership and Parents, 6 J. L. & Inf. Sci. 193, 207(1995). p. 198.

④ Paul Ohm, Broken Promises of Privacy: Responding to the Surprising Failure of Anonymization, 57 UCLA Law Review. 1701, 1778(2010).

保护法》及《刑法》的修订明确了滥用公民个人信息时应当承担的民事、刑事责任,并在《关于办理侵犯公民个人信息刑事案件适用法律若干问题的解释》中明确了何种行为可以被认定为《刑法》第二百五十三条的"违反国家有关规定",实现了与《刑法修正案(九)》的对接(前述相关立法详情参见表1)。

表1 我国个人信息数据保护立法概况

颁布时间	法律名称	制定主体	相关内容
2003年	《中华人民共和国居民身份证法》	全国人大常委会	第六条第三款:公安机关及其人民警察对因制作、发放、查验、扣押居民身份证而知悉的公民的个人信息,应当予以保密。
2006年	《中华人民共和国护照法》	全国人大常委会	第十二条第三款:护照签发机关及其工作人员对因制作、签发护照而知悉的公民个人信息,应当予以保密。
2012年	《关于加强网络信息保护的决定》	全国人大常委会	第一条:国家保护能够识别公民个人身份和涉及公民个人隐私的电子信息。任何组织和个人不得窃取或者以其他非法方式获取公民个人电子信息,不得出售或者非法向他人提供公民个人电子信息。
2013年	《电信和互联网用户个人信息保护规定》	工业与信息化部	第十条:电信业务经营者、互联网信息服务提供者及其工作人员在提供服务过程中收集、使用的用户个人信息应当严格保密,不得泄露、篡改或者毁损,不得出售或者非法向他人提供。
2013年	《中华人民共和国消费者权益保护法》(2013年修订)	全国人大常委会	第二十九条第二款:经营者及其工作人员对收集的消费者个人信息必须严格保密,不得泄露、出售或者非法向他人提供。经营者应当采取技术措施和其他必要措施,确保信息安全,防止消费者个人信息泄露、丢失。在发生或者可能发生信息泄露、丢失的情况时,应当立即采取补救措施。
2015年	《中华人民共和国刑法修正案(九)》	全国人大常委会	十七、将刑法第二百五十三条之一修改为:"违反国家有关规定,向他人出售或者提供公民个人信息,情节严重的,处三年以下有期徒刑或者拘役,并处或者单处罚金;情节特别严重的,处三年以上七年以下有期徒刑,并处罚金。"
2016年	《中华人民共和国网络安全法》	全国人大常委会	第四十一条第一款:网络运营者收集、使用个人信息,应当遵循合法、正当、必要的原则,公开收集、使用规则,明示收集、使用信息的目的、方式和范围,并经被收集者同意。第四十二条第一款:网络运营者不得泄露、篡改、毁损其收集的个人信息;未经被收集者同意,不得向他人提供个人信息。但是,经过处理无法识别特定个人且不能复原的除外。
2017年	《中华人民共和国民法总则》	全国人大	第一百一十一条:自然人的个人信息受法律保护。任何组织和个人需要获取他人个人信息的,应当依法取得并确保信息安全,不得非法收集、使用、加工、传输他人个人信息,不得非法买卖、提供或者公开他人个人信息。

续表

颁布时间	法律名称	制定主体	相关内容
2017年	《关于办理侵犯公民个人信息刑事案件适用法律若干问题的解释》	最高人民法院、最高人民检察院	第二条:违反法律、行政法规、部门规章有关公民个人信息保护的规定的,应当认定为刑法第二百五十三条之一规定的"违反国家有关规定"。

综观已有的法律规范,个人信息虽然在一定程度上得到保障,但并没有任何一部法律法规将个人信息(或个人信息数据)作为一项法定权利加以审视。长期以来,我国信息公开领域内的权利基础仅有公民知情权,立法及实践给予个人信息数据权的关注均有较大缺失。此外,由于我国政府信息公开工作起步较晚,行政机关对个人信息数据开放的管理亦处在全面管控与试验探索阶段,因此当前的规范体系呈现出"重刑事处罚与行政管理,轻民事确权与民事归责"的特征。

2.《民法总则》中的个人信息数据保护内容

2017年3月通过的《民法总则》中包含个人信息法律保护的原则以及授权立法的内容,这在一定程度上回应了当前网络信息数据时代的需求,并承担了相应的社会责任,为前述权利的保障提供了私法基础。但是,《民法总则》做出的仅是原则性规定,即在已有的特殊规范基础上,将调整对象的范围一般化。此外,《民法总则》前的所有立法均基于自身部门性,将调整与保护的对象确定为"用户个人信息"或"消费者个人信息"。《民法总则》作为上位规范,对个人信息的主体做出抽象性规定,不再将其限定于特定活动中,而规定为"自然人个人信息"。

需要注意的是,《民法总则》第一百一十一条在信息主体的规定方面仅强调"自然人",并未提及"法人",导致个人信息数据的边界不甚明晰。此外,该条立法中也没有明确规定受保护的权利名称、内涵及该项权利的法律定位。因此很多人认为本次立法实际上已经将"个人信息权"视为一项基本人权加以保护,但同时也有人认为这是通过对个人信息的保护来实现对社会人格尊严和自由的保障。在此,笔者认同前述第二种观点。因为法律对基本人权的规定应当具备基本的形式要件,而《民法总则》第一百一十一条的规定仅明确了"自然人的个人信息受法律保护",并未上升到基本人权的地位,加之在我国只有《宪法》具备基本法的地位,故《民法总则》无权规定基本人权问题,所以该条规定实际上发挥的作用就是通过保障个人信息安全,实现公民的知情权以及保障人格尊严和自由。

由于《民法总则》中并未确定"个人信息数据权"这一概念,因此也就没有对该项权利作出定性。但通过分析第一百一十一条及第一百二十七条①的规定,可初步推知此次立法关于个人信息保护的立足点是以人为本,同时兼顾人格利益与财产利益。本法一方面确立了自然人的个人信息受法律保护,即重点是私法保护,但不排除其他法律的保护;另一方面也对这种个人信息的法律地位进行了一种复杂设计,即没有简单作为民事权利处理,而是将其作为更近似于一种由受法律保护的客观秩序所反射的利益。

3. 个人信息数据保护的国家标准

2012年,全国信息安全标准化技术委员会制定发布《信息安全技术公共及商用服务信

---

① 《中华人民共和国民法总则》第一百二十七条:"法律对数据、网络虚拟财产的保护有规定的,依照其规定。"

息系统个人信息保护指南》(以下简称《个人信息保护指南》),属国家级别的指导性技术文件。在当前行政机关信息公开行为受到《政府信息公开条例》调整和规范的背景下,《个人信息保护指南》主要指导除政府机关等行使公共管理职能的机构以外的各类组织和机构,如电信、金融、医疗等领域的服务机构,开展信息系统中的个人信息保护工作。

作为我国首部个人信息保护国家标准,《个人信息保护指南》最显著的特点在于:一方面基于个人信息保护实施过程中存在的身份差别,对个人信息主体、个人信息管理者、个人信息获得者和独立测评机构的职责进行了划分,有利于明确工作内容及责任承担;另一方面针对受保护客体的特征,将个人信息分为个人一般信息和个人敏感信息,并提出明示同意和默示同意的概念,为个人信息主体的合法权益提供充分保障。但囿于其"推荐性标准"的性质,该指南在现实工作中的实施取决于相关行业主体的自愿配合,法律上强制力远远不足;加之该标准的调整对象排除了政府机关等行使公共管理职能的机构,因此其效力范围也有待进一步扩大。

(三) 个人信息数据权与其他相关权利间的关系

1. 与隐私权的关系

"隐私权"这一概念正式在法律上提出,要追溯至 Warren 和 Brandeis 于 1890 年发表在《哈佛法律评论》(*The Harvard Law Review*)上的 *The Right to Privacy* 一文,其中借助"人格"(personality)这一概念发展出"独处的权利"(the right to be let alone),可以理解为一种秘密权利范式意义上的隐私权。

我国现行立法中并无针对个人隐私权的专门规定,因此对这一权利的理解只能通过学理概念和法律间接规定来实现。2009 年我国通过《侵权责任法》,第一次在法律中引入了"隐私权"的概念,并将其作为一项公民基本权利加以规定。从《侵权责任法》第二条①的条文内容可以推知,因数据的收集和利用侵犯他人隐私权的,被侵权人有权请求侵权人承担侵权责任②。这一规范为司法实践部门处理因使用信息数据造成隐私权侵权的行为提供了依据,也客观上为公民个人信息权与隐私权构建了一定的联系,形成与《政府信息公开条例》第十四条③的呼应。

比较个人信息数据权与隐私权,二者的差异主要表现在以下三个方面:首先,权利存在的哲学基础不同。石佳友教授曾指出:"隐私权的哲学基础是人格尊严和人格的自由发展……个人信息受保护的权利则是立足于个人信息自决权。"④从社会性的角度出发,隐私应当远离大众视野,且禁止知悉其内容的群体宣扬;而个人信息则是被部分人所知悉,社会交互行为所必须了解的内容。其次,与人格尊严的密切程度不同,亦可理解为权利属性的侧重

---

① 《中华人民共和国侵权责任法》第二条:"侵害民事权益,应当依照本法承担侵权责任。本法所称民事权益,包括生命权、健康权……隐私权……"
② 郭建利:《互联网+法治思维与法律热点问题探析》,法律出版社 2016 年版,第 92 页。
③ 《中华人民共和国政府信息公开条例》第十四条第四款:"行政机关不得公开涉及国家秘密、商业秘密、个人隐私的政府信息。但是,经权利人同意公开或者行政机关认为不公开可能对公共利益造成重大影响的涉及商业秘密、个人隐私的政府信息,可以予以公开。"
④ 石佳友:《网络环境下的个人信息保护立法》,载《苏州大学学报(哲学与社会科学版)》,2012 年第 6 期,第 85-96 页。

点不同。隐私强调私人领域的不可干涉和不可窥视性,是指个体对于私人生活的秘密以及私人生活的安宁所应享有的人格权,因此与个体人格尊严紧密结合①。虽然隐私在特定情况下也具备一定的财产权属性(例如社会名人的个人隐私等),但侧重点还是在人身权方面。相比之下,个人信息数据权更加强调人身权和财产权的双重性质。特别是在大数据时代,网络个人信息承载着复杂的利益关系,既能体现其依托对象的人身权益,又能够在特定场合通过公开、交易等行为实现财产利益,因此与人格尊严的紧密程度不如前者。最后,所承载信息的可公开程度不同。从本质上来看,隐私所反映的信息是不愿意向外界透露的或者是个人敏感的信息,重在保护人们的私密空间。而个人信息的内容则关注于身份的识别上,也就是通过该信息可以将该主体与其他主体加以区别,因此可公开性比隐私要强②。

以共享经济为背景,个人信息数据权与隐私权尽管存在上述差异,但在发展过程中将逐步具备更多显著的关联:第一,涉及范围广、受侵害风险大。当前,个人所从事的经济、政治、文化交流等活动在一定程度上都可能涉及自身隐私,特别是在商品买卖、金融信贷过程中,诸如个人收入、存款等包含个人隐私内容的信息数据极有可能遭到泄露,此时个人信息数据权与隐私权在实现与保障方面存在正向相关关系(如图 1 所示)。第二,公开范围界定不明确,两项权利的协同发展遇到障碍。开放政府的构建和共享经济的全面发展均呼吁各领域制定信息公开清单,厘清信息数据对社会开放的范围。然而,当前个人信息数据开放的项目清单普遍缺乏,公开主体在判定某项信息是否涉及个人隐私时可能存在偏差,从而在公开相关信息后对公民隐私权造成侵犯,即个人信息数据权与隐私权在实现与保障方面存在冲突与矛盾,二者之间呈现反向相关关系(如图 2 所示)。

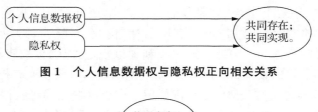

图 1　个人信息数据权与隐私权正向相关关系

图 2　个人信息数据权与隐私权反向相关关系

2. 与数据资产权的关系

以互联网发展和信息化推进为背景,数据产业成为最具潜力的新兴产业之一,将数据视为资产并明确其产权和价格的理念开始进入大众视野。我国当前虽未以法律形式确定"数据资产权"或"数据产权",但理论及实践领域对此均已进行了一定的探讨,最具典型性的就是从产生源头来分析数据所有权。

数据的产生需要依托特定主体,以不同分类标准为依据可以将产生数据的主体分为以下几类:第一,从主体的单复数角度来看,包括个人主体和单位主体,单位主体中又包含行政

---

① 王利明:《人格权法研究》,中国人民大学出版社 2005 年版,第 567 页。
② 冉克平,丁超俊:《隐私权与个人信息权的界分——以司法判决为中心的分析》,载《天津法学》2016 年第 3 期。

机关主体、社会组织主体等类型。第二,从生产、生活、科研等不同领域综合来看,主体又包括工农商业生产者主体、科研工作者主体以及日常生活个体等。当然,前述主体的分类并非单一不可交织,在同时满足多种分类条件的情况下可能出现复合主体,此时数据资产权的所有权人可能并不单一。

从对比的层面来看,数据资产权更加关注数据的经济价值,其具体应用在很大程度上可以类比知识产权规则,并直接与大数据交易相关。虽兼具财产权和人身权的双重属性,但因其与企业盈利相关联,所以数据资产权更多强调的是数据开放与权利实现之间的关系,主张依托互联网平台最大限度地开放数据。而个人信息数据权则与公民个体联系密切,此时权利主体对权利实现方式的追求就不一定是公开得越多越好,而更倾向于对个人信息数据的内容进行分类,并由权利主体选择是否对外公开。在此,基于信息公开中有关公开主体的基本理论,即公开主体应当是制作、保存信息的个人、机关或组织,因此前述主体都可能成为数据开放的主体。但需要注意的是,当相关组织(特别是掌握信息数据的政府部门)并非信息数据所有者,且被申请公开的信息涉及商业秘密或个人隐私时,是否由其将相关信息公开,应当征求前述数据资产权或个人信息数据权的权利主体的意见。

四、"共享经济"时代个人信息数据权应用机制的模型构建

(一) 法律体系构建

共享经济时代的主要特征之一就是信息数据的交互,以此为背景,个人信息在当前已成为"流通物"加以使用。借鉴个人隐私保护的国际经验,实践中对个人信息数据的保护一方面应当坚持必要性原则和比例原则,另一方面则需要提供新兴制度蓝本,为该项新生权利的应用与保障提供依据和指导。

1. 明确"个人信息数据权"的法律地位及适用规则

首先,将"个人信息数据权"明确地作为一项财产性权利增加至已有法律规范的相应部分。如前文表1所列,我国当前已有法律中虽对公民的个人信息数据权有所提及,但表述尚不统一且多为侵权机制。对比财产机制和侵权机制可能造成的负外部性差异来看,若采用前者则信息归属个人所有,未经允许不得使用;若采用后者,则因保障的是占有状态而导致个人信息归收集者所有,此时收集者的转卖行为便容易游离于法律规范之外。由此可见,这样的现状不但使潜在权利人对自身的信息数据权能否得到保障存有质疑,更为一些企业非法利用用户信息谋利、侵犯用户数据安全留下可乘之机。

其次,通过《民法总则》明确"个人信息数据权"作为一项公民权利的法律地位,为民事活动中公民信息人格权及信息财产权的双重实现提供保障,并指导其他专门性法律法规中"用户个人信息保障""消费者个人信息保障"部分的进一步细化。

最后,需要特别注意 Bergelson 教授提到的财产权模式的限度问题,即虽然建议将个人信息权以财产权的模式进行保护,但这样的财产权同时也需要接受多重制约,主要表现在以下四个方面:第一,个人信息数据权的存续期间。因与人格权益密切相关,因此对个人信息的保护仅限于该自然人的有生之年,这与物权的永久性和知识产权的时间性不同。第二,个人信息首次收集者(original collector)的权利。应规定此类主体只能在一定程度上对个人

信息进行处理和利用,且这种利用只局限于该主体内部,不能随意出售或共享给第三方。然而当前企业间并购时有发生,这就对如何判定所谓的"内部利用"提出了更高要求。第三,出于公益使用个人信息的例外。应当允许公共媒体基于保障社会公益之目的,在未征询权利人同意的情况下将个人信息予以公开。第四,网络服务中的强制缔约义务。一方面,使用平台进行交易的个人可以拒绝网络服务商在有限合理的使用空间之外,再要求客户同意其使用个人信息;而另一方面即便个人不同意,网络服务提供商也不能拒绝提供网络服务,也就是负有强制缔约义务。实际上这种观点就是把网络视为一种公共基础设施,不能限制公众对网络、对平台的使用,至少在笔者看来,具有公共设施属性的网络服务商应当是这样的①。

2. 对个人信息数据进行分类并制定专门保障制度

从全面保障个人信息数据权的角度出发对个人信息数据进行细化分类,针对不同类别适用不同制度,更加有利于权利的保障。

(1)以信息数据的内容与特征为标准,将个人信息数据分为"隐私类信息数据"和"非隐私类信息数据"。建议采用正面列举的方式明确隐私类信息数据的范围,并出于对列举不尽的弥补,制定隐私类信息的判定标准且持续对此标准进行更新,使之不致对数据开放形成不当限制,从而影响共享经济的活力。

(2)以信息数据的形成原因为标准,分为"实质性个人信息数据"与"步骤性个人信息数据"。前者主要包括个人的身份信息、联系方式等能够直接定位到个体的内容,是用户出于接受商品或服务而主动提供给商家的;后者则指在平台经济交往中产生的信息,例如共享交通工具使用者的活动路线、网购用户的购买习惯等内容。建议对实质性个人信息数据绝对保密或进行脱密处理后再予共享,对步骤性个人信息数据则可以在隐去数据主体的前提下直接共享。

(3)以信息数据形成的阶段为标准,分为"过程性个人信息数据"和"结果性个人信息数据"。在此依据"过程性"和"结果性"作区分标准,重点关注的就是个人信息数据的形成阶段,即前者生成于经济交往进行的过程中,以商品物流更新信息最为典型,而后者则主要包括商品或服务的最终状态、接收人信息等内容,反映经济活动的结果。由于这两种个人信息数据均与平台经济行为密切相关,能否合理共享利用会对商家及第三方的收益产生影响,因此处理规则可借鉴前述步骤性个人信息数据,即隐去数据主体信息之后全部予以共享。

3. 厘清提供信息主体与收集信息主体的权利义务

解决共享经济中信息数据"所有者"与"占有者"相分离且"所有权"与"占有权"均不完整的问题,当前最适用的办法就是将信息提供主体与收集主体的权利义务明确化,对其行为进行全流程调控。

从信息提供者的角度来看,共享经济链条中与公民个人相关的信息数据绝大多数来源于信息主体的主动行为,且是基于获得特定商品、服务为目的,因此具备民事合同领域中的准备行为或要约行为的性质,特殊情况下还可以视为一种承诺行为。所以,以合同行为的存在与发展为框架,建议将信息提供主体的权利规定为以下几项:(1)要求平台或商家出具保护其个人隐私以及合理应用其个人信息数据的书面文件;(2)要求平台或商家将参与用户

---

① Vera Bergelson: It's Personal But Is It Mine? Toward Property Rights in Personal Information, 37 U. C. Davis L. Rev. 379, 452 (2003), pp. 438-445.

个人信息数据共享的企业名称予以告知;(3) 个人信息数据安全受到侵犯后,要求最初获得其个人信息数据的平台或商家承担责任。对信息提供者的义务,建议规定为:(1) 按照平台或商家要求提供真实可靠的个人信息,并对因信息数据不准确造成的配送失败等情况自行承担责任;(2) 持续更新信息以保证其时效性,并对因信息失实而造成的损失自行承担责任。

平台经营者作为信息的收集主体,在共享经济链条中扮演信息传输纽带和信息放大器的角色,对经济共享程度的高低起着决定性作用。因此,建议通过专门立法的形式对信息收集主体的基本权利做出如下规定:(1) 要求参与平台经济活动的公民个人提供必要且真实的信息,以便完成货物的派送或服务的提供;(2) 将前述信息作为平台经济营利的重要资产,并对该项资产有条件地享有占有、使用、收益、处分的权利。信息收集者的义务主要包括:(1) 在提供服务的过程中收集、使用用户个人信息,应当遵循合法、正当、必要的原则;(2) 不得收集与提供服务所必需无关的用户个人信息或者将信息用于提供服务之外的目的;(3) 不得以欺骗、误导或者强迫等方式收集、使用用户个人信息;(4) 积极履行信息安全保障义务,即在对用户数据收集、使用过程中的用户个人信息应当严格保密,不得泄露、篡改或者毁损,不得出售或者非法向他人提供,对用户数据的输出和使用应当做到匿名化、假名化以及脱密处理。

4. 明确将利益衡量作为个人信息数据共享的前置程序

申卫星教授认为,要处理好数据开放与保护的关系,关键在价值的选择。从社会关系来看,管理方希望通过数据的收集,进一步提升自己的管理水平和能力。而被管理方则希望从数据中获得能够满足自身需求的便利。因此,在数据的采集、修改、使用的过程中,价值需求的选择也随之产生。在双方或者多方价值需求得到合理满足时,才是数据开放的健康状态①。

数据开放和隐私保护虽然看似矛盾,但仍然可以找到平衡点并通过法律将这一平衡点进行固定和保护。例如,当平台经营主体或平台参与商家之间希望共享反映消费者消费习惯的信息时,必须通过特定的社会调研或合理的计算方法衡量因此而产生的利益得失,确保该共享行为不会给消费者(即电商平台信息提供者)带来安全威胁及不必要的困扰时,方可进行内部共享。利益衡量过程的关键在于找到双方或多方合法权利的临界点,且如果其中包含公共利益时,这一"临界点"需要向公共利益一方发生位移,即此时其他利益应当让位于公共利益,以保障并最大限度实现公共利益,同时不侵犯个人隐私为标准,决定是否共享个人信息数据以及个人信息数据共享的程度。如果用经济学中的最优理论来解释,那么平等主体之间利益衡量标准应当是"帕累托最优"②,即原始信息收集者是否共享其占有的消费者个人信息,不会造成平台上其他经济参与者应得利益的减损;而有公共利益参与的利益衡

---

① 摘自 2017 年 5 月 27 日,申卫星教授在"'数据开放与隐私保护'高峰法治论坛"上的发言内容。参见环球网国内新闻:http://china.huanqiu.com/hot/2017-05/10758446.html,最后访问时间:2017 年 10 月 30 日。

② 帕累托最优(Pareto Optimality),也称为帕累托效率(Pareto Efficiency),是指资源分配的一种理想状态,假定固有的一群人和可分配的资源,从一种分配状态到另一种状态的变化中,在没有使任何人境况变坏的前提下,使得至少一个人变得更好。

量标准则可能为"卡尔多-希克斯最优"①或"帕累托最优",即平台上其他经济参与者应得或实际已得利益可能增加,可能不变,也可能因让位于公共利益而有所损失。由此可见,可以将有公共利益参与的利益衡量结果理解为一种混合模式。

因此,建议将利益衡量作为个人信息数据共享的前置程序,并规定由平台经营主体中负责法律事务的部门主管此项工作。此外,建议适当引入经济学原理以及数据分析的方法,通过寻找"边际利益平衡点"的方式进行利益衡量,以确保个人信息数据的合理合法应用。

5. 强化平台公法义务并正面列举各主体侵权的行为种类

互联网平台作为提供交易机会的场所以及连接买卖双方的纽带,更多履行的是民事法律层面的权利和义务,但由于其所承载工作内容的特殊性,因此学界提出可否能用公法义务来概括平台的责任,简单定义就是说与平台经营有一定关系,但是又超脱于自身经营的需要,为了实现公共秩序,保护公共利益等通过法律规定,强制要求平台所履行的义务。当前,平台义务是通过规章、联合规章的形式设定的,但笔者建议可以将其上升为行政法规层级,在考虑行政便捷性的同时保障义务设定的法律位阶②。由此可见,平台的责任和义务带有明显的公法性质。

在强化平台监管责任的背景下,建议将平台公法义务的主要项目规定为:(1)确保用户身份真实性的义务。具体而言,应当对经营者与消费者均进行身份核实和验证,并对经营者实施更为严格的身份核验规则;对于在平台上从事特殊种类经营项目的商家,按照国家特殊行业规定进行资质审核。(2)对发布、传播违法信息行为的处置义务。目前,法律上虽然仅规定平台对其参与者发布及传播的违法信息承担"通知删除"的义务,但事实上平台还在履行着一部分"事先审查"义务。因此,建议将事先审查的范围和方式进一步明确化和规范化,从而对违法信息起到双重控制。(3)保存记录和提供记录的义务。应当在一定时间期限内将平台上生成及传播的信息记录保存在数据库中,并配备专业人员对相关记录进行维护,以供相关主体查询、调用。(4)信息和隐私保护的义务。对于涉及商家商业秘密或用户个人隐私的信息数据,在供正常商业所需之外的范围,给予全面的安全保障,非经同意不得公开或交易。(5)向有关主管部门告发、举报,并配合行政执法和司法工作的义务。对于平台参与者实施违法违规行为后警告不改的,应向上级监管部门进行举报,按照要求提供相关信息记录,保障平台交易的良好信息环境。(6)处理投诉举报和化解纠纷的义务。作为经济活动中的第三方,平台对于内部纠纷负有居中裁决的权利和义务,对于事实清楚、关系明确的纠纷应当严格按照法律和行业规则进行裁判。(7)信用评价的义务。规定这项义务,实际上是为了发挥平台这一优势媒介的作用,通过对参与者各项行为进行评估,得出信用等级评定结果并与工商、税务等企业进行共享,必要时还可向社会公示,为经济活动的参与主体及监管主体提供依据,实现平台对社会经济全面发展的促进作用。

此外,建议平台将各参与主体的侵权行为通过列举的形式对外公开,这一方面有利于管理工作的顺利开展,另一方面也便于被监管主体提前了解将会被认定为侵权的行为种类,从

---

① 卡尔多-希克斯最优(Karldor Hicks Optimality),也称为卡尔多-希克斯效率(Karldor Hicks Principle),是一种受益者所得足以补偿受损者所失的最优模式或变革模式。

② 参见国家行政学院行政法研究中心副主任、副教授王静于2017年8月15日"网络法青年工作坊"上的发言:《对"互联网平台的公法义务"的思考》。

而更好地规范其自身潜在行为。

（二）数据安全审查体系构建

对数据安全进行审查具有较强的技术含量，除了需要有法律规范作保障之外，专业的审查标准和评测方法必不可少。建议不同平台以自身经营范围为依据选择合适的已有标准，在一定时间范围内进行试点；试点过程中，平台应当密切关注该标准的实施效果，并结合工作实际需求对已有标准进行调整或制定全新的审查标准。就审查体系涵盖的内容来说，在时间上应当囊括从信息生成、发布到传播、修正、灭失或丧失原有价值整合环节，在方式上应当包含问卷调查、数据分析、座谈走访等，在审查对象上则主要应当包含如何划分一般信息与个人隐私信息、如何在公私权利之间进行选择和取舍以及如何规制信息收集者对个人信息数据的共享行为。

综上，建议以前文提及的《个人信息保护指南》为基础及依托，逐步提升"推荐性"标准的适用层级，并在此基础上建设或完善不同平台专属的数据安全审查体系，形成标准齐全且针对性强的个人信息数据安全测评制度。

（三）数据主体个人保护意识建设

在全面促进制度建设的基础上，建议通过宣传、培训等方式树立并强化平台各数据主体对其个人信息数据的保护意识，构建起个人信息数据权应用机制中的主观能动措施体系。以文章开篇"菜鸟"与"顺丰"数据端口共享纠纷为切入点，以此作为数据安全教育的典型案例，使用户明确提供个人隐私信息的情形、方式以及可能产生的后果，从而提升其自我保护意识，例如要求平台上的商家承诺合理运用其个人信息数据，并不对非相关企业公开或共享包含其详细居住地址的个人隐私信息等。

此外，强化数据主体的权利意识，使其认知并了解个人信息数据权的权利属性及基本内涵，从合法行权的角度提升公民对这项新兴权利的关注，进而形成对个人信息数据的权利保障体系。

五、结语

共享经济时代，全面了解多种信息数据的产生方式及传播途径，有利于更好地提升资源共享程度，实现经济的区域化、行业化协同发展。以此为基础全面构建个人信息数据权的应用与保障机制，是法律规范适应社会发展的一次革新。本文提出的制度设想是综合理论学说与案例分析之后形成的一套完整模型，调整共享经济与平台经济模式下的个人信息数据权相关行为，充分发挥法律制度在大数据时代的规范与保障作用。

参考资料

[1] Gabriel J. Hassen. Digital Feudalism—An Analysis of Ownership and Control in the Information Age. Phoenix L. Rev. 2010,4:1027-1064．

[2] George Cho. Legal Dilemmas in Geographic Information: Property, Ownership and Parents. J. L. &

Inf. Sci. 1995,6:193-207.

[3] Lara Cartwright-Smith, Elizabeth Gray, Jane Hyatt Thorpe. Health Information Ownership: Legal Theories and Policy Implications, Vand. J. Ent. & Tech. L. 2016,19:207-242.

[4] Paul M. Schwartz, Daniel J. Solove. The PII Problem: Privacy and a New Concept of Personally Identifiable Information. N. Y. U. L. Rev. 2011,86:1814-1894.

[5] Paul M. Schwartz, Karl-Nikolaus Peifer. Prosser's Privacy and the German Right of Personality: Are Four Privacy Torts Better than One Unitary Concept. Cal. L. Rev. 2010,98:1925-1988.

[6] [英]维克托·迈尔·舍恩伯格,肯尼思·库克耶. 大数据时代:生活、工作与思维的大变革. 盛杨燕,周涛,译. 杭州:浙江人民出版社,2013.

[7] [荷]伊芙琳·T. 菲特丽丝. 法律论证原理. 张其山,焦宝乾,夏贞鹏,译. 北京:商务印书馆,2005.

[8] 郭建利. 互联网+法治思维与法律热点问题探析. 北京:法律出版社,2016.

[9] 郝大海. 社会调查研究方法. 3版. 北京:中国人民大学出版社,2015.

[10] 王敬波. 政府信息公开:国际视野与中国发展. 北京:法律出版社,2016.

（责任编辑：徐珉川）

日本法科大学院教育模式及其镜鉴

储陈城

摘 要 法科大学院是日本以培养法律职业人才为目标,以美国法律学院制度为模板改造而成的人才培养机构。法科大学院依托大学优质的学术环境,训练法学职业人才的法学理论素养和实务职业技能。在师资配备和教育模式上,其充分实现理论与实务之间的密切结合。我国法律硕士教育与之有相似之处,但是在理论与实务的结合方面,仍有诸多不足。在借鉴日本法科大学院教育模式的前提下,创设适合我国的三位一体的法律硕士培养方案,或许是当前的权宜之计。

关键词 法科大学 理论素养 实务训练 法律硕士

一、日本法科大学院的产生背景

谈及法学教育,作为法学学习对象的法律之谱系是一个前提性问题。在日本,明治维新之后,最先继受了法国法。日本当时聘请了法国巴黎大学的教授 Gustave Emile Boissonade 进行法典编纂的工作,自然深受法国法的影响。日本旧刑法(1880 年公布)就是典型的例子。但是,在明治时期的中叶,法典的谱系出现了争议,因为作为基本法的宪法效仿了德国法,因此其他基本法律的规定开始逐渐转变为向德国法系靠拢。在刑法中,日本现行刑法(1907 年公布)就是继受了德国刑法。虽然最近很多法律领域也受到了英美法的影响,比如现行的刑事诉讼法,但是作为实体法的刑法,仍然具有浓厚的德国刑法理论的色彩,一直发展至今[①]。继受欧陆法之后,随着时间的流逝,根据本土运行的实际情况,日本法律也实现了变迁。

在这一背景之下,在日本的法教育中,一直对法律规范的解释适用和比较法的考察做区分说明。通过比较法的考察所得到的知识,在考察国内实体法解释的应然方法上,会得出新的法解释的视角。但是,比较法的考察在法律适用的场合并不具有直接的效力。因此,在法

本文为安徽大学廉政法治协同创新中心 2016 年度公开招标课题(ADLZFZ16YB07)的阶段性成果。
作者简介:储陈城(1986—),男,安徽宣城人,安徽大学法学院副教授,硕士生导师,2014—2016 年任早稻田大学法务研究科外国人研究员。
① 日高義博:《ドイツ:法曹教育のための授業システム》,《法学教室》1993 年第 153 号。

学院的教学中,对于国内法基本科目(宪法、民法、刑法、公司法、民事诉讼法、刑事诉讼法等)讲义的重点是,法律解释和适用的技术以及学理学说。当然,比较法、法哲学等基础法学的学习并非没有必要。它们都应该是居于法解释学基础地位上的,因此也被纳入法学教育的范畴。

日本的法学教育,在旧制大学时代和当今新制大学(1947年以后)存在若干的差异。但共通的是,都是将法解释学列为重中之重。法律学的学习,绝不是记忆法律规范上的条文,重要的是锻炼出从变动的社会事实当中,将对法律至关重要的事实抽丝剥茧,通过法解释和法适用来解决案件的能力[1]。熟背数量庞大的法律条文本身就不可能,但是即便能够记住,仅此也无法解决案件。如果不会对各种社会事实予以整理,在重要的法律事实的基础上,驱动法律条文和法律理论来解决案件的话,就无法学好法律学[2]。

而且,要解决案件,必须要有构筑体系性的理论支配能力,同时判断结论妥当性的平衡感也是必要的,而且还需要有能够说服对方的写作能力和表现能力。简单来说,法学教育当中,养成法律思考能力是关键。

要养成这种法律思考能力,并没有一个统一的方法,且会因各个国家法律体系的差异而有所区别。比如说,大陆法系国家,就要采用能够体系地学习成文法的方法。而在英美法系国家,要学习判例法就必须采用案例教学法。日本虽然是成文法主义的国家,但是当今也将判例视为间接的法律渊源。因为在实务和实践中,在先判例都具有一定的指导借鉴意义,故将判例作为材料进行演习的做法非常多见。法学教育的顺序为:以实定法和法理论的体系学习为起点,然后,通过案例教学的方式,以个案为素材来学习法律解释和适用的方法。目前,判例研究已经占据了法解释学上的重要地位。

当今日本新制大学,法学院实行四年的法学教育。但是在四年的法学教育期间,并不是进行单一法律专门科目的教育,还要进行素养科目的教育。换言之,法学教育当中,通过素养教育,使得法学教育能够让学生培养更好的法律思维也即法的素养。

法学院的法学教育并没有和法律职业教育直接相结合,因此,有志于从事法官、检察官和律师的学生,必须通过国家司法考试,在接受大学课程之外,必须要花费大量的时间来进行应试教育。在日本,通过司法考试的平均年龄在27岁左右。

因此,法学院的学生当中,意向从事法学职业,挑战司法考试的也只是一部分学生,大部分学生都是具有法的素养的通识性人才,走向社会后,所从事的职业多种多样,比如有法院的职员、国家公务人员、地方公务人员、银行、商社或者一般公司的职员等。现在日本法学院的法学教育,就培养法律职业的实务人才这一点上,态度并不明朗,或者并不明确以此为目标,而是更倾向于向社会各个领域输送具有法律素养的人才,或者说是在培育有为的人才来支撑更广范围的社会支架。

法学教育,本来是以培养法律职业实务人才、法学学者为出发点的。法学在中世纪欧洲是四个主要学问体系(神学、医学、法学和哲学)之一,是学问和职业紧密联系且特色鲜明的领域。也就是说,法学教育最初就是为了培养法官、检察官和律师等法律职业实务人才的。通过教育手段所获得的法律思考能力,不仅限于法律职业养成,在其他领域也非常有用,因

---

[1] 日高義博:《刑事判例研究の意義と方法》,《専修ロージャーナル》2010年第5号。
[2] 中西一裕:《法曹養成制度改革の現状と課題》,《法曹養成対策室報》2007年第2号。

此法学教育的对象非常广泛。但是,法学教育难以和法律职业教育密切关联,仍然是一个很难解决的问题。

日本法学教育在法律职业教育上态度不明朗,使得有志于从事法律职业的学生,既要学习司法考试内容,另外还必须要进行长达数年的应试教育。而这一状况直至2004年才有了解决方案,即所谓的法科大学院设置①。在法学院,学生接受的是法学素养的教育,而在法科大学院,则进行专门就法律职业培养为目标的教育。法律学院的制度,本来是美国法律职业教育的制度,其并不是以法学院为前提的。但是,在日本则是以法学院的法学教育体系存续为前提,提出设置独立的法科大学院的设计。

二、日本法科大学院的设置

(一)法科大学院设置的背景

于平成十一年七月在内阁中设置的司法制度改革审议会,在平成十三年六月公开发布了《司法制度改革审议会意见书》(以下简称《审议会意见书》),其中提出了以法科大学院为核心的新型法律职业培养制度。基于此,平成十三年十一月,制定了《司法制度改革推进法》(平成十三年法律第119号),同年十二月,在内阁中设置了司法制度改革推进总部。在平成十四年三月十九日,内阁决定司法制度改革推进计划,而日本最高裁判所、日本律师联合会也对此予以响应②。其后,为了实现《审议会意见书》并制定具体的制度,司法制度改革推进总部事务局下设了"法律职业培养研讨会",文部科学省中央教育审议会大学分科会下设了"法科大学院部会"③。平成十四年和十五年,连续制定了和法科大学院相关的四部法律④,平成十六年四月,法科大学院正式开学⑤。

明治大学法科大学院青山善充教授就法科大学院设置背景做了如下的论述:"从国际比较来看,日本法律职业人口本来就较少,随着今后法治化建设,日本将向事后救济型社会转变,而随着全球化进程推进,国界的概念将逐渐模糊,可以预想社会的方方面面对法律职业的需求量都会大幅增加","为此,在维持法律职业人员质量的同时,大幅增加法律职业的人员数量,是当前紧急课题"。但是,日本以前的司法考试一直是一个难以逾越的鸿沟,优秀的学生纷纷远离司法。因此,如果不改变司法考试的框架的话,想让更优质的法律职业人才数量增加是几乎不可能的。另一方面,大学的法学本科教育中,为培养优质的法律职业人才的摸索虽然在不断进行,但是效果并不显著。其原因是"学校教育和法律职业考试需要的以实

---

① 日髙義博:《司法制度改革と法曹教育》,《専修大学今村法律研究室報》2009年第39号。
② 由岐和広:《今、法科大学院は何を求められているか——法曹の質と法科大学院教育—》,《明治学院大学法科大学院ローレビュー》2012年第17号。
③ 青山善充:《司法制度改革審議会意見書からみた法科大学院の現実と課題》,《ロースクール研究》2011年第17号。
④ 《学校教育法の一部を改正する法律》(平成十四年法律第118号)、《法科大学院の教育と司法試験等との連携等に関する法律》(平成十四年法律第139号)、《司法試験法及び裁判所法の一部を改正する法律》(平成十四年法律第138号)、《法科大学院への裁判官及び検察官その他の一般職の国家公務員の派遣に関する法律》(平成十五年法律第40号)
⑤ 落美都里:《法科大学院の発足—残された問題点と課題—》,《調査と情報— ISSUE BRIEF —》2004年第444号。

定法为核心内容之间存在一定的差距"①。因此,对于以法律职业考试为目标的学生而言,就出现了需要去第二学校学习的现象,这就给法学本科教育全体带来负面的影响。基于此,为了实现司法所期待的功能,将法律职业培养制度进行重建,让法学教育、司法考试能够有机结合起来的建议之一就是,将法律职业培养予以特定化的实践教育,成立特殊的学院——法科大学院。

另有学者,如青山学院大学法科大学院教授后藤昭认为,法科大学院的产生是日本文部科学省(简科"文科省")希望大学院成为高度专业的人才培养机构的政策以及司法改革的趋势二者合流所产生的结果②。另外,该学院的宫泽节生教授则认为,在政策形成过程的初期,大概存在两种法科大学院的构想:一种是将法科大学院从法学部完全独立出来的根本改革方案,另一种则是维持和法学部紧密联系的法科大学院的现状维持方案③。

还有学者,如东京大学天野郁夫教授,通过日本大学学部或者大学院专业人才培养的特点来观察法科大学院的法律职业培养出现的问题。他认为,以美国为模板而制度化的战后日本的大学院,并没有把学生的培养分化成研究者的培养和职业人才的培养两个方向,大学院一般都是被认为只用于培养研究人员,而专业化职业人才的培养则从专门的学部阶段开始进行,"至于法律职业的培养,在法学部阶段接受的法学教育,甚至连司法考试的报考资格要件都没有",而与美国不同的是,大学院的专门职业教育则是一个完全未开发出来的领域④。因此,"对此开始变革的是,1999 年将大学院的设置基准予以修改,设置以'专门大学院'的名称来特定化培养高度专业性人才的大学院研究生课程"。最开始虽然只在经营管理、公共卫生等限定领域当中设置,但是随着基于法科大学院的构想而出现了培养专业人才的专门学校,大学院制度受到了全面的冲击,由此开始制度改革。因此,法科大学院的构想,并不是在大学院制度全体该如何办的讨论中进行的,而是在司法制度改革当中首先决定设置一个完全新型的法科大学院,其影响几乎波及了大学和大学院的制度的整体。

因此,2004 年 4 月,法科大学院制度发端,在大学的学术环境中,开始了法律职业教育。日本大学在此之前,在法律制度层面上一直都没有法律职业培养机构。如前所述,根据《审议会意见书》,将法科大学院设计为法律职业培养的核心机构,根据司法考试法的规定,在法科大学院毕业是新司法考试的法定前提性资格。至此,日本的大学才开始在法律制度上明确承担了法律职业培养的任务。在提出法律职业培养制度一系列改革的司法制度改革审议会的审议过程中,决定通过大学来进行法律职业教育的方案并非理所当然。当初,有建议可以通过扩充司法研修所或者设置特殊的大学校等方案来应对法律职业人口增加的方案,但是都被否决了。日本各界普遍认为,能够保障"学问自由"的大学之优良的学术环境和设置新兴的法律职业培养机构之间相得益彰⑤。

---

① 青山善充:《法科大学院の発足と法学教育の方法》,载明治大学法科大学院:《曉の鐘ふたたび—明治大学法科大学院開設記念論文集》2005 年,第 28-29 頁。
② 後藤昭:《専門的職業と大学1法科大学院》,载広田照幸ほか編:《教育する大学—何が求められているのか—》,岩波書店 2013 年版,第 88 頁。
③ 宮澤節生:《法科大学院論争のひとつの考古学—異なる法科大学院構想における司法研修所の位置づけを中心に—》,《法曹養成と臨床教育》2012 年第 5 期。
④ 天野郁夫:《大学改革の社会学》,玉川大学出版部 2006 年版,第 175 頁。
⑤ 佐藤幸治:《社会に奉仕する法律家養成の基点としての臨床法学教育》,载《法曹養成と臨床教育》2009 年第 1 号。

（二）法科大学院的现状和成就

法科大学院是为了培养法律职业人才为目标而设置的专门性职业大学院[①]，是以培养为法律职业所必要的学术和能力为目的的[②]。也即，法科大学院是为了培养法官、检察官、律师而进行的教育。修完法科大学院课程的人，取得法务博士的学位[③]，取得司法考试的考试资格[④]。关于教学课程、教师组织以及其他教育研究获得状况，在法律职业培养的基本理念基础之上，根据大学评价的基准，在五年内，接受评价机构来进行认证评价[⑤]。

平成十六年有 68 所学校，十七年有 6 所学校，共计 74 所学校开设了法科大学院，平成二十五年 3 月末有一所学校废止了法科大学院，平成二十五年共有 4 所学校，二十六年有 2 所学校，二十七年有 10 所学校，均废除了法科大学院。另外，入学意向人数从平成十六年的 72 800 人降到了平成二十六年的 11 450 人，实际入学人数从十六年的 5 767 人减少到二十六年的 2 272 人。另外，法科大学院的入学充足率从二十一年的平均 84% 降低到了二十六年的 60%。平成二十六年，入学充足率不足 6 成的法科大学院占到法科大学院总数的 76%。

作为日本司法改革的意义重点之所在，法学院绝不是始于作为专门性大学院的大学改革，"所谓法科大学院构想，是以实现法律职业人口数量飞速增加为前提的，构想一个将司法从官僚司法转向以律师为核心的伟大且广阔的革命"，"法学院的构想不是受制于官僚和预算，将已经成为法律职业人口的增加瓶颈的最高法院司法研修所的桎梏中解放出来的一种方法"。[⑥] 这一设想对于日本的司法具有重大的意义。

另外，从确保作为法律职业基础的司法考试合格者数量的稳定角度来看，法科大学院的创设也极具意义。"在相当数量的法科大学院中，制度创设的意义在于充实教育体制，尽管条件很苛刻，但是能够保证输送出有想法和能力的优秀法律职业人才，可以期待扩充司法人员的基数。""每年能够稳定输送出超过 2 000 人的通过司法考试的队伍，对于司法体制而言意义重大，这对基数的扩充极为重要。"[⑦]

法律职业人才培养的国际潮流是，在学术环境之下通过法学教育和实务经验来进行研究。在此基础上，不仅要留意以往法学教育所承担的社会功能，还必须要适应新的社会需要来培养法律职业人才。因此，利用大学优良的学术环境培养优质的法学专业人才，成为日本社会的主流认识。因此，从法科大学院中研究者和实务家一起培养法律职业人才这一角度来看，法科大学院制度创设最基本的意义是：(1) 日本第一次构筑了承担法学研究和教育的研究者与实务家协力共担，体系化进行法律人才培养的制度。(2) 在这一教育的过程当中，

[①] 《専門職大学院設置基準》（平成十五年文部科学省令第 16 号）。
[②] 《法科大学院の教育と司法試験等との連携等に関する法律》第 2 条第 1 項。
[③] 《学位規則》（昭和二十八年文部省令第 9 号）。
[④] 《司法試験法》（昭和二十四年法律第 140 号）。
[⑤] 加藤哲夫：《法科大学院と認証評価の役割——これまでの経過と課題——》，载《IDE 現代の高等教育》2013 年第 551 号。
[⑥] 久保利英明：《大宮法科大学院大学はなぜ出来たのか——ロースクールから法科大学院への 10 年》，《大宮ローレビュー》2011 年第 7 号。
[⑦] 田中成明：《法科大学院の課題》，载《IDE 現代の高等教育》，2013 年第 552 号。

培养学生作为法律职业所必需的批判的、创造性的法律思考能力,成为可能①。

另外,通过大学来培养法律职业的意义也被强调出来。早稻田大学法科大学院教授山野目章夫认为,法科大学院的本质是"将培养能够拥有控制权力的志与术的法律职业人才,委任给大学这样的教育机构,是必须做出的选择"②。因为,将法律职业的培养交给大学来承担,这密切关乎新时代的高等教育的展开。东京大学木庭显教授提出,在法科大学院的争论中,"要摆脱大多数人的潜意识,法科大学院制度不只是法律职业培养或者司法改革的一环,而是高等教育进行大幅度转变的一个脉络,这一转变也是世界的大趋势所在"③。并且,这至少不是避免让学生只成为少数精英化的研究者那么简单。高等大学教育之所以成为必要,是因为为社会提供新型的质量兼备的高度劳动力势在必行。这种培养的方向,自20世纪90年代就已经成为世界范围内的发展方向。

法科大学院的学生,对于司法考试科目能够更好地学习,即便是授课教材也增加了双方向的授课④。一方面,对于没有学习过法律的学生,在第一年会多开设知识灌输型的课程,而对于已经学习过法律的学生,则会开设相关的课程,让学生能够从多个视角来考虑问题。另一方面,就司法考试所必须通过的基础课程,教师要有较强的意识,即架构理论和实务,重视思考过程,努力培养学生的法律分析能力和创造性的应用能力。学生则要摆脱既往的在第二学校被教授的思考和学习模式⑤。

"法科大学院制度所导致的法律职业人才质和量的变化,能够促使针对国民法律服务的充实和完善"。具体而言,日本司法援助中心所运营的法律援助律师事务所所实施的对贫困人群的法律服务以及指定辩护等活动,接受日本律师协会的向日葵基金资金援助的"向日葵基金法律事务所"所实施的向司法资源稀缺地的市民提供法律服务、向这些地区派遣律师等活动,都起到了积极的作用⑥。

对于法科大学院,还有更深层次的法学教育上的期待,即对已经毕业进入法律职业的人士进行继续教育。从经济学视角考察其制度上的课题,日本的法科大学院应该被赋予更广意义上的法律职业人才的培养功能⑦,法科大学院并非只是关注司法考试的通过率,而应该在此基础上关注教育自身的正当性评价。法科大学院所开设的前沿课程或者实务课程也可以考虑向已经毕业的法学院学生或者已经从法科大学院毕业的实务人士开放,让他们继续学习。

三、法科大学院的核心教学模式

在优良的大学学术环境中,进行法律职业教育的课题至少有两个:第一是应该确立的教

---

① 古口章:《法曹養成·法科大学院制度》,载日弁連法務研究財団編:《法と実務 9》,商事法務 2013 年版,第 259-261 頁。
② 山野目章夫:《研究者教員からみた法科大学院の成果》,载《ロースクール研究》2012 年第 20 号。
③ 木庭顕:《法科大学院をめぐる論議に見られる若干の混乱について》,载《UP》2013 年第 2 号。
④ 柏木昇:《日本の法学教育は変わったか—法科大学院制度と新司法試験—》,载《中央ロー・ジャーナル》2011 年第 2 号。
⑤ 奥田昌道:《日本における法科大学院の現状と課題》,载《日本學士院紀要》2007 年第 3 号。
⑥ 四宮章夫:《新しい法的サービスの展開》,载《ロースクール研究》2012 年第 20 号。
⑦ 吉村宗隆:《「日本型ロースクール」の経済分析・序説》,载《産業・社会・人間》2004 年第 3 号。

育方法论；第二是教育的内容不应只是传授法律实务现状，还必须以基于学术研究来改善法律实务作为教学目标。日本法科大学院临床法学教育这样的法律职业教育方法论，可以说是学术环境当中能够回应这两个问题的方案。

（一）法科大学院临床法学教育的开启

什么是临床法学教育呢？最为广义的定义是指以注入法律实务为经验的方法论要素，通过经验主义进行的法学教育。而从最狭义的角度来定义，则是指法科大学院的学生在具有法律职业资格的教师的指导监督下，对现实委托人提供法律服务，以此来接受法学教育。2008年4月创设的临床法学教育学会规则中规定："所谓临床法学教育，就是指法律诊所、实务实习、实务模拟、法律咨询、法律信息调查、法律文书制作以及与此相关的法学教育方法等。"这虽然未必是通过对临床法学教育方法论讨论后采用的定义，但是是日本的法科大学院担任法律实务教育的教师所普遍接受和采纳的概括性定义。

临床法学教育的意义多种多样，参与其中的教育人员或者相关研究人员也在使用各不相同的意义。但是，可以将其中的中心概念要素做出提炼，大致如下：其目的是法律职业培育，而不是培养法理论研究人员。其方法是让学生对法律实务中的素材，通过现实化或者模拟化的情境予以经历体现，而不是通过讲义知识进行教授。教育的内容是支撑法律制度的理论、运用法律制度的机能以及作为法律职业的价值观等素养。与以前日本法学教育以学问为主的法理论教育相比，运用临床法学教育是以培养法律职业人才为目标的。因此，临床法学教育是以法理论及其运用技能，以及使用该技能的专业人才的行为规范为教育内容。也即，因为是培养实务人才的方法论，所以临床法学教育不仅仅停留在法理论的教育，或者实务技能教育，而是统合了理论和实务教育为一体的方法论。

具备这种目的、方法以及教育内容的临床法学教育，在类型上可以分为法律诊所型、实务模拟型、实务实习型。所谓法律诊所型是指对于现实的委托人的案件，在具有法律职业资格的教员的指导监督下，由学生来提供法律服务；实务模拟型则是指为了满足教育目的，将现实案件作为教材进行加工，让学生能够学习案件处理的能力；实务实习型则是指将学生派送到律师事务所等实务部门进行体验。在实际过程中，往往会将这三种类型进行组合，通过不同的形态来展现。

（二）法科大学院临床法学教育的特征

1. 教育目的的重视

日本临床法学教育是法科大学院教育方法论的开端。因此，在日本最为人所关心的是，为培养法律职业人才而创设的这一新的教育方法论，对于法科大学院学生的教育，到底会产生什么样的效果。对此，美国的临床法学教育是在两种目的之下展开的。也即，法律学院的临床法学教育并不只是教育行为，而且也是一种对社会的贡献[①]。美国的临床法学教育，是在公民权利运动、克服贫困等20世纪60年代的社会改革运动中，法律学院的学生以经济状况无法聘请律师的家境贫困的群体为对象，提供免费的法律服务逐渐发展起来的一种教育

---

① 宮澤節生：《臨床的法学教育と法律扶助》，載法律扶助協会編：《日本の法律扶助——五十年の歴史と課題》，法律扶助協会2002年版，第299頁。

模式。美国的临床法学教育正是在这种发展的背景下,以教育和社会贡献双重目标作为根基实现其教育效果的。

日本的临床法学教育,如早稻田大学那样,在大学中设置了附属的法律诊所事务所,作为教学的一个环节来接受委托案件,并且将委托人的财力情况作为接受委托时的重要考虑因素。但是,作为法科大学院教育一环的法律诊所所提供的法律服务尚不为社会所熟知,很难保证大量的委托人来进行法律咨询,洽谈委托事宜,大学所附属的法律事务所采取的是自负盈亏制,因此,很难说目前日本的临床法学教育充分实现了社会贡献的目的。

而关于教育目的的实现,日本临床法学教育正在开创各式各样独特的方法。临床法学教育的典型教育方法并非只有法律诊所一种,实务模拟也是非常受欢迎的一种方法。比如以名古屋大学为中心的 PSIM 项目,即法科大学院学生就接见、询问、交涉等法律职业技能进行角色扮演的情形,并以摄影的形式予以记录,存储在数据库中以便于法科大学院期间被用于教材开发。另外,关西学院大学的模拟法律事务所的项目是,模仿在医学教育中的模拟病患的方法,通过一般市民的配合来模拟委托人。

因此,在当前日本临床法学教育的教育目的更受到人们的关注。其效果是如大多数教师和学生所指出的那样,能够促进学习的积极性,促使学生对法理论的理解深入化、精确化,将实体法和程序法作为整体予以理解,养成对事实的分析能力、评价能力,增强通过书面和口头方式进行交流的能力,培养法律职业的伦理观和法律职业的社会使命感等。但是关于临床法学教育的效果无法收集统计性数据。另外,法律职业教育的目的不仅仅是知识储备量的增加,而是以理论理解及其在现实案件中的适用,培养能够解决现实法律问题的综合能力为目标,所以对特定教育方法带来的效果进行计量性把握是非常困难的。

2. 培养法律职业人才的制度条件

美国的临床法学教育是在 1870 年,以哈佛大学法学院的案例研究法为发端,一度被评价为法律职业教育中的新型方法论。1970 年代以后,法律职业教育的重要地位被确立①,临床法学教育可以说是由极具美国特色的法律职业制度(一元制)、法律职业培养制度(不存在司法研修制度)、判例法主义的思考方式等因素促成的。而日本与美国在这些要素上都存在不同,比如日本是由法官、检察官、律师组成的"法曹三者"和具有实务经验的法学家集体组成的法律职业制度,以司法研修为主的法律职业培养制度和成文法主义的思考方式等。因此,在日本普及临床法学教育并不如美国那么容易。

在美国,50 个州都制定了关于承认法学院学生法律实务的学生实务规则②。这是临床法学教育稳固实现教育成果、向社会贫困人士提供法律服务作出社会贡献所慢慢形成的规范。但是,即便没有学生实务规则,临床法学教育也并非不可能。在加拿大,并不存在学生实务规范,然而其临床法学教育也很好地得到了实施。另外,即便有法律职业资格取得前的实务研修制度,法学院的临床法学教育的重要性也是不可或缺的。日本的法科大学院中的临床法学教育也是如此,基于具有法律职业资格的实务型教师的责任,学生作为实务型教员

---

① マーガレット・マーティン・バリー、ジョン・C・デュビン、ピーター・A・ジョイ:《ロースクール臨床教育の100年史》,日本弁護士連合会司法改革調査室・法曹養成対策室編、道あゆみ・大坂恵里訳,現代人文社 2005 年版,第 1 頁。

② 大坂恵里:《アメリカの学生実務規則》,載宮川成雄編著:《法科大学院と臨床法学教育》成文堂 2003 年版,第 305 頁。

的辅助人员提供法律服务,进行实务参与。

3. 临床法学教育和司法研修的异同

在日本所实施的司法研修在广义的范围内也可以说是临床法学教育。但是,在美国发达的临床法学教育和日本的司法研修的重要不同是实务的改革意向和学术性的教育主体。不少在美国体验过临床法学教育的日本律师指出:"司法研修是一种现状肯定型的教育,而临床教育则是现状批判型和改善型的",而且"司法研修是通过法律实务人士来提供教学,而临床教育则由更多的学术性专家来参与教学"。①

日本的法科大学院所实施的临床法学教育也是如此,是在大学这样的学问自由被保障的学术环境当中进行的法律职业教育。法科大学院的实务教育具有能够灵活利用大学学术资源的有利条件。这不仅是明治时期以来法学院的传统,目前日本各地的法科大学院也还在尝试将心理学、医学等其他学问领域的研究积累和人才纳入法律职业教育当中来。而且,司法研修和法科大学院的临床法学教育中,学生参与法律实务的基本方法也有所不同。对于司法研修生参与法律实务的方法,更倾向于赋予指导老师强大的裁量权,一般被动式学徒性质比较强;而临床法学教育中的学生参与实务的方法则不同,虽然各个法科大学院会有诸多差别,但是总体而言,大多数指导者的姿态是鼓励学生积极参与实务②。

(三)日本法科大学院临床法学教育的成果

1. 法律诊所教育的普及

根据 2009 年发布的早稻田大学临床法学教育研究所的全国法律诊所教育的调查结果,全国 74 所法科大学院当中,有 39 所学校(52.7%)实施了法律诊所教育。根据该调查的定义,所谓法律诊所教育是指,不仅有这样的科目名称,且"(1)在该科目当中,要和实际的咨询者、委托人进行面谈;(2)进行法律咨询,或者参与正在进行中的案件处理;(3)让学生直接向委托人进行发问"。因此,以下情形并不属于法律诊所教育:"只是进行模拟法学咨询,在实际的法律咨询中,学生只是在席,但并不进行发问;虽然参与实际进行的案件,但是并没有被安排与委托人或者代理人进行面谈"等③。

在这里,归纳了法律诊所教育的三个要素:(1)和现实的案件中的当事人或者代理人进行面谈;(2)参与现实案件的处理;(3)非单纯地参观,而是学生积极地参与,是临床法学教育的重要因素。如果满足这些要素的课程就是采取这种法律诊所教育的限定性定义的话,那么全国法科大学院一半以上的学校都在采取这种教育方法。进一步调查发现,在这些法律诊所的课程中,不仅是停留在法律咨询,而且进行案件委托,学生和实务型指导老师一起进行辩护或代理活动的科目内容,法科大学院约有 11 所。另外。设置上述法律诊所科目的 39 所学校当中,设置附属法律事务所的大学有 15 所。

在实施法律诊所教育的时候,进行的是实际案件,所以实务型教师居于核心地位是理所当然的,但是让研究型的教师也参与教学的法科大学院也很多。上述 2009 年的报告书当中,在

---

① 道あゆみ:《臨床教育と法律基本科目との有機的連携について》,載《法曹養成と臨床教育》2009 年第 1 号。
② 佐藤崇文:《臨床法学ワークショップ:臨床法学教育の全国教員組織の果たす役割》,載《法曹養成と臨床教育》2009 年第 1 号。
③ 早稻田大学臨床法学教育研究所:《臨床法学全国クリニック調査報告書》,載《臨床法学セミナー》2009 年第 6 号。

实施法律诊所教育的39所高校当中,有21所高校中让研究型的教师也参与共同指导学生的工作。这一点也显示出临床法学教育是一种能够架起理论和实务的桥梁的有效教育方法。

2. 实务实习教育的普及

2007年发布的数据显示,目前共有41所高校在进行实务实习。因为实务实习一直以来和司法研修中的律师研修在形态上非常近似。因此,比起其他临床法学教育的方法论,实务实习实施的大学更多一些。但是,法科大学院所实施的实务实习,不仅仅是和司法研修所采取的律师实务研修同样的将学生派遣到法律事务所那种形式,法科大学院实际上对此花费了很多功夫。法科大学院的实务实习和司法研修的律师实习有一些方向性的差别,其中之一是为大学和实务法律职业寻找对接点,目标指向法理论的发展和法律实务的改革。

四、日本法科大学院对我国法律硕士教育的镜鉴

法学教育是我国建设民主法治国家的基石,是实现现代化国家治理的基础性工程。为了满足社会主义市场经济和依法治国对高层次法律人才的需求,1995年国务院学位委员会第13次会议通过了关于设置法律硕士专业学位的决定,同年开始在部分院校试点。目前,法律硕士专业学位已成为我国专业学位教育中一支十分重要的力量。但是,由于法律硕士在我国实践时间较短,有关理论准备并不十分充分,因此在许多方面都亟待完善。如何通过相关改革使我国的法律硕士教育更能适应社会需要,是法学教育工作者义不容辞的一项职责①。

法律硕士教育的主要问题在于并没有构建起理论和实务之间的紧密关联。尽管目前很多高校在法律硕士课程设置上不断探索、寻求新的方案。比如北京大学法学院将法律硕士研究生的培养方案细分为各个部门法方向。以法律硕士民法专业方向培养方案为例,为法律硕士研究生开设民法专题研讨、民法案例研习、侵权法和亲属法与继承法等课程。而在刑法专业方向的法律硕士培养方案中,则开设刑法分则、法律实务专题、犯罪学、刑事执行法、金融犯罪专题和判例刑法研究。中国政法大学则更倾向于全面的基础专题教学。其除了为两年制法学本科背景的法律硕士学位研究生开设了刑法专题、民法专题、商法专题、民刑诉讼与证据法专题等课程之外,也开设了法律谈判、法律文书写作与诉讼机能以及专业实习这样的实务型课程。

纵观两所国内具有代表性的高校在法律硕士培养上的方案设计,可以发现目前国内高校在法律硕士的基础专题教育上仍倾向于规范性学习。在课程设置类型上和本科阶段法学教育之间的差异不大,在课程讲授内容上和学术型法学硕士之间的区分度不高。由于法律硕士仍然过于注重规范解释的学习,对于规范解释和实务之间的关联没有做好充分的衔接,导致学生毕业后深感理论和实务之间的脱节,用人单位觉得学生无法直接参与案件的办理成为法律界普遍现象。

究其原因,"这和长期以来,我国法学研究生教育固守传统的封闭型学校教育模式,存在教学理念陈旧、教学方法单一、课程设置僵化等问题"是密不可分的②。

---

① 赵万一:《论我国法律硕士教育改革的基本理念和思路》,载《学位与研究生教育》,2006年第3期。
② 刘艳红、李川:《职业养成型法学教育的反思与形塑——以法律职业共同体为视角》,载《中国法学教育研究》2016年第2期。

在日本法科大学院的教育模式中,可以发现日本对于法律职业人才的培养极度重视理论和实务之间的结合。良好的法学理论是法律职业的基础,也是法律素养的体现。而日本法科大学院对于理论与实务结合的重视,并不是仅仅体现在开设模拟法庭之类的课程上,而更关注学生实际参与案件的办理,并且为之设置了具体的配套措施。

结合我国高校法学院的具体情况,借鉴日本法科大学院的教学模式,笔者认为创设三位一体的法律硕士培养模式,或许是当前比较可行的方案。

第一,理论素养教育的强化。法律硕士培养的主要目标是法律职业,即检察官、法官和律师。当前我国法律职业人群的理论素养差强人意,"理论与实践脱节"的现象更应归责于法律职业人群怠于进行理论研习,忽视了理论在实践中的基础性价值。因此,强化法律硕士的法律理论思维,增强其法律解释功力,是当前法律硕士教育的基础。

第二,司法数据化思维的培养。我国和日本一样,不属于英美法系的判例法国家,但是这并不妨碍法律职业者对于判例的研究。当前我国也逐步引入英美法的判例制度,构建指导性案例就是其中的表现。众所周知,对于法律语言的理解永远都是随着时代发生着变化,这便会导致法官在对规范的理解上存在千差万别。法律硕士需要有司法数据化的思维,对每一款规范在司法裁判中法官的主要分歧,应该有精准的把握。这一能力将能够确保在法学院接受理论教育的法律硕士在没有客观条件经常参加司法实务的前提下,通过数据了解司法实务的操作实景。

第三,分散化、长期化的实务训练。我国各个法学院虽然重视法律硕士的实务训练,但是往往将这种训练拘泥于模拟法庭、实务讲座以及学制末尾的短期实习三种形式。模拟法庭的训练在我国多体现为让学生掌握开庭审判阶段的步骤,实务讲座则难以让法律硕士身临其境地理解实务操作,而短期实习往往流于形式,学生无法实际参与案件的办理。在法律硕士研究生掌握前两项技能的基础上,让学生的实务实习渗透到每个学期,让学生每个学期都能够参与到案件的办理中,将所学内容立刻用于实际案件,再将案件中的问题返回到课堂进行研究,让法律硕士能够不断地穿梭于理论、数据和实务之间,或许是当前较为适宜的教学模式。

(责任编辑:徐珉川)

论行政公益诉讼诉前程序的完善

何湘萍

摘　要　随着社会经济的飞速发展,行政权日益扩张,滋生出行政机关不作为、乱作为等问题,损害了社会公共利益。检察机关提起行政公益诉讼的相关实践经过了层层推进的立法设计和两年的试点工作,已在制度层面正式确立,并呈现出积极发展的态势。其中,行政公益诉讼的诉前程序连接了检察机关与行政机关,融合了外部监督与自我纠错功能,是制度价值的集中体现。然而在司法实践中,诉前程序存在案件线索来源有限、检察建议效果不佳、调查取证难度大、行政不作为认定难等弊病。本文结合实践经验,针对上述问题提出了解决措施,为完善检察机关提起行政公益诉讼制度贡献智识。

关键词　公益诉讼　诉前程序　检察建议　行政不作为

诉前程序是检察机关提起公益诉讼的最后一道防线,体现了检察机关提起公益诉讼并非旨在鼓励和扩大检察权的运用,而是重在解决问题。从为期两年的检察机关提起公益诉讼试点的工作实践看,截至 2017 年 6 月,检察机关共办理公益诉讼案件 9053 件,其中诉前程序案件 7903 件,占案件总数的 87.3%,提起诉讼案件 1150 件,仅占 12.7%。诉前程序案件中,行政公益诉讼诉前程序案件 7676 件,民事公益诉讼诉前程序案件 227 件①。试点期间,行政公益诉讼案件量占同一时期总案件量的 96.9%,其中办理诉前程序案件占行政公益诉讼总案件量的 77.1%,诉前程序成功率为 75.4%②。可以说,诉前程序在行政公益诉讼中发挥着重要作用。

一、行政公益诉讼诉前程序的制度设计

每一项制度的成长都难以离开相关政策法规的扶持。我国行政公益诉讼制度中诉前程序的确立和完善主要经历了以下三个阶段:

第一阶段是法律授权阶段。2015 年 7 月 1 日,第十二届全国人民代表大会常务委员会第十五次会议通过的《关于授权最高人民检察院在部分地区开展公益诉讼试点工作的决定》

作者简介:何湘萍,江苏省苏州市吴中区人民检察院助理检察员,邮箱:13771896699@163.com,联系电话:13771896699。
① 徐日丹:《试点两年检察机关办理公益诉讼案件 9053 件》,载《检察日报》2017 年 7 月 1 日第 2 版。
② 徐日丹:《试点两年检察机关办理公益诉讼案件 9053 件》,载《检察日报》2017 年 7 月 1 日第 2 版。

（以下简称《决定》）中提出，提起公益诉讼前人民检察院应当依法督促行政机关纠正违法行政行为、履行法定职责，或者督促、支持法律规定的机关和有关组织提起公益诉讼。这是从制度层面对诉前程序的最早规定。

第二阶段是先行试点阶段。2015年7月2日，最高人民检察院发布《检察机关提起公益诉讼试点方案》（以下简称《试点方案》）。2016年1月6日，最高人民检察院在《试点方案》的基础上研究制定了《人民检察院提起公益诉讼试点工作实施办法》（以下简称检察院《实施办法》）。2016年2月22日，最高人民法院也相应地制定了《人民法院审理人民检察院提起公益诉讼案件试点工作实施办法》（以下简称法院《实施办法》）。

上述制度设计跟随试点工作的进行层层展开。第一，关于案件来源的规定。《试点方案》和检察院《实施办法》都指出，行政公益诉讼的案件来源于人民检察院履行职责中发现生态环境和资源保护、国有资产保护、国有土地使用权出让等领域负有监督管理职责的行政机关违法行使职权或者不作为，造成国家和社会公共利益受到侵害，公民、法人和其他社会组织由于没有直接利害关系，没有也无法提起诉讼的情况。人民检察院履行职责包括履行职务犯罪侦查、批准或者决定逮捕、审查起诉、控告检察、诉讼监督等职责。法院《实施办法》则规定，人民检察院认为在生态环境和资源保护、国有资产保护、国有土地使用权出让等领域负有监督管理职责的行政机关或者法律、法规、规章授权的组织违法行使职权或不履行法定职责，造成国家和社会公共利益受到侵害，可以向人民法院提起行政公益诉讼。第二，关于检察建议回复的期限的规定。《试点方案》规定，在提起行政公益诉讼之前，检察机关应当先行向相关行政机关提出检察建议，督促其纠正违法行政行为或者依法履行职责。行政机关应当在收到检察建议书后一个月内依法办理，并将办理情况及时书面回复检察机关。检察院《实施办法》中规定，在提起行政公益诉讼之前人民检察院应当先行向相关行政机关提出检察建议，督促其纠正违法行为或者依法履行职责。行政机关应当在收到检察建议书后一个月内依法办理，并将办理情况及时书面回复人民检察院。经过诉前程序，行政机关拒不纠正违法行为或者不履行法定职责，国家和社会公共利益仍处于受侵害状态的，人民检察院可以提起行政公益诉讼。第三，关于提起行政公益诉讼时证明材料的要求。法院《实施办法》中规定，人民检察院提起行政公益诉讼应当提交下列材料：（一）行政公益诉讼起诉状，并按照被告人数提出副本；（二）被告的行为造成国家和社会公共利益受到侵害的初步证明材料；（三）人民检察院已经履行向相关行政机关提出检察建议、督促其纠正违法行政行为或者依法履行职责的诉前程序的证明材料。

试点阶段的三个文件均要求检察机关提起行政公益诉讼前，应先通过行使检察建议权的方式先督促行政机关在一个月的期限内回复，并纠正违法和积极履职。只有在督促无果且取得一定证据的情况下，才可提起行政公益诉讼。

第三阶段是立法保障阶段。最高法、最高检于2018年3月2日颁布的《关于检察公益诉讼案件适用法律若干问题的解释》对行政公益诉讼案件的诉前程序规定进行了部分修改。该解释规定，行政机关应当在收到检察建议书之日起两个月内依法履行职责，并书面回复人民检察院。出现国家利益或者社会公共利益损害继续扩大等紧急情形的，行政机关应当在十五日内书面回复。人民检察院提起行政公益诉讼应当提交下列材料：（一）行政公益诉讼起诉书，并按照被告人数提出副本；（二）被告违法行使职权或者不作为，致使国家利益或者社会公共利益受到侵害的证明材料；（三）检察机关已经履行诉前程序，行政机关仍不依法履行职责或者纠正违法行为的证明材料。

经对比可以发现,该解释对行政机关回复检察建议书的期限从一个月延长到两个月,但对存在损害继续扩大的紧急情形的,则将期限压缩至十五日,体现了立法的精细化。同时该解释还对提起行政公益诉讼时提交的材料要求做了进一步说明。

二、行政公益诉讼诉前程序的价值

(一)激发行政机关的主观能动性

行政公益诉讼产生的根本原因在于行政主体的不作为或乱作为。行政权的内容涵射管理和服务,按照德国行政法教授福斯多福的说法,现代行政权应当是"一个为照顾公民生活所需而提供积极服务、给付行为的主体"①,其本质上是一种治理权,包括组织权、指挥权、管理权、监督权等②。行政权本身的监督职能,一方面通过其主动对自我行为进行有效控制,另一方面来源于外界的鞭策手段。诉前程序的设置,就是通过外部监督来鞭策行政机关自我反思、自我纠错,及时救济受损的国家和社会公共利益。

(二)体现法律监督权的谦抑性

行政权具有政策性、专业性、及时性的特点,实际上是保护国家和社会公益最便捷、最理想的方式。但行政机关滥用权力和消极不作为的情况,仅靠行政机关的自我约束和内部监督难以消除。检察机关作为国家的法律监督机关,对行政机关的违法行政行为进行外部监督,一定程度上能弥补行政权设置的缺陷。但检察权对行政权的介入应当是次顺位、起补充效果的。诉前程序的设置,能够有效地促进检察机关与行政机关的沟通,实际上有效起到了"既发挥司法权对行政权的制约,又不至于以司法权破坏行政权的正当运行"③的作用。

(三)节约司法成本

公益诉讼作为一种新型社会管理手段,不仅诉讼周期长、司法成本高,而且其实效性也很难让人产生乐观期待④。通过检察建议的方式给行政机关自我纠错的机会,对侵犯国家和社会公共利益的行为进行救济,时间短、成本低、高效便捷,能够有效为法院诉讼程序分流,起到了节约司法资源、降低诉讼成本的作用。

三、行政公益诉讼诉前程序的现实困境

(一)案件线索来源有限

发现线索是办理公益诉讼案件的基础。经过前文对现有诉前程序相关制度设计的分析

---

① 陈新民:《公法学札记》,中国政法大学出版社 2001 年版,第 55 页。
② 杨海坤、朱恒顺:《行政复议理念调整与制度完善——事关我国〈行政复议法〉及相关法律的重要修改》,载《法学评论》2014 年第 4 期。
③ 姜涛:《检察机关提起行政诉讼制度:一个中国问题的思考》,载《政法论坛》2015 年第 6 期。
④ 韩波:《公益诉讼制度的力量组合》,载《当代法学》2013 年第 1 期。

可以得知,检察机关提起行政公益诉讼的案件线索仅来源于履行职责中主动发现,不包括依申请监督。检察机关提起公益诉讼的前提,是必须及时掌握相关领域的公共利益受到侵害的情况,并进一步获取行政机关违法行使职权或者不作为的信息。实践中,受职务犯罪侦查权转移至监察委的影响,检察机关履行职责的触点减少至批准或者决定逮捕、审查起诉、控告检察、诉讼监督等方面,对国家利益和社会公共利益受到侵害情况、行政机关执法信息的详细情况难以掌握全面,带来大量案件线索被阻挡在公益诉讼之外,显然不能满足公益诉讼的发展需要。

(二)检察建议效果不佳

检察机关在诉前程序中可以行使的权力主要是检察建议权。检察建议本质是一种劝告和建议,没有法律约束力。缺乏法律约束力,并不代表检察建议不应该发挥实际效果。实践中,检察建议作为诉前程序的核心,在部分案件中因缺乏对行政机关的后续跟踪监督和及时督促而流于形式,不仅不能体现诉前程序激发行政机关自我纠错和积极履职的效能,更不能起到节约司法成本的价值,甚至可能会拖延诉讼进程,造成国家利益和社会公共利益加速受损害。

(三)调查取证难度大

检察机关发动行政公益诉讼的活动,体现为司法权对行政权的干涉。如江苏省苏州市吴江区检察院办理的全省首例行政公益诉讼案中,检察机关在履职中发现,梅某、侯某、周某分别违反土地管理相关法律法规,非法占用耕地,改变被占用土地用途,毁坏耕地。检察机关在发出检察建议前,需查证被占用土地的实际面积以及该片区土地的总体规划图和土地利用现状图等证据。由于检察机关的职务犯罪侦查权被剥离,诉前程序阶段的调查取证权没有强制性手段予以保障,并且行政公益诉讼案件的涉案范围广、诉讼时间长、专业知识程度要求高,检察机关的民行工作人员的业务能力有待提高,因此调取取证的难度较大。同时调查过程中涉及的视听资料等电子证据的调取,以及大量的鉴定、评估、审计等工作,都需要相关部门和机构予以配合。

(四)行政不作为认定难

实践中,行政不作为的具体表现复杂多样,有的并不容易认定。行政公益诉讼案件主要集中于生态与资源保护领域。行政机关在这类领域体现的是监管职责,履职的方式多样,监管效果的实现有的需要一定的经费、时间和审批程序等条件,不少还依赖于相对人的行为,因此造就了不作为的难认定。实践中碰到的问题至少有:现虽有规定要求行政机关应当在收到检察建议书后一定期限内依法办理,行政机关按时答复也有履行,只是未实际履行到位,是否还属于不作为?行政机关履行监管职责,对相对人做出处置,但相对人拒不履行,造成损害未消除,是否还属于不作为?行政机关履行职责需要申请经费、立项等,行政机关已启动程序,但是否批准不能预测,损害未消除,是否还属于不作为?这些问题都需要进一步通过实施细则予以明确。

四、完善检察机关提起行政公益诉讼诉前程序的思考

（一）拓宽案件线索来源

因为诉前程序本身会过滤掉一部分案件,所以目前并不存在司法负担过重而需要减负的情况。面对公益诉讼案件线索少、发现线索难的困境,检察机关应不满足于仅仅受理在履行职责中发现的线索,如此实践中存在案件线索来源转化的问题也可以得到化解。比如有检察机关在履行职责之外发现了线索,需要在案件受理上费尽心思,先转化为控申部门受理,再由控申部门移送给民行部门。建议对于案件来源,应明确实行依职责发现和依申请受理的双轨制,转变只能由检察机关主动摸排线索的工作理念,加大公益诉讼宣传,鼓励社会公众参与公益诉讼线索的提供,同时强化对线索的排查、评估和管理,更全面地保护国家利益和社会公共利益。

（二）提升检察建议的效果

建立行政机关在法定期间内不回复检察建议或者随意应付的会谈机制,在双方会谈中重点阐释检察建议的内容,明确行政行为存在的问题,共同探讨在防止国家利益和社会公共利益受损方面如何采取措施,使得行政机关对行政行为是否违法以及如何回复检察建议并做出整改措施有明确的认识,从而实现诉前程序设置的初衷。同时借助于人大及其常委会对于行政机关的监督权力,定期向人大及常委会报送行政机关对检察建议的回复与落实情况,帮助解决行政机关存在的问题。此外,检察机关可以在检务公开中向社会公众公布行政机关回复和落实检察建议的情况,发挥社会监督的功能。

（三）提高调查权的刚性

检察机关只有掌握了行政违法的证据材料,才能在诉前程序中提出有说服力和影响力的检察建议,才更有可能使行政机关认真地对待检察建议,并按照检察建议纠正违法行为或者履行法定职责。例如上述吴江区检察院诉吴江区国土资源局行政公益诉讼案件中,诉前程序中虽然有证据证明国土资源局怠于行使职责,放任梅某等三人继续非法占用土地,但诸如造成土地硬化的面积等证据材料都是在提起行政公益诉讼之后才得以收集。由于诉讼还未进行,检察机关的调查取证权没有得到保障,在行政机关及相关的利害关系人拒绝提供行政行为合法性的材料时,检察机关对于行政行为的违法问题就无从知晓。因此必须从法律上赋予检察机关享有向行政机关及利害关系人调取证据的权力,并对拒不配合的行为做出约束。

（四）区别认定行政不作为

因为行政权涉及面广,针对行政机关就检察建议的回复和履行情况,应按照行政执法的领域不同而区别对待,对行政行为是否有所作为做出中肯并值得信服的判断。具体而言,在环境保护领域,表现为对污染源及时进行处理防止损害扩大,对污染企业进行跟踪监管并着力于督促落实环保措施等;在国有土地使用权出让领域中,表现为已经追缴国有土地受让方

欠缴的出让金,对已经违规办理的土地使用权证按规定进行了注销并收回了国有土地等;在非法改变土地用途领域中,表现为对涉案人员严肃处理并开始着力于恢复土地原状。例如上述吴江区检察院诉吴江区国土资源局行政公益诉讼案件中,具体表现为:对梅某等三人严格执行行政处罚决定,将三人涉嫌犯罪的线索移送吴江公安局,同时依法履行土地管理职责,着手恢复土地原状;对于其他不能短期见效的监管措施,应当辅之以科学周密的行政解决方案,保障行政监管已经落实到位,否则就应该提起公益诉讼。如此分门别类地进行规定,也可以顺应最高法、最高检《关于检察公益诉讼案件适用法律若干问题的解释》按照损害的紧急程度而为检察建议的回复及落实预留的不同期限规定。

(责任编辑:冯煜清)

宪法修正案的去留
——以监察委员会入宪为中心的分析

孔德王

摘　要　随着国家监察体制改革的深入,修改宪法为全面设立监察委员会提供宪法依据已被提上议事日程。学界有声音呼吁监察委员会入宪应采用宪法修正案的修宪方式。但是,一方面,我国采用宪法修正案的效果并不理想,由于表述方式和宪法文本公布存在的问题,致使宪法修正案保持宪法文本稳定功能和增强公众对宪法历史的认知功能难以发挥,我国借鉴美国宪法修正案的尝试并不成功。另一方面,监察委员会入宪,不仅需要对宪法的诸多条款进行修改,而且首次涉及我国宪法文本结构的调整,故理应直接修改宪法原文。采取修改宪法原文的修宪方式,由全国人大通过并公布新的宪法文本,也有助于确立我国统一的宪法文本,对于树立我国宪法的权威具有重要意义。

关键词　宪法修正案　宪法修改　修宪方式　宪法修正文本　监察委员会

一、引言

自 2016 年年底国家监察体制改革开始试点以来,设立监察委员会的宪法依据问题引起了学界的广泛关注。近来,学界一致呼吁,在全国设立监察委员会必须修改宪法。一方面,党的十九大报告指出,"国家监察体制改革试点取得实效",下一步将"深化国家监察体制改革,将试点工作在全国推开,组建国家、省、市、县监察委员会"①。党做出政治决断后,十二届全国人大常委会第三次会议通过了《关于在全国各地推开国家监察体制改革试点工作的决定》,及时地将党的主张法律化。这意味着监察委员会将在全国范围内普遍设立。不同于此前在个别地区试点设立监察委员会只需全国人大授权即可,学界普遍认为,监察委员会在全国普遍设立,必须修改宪法才能使其获得宪法层面的正当性②。

作者简介:孔德王(1989—),男,河南济源人,四川大学法学院宪法与行政法专业 2016 级博士研究生。邮寄地址:四川省成都市双流区川大江安校区法学院(邮编:602207)。电话:1592895841。邮箱:dewangkongscu@163.com。

① 习近平:《决胜全面建成小康社会 夺取新时代中国特色社会主义伟大胜利——在中国共产党第十九次全国代表大会上的报告》,《人民日报》2017 年 10 月 28 日,第 1 版。
② 参见童之伟:《将监察体制改革全程纳入法治轨道之方略》,载《法学》2016 年第 12 期;林彦:《从"一府两院"制的四元结构论国家监察体制改革的合宪性路径》,载《法学评论》2017 年第 3 期;韩大元:《论国家监察体制改革中的若干宪法问题》,载《法学评论》2017 年第 3 期;马岭:《关于监察制度立法问题的探讨》,载《法学评论》2017 年第 3 期;胡锦光:《论国家监察体制改革的宪法问题》,载《江汉大学学报(社会科学版)》2017 年第 5 期。

另一方面,11月7日向社会公开征求意见的《中华人民共和国监察法(草案)》(以下简称监察法草案),在其第一条并未写上"依据宪法"的字样。曾经物权法草案由于是否写入"依据宪法,制定本法"而引发的宪法争议犹在耳畔①,监察法草案作这一规定,不仅不符合我国的立法惯例,而且暴露出监察法在合宪性方面的不足。在多数学者看来,如不修改宪法相关条款,不管是最高国家权力机关——全国人大通过监察法,还是采用宪法解释的方式,都不足以消弭对其合宪与否的质疑之声②。党的十九大报告着重强调,要"加强宪法实施和监督,推进合宪性审查工作,维护宪法权威"③。监察法作为党着力推进的重大政治改革的重要一环,在依宪治国成为党的共识的大背景下,更不应当存在合宪性瑕疵。

总之,修宪已成学界共识。部分学者在探讨修宪的具体内容时,还特意强调,此次监察委员会入宪应当采用宪法修正案的修宪方式,而不是进行"全面修改"④。笔者对此观点不敢苟同,理由首先在于,考察我国现行宪法采用宪法修正案这一修宪方式以来的实践,我国引入宪法修正案的尝试并不成功。另外,监察委员会入宪,不同于对现行宪法的前四次修改,宪法修正案难以有效应对此次修宪面临的诸多技术问题,直接修改宪法原文才是更为可行的修宪方式。

二、我国宪法修正案的实效检讨

我国现行宪法第64条规定了修改宪法的主体和程序,但并未明确规定宪法修改的方式。自1982年至今,我国的修宪机关全国人大采用宪法修正案对现行宪法进行了四次修改。因而,在某种程度上可以说,我国已经形成了以宪法修正案作为修宪方式的宪法惯例。但是,审视我国既往的宪法修改实践,宪法修正案的实际效果很难令人满意。

(一) 宪法修正案能够保持宪法文本的稳定?

在主张采用宪法修正案来修改宪法的学者看来,宪法修正案的优势在于能够保持宪法的稳定,进而有助于维护宪法的权威。例如,胡锦光教授指出,全面修改宪法的缺点是"需要重新颁布宪法,影响宪法的稳定性,进而影响宪法的尊严和权威"⑤。再如,马岭教授强调,监察委员会入宪虽涉及政体的变化,但是,"宪法乃国之重典,牵一发而动全身,尤其是全面修宪程序的启动,务必谨慎稳妥;即使需要修宪,也宜采用修正案的方式进行"⑥。可见,这

---

① 有关争论,参见童之伟:《立法"根据宪法"无可非议——评"全国人大立法不宜根据宪法说"》,载《中国法学》2007年第1期;梁慧星:《物权法草案的若干问题》,载《中国法学》2007年第1期;苗连营、程雪阳:《"民法帝国主义"的虚幻与宪法学的迷思——第三只眼看"根据宪法,制定本法"的争论》,载《四川大学学报(哲学社会科学版)》2008年第2期;叶海波:《"根据宪法,制定本法"的规范内涵》,载《法学家》2013年第5期。

② 仅有个别学者认为,在不修改宪法的情况下制定监察法也是可行的,参见马怀德:《国家监察体制改革的重要意义和主要任务》,载《国家行政学院学报》2016年第6期。

③ 习近平:《决胜全面建成小康社会 夺取新时代中国特色社会主义伟大胜利——在中国共产党第十九次全国代表大会上的报告》,《人民日报》2017年10月28日,第1版。

④ 参见马岭:《政体变化与宪法修改:监察委员会入宪之讨论》,载《中国法律评论》2017年第4期;胡锦光:《论国家监察体制改革语境下的宪法修改》,载《北京行政学院学报》2017年第5期;童之伟:《国家监察立法预案仍须着力完善》,载《政治与法律》2017年第10期。

⑤ 胡锦光:《论国家监察体制改革语境下的宪法修改》,载《北京行政学院学报》2017年第5期。

⑥ 马岭:《政体变化与宪法修改:监察委员会入宪之讨论》,载《中国法律评论》2017年第4期。

部分学者力求在修宪的必要性和保持宪法的稳定性之间保持平衡，而宪法修正案这一修宪方式成为他们实现上述目标的手段。

现行宪法颁行后，鉴于我国实施宪法的经验，如何保持宪法的稳定成为高层和学界共同关注的重要问题。早在1988年，也就是我国现行宪法第二次修改之前，已经有学者撰文指出美国宪法修正案在保持宪法稳定方面的优势，倡议我国引进这一修宪方式①。随后，1993年我国现行宪法的第二次修改引入了美国的宪法修正案②。如今，宪法修正案是保持宪法文本稳定的有效技术手段，已经成为国内宪法学界的通说③。但是，一个细小却值得注意的问题是，在宪法修正案的"原产地"美国，保持宪法文本的稳定并非制宪者设计宪法修正案的初衷，这一点甚至不在建国之父们的考虑之中。当初制宪者在费城设计出宪法修正案这一修宪方式，意在降低美国宪法修改的难度，以减少各州疑虑，加快宪法草案的批准进程④。

更应当引起重视的问题是，由于实践中的以下两个问题，我国宪法修正案在保持宪法文本稳定方面的功效已经大打折扣：

其一，我国现行宪法的修改过于频繁。自1982年颁布实施至今，我国现行宪法已于1988年、1993年、1999年和2004年进行了四次修改。如果监察委员会入宪再作一次修改，那么将会是第五次修改。除了宪法修改的频率过高之外，我国宪法修正案的产生速度也较快，至今已经通过了三十一条宪法修正案。相比之下，美国宪法在批准后的二百余年内，仅产生了二十七条宪法修正案。宪法修改的频率过高以及宪法修正案产生的速度过快，意味着我国现行宪法变动得较为频繁，而这必然有损于宪法的稳定，即便是采用宪法修正案也难以弥补。

其二，由于我国宪法修正案在实用性方面的欠缺，致使宪法修正案使用不便，反倒是宪法修正文本更为常用。所谓宪法修正文本，指的是根据宪法修正案将宪法原文直接修改过来而产生的宪法文本。根据法律修正案发挥作用的一般原理，在以宪法修正案修改宪法的情况下，宪法原文及其修正案才是正当的宪法文本，宪法修正文本并不具有法理上的正当性⑤。

但是，在我国，宪法修正文本的使用率却远在宪法原文及其修正案之上。2004年修改宪法时，时任全国人大常委会副委员长的王兆国同志在《关于〈中华人民共和国宪法修正案（草案）〉的说明——2004年3月8日在第十届全国人民代表大会第二次会议上》中建议："为了维护宪法的权威和尊严，保证宪法文本的统一，同时有利于学习和实施宪法，建议本次会议通过宪法修正案后，由大会秘书处根据宪法修正案对宪法有关内容作相应的修正，将1982年宪法原文、历次宪法修正案和根据宪法修正案修正的文本同时公布。"⑥由此看来，全国人大常委会似乎也认为，宪法原文及其修正案和宪法修正文本都是具有正当性的宪法文本。

---

① 参见梅培华：《关于宪法和法律修改方式问题的探讨》，载《法学杂志》1985年第2期。
② 有学者回顾了我国采用宪法修正案这一宪法修改方式的过程，参见刘政：《我国现行宪法修改的原则、方式和程序——1988年、1993年和1999年三次修宪回顾》，载《中国人大》2002年第21期。
③ 参见周叶中主编：《宪法》，高等教育出版社、北京大学出版社2005年版，第407页。
④ 参见邹奕：《徘徊于我国宪法的两个文本之间——对宪法文本正当性与实用性的检视》，载《四川大学学报（哲学社会科学版）》2014年第3期。
⑤ 参见孔德王：《论作为法律修改方式的法律修正案》，载《四川师范大学学报（社会科学版）》2017年第6期。
⑥ 王兆国：《关于〈中华人民共和国宪法修正案（草案）〉的说明——2004年3月8日在第十届全国人民代表大会第二次会议上》，载《中国人大》2004年第6期。

不仅如此,在各大出版社出版的宪法单行本中,宪法原文及其修正案和宪法修正文本通常同时出现。这一做法存在两个问题:一是极易误导公众,使其认为宪法原文及其修正案和宪法修正文本都是正当的宪法文本;二是较之于宪法原文及其修正案,宪法修正文本更便于阅读和引用,促成了后者的流传和普及,进而成为常用的宪法文本。宪法修正文本的"喧宾夺主",不仅不利于树立我国宪法的权威①,也抵消了宪法修正案在保持宪法文本稳定方面的作用②,因为每次出台宪法修正案,宪法修正文本就更新一次,给公众留下了又"制定"一部宪法的观感。对于2004年宪法修正案通过后同时公布宪法修正文本的做法,有学者提出了如下批评:"既然重新公布了宪法文本,那么能否认为我国又有了一部新宪法呢,或者说能否认为我国的现行宪法应当是2004年宪法而非1982年宪法呢?"③

总之,在我国的语境下,我们很难说宪法修正案实际发挥了保持宪法文本稳定的功效。

(二) 宪法修正案有助于增强公众对宪法历史的认知?

除了寄望于宪法修正案能够保持我国宪法文本的稳定之外,学者还格外看重宪法修正案在增强公众对宪法历史的认知方面的价值。有学者指出:"修正案方式可以完整地反映宪法的发展历程。采用修正案方式修改的宪法,本身就是一部宪法发展史,从中既可以看出宪法制定的原貌,也可以看到何时有过何种内容的修改,从而可以充分了解一国宪政的根本精神和发展历程。"④而且,在美国学者眼中,美国采用宪法修正案对增强民众全面认识本国宪法的历史变迁也发挥着积极的作用⑤。

自现行宪法颁行以来,我国高度重视宪法的贯彻实施。一方面,每到重要年份,官方都会举行高规格的纪念活动,回顾我国宪法的发展历程,强调实施宪法的重要意义。例如,2012年是现行宪法公布施行30周年,首都各界举办了专门的纪念会议,习近平总书记在会上发表重要讲话,专门强调依宪治国和树立宪法权威。另一方面,为彰显宪法权威,2015年全国人大常委会做出《关于实行宪法宣誓制度的决定》,以向宪法宣誓的形式在国家工作人员当中树立宪法信仰。上述做法是为了增强全社会公众尤其是国家工作人员对宪法的认识和拥护而采取的,是全面贯彻落实宪法的重要方面。

但是,我国宪法修正案是否能够促进民众对我国宪法历史的认知尚存疑问。

首先,我国宪法修正案在公众面前的"出镜率"并不高。如前所述,在市面上流行的宪法文本,以及学者论述中引用的宪法文本,通常是宪法修正文本,也就是根据历部宪法修正案修正后的宪法文本。相比之下,宪法修正案要么"沦为"参考文件,要么"隐身不见"。而且,

---

① 参见蔡定剑:《从宪法文本谈修宪方式》,载《法学》1999年第12期;童之伟:《我国宪法原文与修正案的组合问题》,载《中国法学》2003年第3期;邹奕:《徘徊于我国宪法的两个文本之间——对宪法文本正当性和实用性的检视》,载《四川大学学报(哲学社会科学版)》2014年第3期。

② 有学者指出:"其实,如果采用修正案的形式,就没有必要'按修正案把原文改过来'。因为,修正案一经通过就自然成为原法的有机组成部分而始终与原法相伴随,是原法的具体条文。如果还要按修正案把原文改过来,那么修正案就没有一直存在的必要;原文改过之后,修正案也就失去了继续存在的意义。"参见苗连营:《进一步完善修宪程序》,载《法商研究》2000年第1期。

③ 参见苗连营:《宪法如何被修改——关于我国宪法修改方式之反思》,载《人大建设》2005年第1期。

④ 黄建水:《宪法修改技术的理论探讨》,载《河南大学学报(社会科学版)》2005年第1期。

⑤ 参见邹奕:《徘徊于我国宪法的两个文本之间——对宪法文本正当性和实用性的检视》,载《四川大学学报(哲学社会科学版)》2014年第3期。

官方将宪法修正文本和宪法原文及修正案同时公布的做法,极易让不了解我国宪法制度的公众误以为宪法修正案只不过是宪法修改过程的附带产物。再加上,宪法原文及修正案在阅读和引用方面的固有不便,公众更倾向于使用更为实用的宪法修正文本。种种不利因素的存在,导致宪法修正案难以在全社会普及,寄望于其增强公众对宪法变迁的认识也就无从谈起。

其次,我国宪法修正案的表述方式不同于法律的通用表述方式,极易让人误以为是说明如何修改宪法的操作指南①。虽然我国的宪法修正案借鉴自美国,但不知为何并未采用美国宪法修正案的表述方式。遍览我国的标准法律文本,法律之中的法条由序号和正文两部分组成,前者标示法条在法律中的顺序和位置,后者则构成了法条的实体内容②。但是,我国宪法修正案中的条文表述极为特殊,在法条序号和法条正文之间还增加了一段说明性文字,指明宪法条文应当如何修改。

表1 中美宪法修正案表述方式对比

美国宪法修正案		我国宪法修正案	
第一条	国会不得制定关于下列事项的法律:确立国教或禁止宗教活动自由;剥夺言论或出版自由;剥夺人民和平集会和向政府诉冤请愿的权利。	第一条	宪法第十一条增加规定:"国家允许私营经济在法律规定的范围内存在和发展。私营经济是社会主义公有制经济的补充。国家保护私营经济的合法的权利和利益,对私营经济实行引导、监督和管理。"
第二条	…… ……………	第二条	…… ……………

从表1来看,对比中美宪法修正案的表述方式,我们可以发现,美国宪法修正案采用的是通用的法条的表述方式,而我国宪法修正案则不然。如此独特的表述方式,除了造成我国宪法修正案不是可以直接援引的规范这一结果之外③,也容易误导阅读者和使用者,使其以为宪法修正案只不过是修改宪法的说明书或指南,而不是一个具有宪法效力的法律文件。这必然会在某种程度上消解宪法修正案对于认知宪法条文变化过程的作用。

最后,我们不应夸大宪法修正案在增强全社会认识宪法历史方面的功能。认识宪法、学习宪法和信仰宪法,根本在于宪法的实施。习近平总书记深刻地指出:"宪法的生命在于实施,宪法的权威也在于实施。"④只有宪法得到全面贯彻落实,只有切实维护公民的基本权利,公众才会从内心认同和信仰宪法,也自然会学习和了解宪法的发展进程。此外,提高公民宪法意识是比宪法修正案更为重要的增强民众认识宪法历史的途径,而我国与普及宪法知识密切相关的公民教育工作仍有待加强。总之,我们不能也不应当对宪法修正案在强化公民对宪法历史的认识方面的作用抱有过高的期望。

---

① 实际上,我国刑法修正案也存在同样的表述问题。参见孔德王:《论作为法律修改方式的法律修正案》,载《四川师范大学学报(社会科学版)》2017年第6期。
② 参见刘风景:《法条序号的功能定位与设置技术》,载《环球法律评论》2014年第3期。
③ 相关分析,参见蔡定剑:《从宪法文本谈修宪方式》,载《法学》1999年第12期;胡锦光:《我国现行宪法修改方式之评析》,载《法商研究》2012年第3期。
④ 习近平:《在首都各界纪念现行宪法公布施行30周年大会上的讲话》,载《中国人大》2012年第23期。

三、宪法修正案不是监察委员会入宪的恰当方式

从以往宪法修正案作为修宪方式所暴露出来的问题来看,宪法修正案在我国的运用并不成功。如果此次监察委员会入宪仍选择以宪法修正案的方式来修改宪法,那么已有的问题可能会继续存在。此外,更为重要的是,监察委员会入宪是对我国宪法上的人大制度做出的重大变革,此次修宪不仅"时间紧任务重",而且面临着此前修宪所没有出现过的技术问题。

(一)以宪法修正案将监察委员会写入宪法存在的问题

其一,监察委员会入宪,不仅需要修改的宪法条款数量多,而且涉及除宪法序言和第四章之外的其余三章。也就是说,我国现行宪法的此次修宪可能涉及宪法的第一章"总纲"、第二章"公民的基本权利和义务"和第三章"国家机构"。即便是根据我国"可改可不改的不改"的宪法修改原则[①],也应当:首先,在宪法第一章"总纲"的第三条第三款增加国家监察委员会由人大产生,对人大负责,并接受人大监督的规定;其次,在宪法第二章"公民的基本权利和义务"的第三十七条增加监察委员会限制公民人身自由的宪法依据、程序和界限的规定[②];最后,在宪法第三章"国家机构"增加监察委员会的地位、组织、职权以及与有关国家机关的相互关系的规定。可见,监察委员会入宪最少需要修改现行宪法五个部分中的三个部分,而且修改的宪法条款可能达十余条之多[③]。如果仍采用宪法修正案进行修改,加上已有的三十一条修正案,我国宪法修正案的数量将超过四十条,占现行宪法条文的近三成。这意味着我国现行宪法与1982年通过时相比,已经"改头换面"。在此情况下,如果仍选择以宪法修正案进行宪法修改,公众需要通读宪法原文和各个宪法修正案,仔细比对宪法章节和条文的前后变化,方能了解规定某个问题的现行有效的条文是什么。这无疑将加剧宪法原文及其修正案在实用性上的不足。

其二,之前采用宪法修正案来修改宪法,修改的对象有两种类型,分别是宪法序言的表述和宪法正文的条款,并未触及宪法文本结构的调整。但监察委员会入宪,除了需要修改宪法正文的条款之外,还牵扯到在宪法第三章"国家机构"增加"监察委员会"一节,专门规定监察委员会的组织、职权以及与其他国家机关的关系[④]。对于在宪法当中增加专门的一节的问题,学界建议的修宪方案中多有论述。例如,童之伟教授主张,"可在《宪法》第三章中增设'人民监察委员会'一节"[⑤]。又如,秦前红教授也认为,监察委员会入宪可"另行增加节以及

[①] 该原则是从现行宪法的前四次修改的经验中提炼而来的。参见谢维雁:《我国宪法修改原则论析》,载《现代法学》2006年第6期。
[②] 参见张翔、赖伟能:《基本权利作为国家权力配置的消极规范——以监察制度改革试点中的留置措施为例》,载《法律科学》2017年第6期。
[③] 有学者根据宪法修改的条文数量,将宪法修改分为小幅度修改、中等幅度修改和大幅度修改,超过十条但不足二十条的宪法修改属于中等幅度修改。参见童之伟:《修还是不修,大修还是小修——评修宪问题上的两种争议》,载《法学家》2003年第5期。
[④] 实际上,我国国家机关在宪法当中都有专门的一节予以规定。此前,有学者研究了宪法中节的设置,参见邓联繁:《我国现行宪法中"节"的设置研究》,载《法学评论》2010年第1期。
[⑤] 参见童之伟:《将监察体制改革全程纳入法治轨道之方略》,载《法学》2016年第12期。

具体的条款"①。在专论中,马岭教授更是提出了在宪法文本之中增设"监察委员会"一节的四种具体方案②。

但一个不得不面对的问题是,在宪法中增加"监察委员会"一节,不同于修改个别条款,还涉及调整我国现行宪法原有的文本结构,采用宪法修正案的修宪方式是否可取?笔者认为,采用宪法修正案的方式在宪法中增设一节尚需斟酌。一方面,在宪法中增设"监察委员会"一节,不仅修改了宪法的实体内容,而且调整了宪法既有的文本结构,属于对宪法的重大修改。选择宪法修正案的修宪方式,难以充分体现我国现行宪法的重大变化。另一方面,我国既往宪法修正案采用的表述方式原本就饱受质疑,增设"监察委员会"一节若仍沿用此前的表述方式,该宪法修正案势必会变成一个关于如何修改宪法的操作说明,而不是能够直接引用的规范的宪法条文,进而仍需要公布新的宪法修正文本。这就意味着,宪法修正案仍不过是一个只具备参考价值的修宪文件,难以体现出修改宪法的效果。但若是改变表述方式,将新的宪法修正案设计为通用的规范条文③,又存在这样一个问题:前后通过的宪法修正案表述方式不统一。

(二)监察委员会入宪应当直接修改宪法原文

综上所述,不仅我国以往采用宪法修正案的尝试并不成功,而且宪法修正案也无法有效解决监察委员会入宪面临的修宪技术问题。因此,此次修宪应当采用直接修改宪法原文的修宪方式,重新通过并公布新的宪法文本。

这样做的好处如下:第一,直接调整宪法的文本结构,设置专门的一节规定监察委员会,将监察委员会纳入我国宪法文本中的国家机构体系,避免监察委员会因规定在宪法修正案中,给人以其"游离"在我国宪法文本之外的观感。第二,将此前的宪法修正案对现行宪法所作的修改整理后纳入宪法原文,与因监察委员会而修改的有关宪法条款一道由全国人大通过,使宪法所有的条款都是现行有效的条文④。第三,重新公布新的宪法文本,并将之确立为我国宪法的标准文本,从而结束宪法原文及其修正案和宪法修正文本共存所造成的宪法文本不统一的状况⑤。

四、结语

纵观现行宪法施行后的变迁过程,尽管宪法发展存在着修改宪法、解释宪法和立法授权

---

① 参见秦前红:《国家监察体制改革宪法设计的若干问题思考》,载《探索》2017年第6期。
② 参见马岭:《监察委员会如何纳入〈宪法〉的"国家机构"体制》,载《财经法学》2017年第6期。
③ 胡锦光教授在主张采用宪法修正案来修改宪法的同时,也注意到了我国宪法修正案存在的表述问题,因而特意强调,为监察委员会入宪而通过的宪法修正案,应当改变此前的表述方式,将宪法修正案中的条文设计为可直接引用的条文。参见胡锦光:《论我国监察体制改革语境下的宪法修改》,载《北京行政学院学报》2017年第5期。
④ 其他借鉴美国宪法修正案的国家和地区也曾采取过整理宪法修正案的方式来减轻因宪法修正案修改宪法所造成的不便。参见李丹阳:《法律修正案的中国实践》,载《河南大学学报(社会科学版)》2014年第6期。
⑤ 此前已经有学者倡议采用直接修改宪法原文的方式修改宪法。参见邹奕:《徘徊于我国宪法的两个文本之间——对我国宪法文本正当性和实用性的检视》,载《四川大学学报(哲学社会科学版)》2014年第3期。

这三种方式①,但是我国已经形成了过分倚重修改宪法的路径依赖。即便是在国家监察体制改革之前,修改宪法的呼声也不绝于耳②。这主要是由于现行宪法原本就是一部"改革宪法","它为认可和推动改革而制定,又因改革而屡屡修改"③。正因为此,如何在不断变动的社会现实面前维护宪法的权威、推动宪法的实施就成了宪法学界不得不直面的重大问题。既然宪法修改不可避免,那么选择更为恰当的修宪方式、从技术层面化解宪法频繁变动带来的诸多问题就显得更为必要,也是理论研究的价值所在。

(责任编辑:陈道英)

---

① 对我国现行宪法所蕴含的三种发展方式的分析,参见林彦:《通过立法发展宪法——兼论宪法发展程序间的制度竞争》,载《清华法学》2013年第2期。
② 有学者在最近发表的论文中主张对现行宪法作全面修改。参见苗连营、陈建:《宪法变迁的路径选择——以我国现行宪法文本为分析主线》,载《河南社会科学》2017年第7期。
③ 参见夏勇:《中国宪法改革的几个基本理论问题》,载《中国社会科学》2003年第2期。

论行政合同中的情势变更原则

陈俊生

摘　要　情势变更原则是行政合同领域的重要原则,经历了由私法向公法的演变。在行政合同这个公私法交汇领域,其要件、行使、限制都呈现出特殊的形态。行政合同中情势变更原则的适用以非瑕疵行政合同为前提,判断变更与否的标准关键在于合同双方利益是否严重失衡,继续履行原合同是否对一方显失公平。情势变更原则与行政机关单方变更、解除权并非是一种简单的并列关系,而是存在某种交叉混合关系。行政机关运用情势变更原则时受到信赖利益保护原则的制约,在进行利益衡量时除了相对人的直接利益还应包括信赖利益。

关键词　行政合同　情势变更原则　信赖利益保护原则　单方变更、解除权　法律行为　基础理论

一、问题的提出

在"合作国家"(kooperativer staat)的观念思潮下,国家单方、下命式的规制方式逐渐被所谓"伙伴式"的关系所补充,甚或取代①。行政合同作为公私合作的典型形式,已成为国家行政不可缺少之工具②。而在民法上,自欧特曼于第一次世界大战后提出法律行为基础理论以来,情势变更原则日渐被世界各国民法领域所接受并呈现出向公法领域扩张之趋势。德国联邦宪法法院于 1973 年判决称:情势变更原则(clausula rebus sic stantibus)为联邦宪法不成文之构成部分③。《德国联邦行政程序法》第 60 条、我国台湾地区"行政程序法"第 147 条均规定了行政合同中的情势变更原则④,法国亦在法院判例之中确立了不可预见理

作者简介:陈俊生,华东政法大学硕士研究生,研究方向:行政合同,行政诉讼。

①　江嘉琪:《我国台湾地区行政契约法制之建构与发展》,载《行政法学研究》2014 年第 1 期。

②　行政合同,指的是行政机关以实施行政管理为目的,与行政相对人就有关事项经协商一致而成立的一种行政行为。(章剑生:《现代行政法总论》,法律出版社 2014 年版,第 209 页。)其专指行政机关与私人主体之间成立的合同,区别于行政机关之间成立的所谓行政协议,而在我国台湾地区"行政法"上则将行政合同与行政协议合称为行政契约,即以"行政法"上之法律关系为契约标的而发生、变更或消灭"行政法"上之权利或义务之合意。(翁岳生:《行政法》,中国法制出版社 2009 年版,第 714 页。)我国大陆在行政诉讼法中使用的行政协议概念则与台湾地区规定的行政契约基本同义。本文主要讨论的是行政机关与相对人之间成立的行政合同,区别于行政主体以私人身份参与经济活动订立的私法合同(国库行为)。

③　BverfGE 34,216.

④　我国台湾地区"行政程序法"第 147 条规定:行政契约缔结后,因有情事重大变更,非当时所得预料,而依原约定显失公平者,当事人之一方得请求他方适当调整契约内容。如不能调整,得终止契约。

前项情形,行政契约当事人之一方为人民时,行政机关为维护公益,得于补偿相对人之损失后,命其继续履行原约定之义务。

第一项之请求调整或终止与第二项补偿之决定,应以书面叙明理由为之。

相对人对第二项补偿金额不同意时,得向"行政法院"提起给付诉讼。

《德国联邦行政程序法》第 60 条(特殊情况下合同的调整及解除):确定合同内容所依据的关系,如在合同成立后做出显著变更,以致遵守原合同对当事人一方不合理的,该当事人可要求将合同内容做出符合变更关系的调整,或不能调整或对合同当事人一方不合理的,做出解除合同通知。为避免或消除公共福利遭受严重不利,行政机关也可做出解约通知。

论,将情势变更原则纳入行政合同案件审理之中①(我国台湾地区多称为情事变更,而大陆称作情势变更,两者同义),情势变更原则与公法领域的初次交汇便是在行政合同之中实现。而我国虽然在《关于适用〈中华人民共和国合同法〉若干问题的解释二》(简称"合同法司法解释二")第26条中规定了情势变更原则,但在行政法以及行政合同相关规定中,该项原则并未得到确立②。笔者在中国裁判文书网中以"情事变更""情势变更""行政合同""行政契约""行政协议"等关键词搜索到十几篇案例,对其进行筛选、分析后发现法院在行政合同案件审理过程中并未否认情势变更原则的适用可能性,但仍有诸多疑问并非通过援用民法上情势变更原则便能得到解决。行政机关被赋予单方变更、解除的权力,这与情势变更原则如何区分、协调?行政诉讼中法院的变更判决与情势变更原则的关系如何?怎样使行政法上的信赖利益保护与情势变更原则带来的变动更好地融合?变更与不变更的界限又在何处?行政合同中的情势变更原则适用面临诸多疑难问题,亟须在理论上予以澄清。笔者试图结合相关案例与学说,研究情势变更原则在行政合同这个公私法交汇领域的特殊形态及其适用,以期在学术上有所裨益。

二、情势变更原则的公法演变及在行政合同上的适用理由

(一)情势变更原则与法律行为基础理论——从私法到公法的演变

从一开始被认为与严守契约原则决不相容到被认为是对严守契约原则的有力补充,情势变更原则自产生之初经历了多次波折。情势变更原则的普遍确立,一方面与世界经济社会之剧变密切相关,另一方面也与法律学者的理论完善之努力分不开。拉伦茨在13世纪"情势不变条款说"与学者欧特曼"法律行为基础说"之基础上提出了"修正法律行为基础说",被多数学者所接受。拉伦茨将法律行为基础分为主观行为基础与客观行为基础。主观的法律行为基础是指双方当事人签订合同时的某种共同预想;客观的法律行为基础是指作为合同前提的某种客观情况③。主观的法律行为基础用以处理双方动机错误,客观的法律行为基础则纳入给付障碍部分。而情势变更原则主要调整的是客观的法律行为基础。合同的有效存续,应以订立时特定环境的存续为条件。如果订立合同时所依据的客观因素(即情势)发生了重大变化,合同的效力也应当做相应变更④。史尚宽先生认为情势变更原则即

---

① 法国法院在民事领域坚持契约严守原则,排斥情势变更原则的适用。但在行政法领域出于平衡当事人私益与公益的考虑,运用不可预期等理论实质引入了情势变更原则。不可预见原则是指一个长期的行政合同在缔结之后,由于不能归责于行政机关的意外事件发生,致使合同上的履行虽然不是事实上的不可能,但合同相对方如果继续履行合同,将因此遭受灾难性的损失,然而公共利益又需要合同继续履行的,行政法将强制合同相对方继续履行合同,但同时判决行政机关分担合同相对方因此而遭受的损失。参见余凌云:《行政契约论》,中国人民大学出版社2006年版,第129-130页。

② 最高院《关于适用〈中华人民共和国合同法〉若干问题的解释二》第26条:合同成立以后客观情况发生了当事人在订立合同时无法预见的、非不可抗力造成的不属于商业风险的重大变化,继续履行合同对于一方当事人明显不公平或者不能实现合同目的,当事人请求人民法院变更或者解除合同的,人民法院应当根据公平原则,并结合案件的实际情况确定是否变更或者解除。

③ 参见[德]卡尔·拉伦茨:《德国民法通论》,王晓晔等译,法律出版社2003年版,第541页。

④ 情势变更与情势变更原则并非相同概念,情势变更原则可以简单拆分为情势的变更(重大、不可预料、不可归责、显失公平)+对合同进行变更(调整),情势变更并非一定会导致情势变更原则的运用。

"法律效力发生原因之法律要件(法律行为或其他法律事实)之基础或环境之情事,因不可归责于当事人之事由,致有非当时所得预料之变更,而致发生原有效力,显有悖诚信原则(显失公平)时,应认其法律效力有相当变更之规范"①。这一定义正是法律行为基础说的体现。

情势变更原则在民法领域确立之后,并未停下其扩张的脚步而是向公法领域不断侵入。行政合同因其公私法双重属性成了情势变更原则向公法领域发展的桥头堡。因时而变,因势而动,可以说情势变更原则适应了社会行政法治时代行政权的积极定位。但真正让情势变更原则获得持续扩张动力的,仍是法律行为基础理论。美浓部达吉认为,契约这一概念应当理解为"因当事者双方的同意而发生所冀求之法律效果的行为",契约绝不仅限于私法领域,在公法的区域中也不乏其例②。我国台湾地区现行"民事诉讼法"第397条规定:"法律行为成立后,因不可归责于当事人之事由,致情事变更非当时所得预料,而依其原有效果显失公平者,法院应依职权公平裁量为增、减给付或变更其他原有效果之判决。前项规定,于非因法律行为发生之法律关系准用之。"只要是涉及双方当事人权利义务的法律行为,在成立时同样是以当时的情势为基础,情势一旦发生实质性的变更,情势变更原则在公法领域便有了用武之地。法律行为基础理论的普适性使得这一本身带有开放性、自然法特征的原则呈现出超越公私法、成为一般法律原则的趋势。

(二) 情势变更原则在行政合同中的适用理由

1. 基于私法类推和法律行为基础理论的普适性

行政合同与民事合同之间的关系可谓若即若离:一方面行政合同需要取得独立之地位,避免出现将行政合同当作民事合同处理之问题,即所谓"公法流入私法之流弊(Flucht im Privatrecht)"③,同时也不能挤占民事合同之领域;另一方面,行政合同履行与纠纷处理中往往会准用民法相关规定,呈现出公私法混合之现象④。盐野宏认为,民法典原本是规范私人之间法律关系的,但其中也包括凡是法律关系便当然适用的一般法原理,可以类推适用于行政法关系之中⑤。不论是民事合同还是行政合同,本质上来说都是双方合意性的产物,都是一种双方法律行为⑥,其成立均默认某些情况会持续存在,没有这些情况合同的目的便无法达成,当事人的意图也无法实现。人是社会的产物,双方的合意离不开特定的社会背景,这些"情况"的投影虽然没有进入到双方合意中,但却构成了法律行为的基础。这种基础一旦发生不可预见的重大变更,会对一方当事人造成严重的不利。法律行为基础理论已被大陆法系国家普遍承认并在司法实践中得到广泛运用,基于法律行为基础理论的普适性,将情势变更原则类推适用于行政合同之中,完全合乎情理。

2. 基于弥补现有行政合同体系缺陷的内在需要

---

① 史尚宽:《债法总论》,台湾荣泰印书馆1954年版,第426-427页。
② [日]美浓部达吉:《公法与私法》,商务印书馆1963年版,第96页。
③ 翁岳生:《行政法》,中国法制出版社2009年版,第718页。
④ 依次参见我国台湾地区"行政程序法"第149条规定:行政契约,"本法"未规定者,准用"民法"相关之规定。《中华人民共和国行政诉讼法司法解释》第14规定:行政协议案件中可以适用不违反行政法和行政诉讼强制性规定的民事法律规范。
⑤ [日]盐野宏:《行政法》,杨建顺译,法律出版社1999年版,第59页。
⑥ 这里的双方法律行为并非指双方法律地位完全对等,而是指双方意思表示具有相同价值,而有别于一方命令他方的服从关系。参见吴庚:《行政法之理论与实用》,中国人民大学出版社2005年版,第269页。

中国现有行政合同的规定存在着内部缺陷。首先,赋予行政机关基于公共利益单方变更的权力,但没有考虑到情势的客观变化带来的变更可能性,没有赋予当事人情势变更的权利,造成行政合同的履行过于刚性,无法应对客观情势的变化。而公共利益又是一个久未厘清的概念,容易被行政机关滥用,侵害行政合同另一方当事人的私益。

其次,新修订的《行政诉讼法》仍然维持"民告官"的构造,因此行政机关不能成为适格的原告,也不能反诉。若行政合同相对人一方因遭遇重大情势变更导致一些公共服务行政合同无法继续履行,或者由于情势变更导致公共利益受到减损,行政机关虽然可以行使行政合同中的单方解除权,但是无法通过行政诉讼的方式要求相对人继续履行合同,公共利益并不能得到充分的实现。情势变更原则在行政合同中的引入,可以给双方当事人一个重新协商并请求法院调整的机会。

再次,由于与行政机关的密切接触,行政合同往往会比民事合同遭遇更多的"情势变更",各种政策朝令夕改,行政区划、行政规划常变常新,领导人上马下马,这些都有可能构成情势的重大变化,导致行政合同需要变更。尽管实践中存在双方协商一致变更的可能性,但是并没有对双方尤其是相对人一方基于情势变更而变更权利的法律保障。

3. 基于行政合同与情势变更原则的根本目的之契合

在行政合同确立的过程中,学界逐渐意识到行政相对人不是行政客体,而是可以成为行政伙伴[①]。依法行政原则,亦并非不能与契约自由原则相互调和。大陆法系传统公私法对立、对抗的模式无法回应现代社会公私法互相交融的情形,沃尔夫冈·霍夫曼金因此提出"行政正确"的概念,即确保行政决定的合法性、最优性与行政相对人的可接受性,以替代行政法中"依法行政"的核心概念[②]。他强调公私合作,认为行政机关应当权衡公法与私法的实施效果,尽量做出最"正确"的选择。行政合同作为公私合作的典型载体,其目的在于如何将合同的契约因素与行政的权力因素恰当结合,寻求公益与私益的最佳博弈与平衡,本质上蕴含着的是对正义、公平的追求。

而情势变更原则从一开始的被质疑到最后被学界普遍承认,最后被纳入《德国民法典》,这是一个私法回应社会生活需要的过程。这一过程体现了现代私法对于契约实质妥当性的追求,而不仅仅是契约的形式平等与自由,法官与立法者更多地介入契约的内容及其缔结程序,基于实质正义的理念对契约进行导控与调适[③]。正义、公平这些基本理念是国民的相对普遍共识与朴素情感,而法律是国民法意识所成立的价值之判断,不论是私法或是公法均应贯彻公平、正义这些法的基本价值与目的[④]。由此,行政合同中情势变更原则的适用有利于行政机关与相对人利益的最大的实现,体现了对行政合同实质正义的追求,两者目的之契合是情势变更原则引入行政合同领域的本质理由。

---

① 章剑生:《现代行政法总论》,法律出版社 2014 年版,第 210 页。
② Vgl. Wolfgang Hoffmann-Riem, Reform des allgemeinen Verwaltungsrechts: Vortlberlegunen, DVB1 1994. S. 1381ff. 转引自严益州:《德国行政法上的双阶理论》,载《环球法律评论》2015 年第 1 期。
③ 杨代雄:《法律行为基础瑕疵制度——德国法的经验及其对我国民法典的借鉴意义》,载《当代法学》2006 年第 6 期。
④ [日]田村德治:《憲法及行政法の諸問題:佐佐木博士還曆記念》,有斐閣 1987 年版,第 13-15 頁。

三、行政合同中情势变更原则的要件与行使

情势变更原则作为原则具有开放性、抽象性的特点,在实践中不易掌握。诸多学者试图将情势变更原则规则化,情势变更原则的要件也因此得来。行政合同中情势变更原则的运用自然也需要一定的要件来辅助、限制法官的裁断。但情势变更原则一旦引入行政合同,难免被其行政性所沾染,难以保持原有的样态,"行政机关选择行政契约作为行为方式,性质上仍属于公权力行政,而非私经济行政或国库行政,盖其适用规范及所生之效果均属公法性质,而非私法之故。"①若行政合同中情势变更原则的要件与行使都和民法中的一样,本文的意义何在?而另一方面,情势变更原则亦会对中国现有的行政合同架构带来一定的冲击。出于篇幅考虑不可能面面俱到,笔者在这里仅对行政合同中情势变更原则要件与行使的特殊、疑难之处予以论述,对于可以借鉴民法中的部分不再赘述。

(一)行政合同中情势变更原则的要件

1. 适用前提:仅适用于非瑕疵行政合同

(1)民法上情势变更原则仅适用于非瑕疵合同

笔者认为,情势变更原则的适用隐含着一个前提条件,即只有非瑕疵合同才能适用该原则。传统民法理论认为,情势变更原则是严守契约原则的例外和补充,是一种弥补漏洞的工具。法律行为基础瑕疵并未纳入法律行为要件,客观法律行为基础(情势)的重大变更并不导致法律行为本身的瑕疵。合同的效力一般分为有效,无效,效力待定,可撤销、可变更②。《合同法》第 8 条规定:依法成立的合同,对当事人具有法律约束力。当事人应当按照约定履行自己的义务,不得擅自变更或者解除合同。这里"依法成立的合同"指的便是"有效合同",也可称为"非瑕疵合同"。原则上来讲,非瑕疵合同不得变更,但是当情势产生重大变化之时,合同继续履行会对一方当事人显失公平。在现有法律规则不能解决、合同没有预先设定风险的分配、不能对合同进行补充解释的情况下,情势变更原则的适用可以很好地解决此类疑难问题。对于瑕疵合同而言(如无效,效力待定,可撤销、可变更),就算真的符合情势变更原则的其他适用要件,法院在审判过程中首先适用的都是其他相关的民法条文,即使其在经过效力转换、瑕疵补正之后(如无效合同经过协商后变更,效力待定合同经过当事人追认,等等)成为非瑕疵合同,也已经不再是原本的合同,同一性发生了变化,情势变更原则此时也失去了适用的意义③。

(2)区分非瑕疵行政行为的变更与瑕疵行政行为的变更

行政法上行政行为也有瑕疵与非瑕疵之分(即通常所说的合法不合法),两种行为变更的含义存在差别。胡建淼教授认为:"行政行为变更的原因主要有两种:一是行政行为部分内容违法或不当;二是行政行为本身并不存在瑕疵,只是客观情况的变化需要对其部分内容

---

① 吴庚:《"行政法"之理论与实用》,三民书局 2001 年版,第 398 页。
② 这里的可变更合同与情势变更原则存在差别,可变更原因主要是显失公平、重大误解,欺诈、胁迫、乘人之危,属于法律行为本身的瑕疵,与情势变更原则调整的范围不一致。
③ 韩世远教授在定义情势变更原则时提到,"情势变更原则是指合同有效成立之后……"这里的合同有效成立即是笔者所说的合同无瑕疵。韩世远:《合同法总论》,法律出版社 2011 年版,第 378 页。

进行相应变更。"①瑕疵行政行为的变更是对行政行为合法性的纠错,同时也是基于行政行为存续力考虑采取的替代选择,而非瑕疵行政行为不论是主体、程序、形式、内容都完全合法,对其进行变更是对行政行为实质合理性的调整,接近于本文所讨论的行政合同情势变更原则。行政合同同样有瑕疵与非瑕疵之分,并且非瑕疵(合法有效)的行政合同相对于私法合同要求更高,除了需要满足民法上合同合法有效要求之外,还要求缔约机关不得越权订立行政合同,并且依照法定书面形式,合同内容不得抵触法律,需要符合法定程序等等额外的要求②。不同于瑕疵行政行为可能有撤销等不同效果,《德国联邦行政程序法》中认为行政合同在有效与无效之间,并无撤销的中间地带,其理由是基于契约严守原则,防止行政机关随意撤销、变更、废止合同。一旦行政合同本身要件出现瑕疵,只有可能通过再次协商变更才能使合同免于无效③(当然前提是瑕疵比较轻微,严重的瑕疵只能归于无效),并没有适用情势变更原则的余地。因此,行政合同中情势变更原则同样只适用于非瑕疵行政合同,更准确来说,不论是民法领域还是行政法领域的情势变更原则,均只适用于非瑕疵的双方法律行为。

2. 须有情势之变更

前文提到,拉伦茨所说的客观行为基础(根据合同的意义,它们的发生或持续存在是合同存在的先决条件,而无论当事人有没有意识到这一点)即是情势,情势变更原则调整的主要是客观法律行为基础(情势)嗣后丧失或者说是客观法律行为基础瑕疵的问题④⑤。情势首先不能是任意情势,而必须是构成合同的交易基础,并且没有进入到合同的内容之中,其次也不是纯粹的动机⑥。韩世远教授将情势表述为作为合同前提的"当时存在的法秩序、经济秩序、货币的特定购买力、通常的交易条件等特定的一般关系"⑦。那什么是情势变更?德国行政法中认为,行政合同的情势变更情形包括价格或费用标准的改变,法律法规政策的实施,技术、科学、医学知识上的变化,只要这些变化对合同的履行有实际影响⑧。林诚二先生认为,情势变更是指"作为合同成立基础或环境的客观情况发生了重大的、异常的变动,但不包括主观情势"⑨。这里有值得商榷之处,情势变更并非一定是重大的,也可能是微小的变动,并非一定会导致情势变更原则的运用。"重大"这一要件并未包括在"情势变更"概念之中,而是在概念之外。我国台湾地区"行政程序法"第147条在谈及情势变更原则的要件

---

① 胡建淼:《行政法学》,法律出版社2003年版,第113页。
② 吴庚:《行政法之理论与实用》,中国人民大学出版社2005年版,第273-274页。
③ 王洪亮:《债法总论》,北京大学出版社2016年版,第338页。
④ 杨代雄:《法律行为基础瑕疵制度——德国法的经验及其对我国民法典的借鉴意义》,载《当代法学》2006年第6期。
⑤ 之所以说主要是,是因为在德国新债法第313条法律行为基础制度(情势变更条款)中,第1款规定是客观法律行为基础,这是指那些"成为合同基础的情况";第2款的规定扩及于主观法律行为基础,即将那些"成为合同基础的重大观念"等同于客观法律行为基础。但由于立法体例方面的原因,主观行为基础瑕疵并未纳入我国情势变更原则的调整范围,实践中多是以动机错误或是重大误解等进行处理,也不排除法官运用裁量权对"合同的客观情况"进行类推适用情势变更原则的可能性。杜景林、卢谌:《德国新债法研究》,中国政法大学出版社2004年版,第110页;韩强:《情势变更原则的类型化研究》,载《法学研究》2010年第4期;韩世远:《合同法总论》,法律出版社2011年版,第386页。
⑥ 王洪亮:《债法总论》,北京大学出版社2016年版,第338页。
⑦ 韩世远:《合同法总论》,法律出版社2011年版,第378页。
⑧ 翁岳生:《行政法与现代法治国家》,自印本1965年版,第222-223页。
⑨ 林诚二:《民法问题与实例解析》,法律出版社2008年版,第62页。

时提到"因有情事重大变更"这样的表述佐证了笔者的观点。

在海兴县香坊乡香坊村村民委员会与曹×锁农业承包合同纠纷案中，村民曹×锁与村委会签订有30亩土地的土地承包合同。后为落实国家"退耕还林"政策，香坊乡政府、香坊村委会与曹×锁又签订了《退耕还林合同书》这一行政合同，明确将所租赁的土地用于退耕还林。村委会后又主张解除土地承包合同和退耕还林合同，其中一个重要的理由是：国家对于农业提倡农业产业化集约化经营，市县两级政府下发"渤海粮仓科技示范工程"文件，曹×锁承包地在该工程范围内，认为"渤海粮仓科技示范工程"建设属于情势变更原则的情形。曹×锁不服提起诉讼，法院认为不符合情势变更原则的要件①。该案中"渤海粮仓科技示范工程"文件的出台属于政策的变动，其本身难以被认作是退耕还林合同的交易基础，称不上情势变更中的"情势"。乡政府、村委会有出于迎合上级指示滥用情势变更原则之嫌②。

3. 情势变更后如使发生当初之法律效力显失公平

诸多情势变更原则条文中出现的"情势重大变更""客观情况发生重大变化"之"重大"又如何来理解呢？实际上，考察情势变更是否重大，是就具体合同、情境而言的，如果当事人在情势变更之后，合同履行没有受到影响，并未显失公平，情势变更便算不上重大。德国联邦最高法院曾有判例认为：必须发生了如此深刻的变化，以至于若恪守原来的约定，将产生一种不可承受的、与法和正义无法吻合的结果。因此，恪守原来的契约规定对于相关当事人是不可合理期待、不可苛求的③。可见，所谓显失公平意味着合同双方权利义务严重失衡，以至于与一般人的朴素公平正义观相违背，这时合同之情势发生了"重大"的变更，合同的客观基础也产生了根本性的动摇。"情势变更后如使发生当初之法律效力显失公平"这一要件是情势变更原则的关键，把握住"显失公平"这一概念，行政合同中情势变更原则适用临界点这一问题便迎刃而解④。

在华侨建筑工程公司与深圳市规划和国土资源委员会光明管理局建设工程施工合同纠纷案中，光明管理局与华侨公司签订《深圳市××新区红坳石场整治复绿及地质灾害隐患治理工程协议书》⑤，华侨公司须按照有关法律法规的要求交纳自然生态环境治理保证金。在合同履行期间，华侨公司迟延履行，并未达到合同约定的要求，因此被扣除了部分保证金。华侨公司主张因深圳市举办第26届世界大学生夏季运动会，深圳市安全管理委员会采取在全市范围内的所有在建工程必须停止放炮、停电等措施，以致本治理工程出现迟延完工的情况。在此期间施工场所又被深圳市政府选址为余泥渣土受纳场。华侨公司考虑到施工工地

① 本案中程序存在一些问题：本案中同时存在一民事合同与行政合同，法院最终整体适用民事程序予以解决似有不当。
② 河北省沧州市中级人民法院(2015)沧民终字第2295号民事判决书。
③ ［德］迪特尔·梅迪库斯：《德国民法总论》，邵建东等译，法律出版社2005年版，第660页。
④ 我国大陆民法中情势变更原则的结果要件除了"显失公平"还有"合同的目的不能实现"，我国台湾地区"民法"和"行政程序法"中情势变更原则的规定仅规定了"显失公平"一个结果要件。这是否仅仅因为立法体例的不一，笔者不得而知。但基于我国台湾地区和德国"行政程序法"有关情势变更的条文中均只规定了"显失公平"一个结果要件，本文在论述行政合同情势变更原则要件时仍是以"显失公平"作为结果要件。
⑤ 判决书中法院认为：首先，《深圳市××新区红坳石场整治复绿及地质灾害隐患治理工程协议书》的施工内容为"边坡土石方整治、地质灾害隐患整治、水土流失整治、生态复绿"，根据光明管理局在接受本院二审调查询问时的确认，以上地质灾害预防和治理工作则均属国土部门的行政管理职权范围，故而本院认定涉案工程不属于涉案场地民事权利人所发包的建设工程。其次，涉案协议书中除约定光明管理局不承担任何工程施工费用和手续办理费用外，还约定光明管理局可根据涉案工程竣工情况决定是否退还华侨公司预缴的保证金，故而双方当事人之间的权利义务关系亦不对等，由此判断该协议书属于行政合同。

将被余泥渣土所填埋,治理工程已无继续施工的必要,根据情势变更原则,光明管理局不应当追究华侨公司的违约责任。法院最终认定本案属于行政合同纠纷,一审适用程序错误,撤销了原判。本案中情势变更表现为政府部门的临时停电停工措施和政府规划的突然实施,在情势变更之后苛求相对人按照原合同履行是难以接受的,会对其产生明显不公。由此,相对人一方因情势变更瑕疵履行并不构成违约,无须承担违约责任①②。

值得一提的是,此处显失公平与旧行政诉讼法中"显失公正"概念存在区别,"显失公正"主要是指行政裁量超过了必要限度以至于产生了明显的不合理,等同于违法的效果,属于可以归责于行政机关一方的行政行为瑕疵,与不可归责于行政合同双方的情势变更引起的"显失公平"并非同一概念。

4. 其他要件

除此之外,情势变更原则还要求以下要件:

一是发生情势之变更须未为当事人所预料而且为有不得预料之性质,即具有"不可预见性"。预见主体为因情势变更遭受不利益的一方当事人,预见的内容为情势变更发生的可能性,预见的时间为合同缔结之时,预见的标准应当为主客观相一致的标准,即常人在正常条件下能否预见为标准。如果当事人在缔约时能够预见情势变更,则表明其承担了该风险,不再适用情势变更原则。当然不可预见并不意味着完全无法预见,有时当事人订立合同时预见到某种事实的发生可能,但是该事实发生的概率过低(如地震、海啸),因此并未将其纳入合同风险的范畴,这种情况视作不可预见。

二是情势之变更须发生于法律行为成立后至债务关系消灭前。值得一提的是,因情势变更遭受不利益一方主张情势变更原则的权利可以保留至合同消灭之后,情势变更原则的主张时点与情势变更事实的发生时点需要区分开来。

三是情势之变更因不可归责于当事人之事由而发生。如若情势之变更是由一方过错引起的,则应当自担风险,没有特殊保护的必要。

(二) 行政合同中情势变更原则的行使

1. 再交涉义务

诸多学者认为,在情势变更情况下,中国情势变更原则条文中应当引入再交涉义务,即在向法院提起诉讼之前,双方应当进行再次交涉。这种义务并非是一种结果性的义务,不要求双方一定要达成一个新的合同,而应当将其理解成为一种"行为义务"。再交涉义务不是在赋予权利,而是在设定义务;不是体现了私法自治,而是限制了私法自治③。其义务主体依笔者所见可以借鉴欧洲合同法原则(PECL)设定为双方当事人④,并且对其可以规定一定的法律后果,不然这一义务会沦为道德的宣示。也有学者对再交涉义务表示质疑,认为再交

---

① 韩世远教授认为:理论上应当承认情势变更场合,受不利影响当事人具有中止履行抗辩权。参见韩世远:《合同法总论》,法律出版社2011年版,第390页。
② 广东省深圳市中级人民法院(2014)深中法房终字第1850号民事裁定书。
③ 韩世远:《合同法总论》,法律出版社2011年版,第390页。
④ 《欧洲合同法原则》第6章第111条第2款规定:"如果由于情势变更使合同履行变更过度困难,当事人应当进行磋商以改订合同或者解除合同。""法院可对因一方当事人不诚实地拒绝交涉或退出交涉而使对方蒙受的损失,认定损害赔偿"。

涉义务无法通过强制手段实现,规定损害赔偿责任不合理也无法操作①。但笔者认为通过再交涉义务的规定可以有效节约司法资源,有利于行政合同双方纠纷的快速化解,值得我国行政程序法借鉴。

2. 向法院提起行政诉讼

(1) 当事人主义抑或职权主义

当行政合同双方经过交涉仍无法达成合意,则可以向法院提起行政诉讼请求变更或者解除合同②,其中涉及当事人主义与职权主义的问题。法院在审理行政合同案件中是否可以主动适用情势变更原则抑或是需要当事人的明确主张?我国台湾地区"民法"和大陆的合同法草案中均采取的是当事人主义,法院不得在审判中主张适用情势变更原则。而《行政诉讼法》第77条第1款规定:"行政处罚明显不当或者其他行政行为涉及对款额的确定、认定确有错误的,人民法院可以判决变更。"根据该条文的表述来看,变更判决的做出决定权在法院,并不要求当事人提出变更的申请,如此似乎产生了矛盾之处。这里需要简单区分一下《行政诉讼法》中的变更判决与行政合同案件审判中的情势变更原则之适用。所谓变更判决属于撤销发回行政机关重作判决的例外形态③,是撤销判决的另一种替代表现形式,与撤销判决一样均属于对瑕疵行政行为的纠错,而前文亦提到过,行政合同中情势变更原则的适用仅限于非瑕疵行政合同,与变更判决的适用条件存在根本性的区别。对于瑕疵行政行为,法院可以拥有较大的裁量权主动适用变更判决,但对于合法有效、遭遇情势变更的行政合同来说,法院应当保持审慎态度坚持当事人主义,未经当事人主张不得适用情势变更原则。

理论上来说,行政合同双方均有权主张情势变更原则,但在中国现有诉讼体制下,行政机关不得直接作为原告向法院起诉主张适用情势变更原则对合同进行变更或者解除,因为这违背了行政诉讼"民告官"的基本架构。这种冲突如何来理解?余凌云教授认为,建立在以单向性、强制性、公权力基础为特征的行政行为理论之上的行政诉讼救济模式已不能适应行政合同诉讼的发展,应当建立适合行政合同纠纷解决的双向诉讼渠道。当行政机关在行政合同中行使行政特权如单方变更、解除权时,其意志的贯彻并不需要借助法院;而当行政机关主张情势变更原则时需要法院来进行干预,因此行政机关此时可以成为原告④。而在现有行政诉讼体制下,行政机关若想主张情势变更原则对合同进行调整,只有存在如下可能:① 直接向相对人一方主张情势变更原则(以书面方式叙明理由),双方经过协商之后达成合意。② 向相对人一方主张情势变更原则双方无法达成合意并发生纠纷,由相对人一方向法院提起诉讼,法院在诉讼中会对行政机关情势变更原则的主张进行考虑。③ 相对人一方向法院提起合同诉讼,行政机关在诉讼过程中主张适用情势变更原则或以情势变更原则作为抗辩。

(2) 变更或解除或补偿后继续履行?

史尚宽先生认为关于情势变更原则的效力有二:第一次效力在于授予一方当事人单方

---

① 王洪亮:《债法总论》,北京大学出版社2016年版,第344页。
② 梁慧星教授认为情势变更原则的主要法律效果是赋予受不利益一方当事人以变更或消灭合同的可能性,梁慧星教授认为它属于实体权利,但以诉讼方法行使为必要,相似于民法中规定的撤销权。参见梁慧星:《中国民法经济法诸问题》,法律出版社1991年版,第227页。
③ 吴庚:《行政争讼法论》,三民书局1999年版,第188页。
④ 余凌云:《行政契约论》,中国人民大学出版社2006年版,第160-162页。

变更法律行为内容之权利,第二次效力在于授予其单方解除为法律行为所设立的契约之债务关系之权利①。两次效力说意味着法院在审理情势变更有关案件时,即使当事人主张适用情势变更原则直接解除合同,法院也应当基于维持原法律关系及社会经济秩序稳定的目的,考虑对合同部分内容进行调整是否可以消除显失公平之现象。这里所说的对行政合同进行变更究竟如何变更呢?胡建淼教授认为:"行政行为的变更是指行政行为在做出以后和消灭以前,行政行为在内容、依据和形式上的变化。"②这里所谈及的"变更"是将瑕疵行政行为与非瑕疵行政行为的变更混在一起论述,而适用情势变更原则进行"变更"的对象仅限于非瑕疵行政合同,对其进行调整并不会涉及形式或者依据,一般仅包括合同内容的变更,表现为增减给付、增减变更其他原有效果。

当对合同进行变更无法消除不公平现象时则发生第二次效力,采取消灭原法律关系的方法恢复公平。我国台湾地区"行政程序法"第 147 条规定行政机关在相对人提出因情势变更调整合同的主张后,可以出于公共利益(如提供持续不断的公共服务)的考虑,补偿相对人损失,命令其继续履行原合同,这便在传统民法情势变更原则效力中又增添了一种新的形式,即"补偿后继续履行",此时相对人一方变更和解除合同的权利被事实上否认。对于我国台湾地区相关规定的该条文,林明锵教授提出反对意见,他认为即使"补偿"也无法弥补人民一方所受之不公平,该规定过于偏袒行政机关一方,加剧了行政合同双方的不对等③。笔者也认为该规定不宜在大陆行政合同情势变更原则中引入。

对于行政合同中情势变更原则的行使而言,若能遵守"合同乃双方合意"之本质,在情势发生重大变更后双方先进行交涉,交涉不成请求法院进行调整变更,变更不成再解除,辅以充分的补偿救济措施,如此可以较好地兼顾到公益与私益之平衡④。

四、行政合同中的情势变更原则适用需要厘清的几个问题

(一)行政合同中的情势变更原则与行政机关单方变更、解除权

提及行政合同中情势变更原则便绕不开行政合同中行政机关的单方变更、解除权。两者的行使都会导致合同的变更或解除,那么两者之间究竟有何区别?怎样厘清两者之间的关系?

1. 何为行政机关的单方变更、解除权

行政机关的优益权是行政合同区别于民事合同的重要特征,单方变更、解除权是其中重要的一项。行政机关单方变更、解除权即行政主体在合同履行过程中因公共利益的需要有单方变更、解除合同的权力,与情势变更原则一样,针对的对象都是合法有效的非瑕疵行政合同。我国台湾地区"行政程序法"146 条规定行政合同中行政机关为防止或除去对公益之重大危害,可以于必要范围内调整契约内容或终止契约。而《德国行政程序法》第 60 条仅规

---

① 史尚宽:《债法总论》,台湾荣泰印书馆,1954 年版,第 438-442 页。
② 胡建淼:《行政法学》,法律出版社 2003 年版,第 113 页。
③ 翁岳生:《行政法》,中国法制出版社 2009 年版,第 749 页。
④ 当然在有些情况下,因情势变更而导致合同履行事实不能、履行无意义时,法院应当直接依法判决解除。

定了行政机关可以为避免或消除公共福利遭受严重不利单方解除合同,但未规定单方变更之权力。法国虽未以法律明文规定,但却通过行政法院的判例事实上确立了以行政机关单方变更、解除权为代表的优益权。根据法国行政法上的管理原则,允许主体基于公共利益对行政合同内容进行变更①。中国虽然在《行政许可法》第 8 条中有着类似行政合同中单方变更、解除权之规定②,但并未有法律明文规定行政合同中行政机关的单方变更、解除权③。《行政诉讼法》第 78 条第 2 款规定:"被告变更、解除本法第 12 条第 1 款第 11 项规定的协议合法,但未依法给予补偿的,人民法院判决给予补偿。"《最高人民法院关于适用〈中华人民共和国行政诉讼法〉的若干问题的解释》(简称《行诉法解释》)第 15 条第 3 款规定:"被告因公共利益需要或者其他法定理由单方变更、解除协议,给原告造成损失的,判决被告予以补偿。"可见行政机关在行政合同中单方变更与解除权力被实际承认。

2. 两者之区别

行政合同中的情势变更原则与行政机关的单方变更、解除权存在着一些明显区别。首先,就行使主体而言,单方变更、解除权由行政主体一方独享,体现出一种行政高权特征,而行政合同中情势变更原则双方均可以主张。其次,就行为性质而言,行政机关单方变更、解除合同的行为属于一种单方行政行为④,侧重于行政合同的"行政性",是一种"权力"。而行政机关与相对人就适用情势变更原则进行交涉最终达成合意属于一种弱强制性的双方行政行为,是于行政合同的"契约性"而言的,是双方当事人均享有的"权利"。再次,从结果来说,情势变更原则是用来在合同双方之间分配外来风险的,因情势发生重大变更造成的损失由双方进行合理分担⑤。而行政机关行使单方变更、解除权对相对人一方造成的损失需要行政机关予以补偿。

然而,两者最本质的区别在于两者的目的不同。情势变更原则是为了防止重大的情势变更使得合同双方利益严重失衡,体现的是对"公平""正义"的追求,而行政机关的单方变更、解除权的根本出发点在于维护公共利益。根据《行政诉讼法》及其司法解释的有关规定之意旨,行政协议单方变更权的行使存在两种可能:一是有实体法的明确规定;二是基于公共利益需要或者其他法定理由⑥。"其他法定理由"是指法律、法规、规章修改或者废止,或

---

① 步兵:《论行政主体对行政契约的单方变更权》,载《南京大学学报(哲学·人文科学·社会科学版)》2008 年第 6 期。
② 《行政许可法》第 8 条第 2 款规定:"行政许可所依据的法律、法规、规章修改或者废止,或者准予行政许可所依据的客观情况发生重大变化的,为了公共利益的需要,行政机关可以依法变更或者撤回已经生效的行政许可。由此给公民、法人或者其他组织造成财产损失的,行政机关应当依法给予补偿。"
③ 仅有一些地方性法规或部门规章规定了行政合同中行政机关的单方变更、解除权。如《山东省行政程序规定》第 105 条规定:行政合同受法律保护,合同当事人不得擅自变更、中止或者解除合同。行政合同在履行过程中,出现严重损害国家利益或者公共利益的重大情形,行政机关有权变更或者解除合同;由此给对方当事人造成损失的,应当予以补偿。
④ 梁凤云:《行政协议案件的审理和判决规则》,载《国家检察官学院学报》2015 年第 4 期。
⑤ 法国行政法上,据"不可预见"判决分摊的损失比例一般约为 9∶1,即政府承担 90% 左右,相对人承担 10% 左右,行政法官有权根据具体个案差别对此比例进行微调。参见 M. Long, P. Weil, G. Guy Braibant, P. Delvolve et B. Genevois, Les Grands Arrêts de la Jurisprudence Administrative, 19eé d., (Paris: Dalloz, 2013)183-191,转引自李颖轶:《法国行政合同优益权的成因》,载《复旦学报(社会科学版)》2015 年第 6 期。
⑥ 许鹏、乐巍:《行政协议单方变更权的司法审查》,载《人民司法(应用)》2016 年第 22 期。

者政策重大调整等情形①②。而笔者认为,实体法明文规定行政机关的单方变更、解除权本身便蕴含了对于公共利益的考虑,其他法定理由(法律法规政策变动)与公共利益也有高度重合之处,单方变更解除权所考虑实质要件仍然是"公共利益的需要"③。行政机关在行政合同之中如同罗马神话中的雅努斯神一般存在两种面相,一种是双方合意框架下合同的履行者、合作者,这是行政合同中的常态。行政机关既然选择以行政合同的方式来构筑当事人间的伙伴关系,便默示放弃了以单方行政行为方式来解决彼此之间的法律问题。但当公共利益遭遇到威胁或者发现有更好的实现方式时,行政机关便会跳出合同履行的束缚,运用单方变更、解除权,转变为公共利益的维护、实现者。

3. 两者之关系

上文简单明确了两者之间的区别,那么在行政合同中两者究竟关系如何? 步兵教授认为,行政机关具有除公共利益之外的部门利益和单位利益,行政合同中情势变更原则的适用仅限于情势变更带来的相对人利益或者行政机关部门利益、单位利益的显失公平,而行政机关的单方变更、解除权是在情势变更导致公共利益受损时采取的措施。情势之变更可能带来情势变更原则的适用,也可能使得行政机关行使单方变更、解除权,关键看何种利益受到了损害④。如此观之,似乎认为两者是一种并列的关系。但行政机关作为公共利益的代表,其部门利益、单位利益面临失衡时,往往意味着公共利益受到了严重损害,此时行政机关若采取情势变更原则无法达成合意或无法阻止对公益的威胁,便可以行使单方变更、解除权。实践中行政机关由于不可主动起诉主张情势变更原则,往往会采取单方变更、解除的方式。并且当公共利益因情势变更面临危险时,也并非不能适用情势变更原则,只是需要行政机关对于两种措施进行充分考虑,以公共利益的最大实现作为根本出发点做出选择,兼顾相对人利益与行政合同的存续性。两者之间并非严格的并列关系,而是存在一定的交叉混合关系。

法国行政法中将公共利益放到极高的位置,强调行政合同的工具属性和行政特权。其一系列行政优益权的产生与其独特的司法二元体制密不可分⑤。中国既没有法国、德国等的司法二元体制,并未设立独立的行政法院,公私法划分还不彻底,又缺乏对行政合同相对人的保护补偿机制,在对他国行政合同行政优益权的移植上呈现出明显的实用主义色彩。这导致行政机关极易将公共利益作为挥舞的大棒,将行政合同的"契约性"破坏殆尽。

"此种(情势变更原则)透过契约法上之变更调整,与前述透过行政处分以变更契约内容者(即单方变更权),虽精神上颇为相似,但其内容不尽相同,盖契约法上之要件及效果皆较为严谨而合理。"笔者认同林明锵教授的观点,在当今中国的语境之下,行政合同中情势变更原则的适用比起单方变更解除权来说更有利于相对人利益之保护,取代高权行政行为并增加民众的可接受度,更加契合行政合同之本质。

---

① 梁凤云:《行政协议案件的审理和判决规则》,载《国家检察官学院学报》2015年第4期。
② 如《上海市城市基础设施特许经营管理办法》规定:因法律、法规、规章修改或者废止,或者政策重大调整的,为了公共利益需要,经报市人民政府批准后,实施机关可以提前收回特许经营权,但应当按照特许经营协议的约定给予项目经营者合理补偿。特许经营协议对补偿没有约定的,协议双方可以协商确定补偿方案。
③ 对于行政主体行使实体法明文规定的单方变更解除权可以仅进行形式审查,对于不具有实体法规定,行政主体基于公共利益需要或者其他法定理由单方变更行政协议的情形,人民法院应对该行为进行实体审查,审查公共利益或其他法定理由是否存在。许鹏、乐巍:《行政协议单方变更权的司法审查》,载《人民司法(应用)》2016年第22期。
④ 步兵:《行政契约变更研究》,载《东南大学学报(哲学社会科学版)》2008年第1期。
⑤ 李颖轶:《法国行政合同优益权的成因》,载《复旦学报(社会科学版)》2015年第6期。

（二）情势变更原则与信赖利益保护原则

信赖利益保护原则作为行政法的重要原则，在行政合同中同样适用。行政相对人的信赖利益受到法律保护，行政机关在行使情势变更原则时是否受到信赖利益保护原则之限制？情势变更原则以"变"为特点，而信赖利益保护原则强调"不变"，两者之间关系如何？

信赖利益保护原则源于法治国理论中的法安定性原则，是法的安定性原则对于公民的反射作用[①]。莫于川教授认为，信赖利益保护原则意味着行政主体对其在行政过程中形成的可预期的行为、承诺、规则、惯例、状态等因素，必须遵守信用，不得随意变更[②]。即使基于公共利益或其他法定理由的考虑予以变更，也应当予以补偿[③]。君特·克斯克与君特·平特认为，信赖保护问题就是对经由行政行为所确立的相对人的事实和法律状态的"存续保护"，或者说是对相对人的状态保护。这些由行政行为所确立的事实和法律状态包括公法合同的订立、某种财产权益的取得等[④]。一般理论认为信赖利益保护原则适用于违法行政行为（主要是授益性行政行为），但亦不能排除在合法有效的（非瑕疵）行政合同中的适用[⑤]。此时由于对象是经历重大情势变更的非瑕疵行政合同，信赖利益保护原则的适用要件会相应简化，只需要相对人一方对行政合同的持续履行产生了一定的信赖基础，具有一定的信赖行为，并且其信赖利益经过与公益衡量后值得保护[⑥]。

信赖利益保护原则与情势变更原则关系密不可分，两者之间并非水火不容。情势变更原则中的客观法律行为基础与信赖利益保护原则中的信赖基础往往难以区分，多有重合部分，并且情势变更原则中的某些内容正是信赖利益保护原则的体现。信赖利益保护原则的效力主要通过对行政行为的存续保护来实现。当行政机关向相对人主张情势变更原则时，会面临信赖利益保护原则的制约[⑦]，在将行政机关代表的公益、部门利益与相对人的私人利益进行权衡时，除了直接利益之外还需考虑当事人的信赖利益，除非两者之间显失公平、严重失衡，否则不得予以变更和解除。而当情势变更到达一定程度时，行政合同的存续难以维系，法的安定性与正义发生了严重的冲突，此时必须对其予以变更或解除。但依照信赖利益的存续保护的要求，应当尽量避免直接解除行政合同，以免对社会秩序造成冲击。可见情势

---

① 赵宏：《法治国下的行政行为存续力》，法律出版社2007年版，第131页。
② 这里的"变更"属于广义上的"变更"，包含撤销、废止等措施，而针对行政合同情势变更原则而言的变更指的是将行政合同中内容的一部分替换成新的部分，用一个"存在"代替另一个"存在"。
③ 莫于川、林鸿潮：《论当代行政法上的信赖保护原则》，载《法商研究》2004年第5期。
④ Gunter Kinsker & Günter Püttner, Vertrauensschutz im Verwaltungsrecht, Veröffentlichungen der Vereinigung der Deutschen Staatsrechtlehrer, s. 32. 转引自赵宏：《法治国下的行政行为存续力》，法律出版社2007年版，第133页。
⑤ "信赖保护原则攸关'宪法'上人民权利之保障，公权力行使涉及人民信赖利益而有保护之必要者，不限于授益行政处分之撤销或废止。"参见我国台湾地区"最高行政法院"2010年判字第228号行政判决。
⑥ 根据德国《联邦行政程序法》第48条，并经毛雷尔教授的归纳，信赖保护一般需要满足以下几个条件：受益人信赖行政行为存在，且根据与撤销的公共利益的权衡，其信赖值得保护；受益人非通过恶意之欺诈、胁迫或行贿而促成行政行为，亦非通过对重要问题的不正确或不完整陈述而促成行政行为，亦非明知或因重大过失而不知行政行为违法；受益人是否已经使用了给付或作了财产处置无法恢复原状，或恢复原状将使受益人遭受不可期待的损失。[德]哈特穆特·毛雷尔：《行政法学总论》，高家伟译，法律出版社2000年版，第282页。
⑦ 此时若按原合同履行对相对人有利，对行政机关一方不利。

变更原则中的再交涉义务以及"两次效力说"背后有着信赖利益保护原则的支撑①。

五、行政合同中情势变更原则适用的限制

《最高人民法院关于正确适用〈中华人民共和国合同法〉若干问题的解释(二)服务党和国家的工作大局的通知》中规定,根据案件的特殊情况,确需在个案中适用情势变更原则的,应当由高级人民法院审核,必要时应报请最高人民法院审核。可见情势变更原则在民法审判中适用之难。这种规定或多或少带有某种中国特色,是基于对法官滥用情势变更原则的考虑。而在行政合同案件审理中,情势变更原则的适用是否也需要如此严格的限制?

林明锵认为:"行政契约涉及公务及公权力,双方信息不对称、地位不对等,若是过于重视私法自治而不介入调整此种不合理的契约状态,只会让公平正义倾斜。"②笔者认为情势变更原则在民事合同中容易对契约严守原则造成损害,但对于行政合同而言,情势变更原则反而是对行政合同中"契约性"的维护。情势变更原则能有效缓解行政机关单方变更、解除权带来的行政合同履行僵化,有利于合同双方进行协商、体现合意。其与信赖利益保护原则的暗合更使其对相对人一方的损害降到了最低。司法实践中法官出于种种原因对在行政合同中适用情势变更原则充满顾虑,笔者根据检索并未发现真正依据情势变更原则对行政合同进行变更或解除的案例。但事实上,只要严格依照前文所述行政合同中情势变更原则的要件,结合民事合同中情势变更原则的相关限制,遵守一定的行政程序和行政合同的特殊规定,情势变更原则在行政合同中的适用必然是利大于弊。法国在行政法领域对情势变更原则的相对宽容从侧面佐证了笔者的观点。

(一)约定或法定的具体分配原则优先

民法上情势变更原则作为对契约严守原则的补充和例外,其适用受到严格限制。"只有在通过对合同解释得出结论,认为某一项合同风险不属于合同的标的,而法律又并未予以规定的情况下,才有适用情势变更原则的余地。"只有在穷尽所有救济手段,不能对合同进行补充解释、约定或者法定的具体分配合同风险的规则不能对风险进行合理分配的情况下,才能适用情势变更原则③。行政合同中也如此,试看一例:

何×芬诉宜宾市翠屏区征地拆迁服务中心履行行政合同案:因国家建设的需要,区征地中心与原告签订《自拆联建拆迁补偿安置协议》(简称《协议》)。《协议》签订后,因李庄镇纳入城市组团,导致在自拆联建房地点建房不符合"李庄组团一期城市设计及控制性详细规划",对包括原告在内的已经选择自拆联建拆迁安置方式的被拆迁户不能按《协议》约定的方式进行人员、住房安置。被告通知停发暂住费(后称安置过渡费),同年7月,被告全面停发

---

① 笔者认为,不同于信赖利益原则在一般行政行为被撤销中的效力表现(即信赖利益保护原则的另一侧面——财产保护),在行政机关主张行政合同情势变更的情形中,相对人一般不能直接根据信赖利益保护原则获得补偿,信赖利益会在法官对合同进行调整时被纳入考量;若合同最终解除涉及损失的分担问题,法官根据公平原则确定双方分担比例时,相对人的信赖利益亦会发挥作用。

② 林明锵:《进口苹果权利标售与行政契约:评"最高行政法院"2006年度判字第00815判决暨台北"高等行政法院"2003年度诉字第5337号判决》,载《台大法学论丛》2008年第6期。

③ [德]卡斯腾·海尔斯特尔、许德风:《情事变更原则研究》,载《中外法学》2004年第4期。

暂住费,也未给原告划定联建地址,原告无数次找被告理论无果。区征地中心认为,因政府规划调整而不能全面履行与原告签订的《协议》属于情势变更的情形。后法院判决被告以货币方式对原告进行住房安置,对是否构成情势重大变更并未作出判断,而是认为原合同已不能履行,根据《最高人民法院关于适用〈中华人民共和国行政诉讼法〉若干问题的解释》第15条第1款的规定"……被告无法继续履行或者继续履行已无实际意义的,判决被告采取相应的补救措施",判决被告应当对原告采取补救措施。本案不能算作是情势变更的情形,而是属于给付不能(履行不能)的情形,其与情势变更原则的区别在于给付不能限于客观不能或者主观不能的情形,此时给付不能优先于情势变更原则适用。而经济不能的情形,也就是给付本身虽然为可能,但因超出牺牲界限而不能够苛求债务人完成的情形则归入情势变更原则的适用范畴①。行政规划的改变导致履行事实不能而非经济不能,在本案中并没有情势变更原则适用之余地,而是应当适用给付不能的相关风险分配规则②。

(二) 限制法官的自由裁量

前文提到,行政合同中情势变更原则的适用与行政诉讼中的变更判决存在差别,但当法院依据当事人请求对行政合同进行一定调整时,法官的意志不可避免地进入到行政合同之中,广义上来说可以称之为一种司法变更权。除了原则的要件化,法官此种裁量权应当如何进行限制?"适用情势变更原则并非简单地豁免债务人的义务而使债权人承受不利后果,而是要充分注意利益均衡,公平合理地调整双方利益关系。"王洪亮教授认为参照《瑞士民法典》第1条第2款规定,此时应当有法律依法律,无法律依习惯,无习惯依自居于立法者地位时所应行制定之法规裁判之。前项情形,法官应准据确定的学说及先例③。情势变更原则在行政合同中适用时也可以借鉴该做法。另外,一定的指导案例可以对法官审判进行指引,从而有效减少裁量权的滥用。

《行诉法解释》第55条规定了行政处罚的禁止不利变更原则,强调法院在审判过程中不得对原告作出更加不利的处理。这一原则是否能在行政合同情势变更中类推适用以保护相对人一方的利益?情势变更原则的适用是在行政合同双方之间合理分配外来风险的过程,这一风险的发生不可归责于任何一方,调整之前双方利益严重失衡,调整的结果必然意味着一方负担的加重和另一方负担的减轻。并且禁止不利变更原则是以单方行政行为作为适用前提,是在单方诉讼结构下的特殊产物。而对于行政诉讼情势变更原则来说,理论上应当适用双方诉讼结构,因此其产生作用的唯一可能性在于相对人一方遭遇情势变更导致继续履行合同对相对人一方显失公平,向法院请求对合同内容进行调整,此时法官会受到禁止不利变更原则的限制——合同变更后不得对相对人更加不利。

(三) 遵守相应的行政程序,符合行政合同合法性要求

运用情势变更原则对行政合同进行变更某种程度上来说相当于再次缔结了一个新的行政合同,行政合同中情势变更原则的行使需要遵守相应的行政程序,这是行政法治的必然要

---

① 杜景林:《德国新债法法律行为基础障碍制度的法典化及其借鉴》,载《比较法研究》2005年第3期。
② 四川省宜宾市翠屏区人民法院(2016)川1502行初17号行政判决书。
③ 王洪亮:《债法总论》,北京大学出版社2016年版,第344页。

求,也是情势变更原则在行政法中遭遇的特殊限制。不论是在再交涉义务还是在诉讼中法院引导双方进行协商的过程中①,行政机关都应当遵守一些基本的行政程序义务,如说明理由,听取意见,坚持信息公开,书面要式主义、回避等,赋予相对人一方程序上的权利,如取得充分信息权、要求听证权、反论权等,使相对弱势的一方可以与行政机关讨价还价②。并且在对行政合同进行变更之后仍然需要符合行政合同容许性(合法性)的要求,不得超越行政机关订立行政合同之权限,内容不得违反法律等。

六、结语

　　行政权如同一张无形的网,将社会生活的各个领域都网罗其中,广度、深度、宽度、强度都在不断强化③。传统私法领域被行政权不断侵入,公权力意志频繁出现于私法自治的合同之中。而另一方面,又呈现出民营化、合作化的浪潮,私法精神尤其是契约精神渗透进公法领域。公法私法化、私法公法化,两种看似截然相反、充满矛盾的趋势其结合点在于为了更好地实现尽可能多的"善",更好地保障、实现公民权利。现今中国行政合同中情势变更原则案件的稀少只能说明该原则并未得到学界、实务界应有的重视。在行政法这一公私法交汇领域,情势变更原则的引入契合了时代的发展趋势。在可以预见的将来,情势变更原则必将在中国行政合同制度中发挥重要作用并赢得其应有之地位。

(责任编辑:熊樟林)

---

　　① 依照《关于当前形势下审理民商事合同纠纷案件若干问题的指导意见》第4条之规定,人民法院可以引导当事人重新协商,改订合同。
　　② 余凌云:《行政契约论》,中国人民大学出版社2006年版,第12页。
　　③ 关保英:《行政法的私权文化与潜能》,山东人民出版社2003年版,第17页。

教义学语境下以刑制罪的理性反思

刘 浩

摘 要 从语义的形式上看,以刑制罪的说法容易给人造成一种不惜违反罪刑法定原则的直观印象,且理论中确实也存在着主张突破罪刑法定原则的极端理论。而从功能性的实质上看,即使强调在不违反罪刑法定的原则下进行以刑制罪,其具体的一些功能也与以往的刑法体系功能存在重合,有悖于刑法理论的经济性。从罪刑关系在三个层面上的认知顺序,刑法解释的一般覆盖范围,刑法典自身的编排体例与罪刑失衡的未然防范,法律适用的思维过程以及刑事政策的实际考量路径五个方面进行分析,以往的刑法体系完全可以多次地包含以刑制罪理论所声称的一些功能。以刑制罪也并不总是实质解释的进路,而也可能是类推解释的进路。以刑制罪除却极端理论的情形外是主张坚持罪刑法定原则和以形式逻辑三段论为基础的,故以刑制罪本身仍试图在刑法教义学的框架内予以展开。但以刑制罪的整体是纯粹功利主义的逻辑而非教义学的逻辑。在刑法教义学的语境下,应当明晰以往刑法体系的功能,并加强综合性地运用文义解释、体系解释、目的解释和合宪性解释的方法,在罪刑法定的框架下,尽可能地实现罪刑均衡。

关键词 以刑制罪 罪刑关系 解释 教义学

一、引言

目前,学界围绕以刑制罪而展开的论述有很多,对此也存在一些相类似的概念表述,如以刑定罪、量刑反制定罪、以刑释罪、以刑入罪、以刑议罪、刑罚反制、量刑制约定罪等。由于以刑制罪理论逻辑的主张会涉及具体的定罪量刑以及司法实践者的观念认知与裁判技术等,其是对传统的刑法适用逻辑的一种冲击,故对以刑制罪理论予以理性的反思是十分必要的。对于概念而言,在此暂且统一采用以刑制罪的称谓。而对于以刑制罪究竟可以在多大程度上影响到罪名的认定是存在不同立场的。具体而言,主要存在两种比较有代表性的立场。第一种立场是以刑制罪可以突破罪刑法定原则。例如,有的观点认为,罪名上的实质公正应当为量刑上的实质公正让路①。第二种立场则主张以刑制罪绝对不能突破罪刑法定原

作者简介:刘浩,中南财经政法大学刑事司法学院 2016 级刑法学硕士研究生。电子信箱:1223457018@qq.com。联系电话:15927121901。

基金项目:本论文为"中南财经政法大学刑事司法学院研究生创新教育计划"资助项目"刑法解释的再宣示:以刑法解释与刑法论证之争的实践导向为视角"(项目号:2017SX05)。本文受"学习贯彻十九大精神,加强和创新社会治理研究"项目资助[项目编号:FZFZZB(2018)C03],湖北省法治发展战略研究院。

① 高艳东:《量刑与定罪互动论:为了量刑公正可变换罪名》,载《现代法学》2009 年第 5 期。

则,而这种立场则更多地强调以刑制罪的一些实质功能导向。例如,有的观点提出,应主动限制以刑制罪的适用范围,强调以量刑反制定罪理论是存在问题的,并进而认为,除想象竞合犯与牵连犯外,量刑是并不能反制定罪的①。而有的观点则将以刑制罪归为目的解释的一种方法,认为以刑制罪是以刑罚妥当性为导向的后果主义解释方法②。除此之外,有的观点则将以刑制罪定位为对传统罪刑关系与形式逻辑的补充,强调只有在疑难案件中才有刑罚反制的必要③。还有的观点则相对更为缓和,只是提倡刑法适用的过程中应当存在一种必要前置的入罪性思维,并认为定罪时间于量刑之前是正确的,但在司法实践中,定罪不作前提性的思考则是错误的④。然而,这种意义上的入罪考量已然不属于以刑制罪的讨论范围,并且,这种所谓的必要前见从认识论的规律来看,也是必然存在的。也就是说,入罪性思维只是解释刑法时的一种不可避免的内心倾向和思维始项,其最终也存在被推翻的可能性。

笔者认为,首先,违反罪刑法定原则的以刑制罪理论无论其所谓的目的是多么的正当,均无法纯洁该手段的不合理性。因为罪刑法定原则是现代刑法的一个基石,而该种立场直接对罪刑法定原则予以否定,存在着由对立法权的极度信任转为对司法权的极度信任。但是,罪刑法定原则不只是约束立法者也约束司法者,罪刑法定约束的是国家公权力。刑事法律要遏制的不是犯罪人,而是国家。也就是说,尽管刑法规范的是犯罪及其刑罚,但它针对的对象却是国家。这就是罪刑法定主义的实质,也是它的全部内容⑤。罪刑法定的功能在宪法和法理学上的诠释就是保障权利、约束权力,这也是法治最简洁的功能表述。至于主张在罪刑法定原则的框架内进行以刑制罪则是以往刑法体系功能的应有之义,这本身依然是传统刑法教义学的逻辑。以刑制罪的实质解释路径可能会导向类推解释,而刑法教义学的语境下是以罪刑法定原则为依托的,但罪刑法定原则又是排斥类推解释的。也就是说,以刑制罪的逻辑与刑法教义学的语境是相冲突的。我国现有的刑法知识语境下,刑法教义学不仅仅是我国刑法学知识转型与变革的标志,其在法治构建方面也被赋予了相应的理论功能期待。故有损罪刑法定权威和刑法教义学体系的理论需要我们辩证地看待和进行理性的反思。

本文先从存在论,即物本逻辑的层面对以刑制罪的形式概念予以讨论,进而缩小以刑制罪的概念范围,即以罪刑法定原则为依据,在形式上先排除主张例外情形下可以突破罪刑法定原则的以刑制罪理论。然后再主要从价值论或者说是功能论的层面对强调为防止罪刑失衡情形的出现而必须遵循罪刑法定原则的以刑制罪理论提出质疑,进而证明这种意义上的以刑制罪论所具有的功能并不是新颖的,而是传统刑法体系的本来之义,进而在实质上对以刑制罪的功能性存在或者说是独立性的价值进行分析。此外,这种功能论层面的以刑制罪理论的极端情形并不是所谓的实质解释的进路,而可能具有类推解释的嫌疑。在突出以往刑法体系功能的同时,相应地证明以刑制罪理论的进路可能是类推解释。对于以刑制罪的功能除了在以往刑法体系的功能中予以明确外,需要进一步地在刑法教义学的语境下,加强文义解释、体系解释、目的解释、合宪性解释等解释方法的综合运用,在罪刑法定的框架内,

---

① 郑延谱:《量刑反制定罪否定论》,载《政法论坛》2014年第6期。
② 王华伟:《误读与纠偏:"以刑制罪"的合理存在空间》,载《环球法律评论》2015年第4期。
③ 赵运锋:《刑罚反制机能的梳理与展开——基于传统罪刑的反思》,载《中国刑事法杂志》2012年第11期。
④ 刘邦明:《论入刑思维在刑事司法中的影响和运用》,载《政治与法律》2010年第7期。
⑤ 李海东:《刑法原理入门(犯罪论基础)》,法律出版社1998年版,第4页。

尽可能地实现罪刑均衡。唯此,才可以防止概念体系的混乱,并加强刑法教义学知识与方法的不断完善,实现刑法教义学在我国刑法语境下的理论功能期待。

二、以刑制罪所讨论范围的相对界定

学界对以刑制罪概念的认知仍是有些混乱的。针对以刑制罪究竟是在立法的过程中还是仅指在司法实践的过程中就存在不同的看法。例如,有的学者认为,以刑制罪既存在于立法的过程中也会出现在司法实践的过程中。比如,犯罪的应受刑罚处罚性的本质特征内含着"以刑定罪"的规律,该规律的客观存在使得无论在立法层面还是在司法层面,刑罚的具体形态都决定着犯罪的内涵和外延①。诚然,在立法中对罪刑关系的考量是必然存在的。比如,德国学者贝林就曾对这种立法意义上的以刑制罪进行过论述,主张先划定一个法定刑的范围,然后依次为法定刑配置罪的构成要件。应当说,只要相关的具体条文还没有被制定出来,就不存在有违罪刑法定原则的问题。立法的罪刑逻辑更多的是一种危害性判断与犯罪化建构的问题。也就是说,犯罪是一个建构化的概念。目前学界对以刑制罪的讨论多是在刑法适用的过程中予以展开的。而对于以刑制罪概念的主流观点也是将"制"解释为"制约"一词。也就是说,是以法定刑来制约罪名,乃至于制约故意犯罪的停止形态等。但目前的讨论深度更多的是将制罪的范围置于罪名的层面。但在法治与刑法教义学的语境下,对现有的以刑制罪理论仍需要理性的反思。

第一,有的以刑制罪理论主张以刑制罪在例外的情形下可以突破罪刑法定原则,这种立场明显是故意违背了罪刑法定原则,自然也并不是教义学的逻辑。罪刑法定原则已然是一种普世性的价值。而公然地对罪刑法定原则予以突破不仅是对形式法治的一种有意或无意的嘲弄,且在刑法的规范逻辑,精神理性和法理学层面的法治观念,以及法的价值和人权保护等方面也存在着一些根本矛盾。按照这种理论逻辑的话,最为极端的以刑制罪理论会彻底否定构成要件的独立意义。比如,行为人的行为在被认为应当处以死刑的情形下,直接将行为人的行为置于某个带有死刑的罪名涵摄下,并予以定罪科刑。这样一来,构成要件的类型化和个别化机能以及人权保障机能等也就完全丧失,其也没有进行一个必要的法定事实判断。而且,刑罚区间的判断完全是主观的和个性化的,主观刑法的影子出现,而主客观相一致的现代刑法原则也面临着陨灭的危险。恐怕这种意义上的以刑制罪是任何以刑制罪论者均无法认可的。故在突破罪刑法定原则的情况下,无论其所追求的目的是多么的正义均无法获得一个根本的合法性,因此,这种意义上的以刑制罪在存在论层面就是值得商榷的。

当然,也有的以刑制罪理论相对比较缓和,其强调以刑制罪的操作必须是在罪刑法定的框架之内。例如,有的学者认为,以刑制罪与由罪生刑构成并存而非对立的关系。以刑制罪论具有三个特征:倒三段论、实质正义诉求及政策析入。以刑制罪是方法论,从以刑制罪的运行机理及哲学基础分析,其与罪刑法定原则具有内在的一致性②。而如果强调以刑制罪和罪刑法定原则具有内在的一致性,那断然是不会认同主张在例外情形下可以突破罪刑法定原则的以刑制罪理论。其可能更多的是考虑具体情节以及罪的轻重等方面的权衡问题,

---

① 冯亚东:《罪刑关系的反思与重构——兼谈罚金刑在中国现阶段之适用》,载《中国社会科学》2006年第5期。
② 赵运锋:《以刑制罪法理分析与适用考察》,载《政法论丛》2016年第1期。

属于在罪刑法定的框架内考虑罪刑均衡,在解释合法性的前提下考虑解释合理性。而这在本质上仍是属于解释论的范畴,其并没有必要创设一个容易引起歧义而客观上却并无独立功能和实践价值的概念。

第二,以刑制罪主要是在刑事司法实践的过程中被予以讨论的问题,也就是指在解释论层面的以刑制罪。笔者认为,立法上并不存在具体的以刑制罪。无论是构成要件到法定刑,还是法定刑到构成要件,都属于立法的一个犯罪化与非犯罪化以及具体的罪刑配置问题。以刑制罪本来就单单是解释论上的一个问题,并且由于罪刑法定的形式价值与社会现实的个案正义时常存在冲突,使得这个问题在解释论上面临着不可避免的争论。有的学者也间接地表达了以刑制罪就是一种解释方法。并且,以刑制罪是诸种解释方法中较为接近立法原意的解释方法①。但如果说以刑制罪最为接近立法原意,则作为解释方法的以刑制罪并不是所讨论的以刑制罪。针对解释论层面的以刑制罪,有的学者认为,由于应受刑罚处罚必要性及其程度具体乃是通过刑罚的严厉程度来体现,这就意味着,解释犯罪成立要件时必须考虑刑罚问题,确切地说是应当以相关法条所规定的法定刑及其适用作为解释的基点②。将法定刑作为解释的基点并无显著的不妥,因为这并不会突破构成要件的制约。相反地,它在一定程度上还符合认识的一个基本逻辑规律,并时常提醒解释者在解释的过程中保持足够的谨慎。但如果只是从这个层面上讲,解释起于法定刑的审视也并不是所谓的以刑制罪,因为其缺乏以刑制罪这个语词本身所体现出的概念强势。这就至少需要从两个方面来对以刑制罪概念予以澄清。首先,以刑制罪在功能论或者说是在价值论层面,其具体是属于解释论上的一个问题。其次,传统的刑法解释方法,比如说,目的解释和体系解释等并不是以刑制罪的涵盖范围。如果说是在罪刑法定的原则之下进而主张一种目的解释的方法,那这种主张也就否认了以刑制罪在功能论或者说是在价值论层面的独立意义。

第三,很多情形下的以刑制罪典型的属于在个案中或许实现了公正,但却污染了罪刑法定的一池清水,在价值衡量上也殊不可取③。首先,罪刑法定原则包括积极的罪刑法定与消极的罪刑法定,"法无明文规定不为罪"是需要被强调的,而"法有明文规定则为罪"是可以通过反向解释被证立的。然而,"法无明文规定不为罪"被强调的原因主要在于罪刑法定原则的倾向性,即倾向于是"犯罪人的大宪章"。其次,极端的以刑制罪理论主张可以突破罪刑法定原则,自然是对罪刑法定原则的侵犯。而主张恪守罪刑法定原则的以刑制罪理论会过于强调刑的价值而对罪的意义有意或无意地削弱。构成要件主要是罪状的描述,是罪之要件,而构成要件又是罪刑法定原则的载体,它使得犯罪得以类型化、法定化和安定化。对于强调刑对罪的反制立场而言:一方面,当反制强度不大的时候,实属传统刑法体系的应有功能;另一方面,当强度较为明显的时候,则会对罪的价值造成削弱,进而也会有损构成要件的机能,并对罪刑法定原则的价值造成损益。

有的学者认为,刑罚反制罪名是指,在对危害行为做出认定前,应先对危害行为的危害量进行考察,基于此对应处的刑罚给予大致判断,然后再对危害行为的性质做出正确的认

---

① 刘宪权、胡荷佳:《罪刑逆向制约关系的实现路径》,载《人民检察》2016 年第 19 期。
② 劳东燕:《刑事政策与刑法解释中的价值判断——兼论解释论上的"以刑制罪"现象》,载《政法论坛》2012 年第 4 期。
③ 陈庆安:《论刑法漏洞的存在与补救——兼论"以刑入罪"之隐忧》,载《政治与法律》2010 年第 7 期。

定,并将危害行为与其他相似的行为进行类比,将其他犯罪行为应处的刑罚作为参考标准①。但这种思维路径会让人联想到类推的问题。类推是在用语的可能范围之外对相似事例适用法律的内容,因此其不是法律的解释,而是法的创造②。教义学的核心行为是法解释和法体系的构造,而不是法的续造。即便是学术造法,其造的也是法理而不是实证的法规范。故刑法教义学以罪刑法定原则为依托,无论是罪刑法定原则的排斥类推解释,抑或就是刑法教义学的功能而言,都是与类推相矛盾的。理论上既然可以进行有利于行为人的类推,当然也会进行不利于行为人的类推,而对类推解释的禁止应当体现在这种横向比较后进而予以等置的思维模式。如果是强调在坚持罪刑法定原则的前提下,则以刑制罪这个概念的内容可能是空的,或者说概念是新的,但内容却是旧的,并且新的概念对旧的内容产生了一种不利的干扰作用。

这样一来,真正的以刑制罪可能存在相对比较保守的两种情形:一种是将以刑制罪中的"制"解释为制约而不是制造;另一种是以刑制罪所制的不是罪名,而是不同的情节和具体的裁量,即体现为一种制约观念和体系逻辑。但这样一来,以刑制罪的概念仍然是没有什么意义的。如果说是去制约具体的犯罪停止形态则又存在歪曲事实之嫌。一般说来,以刑制罪往往被认为是在极个别的情形下为了实现个案正义而以法定刑的比对来予以具体考虑定罪的方法。例如,有的学者认为,刑罚不但可以反制罪名,还可以反制量刑情节。刑罚反制罪名可以分为以下两个方面:一是刑罚反制与罪名选择,二是刑罚反制与犯罪构成。刑罚反制量刑情节可以分为反制法定量刑情节与反制酌定量刑情节③。但这种逻辑不是以刑制罪,而是由罪到刑的本来之义,是由罪到刑的一种反向检验。对此,有的学者也提到,这种"逆向型"定罪思维或逻辑,不可能成为一种个案裁判意义上的"普适性"知识,而只能以一种疑难个案"处理术"的方式隐性存在④。由于这种以刑制罪会与刑法体系已有的功能或者价值存在重合,故也是应当被予以明确的。并且,这种意义上的以刑制罪如同扩大解释与类推解释之间的暧昧关系一样,也难以说就总是会在罪刑法定的框架之内。比如,有的学者从两个方面谈到了以刑制罪运行机制的构建:一是根据以刑制罪逻辑得出的结论需经受规范目的与规范文义的检验,二是以刑制罪是对传统罪刑关系的补充。为了保证以刑制罪适用结果的合法性,在根据以刑制罪进行判断后,还必须接受三段论形式逻辑的检验⑤。但这样一来,以刑制罪还是需要符合三段论的基本形式逻辑,需要遵循大前提的一个基本精确。而以刑制罪论者由于担心一些情形下的罪刑失衡而主张的以刑制罪在现有的刑法体系下是完全可以解决的。

三、罪刑法定原则下的以刑制罪是刑法体系功能的本来之义

罪刑法定原则下只有将以刑制罪中的"制"解释为"制约"才能保证这种主张不会违背基本的前提预设,但这又属于传统刑法体系功能的应有之义,而且,此概念的提出反而会使人

---

① 赵运锋:《论刑罚反制的价值思考与模式构建》,载《法学论坛》2009 年第 6 期。
② [韩]金日秀、徐辅鹤:《韩国刑法总论》(第十一版),郑军男译,武汉大学出版社 2008 年版,第 37 页。
③ 赵运锋:《论刑罚反制的价值思考与模式构建》,载《法学论坛》2009 年第 6 期。
④ 周建达:《以刑定罪的知识生产——过程叙事、权力逻辑与制约瓶颈》,载《法制与社会发展》2015 年第 1 期。
⑤ 赵运锋:《以刑制罪基本问题研究》,法律出版社 2017 年版,第 225 页和第 226 页。

误认为是另一种意义上的,即可以违反罪刑法定原则的以刑制罪,进而也就会对概念体系的认知起到一种不利的反作用。对此可以从罪刑关系在三个层面上的认知顺序,目的解释与体系解释对以刑制罪功能的一般覆盖范围,刑法典自身的编排体例与罪刑失衡的防范机制,法律适用思维过程的一般规律以及刑事政策的实际考量路径五个方面来说明目前学界所主张的以刑制罪功能是刑法体系的本来之义,故其属于一种体系功能上的重复,即在以刑制罪这个空的概念中放置了一些原有的刑法体系功能。这样一来,不仅没有创生出一套新的理论方法对现有的刑法教义学体系造成冲击,而且也不利于教义学方法论体系的发展与完善。

(一) 罪刑关系在三个层面上的认知顺序

以刑制罪理论认为罪刑关系是彼此互动的,因此从罪刑关系的双向性来证明以刑制罪存在的合理性。例如,有的学者认为,定罪是根据犯罪构成进行的犯罪概念和社会危害性的"动态确定"过程,应受刑罚处罚性往往是结果,当犯罪的应受刑罚处罚性这一犯罪基本特征与社会危害性的实质评价出现脱节时,可以发挥刑罚有效性的检验作用,这便是"以刑定罪"的规律和基本的法理基础[1]。针对传统的由罪到刑的思维,有的学者强调法定刑的重要性,认为法定刑是立法者在总结刑罚历史经验的基础上,根据现实情况,依据拟制的犯罪事实和情节予以配置[2]。无论是罪刑法定中的罪与刑,还是罪刑均衡中的罪与刑,抑或是罪刑法定与罪刑均衡互动思维过程中的罪刑关系都是罪刑双向关系的一种体现,而这与以刑制罪貌似也并没有什么联系。以罪刑法定中的罪刑关系为例,费尔巴哈早在1801年的刑法教科书中,就用拉丁文以法谚的形式对罪刑法定主义作了以下表述:无法律则无刑罚,无犯罪则无刑罚,无法律规定的刑罚则无犯罪[3]。犯罪与刑罚在刑法的定义中是彼此不可或缺的。但需要注意的是,此处并不是说无刑罚则无犯罪,而主要强调的是无法律规定的刑罚。但实际上,刑罚的法律化本身就已经考虑了犯罪化的前提。

当然,这仍然不可否认罪刑之间的双向互动关系。针对犯罪与刑罚的关系,如有的学者所说,所谓犯罪,形式地说,是指"针对其实施而应予科处刑罚的行为"。刑法解释论的任务是,通过对法令的解释,明确何种行为属于犯罪;而立法论的任务是,检讨将何种行为作为处罚的对象在刑事政策上才是妥当的。所谓刑罚,是对犯罪的反作用,是对实施了犯罪的人所科处的制裁,由于其目的在于通过其科处而抑制乃至预防犯罪,其本质上是以恶害的科处为内容[4]。在立法上是罪刑循环的论证,而在具体的司法实践中,则必然是由罪到刑的逻辑运行,即使中间存在单独对刑的考虑也仍然需要由罪到刑的逻辑检验过程。罪刑是一套体系,刑法自身规定的法定刑从整个刑法体系上观察需要体现出一种整个体系上的刑罚配置的合理性[5]。但是,刑罚配置的合理性仍需要罪与罪之间的比较和区分。当然,也存在法定刑大致相当的一些个罪,但总体上单就构成要件的描述而言也是可以进行区分的。罪刑之间的关系需要从立法过程、司法实践以及一般公众认知三个层面按认识逻辑顺序进行分析。

1. 立法过程中罪刑关系的产生与互动。立法过程中的罪刑产生逻辑其实一定意义上

---

[1] 孙道萃:《以刑制罪的知识巡思与教义延拓》,载《法学评论》2016年第2期。
[2] 金泽刚、颜毅:《以刑制罪的学理阐释》,载《政治与法律》2010年第7期。
[3] 陈兴良:《刑法的启蒙》,法律出版社1998年版,第102页。
[4] [日]山口厚:《刑法总论》(第二版),付立庆译,中国人民大学出版社2011年版,第2页。
[5] 刘浩:《刑法解释方法论》,中国政法大学出版社2014年版,第119页。

也可以说是一个犯罪化与非犯罪化的问题。从刑法哲学的层面来看,具体体现为以刑遏罪,即刑罚凭借其威慑力遏制未然之罪①。从立法过程来看,并非是犯罪在前。立法主体往往认为某个危害行为需要刑罚规制时,才会将其纳入犯罪圈,并设置适当罪名②。首先,社会危害性一定是会被优先予以考虑的,且无论我们对社会危害性这个概念的非规范性特征是如何的排斥。社会危害性发生作用的环节有四个:刑事立法、刑事司法、刑法理论及现实生活。但形式合理性的罪刑法定原则又为社会危害性提供了制度保障③。如果只是单纯地犯罪化,而相应法定刑的配置上却出现偏差,刑法的机能也就必然会遭受损益。刑罚就是对社会危害性的一种遏制手段,是犯罪化过程中的一个必要组成部分。其中最主要的标准是行为一般被认为是错误的,并对社会构成威胁,应该受到刑罚而非其他方式的调整,并且把这种行为规定为犯罪不会产生任何可能的不良影响④。而根据我国刑法典第13条但书的规定也可以看出犯罪的概念也是围绕着社会危害性而展开的。可以说,缺少了罪和刑的任何一个部分,刑法也就失去了被定义的能力。

作为法秩序的一个部分,刑法所规定的是:人们利用刑罚或保安措施、矫正措施来进行威胁的那些举止方式,需具备哪些条件和会造成哪些后果。这样,围绕着(刑罚等)这些制裁方式,人们便得到了刑法的定义⑤。于此,社会危害性确实没有直接跳跃至构成要件类型化的阶段。或许这与刑法的第一感观印象有关。如贝卡利亚所说,需要有些易感触的力量来阻止个人专横的心灵把社会的法律重新沦入古时的混乱之中。这种易感触的力量就是对触犯法律者所规定的刑罚⑥。从每个人都可能是潜在的犯罪者来看,立法者在立法过程中对具有社会危害性的行为有选择地予以犯罪化也是遵循这个基本认识逻辑的。决定用刑罚的手段来予以规制之后,就是具体的构成要件类型化的过程,也是如何对罪状予以描述的问题,之后则是法定刑的具体配置,而在法定刑的配置过程中则会考虑到法定刑本身的体系协调以及与相关个罪之间的体系协调问题。最后是从整体上进行一个体系化的检验,比如,各个构成要件之间是否协调,各个法定刑之间是否协调等,而这个过程充满了由罪到刑继而由刑到罪的循环往复过程。但是在这个过程之前,罪刑的配置已经是基本确定的。总体来说,罪刑关系在刑事立法过程中的产生与互动关系可以简单地表述为:

社会危害性的判断→刑罚当罚性的决定→具体的构成要件类型化→个罪的产生→法定刑的配置→体系化的检验(罪刑循环的一种检验)

这样一来,以刑制罪理论对传统刑法只是简单地由罪到刑的批判是难以成立的。因为刑法规范是可以被回溯的,这也是刑法解释方法中存在主观解释的理论依据。而且,社会危害性判断之后的刑罚当罚性决定在一定意义上也是刑法规制的决定。也就是立法者认为,某种社会危害行为达到了值得科处刑罚或者说是必须得以刑法予以调整的程度。尽管理论上更多的是探讨一种在刑法适用时的以刑制罪,但立法上的罪刑规范逻辑必然会在司法的

---

① 刘宪权、胡荷佳:《罪刑逆向制约关系的实现路径》,载《人民检察》2016年第19期。
② 赵运锋:《以刑制罪基本问题研究》,法律出版社2017年版,第106页。
③ 刘艳红:《社会危害性理论之辩证》,载《中国法学》2002年第2期。
④ [英]威廉姆·威尔逊:《刑法理论的核心问题》,谢望原、罗灿、王波译,谢望原审校,中国人民大学出版社2015年版,第30页。
⑤ [德]乌尔斯·金德霍伊泽尔:《刑法总论教科书》(第六版),蔡桂生译,北京大学出版社2015年版,第13页。
⑥ [意]贝卡利亚:《论犯罪与刑罚》,黄风译,北京大学出版社2008年版,第7页。

过程中得以体现。比如,刑法解释立场中的主观解释论以及刑法解释方法中的历史解释方法等,即刑法解释者在解释与适用刑法的过程中,暂时假定自己是立法者的角色。这其实也是以立法时的逻辑对司法过程中的困惑进行明晰。罪刑之间的互动逻辑是传统刑法体系固有的一种罪刑逻辑在立法阶段的体现。刑法从来就不是单纯的由罪到刑的逻辑。故以刑制罪理论的批判首先在刑事立法的逻辑上就是难以成立的。

2. 刑事司法实践中罪刑关系的分析逻辑。刑事司法实践涉及具体的法律规范的适用问题。就刑法规范的适用过程而言,罪刑关系的考量也并不是单纯地由罪到刑的单向状态。对此,有的学者认为,既然定罪与量刑之间是一种因果关系,那么必定是定罪在前,量刑在后,绝无"反致"的可能。当然,在定罪与量刑之间的这种因果历程中,刑事责任调和着两者之间的冲突,使两者之间的关系流动更加符合刑法法理,更加符合罪责刑相适应原则的要求,也更加符合民众的伦理诉求①。但以刑事责任为中介来论证罪刑之间的互动关系是值得商榷的。首先,定罪与量刑并不一定需要强调以刑事责任为中介,之前的罪刑均衡原则在1997年刑法典中被概括为罪责刑相适应原则。其实,刑事责任被强调的意义并不大,刑事责任完全可以在广义上为罪所涵盖。如同犯罪论体系中的行为可以前置于构成要件阶层,也可以作为一个构成要件要素而被纳入构成要件的范畴。这本身对犯罪的认定并不会产生明显的影响。其次,定罪与量刑之间也并非如同因果关系一样的性质,其并非是单向性的,否则在一般观念上也是有违刑事司法审慎的要求与一般的认识规律的。

司法实践中的罪刑分析逻辑在一定程度上也可以说是刑事司法的裁判过程。其一般都是由案件事实引起,继而解释者根据前理解对可能符合的构成要件进行预判,这个过程主要先是一种罪与非罪的直观印象,但这依然会受到法定刑的影响。在将案件事实剪裁为法定事实或者说是构成事实的过程中,会对构成要件予以进一步的定位,然后是对构成要件要素的解释与构成要件符合性的再次判断,这个过程依然会对法定刑予以考虑,尤其是罪与非罪的界限问题。之后的定罪和量刑过程突出体现了罪与刑的逻辑互动关系。当最终的定罪完成后,罪到刑的判断过程自然是一个单向的逻辑。当然,定罪结果也需要进行一个体系性的检验,而在这个体系的检验过程中也会存在罪与刑双向的互动检验。总体来说,罪刑关系在刑事司法实践中的分析逻辑可以简单地表述为:

案件事实的产生→解释者在前理解基础上对可能符合的构成要件进行预判→剪裁后被建构的法定事实→构成要件的进一步定位→构成要件要素的解释与构成要件符合性的确信→定罪→量刑→体系性的检验(罪刑循环的一种检验)

也就是说,构成要件与法定刑以及定罪与量刑之间,从来都不是单纯的由罪到刑的单一逻辑。刑法解释者的思维逻辑更不是单纯的由罪到刑的单向逻辑思维,但其依然无法否定由罪到刑这样一种形式逻辑优先的判断顺序。以刑制罪理论批判刑法解释的单向逻辑无疑是值得商榷的。

3. 公众对一般罪刑关系的认识逻辑。从一般预防的意义上看,刑罚是更容易被感知的。人们提到刑法时往往先会想到的是严厉的惩罚。当然,只能说是很大概率上如此,也并不就是必然的。比如,当发生具体的刑事案件后,罪刑的观念可能会同时地浮现。就刑罚而言:一方面,刑罚是国家对行为人通过其罪行所发出之声明的回应;另一方面,刑罚又是国家

---

① 姜涛:《量刑公正与刑法目的解释》,载《法学家》2012年第4期。

针对国民,即针对一般公众所做的面向未来的宣言①。当然,这是一般意义上的刑罚观念,而不会涉及具体的刑罚种类。因为尽管现代刑罚的种类不多,但对于一般公众而言,除非是涉及具体的典型案件,否则,刑罚的具体化考量往往就是一种笼统的观念。犯罪在复杂化,刑罚的种类却在简化,并且维持了自由刑的刑罚体系的主体地位,使得一般意义上的刑罚观念更多地在公众观念中占据主导。社会的文明相应带来的是犯罪现象的复杂多样和千变万化(于此,立法总是滞后于生活),但同时文明和进步带给刑罚的却是单一化和稳定化(立法相对恒定且有效)——从古代刑罚千奇百怪的制裁方式逐步过渡到简单一致的自由刑,形成一种"以不变的刑罚应万变的犯罪"之基本格局。犯罪与刑罚两极分化的大趋势十分生动地展现了人性疯狂扩张的卑劣一面和人性自我意识及自觉控制的另一面②。刑罚种类的简化、刑法的轻缓化以及罪刑法定原则的确立等在政治层面上体现了国家的信息化、机械化和现代化赋予统治者的统治自信,因为冷兵器时代的揭竿而起、频繁起义已经不可能。而从人性的关怀和道德的形而上层面来看,则是善良、宽容和人文关怀已然成为世界的主流道德价值观。但无论如何,刑法中刑的种类是相对稳定的,且也是可感知的,公众对罪刑关系的理解更多的是一般罪刑关系意义上的理解,而不会涉及具体的法律适用问题。总体来说,公众对罪刑关系的一般认识顺序可以简单地概括为:

刑法对此有一般禁止的意识→一般意义的刑罚感知观念→犯罪的一般认识与大部分个罪的模糊认识以及由此产生的一般法忠诚感

综上,罪刑关系的认知与互动逻辑本来就是客观存在的,而且在这个过程中,罪刑在认识逻辑上从来就不是单向的,因为这有违认识的一个基本规律。此外,还需要注意区分的是一般意义上的罪刑关系与具体个罪中的罪刑关系判断,后者往往更多的是涉及法律适用的问题。但这两个层面的罪刑互动关系即使没有以刑制罪的主张,它们在客观上也是必然存在的。

(二)目的解释与体系解释对以刑制罪功能的覆盖

以刑制罪理论所指称的一些情形其实更多的是目的解释与体系解释可以覆盖的范围,其是刑法解释方法的问题,也是刑法教义学的方法论问题。所谓刑法目的解释,是指在维护罪刑法定原则的前提下,当出现司法疑难问题之时,从刑法规范的目的出发,以扩大或限制解释等方法,有效地调和罪刑关系之间的矛盾,以实现量刑公正的刑法解释方法③。而一般来说,体系解释,是指根据刑法条文在整个刑法中的地位,联系相关法条的含义,阐明其规范意旨的解释方法④。其实,体系解释是广泛存在的,它甚至可以具体到犯罪论体系中的各个构成要件要素间的体系性解释⑤。我们也可以说罪与罪之间、罪与刑之间都是具有体系关联性的。无论是目的解释还是体系解释,均强调遵循罪刑法定原则,并以文义范围、体系逻辑和规范目的等为解释理由,以此来缓解罪刑之间的矛盾,实现罪刑之间的均衡。也就是

---

① [德]乌尔斯·金德霍伊泽尔:《法益保护与规范效力的保障——论刑法的目的》,陈璇译,载《中外法学》2015年第2期。
② 冯亚东:《罪刑关系的反思与重构——兼谈罚金刑在中国现阶段之适用》,载《中国社会科学》2006年第5期。
③ 姜涛:《量刑公正与刑法目的解释》,载《法学家》2012年第4期。
④ 张明楷:《刑法学》(第四版),法律出版社2011年版,第41页。
⑤ 刘浩:《刑法解释方法论》,中国政法大学出版社2014年版,第204页。

说,目的解释和体系解释可以涵盖大多数的以刑制罪理论所指称的疑难情形。

比如,针对《刑法》第 263 条和《刑法》第 293 条的适用区分问题。假如行为人甲跑到被害人乙面前,打了乙一拳,并从其口袋中拿走了 100 元钱和 1 包香烟,对甲的行为该如何定性呢?对此,以刑制罪理论或许会将甲的行为定性为寻衅滋事罪。第一,本案的关键是事实判断,即甲在客观上是否压制了乙的反抗,如果没有压制乙的反抗,只是单独打一拳的行为难以认定为抢劫行为。如果甲在客观上压制了乙的反抗,甲的行为当然成立抢劫罪,因为《刑法》第 263 条及相关的有权解释并没有规定相应的数额要求,而且抢劫罪本身侵犯的也是复杂客体。第二,如果抛开客观上是否压制了被害人的反抗这一要素的话,认定为寻衅滋事罪也没有什么问题。甲的行为可能会符合《刑法》第 293 条第 3 项的规定。但是,不排除根本不构成犯罪的认定。对甲的行为难道不可以依据《刑法》第 13 条的但书规定对此行为予以出罪,进而按照一个民事侵权案件来对待吗?我们会发现所谓的以刑制罪时常会剑走偏锋。即使认为其行为成立寻衅滋事罪,但《刑法》第 263 条的规定在一般情节下的法定刑是处 3 年以上 10 年以下有期徒刑,并处罚金。《刑法》第 293 条的一般情节的法定刑是 5 年以下有期徒刑、拘役或者管制。二者在自由裁量的范围内存在很大的重合度。如果倾向于将其认定为寻衅滋事罪的话,其对法定刑的影响也并不大。于此,毋宁说是存在法条竞合的情形时该如何选择规范予以适用的问题。想象竞合从一重,法条竞合则从特别,而在都比较特别的时候,则是基于解释者的内心价值观念,而不是通过所谓的以刑制罪理论以刑的主观感知作为理由来类推解释构成要件。

其实,即使是体系解释,也最终可以归入目的解释的理由,以尽可能地达致所谓的规范目的。例如,在功能主义的刑法解释论中,由于规范目的的界定与贯彻在刑法解释的过程中处于核心地位,这使得目的解释成为首要的解释进路,它起着最终的决定作用。目的解释在解释论中地位的提升,乃是以刑法适用从以逻辑为中心向以目的为中心的转变为背景。它是利益法学发展的成果①。利益法学的创始者是海克,不过,利益法学的核心思想可以追溯到 19 世纪后期耶林之目的法学②。无论是目的法学还是利益法学的发展,法理学的发展对刑法学发展的影响应该是需要辩证看待的。一方面,我们时常抱怨法理学不能为其他部门法提供一个有力的理论支持,另一方面也存在盲目地运用法理学上的理论来为刑法学的理论发展进行蓄势。形式逻辑的优先性无论是在哪个部门法中都是显而易见的,但在刑法中却显得格外重要。因为刑法是保障法,需要恪守罪刑法定原则,而罪刑法定原则的首要保障则是形式逻辑优先的思维与观念倡导。

文义解释与体系解释的优先性无不是彰显法律的形式先于实质、客观先于主观的逻辑判断倾向。需要注意的是,这里的客观是规范的客观而非方法的客观。"客观的"方法其实不是用它的标准为法律解释服务,而是为法律适用者所希望的对法律的背离或者修正服务③。所谓客观的方法往往与目的解释是密不可分的,但同是法理学上的客观方法,在刑法和其他部门法中必然是不同的。对于目的解释在刑法适用中的危险性,劳东燕教授也曾有针对性地提出,有必要借助一种二元性的制约机制,即通过法教义学的内部控制与合宪性的

---

① 劳东燕:《能动司法与功能主义的刑法解释论》,载《法学家》2016 年第 6 期。
② 高鸿钧:《新编西方法律思想史》,清华大学出版社 2015 年版,第 3 页。
③ [德]伯恩·魏德士:《法理学》,丁晓春、吴越译,法律出版社 2013 年版,第 337 页。

外部控制来实现对目的解释的规制。这样的控制不外乎两种途径:一是借助解释方法进行的控制,二是借助目的本身的控制①。无论是以刑制罪,还是目的解释,一般来说,二者都是声称遵循罪刑法定原则的。于此,罪刑法定原则仿佛时常成了理论争论的挡箭牌。目的解释之所以有如此强大的包容力,或许也是出于其内涵本身的抽象性与外延的广阔性。而刑法上所追求的尽可能精确又是到何种程度的精确呢?当然必须承认的是,精确的自然科学比规范的科学接近科学的理想。法学最终不仅是科学,也是一种技术②。而从目的的层面看,其首先是一门技术,也是一门艺术,其次才会讨论是否是科学的问题。目的在以刑制罪理论看来,是一个极为重要的部分。例如,有的学者提出,以刑制罪的制度土壤为:按照以刑制罪的逻辑,刑罚目的是重要的切入点,应受刑罚处罚性是犯罪本质层面的重要理论价值支撑,刑罚目的与应受刑罚处罚性共同组成刑罚性问题③。刑罚目的当然也为一般的目的所包含,而目的往往与人的主观能动性相关联。根据罪刑法定原则,立法制约司法,立法不禁止合理的能动司法④。并且,所谓的合理性问题也与规范目的息息相关。

  解释的合理性往往与实质解释相关联。有的学者也将以刑制罪与实质解释相联系。例如,以刑制罪为刑法实质解释提供了理论论证,刑法实质解释为以刑制罪提供了适用路径。由此,以刑制罪论为刑法实质解释论提供了法理基础,推动了刑法实质解释论的机制构建⑤。也有的学者认为,主张实质解释论,便意味着承认"以刑制罪"现象存在的合理性。例如,现代刑法理论体系之形成,实质上根源于对国家专断性权力的提防,因而其构建依照完全相反的逻辑顺序:刑罚(权)→犯罪→刑法⑥。但这里可能至少存在三个问题:一是在不违反罪刑法定原则前提下的以刑制罪是必然为解释本身所包含的,二者不是谁与谁的关系,而是一者包含另一者的关系。二是刑罚权和刑罚是两个概念逻辑,并不能直接地予以等置。刑法权的核心内涵是权力,而刑罚的核心内涵是手段。三是实质解释论者并不必然认同以刑制罪的存在是合理的,因为以刑制罪的逻辑进路可能并不是实质解释,而也可能具有类推解释的嫌疑。

  对于刑法解释而言,如有的学者所说,刑法解释活动实际是对成文刑法规范的一种反思以及根据反思结论对刑法规范的再整合,从而使刑法规范的内在效力能够达到相对合理化、科学化。舍此,就无法说明刑法解释学本身在罪刑法定原则统领下为何还能够存在⑦。而就实质解释而言,有的学者认为,刑法理论与司法实践不能只是按照刑法用语的字面含义做出解释,而应从实质的违法性上进行认定⑧。当然,这更多是从构成要件层面予以说明的。尽管我国学者在论述实质解释时一般将其定义为"对(主客观要件相统一的)构成要件"的解释,但在实践中则扩大到对其他刑罚规范的实质解释,比如对分则个罪的法定量刑情节以及刑法总论规定的量刑制度、行刑制度的实质解释,还包括对其他非刑罚规范的实质解释,例

---

① 劳东燕:《刑法中目的解释的方法论反思》,载《政法论坛》2014年第5期。
② [德]阿图尔·考夫曼:《法律哲学》(第二版),刘幸义等译,法律出版社2011年版,第73页。
③ 孙道萃:《以刑制罪的知识巡思与教义延拓》,载《法学评论》2016年第2期。
④ 储槐植:《刑法契约化》,载《中外法学》2009年第6期。
⑤ 赵运锋:《以刑制罪司法逻辑的功能探析》,载《河北法学》2014年第4期。
⑥ 劳东燕:《刑事政策与刑法解释中的价值判断——兼论解释论上的"以刑制罪"现象》,载《政法论坛》2012年第4期。
⑦ 刘艳红:《刑法解释原则的确立、展开与适用》,载《国家检察官学院学报》2015年第3期。
⑧ 张明楷:《刑法的基本立场》,中国法制出版社2002年版,第197页。

如对正当防卫、紧急避险以及其他刑法条文的实质解释①。也就是说,实质解释的范围是相当广泛的。实质解释论既是指对作为犯罪成立条件之一的构成要件的解释,也是指对犯罪成立所有条件的解释,同时还是对全体刑罚法规的解释。这就是实质解释论的功能,同时也是形式解释论的②。因此,所谓的以刑制罪不仅可以为实质解释所包含,一定程度上也可以为形式解释所包含。因为在形式解释与实质解释本身的区分较为模糊的前提下,以刑制罪的逻辑本身又为传统的先形式后实质的解释逻辑所包含,故即使从刑法解释的立场争论来看,以刑制罪的逻辑也难以是新颖的。此外,实质解释更多的是考虑如何以处罚必要性出罪,而非以法定刑制罪。与其讨论以刑制罪与实质解释的关系,还不如将精力更多地用来思考如何划定目的解释的范围,如何在罪刑法定的框架内尽可能地发挥体系解释与目的解释等解释方法的作用。在教义学的语境下,这或许也是一个更为理性的选择。

(三)刑法典自身的编排体例与罪刑失衡的防范机制

以刑制罪理论所谈及的一些问题也可以为刑法典的自身体系功能所化解。刑法典的编排体例大致是遵循从一般罪到一般刑,继而到具体刑再到具体个罪的罪与刑这样一个大致的逻辑顺序。而这个顺序也难以说就是单纯的由罪到刑的逻辑顺序。就刑法典自身的罪刑失衡的防范机制而言,其主要体现在刑法典第13条,第63条以及个罪的一些规范性要素等。

第一,我国刑法典第13条规定的最后一句为"但是情节显著轻微危害不大的,不认为是犯罪",其是犯罪概念定义的一个例外情形。但书规定是我国刑法关于犯罪的法定概念的重要组成部分,因此,只有结合犯罪的法定概念才能对但书规定作出正确的解读③。而具体个罪中的规范性要素,比如,情节严重、情节特别严重、数额较大,这类犯罪的成立往往需要同时满足定性和定量的要素要求。只有同时具备以上两个方面的要素,才能构成犯罪。对于这些犯罪来说,罪量要素已经体现了但书规定的立法精神,因此不存在直接适用但书规定的问题④。如《刑法》第264条的一般盗窃情形,要求数额较大。对于以刑制罪理论所提到的一些情形,如果在可能构成轻罪的情形下,倘若情节显著轻微、危害不大,完全可以直接予以出罪,而不会出现所谓的罪刑失衡情形。如果说可以容许扩大解释与目的解释的存在,当然没有理由反对在是否入罪存在模棱两可的情形下作出有利于被告人的出罪判断。这里不是将轻罪转化为无罪,而是同在罪刑法定的原则下直接适用但书的规定,也可以将此视为罪刑法定实质侧面的一个体现。但书规定并不违反罪刑法定原则,这就为但书规定的正当性提供了法理依据⑤。以刑制罪理论所担忧的一些罪刑失衡的情形,有的时候并不是所谓的刑罚制约罪名,而是通过适用各罪本身的规范性要素的解释而可以予以轻缓化趋向的解释或者直接适用但书的规定予以出罪。

第二,刑法典第63条第2款的规定也是从立法技术上对极端情形下罪刑失衡的一种体系防范。刑法典第63条第2款规定:"犯罪分子虽然不具有本法规定的减轻处罚情节,但是

---

① 周详:《刑法形式解释论与实质解释论之争》,载《法学研究》2010年第3期。
② 刘艳红:《形式与实质刑法解释论的来源、功能与意义》,载《法律科学》2015年第5期。
③ 陈兴良:《但书规定的法理考察》,载《法学家》2014年第4期。
④ 陈兴良:《但书规定的规范考察》,载《法学杂志》2015年第8期。
⑤ 陈兴良:《但书规定的法理考察》,载《法学家》2014年第4期。

根据案件的特殊情况,经最高人民法院核准,也可以在法定刑以下判处刑罚。"当年引起讨论的许霆案,其行为当然符合《刑法》第 264 条的构成要件,但是,我们可以从责任程度的减轻等规范理论视角来予以论述,也可以考虑到双方的过错等因素而予以减轻处罚,还可以依据《刑法》第 63 条第 2 款的规定,上报最高人民法院之后在法定刑以下判处刑罚等。针对此案,有的学者认为,终审结果之所以能体现罪刑均衡原则,是由于对量刑幅度做了相应的分析后再作出判决,这正是刑罚反制模式的切实反映①。但这与所谓的以刑制罪之间又有何种关联呢?其案由于判处刑罚过重,存在量刑不当的情形,因此需要重新裁量刑罚。就刑罚的轻重而言,以刑制罪理论并非只是主张有利于行为人的轻罪或者无罪判断。如有的学者所说,刑罚对罪名的制约应从两个方面进行思考:一方面是由于传统罪刑关系会导致重刑或不当入罪,另一方面是由于传统的罪刑关系会导致轻罪或者不当出罪②。应当说,刑法典本身的立法体例已经在极端情形下对罪刑失衡情形的出现予以了一般体系意义上的防范。

(四)法律适用思维过程的一般规律

法律思维的过程本来就是一般意义上的形式逻辑三段论与后果导向的倒三段论的结合。并且,在大前提的解释以及小前提的建构过程中也存在所谓的"解释学循环"的情形,绝对的形式三段论是不存在的,这也有违认识的一般规律。有的学者认为,鉴于以刑制罪的司法模式是结果导向主义,在犯罪构成的分析中可能会介入规范外要素,因此,裁量的结果可能会与刑法基本原则相抵触。为了保证以刑制罪适用结果的合法性,在根据以刑制罪进行判断后,还需接受三段论形式逻辑的检验③。在以刑制罪的哲学基础方面,有的学者认为,现实主义哲学与哲学诠释学都是以刑制罪的哲学基础,在哲学领域中反映出来的理论发展和价值取向也会及时渗透到部门法领域当中④。但是,这些方面对解释学的影响是否可以直接用来作为以刑制罪的立论根据是值得商榷的。

以刑制罪有的时候是会突破刑法解释范畴的。比如,行为人甲非法持有 5 把枪支,其都属于能发射金属弹丸的气枪,枪口的比动能也均达到了公安部对枪支的认定标准,但是除了射击人的眼睛之外,根本不会造成轻伤。暂时抛开是否包括会轻伤眼睛的诡辩逻辑来看,假如行为人甲被按照《刑法》第 128 条的一般情形被判处 3 年以下有期徒刑,以刑制罪理论或许会认为,《刑法》第 234 条的一般情形也是 3 年以下有期徒刑,行为人所持有的枪支不足以造成他人轻伤却被判处了 3 年有期徒刑,这是不合理的。此时需要在以刑罚反制罪名的基础上量刑,结果可能就是无罪或者判处缓刑或者管制等。非法持有枪支罪保护的公共安全法益可以被拆分为他人的生命健康和枪支管理秩序法益。但对此的疑问可能有三点:一是刑法典的章法益可以被这样拆解吗?法益可能不再抽象,进而成为无任何内容的理论概念。二是以刑制罪是否包括以此刑制彼罪的量刑呢?也就是说解释的跨度实在太大,进而充满了解释的不确定性。三是此种方式的以刑制罪是否超出了目的解释的范围,刑法中的解释目的毕竟也不是毫无边界的。于是,我们可以看到,以刑制罪可能也会是一个箩筐,在将很

---

① 赵运锋:《论刑罚反制的价值思考与模式构建》,载《法学论坛》2009 年第 6 期。
② 赵运锋:《以刑制罪基本问题研究》,法律出版社 2017 年版,第 256 页。
③ 赵运锋:《以刑制罪基本问题研究》,法律出版社 2017 年版,第 226 页。
④ 赵运锋:《以刑制罪基本问题研究》,法律出版社 2017 年版,第 241 页。

多原本的逻辑思维体系涵盖后,继续会在很多所谓的结果正义诉求目的下将各种行为涵盖其中。我们说结果导向主义与现实主义哲学和哲学诠释学也并不是以刑制罪的当然立论基础,而认为二者之间恰好是必然的前后逻辑关系则是值得商榷的。

第一,结果导向主义完全是一种目的解释的目标路径选择,除非以刑制罪就是所谓的目的解释,而此时的解释目的则是刑罚后果的妥当性。这样一来,以刑制罪就是传统意义上的目的解释,属于传统的刑法解释学的范畴。如有的学者所说,具体而言,以刑制罪就是后果主义考量在刑法解释学中的一种具体表现形式。这样一种刑罚妥当性的后果考量,同样能够对刑法的解释起到决策指引和批判审查功能①。结果导向并不能当然地作为以刑制罪的立论根据,除非认为目的解释与以刑制罪是相互包含的关系。那样一来的话,这两个概念中就必然有一个概念的内容是空的。

第二,现实主义哲学与哲学诠释学是否可以当然地作为以刑制罪的立论基础也是可质疑的,并且,这面临与结果导向主义一样的尴尬境地。所谓的价值判断在解释学中也是一直存在的。价值源于人类的评价,也就是正面或负面标签。当有相当多数的人对于特定的行为做出了正面评价时,普遍的价值才得以形成②。也就是说,价值的个体主观性受到一般普遍性价值的制约与修正。并不只是以刑制罪格外地强调价值判断。就哲学解释学而言,伽达默尔认为,在解释学原理上,存在着共同体性,同时兼顾文本的历史与现实及一般概念与具体应用。解释者与文本的关系不是主客关系,而是一种辩证互动的关系③。哲学解释学对于解释学成为显学进而不断发展起到了重要的推动作用,但直接以此作为以刑制罪的理论依据则是难以做到逻辑自洽的。一个初始的逻辑理由就是哲学解释学亦是属于解释学的范畴,而解释学与刑法解释学当然是不同的,故以刑制罪的逻辑即使与哲学解释学存在一定的思维逻辑上的契合,但并不必然与刑法解释学相适应。

(五)刑事政策的实际考量路径

以刑制罪中的"刑"是指法定刑还是更多地指刑事政策呢? 当然,罪名、法定刑、刑事政策可能是三方同时存在的关系,也就是所谓的刑事政策通过以刑制罪而析入教义学。如此一来,就变成了刑事政策与以刑制罪的关系。就刑事政策与以刑制罪的关系问题而言,有的学者认为,政策学与教义学的融贯是刑法理论的发展趋势,以刑制罪则是政策学融入教义学的重要通道,这体现于国内外刑法教义学的发展历程之中④。就犯罪论与刑事政策的关系而言,有的学者认为,犯罪论是人们对所有刑事政策立场进行提取和归纳,并以描述性、实证化的方式进行形式上的归类才设计出来的。只有允许刑事政策的价值选择进入刑法体系中去,才是正确之道,因为只有这样,该价值选择的法律基础、明确性和可预见性、与体系之间的和谐才不会倒退到肇始于李斯特的形式——实证主义体系的结论那里⑤。对此至少可以得出两点结论:第一,刑事政策对刑法教义学具有必然的影响。第二,政策学融入教义学更

---

① 王华伟:《误读与纠偏:"以刑制罪"的合理存在空间》,载《环球法律评论》2015年第4期。
② [德]埃里克·希尔根多夫:《德国刑法学:从传统到现代》,江溯、黄笑岩等译,北京大学出版社2015年版,第19页。
③ 高鸿钧、赵晓力:《新编法律思想史》,清华大学出版社2015年版,第277页。
④ 赵运锋:《以刑制罪法理分析与适用考察》,载《政法论丛》2016年第1期。
⑤ [德]克劳斯·罗克辛:《刑事政策与刑法体系》,蔡桂生译,中国人民大学出版社2011年版,第15页,第16页。

多地是在犯罪论层面的一种体现。刑事政策进入刑法教义学与独立地影响刑法教义学是需要被予以区别看待的。并且,以刑制罪的逻辑是以法定刑制约罪名,而不是以刑事政策来制约罪名,对此,以刑制罪理论不免也会存在概念混淆的认知矛盾。此外,刑事政策也同样可以作为一个理由被目的解释所吸纳,而不存在所谓的刑事政策与刑法教义学的沟通是以刑制罪的说法,否则也就不免夸大了以刑制罪的作用,更何况这是在以刑制罪概念容易被造成误解的情形下而刻意为之。笔者认为,这里的刑事政策考量只是以刑制罪实践的一个理由而已。也就是说,以刑制罪的核心构成是罪与刑,刑事政策只是罪刑解释的一个影响因素。例如,按照以刑制罪的逻辑,我国宽严相济的刑事政策会有利于刑对罪朝着严厉的方向或者宽缓的方向制约与解释等。

此外,以刑制罪的观念也并不利于我国刑法结构的进一步完善。刑事政策的功利性与罪刑法定所代表的刑法的公正性之间存在一种紧张关系。以刑制罪完全可能突破教义学的框架,但又必须以刑法教义学为依托。这样就存在着一种逻辑上的矛盾:一方面,以刑制罪如果是在刑法教义学的框架内,则必然以罪刑法定原则为前提。另一方面,以刑制罪的逻辑却难以在罪刑法定原则下被安稳地予以展开。从解释的发展轨迹来看,从实质解释到形式解释,继而又到实质解释,再到以刑制罪,形式的法治观念在经历短暂的觉醒后又在历史思维惯性的影响下回归到实质的自觉,而罪刑法定的形式价值也在被不断地边缘化。以刑制罪本身的功利导向会使得教义学在与刑事政策的平衡关系中倾向于刑事政策而对教义学本身的形式价值造成损益。我国刑法结构的完善主要是刑事政策层面的问题,具体主要集中在立法论领域。尽管以刑制罪的理论问题主要是在司法领域,但以刑制罪的思维依然会对我国刑法结构的发展产生影响。我国刑法结构的发展趋势倾向于重视罪的设置而弱化刑的差异,这与刑法谦抑性的新解读也是相对应的。刑法结构的调整以及在事实上落实刑法谦抑性原则,则需要中国的刑事法在刑罚处罚的程度上继续朝着轻缓化的方向发展,从而形成"严而不厉"的刑法结构①。"严"需要不断加强罪的严密与妥当解释,并使得刑趋于轻缓化。但以刑制罪与这种教义学体系的完善取向是相背离的。因为以刑制罪本身充满了不确定性,使得原本相对安定的罪刑体例变得有些难以捉摸。这不是刑事法治的立场,也不是教义学的解释逻辑。以刑制罪并不是刑事政策析入刑法教义学,而是一种弱化教义学基点之构成要件的思维路径,这是值得引起关注的方面。

四、以刑制罪容易导向类推解释

主张遵循罪刑法定原则的以刑制罪理论仍然是以由罪到刑为逻辑开端的,其一般是对于由罪到刑的量刑结果感到不合理,进而以由刑到罪的逆向思维进行审视,但为了防止量刑的完全主观化,其亦需要以最初的由罪到刑所确定的罪名与法定刑为参照系。刑动而罪换的逻辑是:甲罪→甲刑→乙刑→乙罪→乙罪和乙刑的进一步解释和确定,或者是甲罪→甲刑→无刑→无罪。这样一来,甲罪与乙罪之间的关系是什么呢?这样的一种解释路径显然不是实质解释的路径,而具有类推解释的嫌疑。具体而言,从甲罪到乙罪的推论既可能是有利于行为人的类推解释,也可能是不利于行为人的类推解释。而从甲罪到无罪的推论则可能

---

① 储槐植、何群:《刑法谦抑性实践理性辨析》,载《苏州大学学报(哲学社会科学版)》2016年第3期。

是有利于行为人的类推解释。如果强调只作有利于行为人的以刑制罪则与只作有利于行为人的类推解释相契合。如果允许以刑制罪可以导向不利于行为人的结果,则等于允许作不利于行为人的类推解释,这属于国家刑罚权对公民个人权利的一种侵犯。立法者只能通过语言表现其制定的法律。没有通过语言表现的,就不是被制定的,从而也不能够被适用。逾越用语可能具有的含义适用刑法,是对在国家刑罚权发动中要求国家自我限制的原则的侵害,而且也欠缺民主的正当性①。于是,以刑制罪理论必然强调只作有利于被告人的以刑制罪。但如同宣称只作有利于被告人的类推解释一样,不利于被告人的类推解释依然时常发生,而诸如扩大解释与类推解释的界限以及如果禁止不利于被告人的类推解释等问题也仍然存在。

  类推解释的最常见情形是一个行为并没有被构成要件类型化地规定,但是出于其所具有的社会危害性而比照一个较为相类似的条文予以定罪科刑。类推适用是指逾越用语含义之界限把法规的内容适用于在用语上不相吻合的类似事件②。而以刑制罪的情形则是当一个行为的社会危害性不应当适用于某个条文,而比照该条文寻找一个较为相似的条文并使得法定刑的裁量可以与其社会危害性相适应。这个过程的核心是将法定刑与社会危害性相关联,比起将构成要件行为与事实行为相比较而言,其具有更强的主观性,价值判断的色彩也更浓。因为法定刑的比较最终仍需要回归到构成要件层面的定罪判断。如果说定罪判断具有一定的自由裁量权,那法定刑本身也具有一定的自由裁量权,将法定刑与社会危害性相比较的本质仍是将事实上的行为与类似构成要件予以比较,只是这时候的法定刑比较成了一个中间环节,即将事实上的行为危害性判断,法定刑对此种危害性谴责程度的主观判断与法定刑所对应的构成要件予以比较。比较的基点由构成要件转移到了法定刑,而这种意义上的比较更容易给解释者造成一种并不是不利于被告人的类推解释的内心确信与心理安慰。

  无论是有利于行为人的类推解释,还是不利于行为人的类推解释,二者均是应当慎重看待的。第一,即使是有利于行为人的类推解释,也会对罪刑法定原则的形式价值造成冲击。故允许作有利于行为人的类推解释只是罪刑法定原则倾向性的一个体现,而不应作为常态甚至被予以一般性的鼓励。罪刑法定的形式价值必然禁止一切意义上的类推解释,而我们也不能总以人权的实质侧面为由一概地鼓励有利于被告人的类推解释,因为这种做法本身就会对罪刑法定原则的形式价值构成损益。即使是有利于被告人的类推解释也应当体现出一种均衡原则的考量和价值倾向性的更强理由。第二,至于不利于行为人的类推解释,则显然是罪刑法定原则所排斥的。刑法教义学的语境下存在所谓的形式解释论与实质解释论,而刑法教义学是以罪刑法定原则为依托的,我国刑法教义学的发展也是在罪刑法定原则写入 1997 年刑法典之后的。既然形式解释论与实质解释论均是在罪刑法定原则的框架内以及在刑法教义学的语境中,那么,其逻辑上必然也是不承认类推解释的。而以刑制罪并不是实质解释的进路,而可能具有类推解释的嫌疑,何况实质解释的主要对象应当是构成要件。于是,在刑法教义学的语境下是难以承认以刑制罪的合法性的。失去了合法性的合理性并不是真正的合理性。因为法治与善治之下的合法性本身就是最初的和更强的合理性。

---

 ① [韩]金日秀、徐辅鹤:《韩国刑法总论》(第十一版),郑军男译,武汉大学出版社 2008 年版,第 36 页。
 ② [韩]金日秀、徐辅鹤:《韩国刑法总论》(第十一版),郑军男译,武汉大学出版社 2008 年版,第 68 页。

五、加强刑法教义学的体系化解释功能

以刑制罪在一些极端情形下属于纯粹功利主义的逻辑,而非教义学的逻辑。而我国教义学的体系构建还不完善,而且教义学的形式法治优先的理念和思维塑造对于我国法治的构建具有重要意义。对于以刑制罪理论提出的一些疑难情形,并不能以弱化罪刑法定原则、冲击刑法教义学体系的方式来予以解决,而应当在教义学的语境下,并在明晰以往刑法体系功能的基础上,进而综合运用文义解释、体系解释、目的解释与合宪性解释等方法来予以解决,这才是教义学路径下的解释逻辑。这样一来,其不仅有利于推动我国刑法学知识的发展,也有利于提升解释者的解释能力,并更好地实现教义学的法治塑造功能。无论刑法解释方法之间是否存在一定的位阶顺序,从形式先于实质的思维逻辑以及形式倾向与实质倾向的教义学总体发展逻辑来看,强调在明晰以往刑法体系功能的前提下加强综合运用各种刑法解释方法也可以存在一定的位阶示范顺序。

(一)回归以传统解释学为核心的教义学研究

以刑制罪理论试图突破教义学的框架,这与法治初创的现状是不相符合的。对此也绝不是以英美法论证予以取代,而应回归以传统刑法解释学为核心的教义学研究。刑法论证理论一定程度上具有美国法论证的气息。近年来,有极少数的学者提倡以刑法论证取代刑法解释。但诸如形式解释与实质解释以及刑法解释与刑法论证之争等类似的问题,笔者并不觉得其应当属于理论上的一个困惑问题。如果在传统的教义学语境下主张刑法论证,那么,刑法解释就是刑法论证,而刑法论证就是刑法解释。如果突破教义学的语境,刑法论证就是倾向于英美法系的传统,但我国又没有英美法系那样一套程序法定的机制保障,单纯的理论主张也并没有具体的现实意义。

教义学语境之外的刑法论证显然是受到了美国法院的法论证与判决书说理制度的影响。但我国的法治现状下,问题的矛盾焦点可能并不在于此。规范形式仍然大于实质判断的法治意义。在我国是否加强判决书说理制度与刑法解释本身的变革关联也不大。我们当然可以强化我国司法实践中的判决书说理制度。例如,有的学者将判决书说理制度的意义概括为如下几个方面:首先,可以提高司法主体的法律修养。其次,在判决书中进行说理可以减少司法擅断的机会。再次,加强判决书说理可以达到监督和教育的作用。另外,强化判决书说理还可以让社会大众对刑法规范的内涵及司法主体的思维过程进行全面了解,一定程度上起到法治宣传和教育作用①。诚然,法治构建中的循序渐进比跨越式的发展在人文社科领域中要好得多。哈贝马斯的商谈论当然很好,如同罗尔斯的正义论、德沃金的权利论一样的鼓舞人心,因为其都是建立在超越利益之上的普世价值。但是,社会事物并不只是普世的,也不仅仅是形而上的。社会如狄骥所说:"它不是一个形而上的构造,它具有实证观察的物质基础。"②当然,狄骥也拒绝了任何有关社会意识的假设。

刑法论证的思维也好,以刑制罪的逻辑也罢,其当然都会强调目的理性,并且目的理性

---

① 赵运锋:《刑法解释前沿问题研究》,中国法制出版社 2014 年版,第 18 页。
② 高鸿钧、赵晓力:《新编西方法律思想史》,清华大学出版社 2015 年版,第 37 页。

及交往理性均是存在良好的观念预设的。但韦伯早就指出,唯有在西方独特的法律演进过程中,目的理性活动才摆脱了传统权威、宗教灵魅以及个人的人格化魅力的约束,最终成为主导的行动类型。而其他文明的法律传统中,其秩序模式和法律安排并未给目的理性脱颖而出提供最佳条件①。那么,我们知道目的理性并非在我国所自发形成的,这必然也会与一个国家的文化底蕴有关。韦伯也曾指出,在法律思维的内在发展领域,尤其是法律解释的过程中,开始让当事人的真正意图发挥效用,将当事人之间关系的核心建立在其行动背后的心态基础之上,这促使法律解释由过去以文意解释为中心转向了目的解释,而在对目的的考量中,已经含有了伦理、道德和政治的实质考量。在刑法中,法律开始追问伦理的或功利的刑罚目的,而非单纯考虑形式化的犯罪构成②。我们不无担忧的是,个人自由、多方协商作为刑法适用的主流,难免以共同体意志为中介而在不经意间滑向专制之法。现代政治的本质仍是时常为人所质疑的。卢梭的社会契约论也只是解释权力的正当性与义务性,但事实上可能并非如此。国家真的都是那样建立的吗?先贤们为了保障权利的自由发展也是绞尽了脑汁。

我国教义学的语境是与法治建设的语境相契合的,并不存在所谓的在教义学的语境下突破教义学的框架,即使主张只在例外的情形下予以适用也是值得商榷的。比如,在犯罪论体系之争以及形式解释论与实质解释论之争的问题上,传统的四要件理论与阶层犯罪论体系之争以及形式解释与实质解释之争都主要是针对例外情形而言的,即在大多数案件的处理上,二者都是趋于一致的。以刑制罪存在违背教义学基本逻辑的弊端,对此,应当回归到以传统刑法解释学为核心的教义学立场上来。缓解罪刑法定原则与现实生活之间矛盾的路径并不是功利主义导向的以刑制罪,也不是摒弃大陆法系传统的英美法论证。对于刑法学立场的一些问题而言,首先应当考虑的是如何有效地树立起法治的权威体系,如何引导国民树立牢固的法治思维,而不是骨子里的功利导向与诗性思维。

(二)刑法教义学的形式倾向:文义解释与体系解释优先

刑法解释中的方法有很多,在此暂不一一列举。在综合运用各种解释方法的同时,立足于刑法教义学的形式倾向,需要优先注重文义解释与体系解释的方法。文义解释的优位性无疑是罪刑法定原则的当然要求,也是法律具有明确性的一般保障。而体系解释则是为了更好地发挥文义解释的作用。换言之,文义解释往往只是一个文义解释,而体系解释则往往是一群文义解释,并且注重这一群文义解释对象之间的逻辑关联性与无矛盾性。这样一来,文义解释与体系解释之间往往是密不可分的,因为解释本来就是文义的。以文义解释为基础的体系解释无疑是对刑法体系和罪刑法定原则的最佳遵循。

就体系解释而言,也需要一个广泛的体系性基础。刑法体系与其他部门法体系之间、刑法总论与刑法分论之间、刑法章节之间、刑法条款之间、罪与刑之间、构成要件要素之间都是呈体系关联的。比如,为了实现罪刑均衡的原则,需要在罪与刑以及罪与罪之间进行比较衡量。以刑制罪理论所声称的一些疑难问题,其实更多的是罪刑均衡意义上的体系解释问题。于此,需要扩大体系解释的适用范围,在宏观、中观和微观不同的层面上研究与拓展体系解

---

① 高鸿钧、赵晓力:《新编西方法律思想史》,清华大学出版社2015年版,第67页。
② 高鸿钧、赵晓力:《新编西方法律思想史》,清华大学出版社2015年版,第68页。

释的适用范围。这不仅符合刑法教义学的语境和其体系逻辑的特征,而且也有利于提高解释者的解释能力,一定程度上也有利于推动刑法体系本身的发展与完善。

1. 宏观层面的体系解释。宏观层面的体系解释主要是指最为广义上的一种体系性思考。这不仅包括将刑法体系置于整个法秩序体系中予以审视与分析,也包括必要的法理性思考和道德体系的兼顾。无论是主张法与道德不可分离的自然法学派,或者主张法与道德相分离的实证法学派,均不可否认道德层面的因素在法律解释的过程中是必然存在的。并且,在法与道德相冲突的过程中,法律解释者更多地需要先说服自己。近些年来,一些热点性的案件时常会与民众的一般情感产生矛盾,这种现象的出现本身就说明了道德体系对法律体系的影响。具体到以刑制罪的问题而言,以刑制罪的提出与实践在某种程度上也是为了缓解法律与道德的冲突。而为了缓解法律与道德的冲突,需要正确地认识这种冲突的根源与应对。首先,冲突的根源是道德的多元化与变迁性。其次,应对的途径不是在个案中解决矛盾,而是需要加强道德体系与法律体系的构建,并以法理充实形式的法律规范体系与道德规范体系。具体到解释的层面,就是需要在刑法教义学的框架内进一步地完善教义学体系的法理基础。在解释刑法的过程中,正确地面对各个体系层面的矛盾与冲突,加强最为广义上的体系协调。也就是说,就这种宏观意义上的体系解释而言,需要的是充实教义学的体系而非突破教义学的体系。突破教义学体系的以刑制罪不仅有损罪刑法定原则,对法治本身会造成损益,而且也不利于广义上道德体系的构建以及道德体系、法律体系与法理体系的体系性兼容。

2. 中观层面的体系解释。中观层面的体系解释中的体系主要是指广义上的法体系或者说是法秩序,体系解释也是在这样一种意义上强调解释的无矛盾性。例如,刑法有关枪支类的犯罪和枪支管理法以及相关的行政法规、司法解释等之间的体系解释,即整个法秩序的统一性解释。法秩序的统一性已成为法解释学的当然前提。这不仅是因为法解释本身要求具有体系上的统一性(外在体系),法规范这一认识对象本身也要求具有统一的秩序(内在秩序)①。以往的刑法体系解释往往更多的是强调在刑法规范体系内的解释,这就导致解释者时常不自觉地带有一种必然有罪和倾向入罪的前见,而忽视了其他制裁手段的存在,潜意识中也就无心地认为只存在刑法一种行为规制的手段。此外,加强这种宏观意义上的体系解释也有利于更好地实现刑法的目的而减少其他因素的不当干扰。刑法原本就是政治性很强的法律规范,更应防止将政策化与政治化直接联系在一起。为此,对于刑法的自主目的,就必须回归至刑法在整体法秩序中的定位②。刑事法秩序作为法秩序整体构成中的一个部分,其本身是以构成要件为基点的,这样一来,刑罚对被破坏的法秩序才具有恢复性的作用。

刑法的体系解释绝不仅仅是指刑法体系内的解释,也包括刑法体系外的解释。也就是在整个法体系中对刑法规范所做出的体系解释。刑法教义学的优点就在于其更强的体系性。但这种体系本身还置于一个更为广延的法体系之中。宏观层面的体系解释更多的是导向一种出罪的结果。例如,甲将共享单车15辆锁在一个栏杆上,任何人都无法使用。甲的行为究竟是盗窃行为还是侵占行为?如果说是盗窃行为,但甲并没有利用意思。而如果说是侵占行为,客观上也难以与侵占行为的构成要件形象相对应。这样一类情形往往需要在

---

① 王昭武:《法秩序统一性视野下违法判断的相对性》,载《中外法学》2015年第1期。
② 王昭武:《法秩序统一性视野下违法判断的相对性》,载《中外法学》2015年第1期。

较为宏观的意义上运用体系解释的方法,往往是在法体系中排除了刑法体系的适用。这在一定程度上也有利于减少类推解释的出现。因为当对一个案件从刑法视角进行分析的时候,往往会有一种有罪的内心倾向,而忘却了刑法的谦抑性与刑法在宏观体系解释方面的存在意义。一个行为在不为刑法所评价时,往往还可以进行行政法和民法层面的评价,甚至于一般道德层面的评价。而以刑制罪的逻辑在此被适用就要显得更为复杂,将本可以用一般原则解决的问题用刑法来予以分析。在此,以刑制罪的逻辑大致是,甲的行为被定性为盗窃罪或者侵占罪,盗窃罪的最低法定刑是 3 年以下有期徒刑、拘役或者管制。侵占罪的最低刑期是 2 年以下有期徒刑、拘役或者罚金。对甲将 15 辆共享单车锁在栏杆上的行为处以刑事处罚的话则显得有失合理性,故将甲的行为予以非罪化。但此种情形在构成要件层面的分析就是存在疑问的,问题的核心是此行为的定性问题。而且如果不是 15 辆共享单车,而是 100 辆共享单车呢?故社会危害性是犯罪化建构的基础,而社会危害性的反应离不开对行为和结果本身所作的分析。以刑制罪的逻辑离不开由罪到刑的基础,而以刑制罪与刑法教义学在中观层面的体系解释相比较时则显得有些多此一举。

3. 微观层面的体系解释。微观层面的体系解释主要是指罪刑之间以及各刑法条文之间的体系解释。罪刑之间的互动关系从来就不是单独予以考量的,罪刑之间以及各刑法条文之间的关系可以作为微观层面的体系解释,这种层面的体系解释是在教义学体系的框架范围内展开的体系讨论,也就是所谓的刑法规范内的体系解释。比如,在构成要件的解释定性之后,涉及法定刑的选择以及对具体的法定和酌定量刑情节的解释与适用等均属于某个具体个罪中的罪刑均衡问题。而这种意义上的体系解释也可以包含大多数以刑制罪理论所指称的一些情形,其重视罪刑之间的逻辑关系仍然是严格遵循教义学的逻辑,属于在刑法规范体系的合法性内寻找合理性的路径,而不是以功利主义的考虑来突破教义学的体系框架。毕竟,刑法中的合法性首先需要合乎刑法规范本身,而不是合乎解释者的客观目的或者立法者的立法意图。这种微观层面的体系解释在思维路径上有利于教义学体系的发展与完善。总之,为了克服以刑制罪理论的一些担忧并兼顾刑法教义学的体系逻辑,需要在宏观、中观与微观三个层面加强体系解释的运用。

(三)刑法教义学的实质倾向:目的解释的展开与合宪性解释的控制

我国的刑法教义学是以形式法治为基础的,但为了防止形式趋于僵化,一定程度上也需要注重目的解释与合宪性解释的方法。而注重目的解释的方法可以在更广泛的意义上防止罪刑失衡现象的出现。但目的解释存在任意性与扩张性的危险,所以需要以合宪性解释的方法对目的解释这种本身的潜在危险予以限制。目的解释的核心考量之一就是利益衡量,但出于利益衡量的目的性诉求容易对刑法的安定性造成损益。正如劳东燕教授所说:利益衡量作为一种方法,与刑法体系的实质化之间存在千丝万缕的联系;在刑法理论日益实质化的今天,如何对利益衡量在刑法中的适用进行控制,以确保法的安定性价值,是一个极为重要的命题①。利益衡量往往具有不全面性,容易导致主观化的评判,走向极端的结果功利主义。比如,法益衡量论者在进行利益衡量时,经常不将制度利益与法治国的基础利益纳入考

---

① 劳东燕:《法益衡量原理的教义学检讨》,载《中外法学》2016 年第 2 期。

量范围,这使得其所得出的解释结论根本无助于实现利益的最大化[①]。或者相反,过于强调国家和社会的整体利益而导致不经意间对个人权利造成侵犯。那对此以什么方法来限制目的解释呢?"解铃还须系铃人",这还得从方法论内部自身来找寻合理的限制方法。文义解释难以对此进行限制,因为目的具有不同层面的内涵,不是刑法解释意义上的必要目的引导就可能会突破文义的一般理解范围。

对于目的的解释的最好制约就是合宪性解释,这种合宪性解释的制约本质上是宪法从法秩序的角度对刑法所进行的合宪性控制。当然,合宪性的限定解释也是具有一定界限的。这种解释方法,是实体的正当程序论的补充或者说是次要方法[②]。诚然,作为限制目的解释的一种解释方法相对于目的解释而言是一种次要的方法,但却是一种必不可少的方法,尤其在对目的解释进行审查时,其一直都是与之相伴随的。只是当明确进行合宪性解释而非审查时,说明已经对最初的目的解释做出了合宪性的修正。合宪性解释的最为一般原理性的制约就是宪法秩序与宪法价值。显然,刑法解释是否遵循了宪法是根本的原则,其旨在限制国家权力,保障公民权利的宪法价值是否在解释中被予以遵循,这是最为一般意义上的合宪性审视,也是为了防止目的解释的扩张以及目的本身的不合目的性的情形出现。总之,刑法解释以文义解释和体系解释为基础,力求合法性的优先考量,以目的解释和合宪性解释为修正,力求避免合法性的过于僵化。其逻辑上的依据是,形式优先,实质修正,合法性的框架内寻求必要的合理性。这样一来,既可以突出以刑制罪理论所声称的一些必要功能,又可以防止突破教义学的体系框架,进而对刑事法治的构建造成一种现实的威胁。

(四) 刑法解释方法上的逻辑位阶倾向

尽管在思维与方法层面上,笔者并不认为存在一个可以固定化的逻辑位阶顺序,但一种具有示范性与倾向性的逻辑位阶分析则是完全合适的。对于刑法解释者而言,首先,应当在努力追求罪刑法定的框架内,尽可能地实现罪刑均衡。与此同时,需要优先树立刑法教义学的形式优先观念,在解释刑法的过程中首先考虑文义解释与体系解释的方法。其次,应当避免形式逻辑的僵化,适当地运用目的解释的方法来克服文义解释与体系解释在某些疑难案件中的不足。但为了防止目的解释在实际上的无目的化,需要以合宪性解释方法对目的解释进行必要的合宪性控制。也就是说,刑法解释方法之间的位阶关系并不是必然存在的,单纯地考虑究竟是先采用文义解释的方法还是先采用历史解释的方法等并没有太大的意义。但现实生活中的案件往往是复杂和新奇的,目的解释因此而可以大行其道。但是,目的解释本身的扩张性与刑法的谦抑性存在当然的矛盾,因此需要在方法体系内部首先寻求体系意义上的制约。甚至可以说,以刑制罪的逻辑本身就是目的解释极度扩张的结果,即一种失去了刑法目的的边界的目的解释。解释方法上的逻辑位阶并不存在,但从形式到实质的教义学判断的逻辑规律出发,这种位阶倾向的理论分析也并非毫无意义。这样一来,其既有利于尽可能地解决以刑制罪理论所主张的一些疑难案件,也有利于防止突破刑法教义学的框架,而避免在不经意间对我国刑事法治的建设造成损益。

例如,对非法持有枪支案并不需要所谓以刑制罪的逻辑,甚至将公共安全的法益拆解为

[①] 劳东燕:《法益衡量原理的教义学检讨》,载《中外法学》2016年第2期。
[②] [日]曾根威彦:《刑法学基础》,黎宏译,法律出版社2005年版,第25页。

生命健康法益,然后将《刑法》第 128 条与《刑法》第 234 条进行法定刑的比较。对此,首先需要的是在案件事实剪裁为法定事实的基础上对《刑法》第 128 条的构成要件进行文义解释和体系解释,即根据我国刑法典、《枪支管理法》以及相应的司法解释等规定进行一个体系性的解释。在公共安全的法益指导下,审视《刑法》第 125 条至第 130 条,联系《枪支管理法》第 46 条对枪支所专门做出的定义,并结合《最高人民法院关于审理非法制造、买卖、运输枪支、弹药、爆炸物等刑事案件具体应用法律若干问题的解释》第 5 条第 2 款的规定和公安部 2010 年印发的《公安机关涉案枪支弹药性能鉴定工作规定》,2008 年发布的《枪支致伤力的法庭科学鉴定判据》等法律,体系解释可以给我们的结论是:刑法上的枪支与行政法意义上的枪支是完全不同的。然后,在合宪性解释方法予以保障的前提下对其进行目的解释。《刑法》第 128 条的规范目的是为了保障公共安全,而行为人是否会对公共安全造成威胁是需要具体予以衡量的问题。除了具体的规范目的外,还包括一般意义上的目的考量。比如,入罪结果对于预防犯罪而言是否是有益的。

目的解释不仅在构成要件解释层面,在具体的量刑阶段也应当发挥目的解释的作用,而除了文义解释对目的解释的天然制约外,更需要在此基础上发挥合宪性解释的另一层制约作用。对目的解释的规制,本质上涉及的是如何控制解释者的主观任意性的问题。从法教义学的视角而言,这样的控制不外乎两种途径:一是借助解释方法进行的控制,二是借助目的本身的控制[1]。对目的解释的解释方法主要是文义解释和体系解释,而目的本身的控制则主要是合宪性层面的规范目的考量。总之,以刑制罪并不符合教义学的语境。而在刑法教义学的语境下,需要综合运用文义解释、体系解释、目的解释和合宪性解释等解释方法。这不仅可以推动刑法方法论层面的循序渐进,而且也有利于增强解释者的解释能力,促进刑法教义学体系知识的发展与完善,不断强化一种形式法治优先的现阶段的必要思维和内心观念。

六、结论

以刑制罪本身并不是教义学的逻辑,并且一个概念的出现首先需要具有独立性、抽象性与功能性的特征。独立性是其在物本逻辑层面上得以存在并被认识的前提,抽象性是概念具有涵盖能力的必然要求,而功能性则是其具有价值性的实质体现。以刑制罪的概念在形式上容易给人造成一种以刑罚制造或者变更罪名的印象,而这显然是有违罪刑法定原则的,即使只是对罪刑法定的观念造成冲击也是不应当的,因为罪刑法定原则作为法治原则的具体化,其本身就具有很强的观念论意义。以刑制罪的提出并不利于刑法权威的塑造与形式法治的建立。在遵循罪刑法定原则前提下的以刑制罪论则更多的是强调一种刑罚制约罪名的结果导向,但这种功能也是被以往的刑法体系以及解释方法等所可以涵盖的,而并不会出现以刑制罪理论所担心的罪刑失衡局面。就这个层面而言,以刑制罪的功能与以往的刑法体系功能是存在重合的,故以刑制罪功能的新颖性也是应当被反思的。对此,我们应当回归对以往的刑法体系问题的研究。无论是存在论上还是价值论上,突破罪刑法定原则还是遵循罪刑法定原则的以刑制罪都应当被予以合理的反思。在此基础上应当明晰以往刑法体系

---

[1] 劳东燕:《刑法中目的解释的方法论反思》,载《政法论坛》2014 年第 5 期。

的功能,在教义学的语境下,综合运用各种解释方法,尤其是文义解释、体系解释、目的解释和合宪性解释的方法等,并且注重各种解释方法之间的逻辑位阶与示范,在罪刑法定的框架内,尽可能地实现罪刑均衡。

(责任编辑:梁云宝)

违反正当程序行政行为的司法裁判路径辨析

张文慧

摘　要　实践中对于违反正当程序的行政行为有"违反法定程序""滥用职权""明显不当"三种司法裁判路径。虽然三者都建立在实质合法的基础上,符合合法性审查原则,但最根本的区别在于是否承认行政机关的程序裁量权。"违反法定程序"因忽略程序裁量,存在司法裁量代替行政裁量先天缺陷而难以逻辑自洽;"滥用职权"则一般主要针对裁量领域的主观过错;"明显不当"在尊重程序裁量的基础上较好地实现了合法性审查,为最优路径。但在实践操作中需要注意裁判规则本身"明显"一词的运用,区分程序瑕疵程度,判断行政行为合法性。同时应将正当程序原则纳入成文法框架从而为司法审查提供法律依据。

关键词　正当程序　司法裁判路径　程序裁量　司法裁量　合法性审查

一、问题的提出

在法律、法规没有对程序做出明确规定的情况下,行政机关做出行政行为是否完全不受约束?司法实践给出的答案是否定的。在这种情况下,人民法院可以把正当程序作为判断行政行为合法性的依据。但是对于违反正当程序的行政行为适用何种裁判规范,学界和实践目前还没有统一的答案①。

2012年公报案例"定安某建筑装修工程公司与海南省定安县人民政府、第三人中国农业银行定安支行收回国有土地使用权及撤销土地证案"②中指出"行政机关做出对当事人不利的行政行为,未听取其陈述、申辩,违反正当程序原则的,属于'违反法定程序的情形'";2014年中国行政审判第106号案例"'拆违'中做出的限期拆除通知应当符合正当程序原则——陈某诉句容市规划局、句容市城市管理局城建行政命令案"③(以下简称"陈某案")在裁判要旨中强调"被诉行政行为存在明显违反正当程序原则情形的,可以按照'滥用职权'作

作者简介:张文慧,华东政法大学2016级宪法学与行政法学硕士研究生。电子邮箱:15000687079@163.com。联系电话:15000687079。

① 一般来说,"正当程序"(或"正当程序原则")具有特定的含义,即一是任何人不应当成为自己案件的法官,二是在任何人受到惩罚或其他不利处分前,应当为之提供公正的听证或其他听取意见的机会。但在司法实践中已不仅仅限于此两种含义,还包括违反其他的无法律明规定但应当遵守的程序,比如"告知"程序等。本文中的"正当程序"也不限于"正当程序"原有的两种情形,而是指司法实践中所运用的"正当程序",案例的选取也以裁判文书中明确表述了"正当程序(或正当程序原则)"为准。

② 最高人民法院(2012)行提字第26号行政判决书。

③ 参见中华人民共和国最高人民法院行政审判庭编:《中国行政审判案例》(第3卷),中国法制出版社2014版,第128-132页。原案件内容参见江苏省句容市人民法院(2010)句行初字第14号。

出判决";2015年"内乡县人民政府等与薛某更、薛某滚房产行政争议上诉案"①(以下简称"薛某更案")中法院认为"内乡县政府在复议程序中明知薛某更与原行政行为存在利害关系,却不给予其提供证据的机会并听取其意见,违反正当程序,该行政复议行为明显不当"。

在多个司法审查标准并存的情况下,对任何一个审查标准的解释都需要照顾体系的和谐,确保不同审查标准既有区分又能衔接②。从"违反法定程序"到"滥用职权"再到"明显不当",在违反正当程序的行政行为属于违法行政行为的结论下,法院尝试了多种途径进行论证,其间存在不断的反复与探索。同样是违反正当程序的行政行为,为何会出现三种不同的司法裁判路径,三种路径的具体运用以及它们之间的关系如何,究竟该适用哪种裁判路径,这些是本文需要讨论并以期解决的问题。

二、三种司法裁判路径

正当法律程序最早起源于英国古老的自然正义原则,它的含义一是任何人不应当成为自己案件的法官,二是在任何人受到惩罚或其他不利处分前,应当为之提供公正的听证或其他听取意见的机会③。美国宪法在此基础上以成文法明确规定了正当程序。对于正当程序的内涵,不同的学者有不同的看法,梳理来看主要包括告知、当事人表达意见、说明理由和救济途径等内容。也有学者强调正当程序的消极意义,即虽然法院没有明确指出正当程序要求行政机关以何种程序行使权力,但也无疑表明,如果某项程序的确明显不符合某种最低标准,这就是不能接受的④。同时还有学者在总结案例的基础上得出违反正当程序的案件主要涉及顺序、回避、平等对待、不相关因素考虑和诚实信用等程序要素或原则问题⑤。在我国的司法实践中,"正当程序"发展出适应国情的丰富含义。

一般认为,从根本上讲,正当程序原则的正当性来自它在现代行政管理中的价值。随着民主法治社会的推进,正当程序原则越来越受到法治社会的重视,并进一步在我国的《行政处罚法》《行政许可法》等法律中得到体现。国务院2004年颁布的《全面推进依法行政实施纲要》首次明确将"正当程序"列为依法行政的基本要求,2015年印发的《法治政府建设实施纲要(2015—2020年)》中再次强调全面提高政府工作人员法治思维和依法行政能力,恪守程序正当等依法行政基本要求。

(一)违反正当程序等于"违反法定程序"

1989年《中华人民共和国行政诉讼法》(以下简称《行政诉讼法》)第五十四条第(二)项第3目规定"违反法定程序"是撤销判决的依据,至今没有改变。违反法定程序,是指行政机

---

① 河南省高级人民法院(2015)豫法行终字第00245号行政判决书。
② 何海波:《行政诉讼法》(第二版),法律出版社2016年版,第313页。
③ [英]威廉·韦德:《行政法》,徐炳等译,中国大百科全书出版社1997年版,第95页。
④ 王锡锌:《正当法律程序与"最低限度的公正"——基于行政程序角度之考察》,载《法学评论》2002年第2期。
⑤ 于立深:《违反行政程序司法审查中的争点问题》,载《中国法学》2010年第5期。

关的行政行为违反了法律、法规规定的行政程序①。有学者将其延伸到规章②,也有学者将其范围扩大到规章及其他合法有效的规范性文件③。还有学者将其概括为违反规范性法律文件所规定的步骤、手续、形式、时限等④。同时有学者将行政程序区分为法定程序和裁量程序,并认为这里主要是违反法定程序的情形,对裁量程序的判断尚无明确的法律规定,但同时也承认,从广义上说违反法定程序还应包括违反行政程序的一般原则和精神⑤。这些原则和精神起着评价和指引行政行为的作用⑥。因此,实践中"法定程序"与"正当程序"之间呈现出交错复杂的关系⑦。

一般来说,如果法律、法规对行政行为程序作出明确规定,即可按照相关程序进行审查,如果违反则适用"违反法定程序"作出判决。但如果没有明确的法定程序,此时法院往往选择适用"违反正当程序等于违反法定程序"的裁判路径⑧。具体的方法为对"法定程序"进行扩大解释以包含违反"正当程序"的情形,即广义的法定程序包含正当程序。

(二)违反正当程序适用"滥用职权"

滥用职权是指行政机关做出的具体行政行为虽然在其权限范围内,但行政机关不正当地行使职权,不符合法律授予这种职权的目的⑨。超越职权是针对违法行政行为的外部特征而言,而滥用职权是针对违法的行政行为的内容(或内部特征)而言,认定滥用职权应当考虑主、客观两个方面的因素或条件⑩。司法实践中主要包括不符合法律规定的目的、作了不适当的考虑、明显不合理或不公正以及武断专横等表现形式⑪。按照学界通说,"滥用职权"审查标准针对的是行政权限范围内的裁量问题的评价,因而"滥用职权"的含义即为滥用裁量权⑫。至于滥用职权中的裁量权具体包括哪些,理论界和实务界目前没有统一的看法:有学者认为滥用职权是对行政实体问题的自由裁量而言,也有学者认为滥用职权包括程序裁

---

① 江必新,梁凤云:《行政诉讼法理论与实务(下卷)》,北京大学出版社2011年版,第1155页。持相同观点的有:林莉红:《行政诉讼法学》(第4版),武汉大学出版社2015年版,第214页。
② 马怀德:《行政诉讼法学》(第2版),北京大学出版社2015年版,第269页。
③ 方世荣等:《行政诉讼法学》,清华大学出版社2006年版,第215页。
④ 章剑生:《行政诉讼法学》,高等教育出版社2006年版,第248页。
⑤ 马怀德:《行政诉讼原理》,法律出版社2009年版,第392页。
⑥ 张树义:《行政诉讼法学》(第2版),中国政法大学出版社2015年版,第152页。
⑦ 有学者总结出了三种关系,包括:(1)"正当程序"是"法定程序"的上位概念;(2)二者并列;(3)将"正当程序"的要求置于"法定程序"之下。这三种用法无所谓对错,但需要根据语境辨析。何海波:《司法判决中的正当程序》,载《法学研究》2009年第1期。
⑧ 据笔者不完全统计,相关的典型案件有"田某诉北京科技大学拒绝颁发毕业证、学位证案[(1999)一中行终字第73号]""刘某文诉北京大学学位评定委员会不批准授予博士学位决定纠纷案[(2000)海行初字第157号]""定安某建筑装修工程公司与海南省定安县人民政府、第三人中国农业银行定安支行收回国有土地使用权及撤销土地证案[(2012)行提字第26号]"和"山西省某集团有限公司诉山西省太原市人民政府收回国有土地使用权决定案[(2016)最高法行再80号]"等。
⑨ 姜明安:《行政法与行政诉讼法》,北京大学出版社、高等教育出版社2005年版,第592页。
⑩ 江必新,邵长茂:《新行政诉讼法修改条文理解与适用》,中国法制出版社2015年版,第264页。
⑪ 全国人大常委会法制工作委员会行政法室:《行政诉讼法立法背景与观点全集》,法律出版社2015年版,第320页。
⑫ 胡建淼:《有关行政滥用职权的内涵及其表现的学理探讨》,载《法学研究》1992年第3期;朱新力:《行政滥用职权的新定义》,载《法学研究》1994年第3期;姜明安:《行政法与行政诉讼法》(第5版),北京大学出版社、高等教育出版社2011年版,第525页。

量权,即程序滥用是滥用职权的重要表现形式之一,法院可以对行政程序实行正当性审查,并引用《行政诉讼法》关于滥用职权的规定作出判决①。

总结相关判例,违反正当程序适用"滥用职权"的司法裁判路径大致相同②。典型的代表为最高人民法院行政庭对于"陈某案"的评析:对于违反正当程序的行为,很多同志将其理解为广义的违反法定程序,但从逻辑和法理上看,理解为滥用职权似更为妥当③。即对于违反没有法律明确规定的程序,应当纳入裁量权的范畴,一律适用滥用职权作出判决。

(三)违反正当程序采用"明显不当"

《行政诉讼法》修改之后在撤销的裁判依据中增加"明显不当"作为第六项,一般认为,"明显不当"与"滥用职权"均适用于裁量范畴内的行政行为。行政行为明显不当,指的是行政行为违反行政合理性原则而不合适、不妥当或者不具有合理性。也有学者指出,明显不当实际上是滥用职权的一种表现形式④。在行政诉讼法修改之前,一般做法是通过扩大解释适用"违反法定程序"条款或者适用"滥用职权"。但之后有部分学者主张适用"明显不当"条款:行政程序裁量的司法审查标准可以确定为实质法治立场下的"裁量理由明显不当"标准⑤;修法时做出的解释也是基于对行政行为的合理性和适当性进行审查,以实质解决行政争议,从而适度宽松解释合法性审查原则⑥。在审查标准上,明显不当主要指行政行为不符合比例原则,违反平等原则或缺乏正当程序⑦。即审查行政行为是否"明显不当"就包含"判断裁量是否遵守正当程序等"⑧。也有学者认为"明显不当"应该排除行政程序的审查要素,主要适用于行政实体处理的裁量⑨。或者回归规范体系本身,明显不当审查标准的适用范围是"法效果裁量"⑩。

综合现有案例来看,"明显不当"的司法裁判路径与"滥用职权"类似⑪。即只要无法律明确规定的程序,即纳入裁量的范畴,如果违反正当程序原则适用"明显不当"作出裁判。

三、三种司法裁判路径的关系

(一)共同点:实质合法与合法性审查原则

三种裁判路径运用正当程序原理对无法定程序的行政行为进行审查都体现出实质合法

---

① 江必新:《行政程序正当性的司法审查》,载《中国社会科学》2012年第7期,第127-128页。
② 相关的典型案例还有"张某隆不服徐州市教育局注销社会办学许可证案[案件字号:(2003)苏行中字第047号]"等。
③ 中华人民共和国最高人民法院行政审判庭:《中国行政审判案例》(第3卷),中国法制出版社2014版,第132页。
④ 江必新,邵长茂:《新行政诉讼法修改条文理解与适用》,中国法制出版社2015年版,第265页。
⑤ 郭兵:《论行政程序裁量的司法审查标准》,载《政治与法律》2015年第4期。
⑥ 江必新:《行政诉讼法修改资料汇纂》,中国法制出版社2015年版,第234页。
⑦ 史笔,曹晟:《新〈行政诉讼法〉中行政行为"明显不当"的审查与判断》,载《法律适用》2016年第8期。
⑧ 沈岿:《行政诉讼确立"裁量明显不当"标准之议》,载《法商研究》2004年第4期。
⑨ 何海波:《论行政行为"明显不当"》,载《法学研究》2016年第3期。
⑩ 于洋:《明显不当审查标准的内涵与适用——以〈行政诉讼法〉第七十条第(六)项为核心》,载《交大法学》2017年第3期。
⑪ 相关的典型案例还有"宁津县张大庄乡某木器加工处不服德州市人力资源和社会保障局行政确认案[案件字号:(2015)德中行终字第54号]"等。

的意涵。在《行政诉讼法》制定之初,"对法律、法规范围内当与不当的问题,法院原则上不管"①,但设置了"超越职权""滥用职权"和"行政处罚显失公正"作为例外,很多学者将其称为"合法性审查为原则,合理性审查为例外"②。但随着行政法治的发展,即使再完善的行政立法也难以满足实践的需求,众多没有违反法律、法规的明文规定的程序却严重侵犯行政相对人合法权益的现象涌现,此时为了缓解合法性审查和合理性审查的紧张关系,催生出了实质合法的观点。总结来说,实质合法观不再拘泥于审查行政行为的形式合法性,而是进一步扩张到实质合法,包含对严重不合理的审查,即不再区分合法性审查与合理性审查,而是坚持一元的实质合法性审查原则。对此有学者提出综合传统意义上的合法、合宪、合理的"实质合法"概念,并将司法审查的要素分解为行政主体与管辖权、事实与证据、行政程序、适用条件、处理结果几个方面③。《行政诉讼法》的修改较为突出地体现了这一点——增加"明显不当"作为法定的撤销情形进行规定,即《行政诉讼法》修改在坚持合法性审查原则的前提下,对合法性原则的内涵作了扩大解释,将明显不当的行政行为也作为违法行为④。在实质合法的框架下,不存在不合法但合理的结论,只存在合法或不合法的截然分界。但同时应当强调的是,即使法院站在实质法治的立场上,对行政行为作出比法律条文字面规定更深入的审查,行政行为也存在着一定的裁量空间,在这种情况下,法院也只能按照现有的法律路径依法裁判,不可随意解释以保持司法谦抑,即在三种路径都穷尽的情况下,法院应当适当尊重行政机关的裁量权。

同时实质合法并不因此意味区分行政行为的合法性和合理性没有意义,二者在合法性审查的框架内存在着审查程度上的较大差异。《行政诉讼法》规定人民法院审理行政案件,对行政行为是否合法进行审查,并据此做出裁判。就一个行政行为而言,如果涉及违反明确的法律规定,此时毫无疑问是违法的且行政相对人必然能够获得救济;但当一个行政行为满足合法性要求只是合理性存疑的情况下,必须基于法律规定的具体判断规则和裁判规则才能够得出行政行为是否违法的结论进而影响行政相对人能否得到相应的救济。在现有的涉及违反正当程序的法律框架下,遵守"法定程序"、不得"滥用职权"和"明显不当"都是行政行为合法性的判断要素,违反其中之一都应当属于违法行政行为,但同属于合法性判断要素的"法定程序"属于合法性范畴,而"滥用职权"和"明显不当"属于合理性范畴。

(二) 区别:程序裁量与司法裁量的关系

虽然实质合法性审查原则同时包含合法性审查和合理性审查要素,最后得出的结论只有合法和不合法两种,但是在具体运用裁判规则的时候不可混淆适用。裁判规则的统一明确是行政机关依法行政,公民遵纪守法,法院公正审判的重要标尺。就像上文提及的一样,在没有法律、法规明确规定的情况下是否属于裁量的范畴是考察三种裁判路径区别的重要

---

① 顾昂然:《行政诉讼法起草情况和主要精神》,载《行政诉讼法专题讲座》,人民法院出版社1989年版,第27页。
② 应松年:《行政诉讼法学》,中国政法大学出版社1999年版,第59-62页。
③ 中华人民共和国最高人民法院行政审判庭:《中国行政审判案例》(第3卷),中国法制出版社2014版,第132页。
④ 信春鹰:《中华人民共和国行政诉讼法释义》,法律出版社2014年版,第20页;袁杰:《中华人民共和国行政诉讼法解读》,中国法制出版社2014年版,第21页;张峰振:《论不当行政行为的司法救济——从我国〈行政诉讼法〉中的"明显不当行政行为"谈起》,载《政治与法律》2016年第1期。

切入点,那么裁量到底是什么?考察来看,行政裁量的含义在中国相对比较混乱①。美国学者戴维斯曾言:"只要公职人员权力的实际界限允许其在可能的作为或不作为方案中自由做出选择,那么他就拥有裁量",并且强调"裁量的运用不仅存在于案件或问题的最终处置方面,而且存在于每个中间步骤当中,中间的选择远多于最终的选择。裁量并不限于实体性的选择,而且还扩展到程序、方法、形式、时限、强调的程度以及其他许多附属性的因素"。② 行政机关拥有裁量权是不可否认的事实,这是行政权运用的应有之义,因此应当对此概念采取宽泛理解。目前学界关于行政机关裁量权的研究很多,但鲜有涉及对程序裁量权的论述。

最初程序往往作为控制行政裁量的有效手段而被排除纳入行政裁量的种类,但随着行政执法实践的发展,程序裁量不可避免地成为行政裁量的一种,这已逐渐成为全球公共行政的普遍特征③。在我国,行政程序与行政裁量不可兼容的理论不仅因为行政实践的发展而不攻自破,实践中法院也往往依循正当程序原则的惯例来展开对行政程序裁量的司法审查④。学界随之逐渐发展出裁量包括事实认定的裁量、法定事实要件的裁量、程序裁量、结果裁量⑤,相应的不当行政行为包括目的不当、错误的事实认定、不适当的考虑、法律适用不当、不作为和程序不当等观点⑥。行政程序裁量具体是指在法律没有明确规定的情况下,行政机关及其他承担行政任务的主体有权对行政行为的种类与形式做出自由选择,并自主确定行政过程的内容⑦。程序裁量包括时期的裁量与手续裁量,前者是指做出行政行为时间的选择,后者是指做出行政行为步骤的选择⑧。行政事务涉及多变的社会生活的方方面面,如果行政机关无权对行政程序作出裁量,那行政事务的推进将举步维艰,因此程序裁量也是行政效率的要求。总之,行政裁量毫无争议地包含程序裁量。

随着程序裁量的承认与发展,相应地作为审查行政行为合法性的行政诉讼也逐渐纳入对行政程序的审查。对于违反法律、法规明确规定的程序可直接适用"违反法定程序"作出裁判,但对于违反正当程序原则的行政行为,司法裁判路径却呈现不同样态。从根本上讲,三者的区别体现在程序裁量与司法裁量的关系,具体表现为:"违反正当程序等于违反法定程序"的司法裁判路径通过扩大解释"法定程序"以涵盖"正当程序",法院借助正当程序原则判断行为是否需要纳入司法审查的范畴并进一步判断相对人是否能够得到相应的救济,从而将"违反正当程序"的行政行为纳入"违反法定程序"的框架,是运用司法裁量权在合法性范畴内进行判断;而"滥用职权"和"明显不当"则是基于无法定程序就进入行政机关裁量的范畴,需要对其进行合理性判断,即依据裁量权行使的规则和惯例在合理性的框架下进行判断。总结来说,三者区别的核心在于是否承认行政机关有程序裁量权。"违反法定程序"的

---

① 相关文献参见余凌云:《对行政自由裁量概念的再思考》,载《法制与社会发展》2002年第4期;王贵松:《行政裁量的内在构造》,载《法学家》2009年第2期;王天华:《作为教义学概念的行政裁量:兼论行政裁量的范式》,载《政治与法律》2011年第10期。

② [美]肯尼斯·卡尔普·戴维斯:《裁量正义》,毕洪海译,商务印书馆2009年版,第27页。

③ 郑春燕:《"隐匿"司法审查下的行政裁量观及其修正——以〈最高人民法院公报〉中的相关案例为样本的分析》,载《法商研究》2013年第1期。

④ 郭兵:《论行政程序裁量的司法审查标准》,载《政治与法律》2015年第4期。

⑤ 王振宇:《行政诉讼制度研究》,中国人民大学出版社2012年版,第290-291页。

⑥ 王振宇、郑成良:《对自由裁量行政行为进行司法审查的原则和标准》,载《法制与社会发展》2000年第3期。

⑦ 郑春燕:《服务理念下的程序裁量及其规制》,载《法学研究》2009年第3期。

⑧ 郑春燕:《现代行政中的裁量及其规则》,法律出版社2015年版,第80页。

裁判思路虽然表面上对有无法律、法规明确规定的程序进行了区分,但在具体审查时其实没有进行实质意义上的区别对待,都没有跳脱合法性审查的框架,只不过如果存在法定程序就用法定程序,如果没有则借助正当程序进行转化,与前者不同的是无法使用现有的规则,而是需要运用司法裁量权进行判断,其审查的对象是行政机关所做出的行政程序,运用的规则是司法机关选择的程序判断规则;而"滥用职权"和"明显不当"则直接只针对无法律明确规定的程序进行判断,完全脱离不存在裁量空间的程序,因此不会涉及"法定程序"的任何内容。在这个层面上,"法定程序"就是有法律、法规明确规定的程序,如果没有,则属于行政机关的裁量范畴。此时需要审查的是行政机关的程序裁量权是否得当,运用的是判断裁量行使是否适当的相应规则。也就是说,对比"法定程序"的裁判路径,此种裁判路径审查对象不是行政机关所做出的行政程序,而是行政机关的程序裁量权,二者存在很大的区别。(具体见下表)

裁判思路	审查对象	判断规则	与正当程序原则的关系	所属范畴
违反正当程序等于"违反法定程序"	行政程序	司法对程序的判断规则	是否遵循了正当程序原则	合法性
违反正当程序适用"滥用职权"或"明显不当"	程序裁量权	程序裁量权行使规则	是否选择了正当程序原则	合理性

虽然裁判路径因审查对象不同而导致判断规则不同,但综合案例情况来看,无论是程序判断规则还是程序裁量行使规则一般都建立在借鉴正当程序原则的基础上。对于违反正当程序等于"违反法定程序"路径,法院需要考察行政机关是否遵循了正当程序原则;对于违反正当程序适用"滥用职权"或"明显不当"法院需要考察行政机关在进行程序裁量时是否选择了正当程序。总之如果违反了正当程序原则,行政行为必然是违法的,但路径的选择则大不相同,背后蕴含的原理需要进行进一步的考察和辨析,并确定最优路径。

四、选择最优的路径:明显不当

(一)司法裁量替代程序裁量

考察运用"违反正当程序等于违反法定程序"裁判路径的判决书,一般并不会对二者之间的关系以及转化的过程进行详细的解释,而是简单采用"违反了行政正当程序的要求,故被告所做的具体行政行为程序违法,应予撤销",即法院对于正当程序原则的应用,多数还是停留在判决书的裁判说理部分用以审查行政行为合法性的依据,但对于案件的最终裁判依据,法院往往直接引用《行政诉讼法》第七十条①中的"违反法定程序"(或第八十九条②)或相关司法解释的规定作为最终裁判依据。对此很多学者提出了二者之间进行转换的优化路径,但实际上这种缺陷是无法通过任何方式进行改善的,而形成这种现象的原因与这种裁判

---

① 《行政诉讼法》第七十条:行政行为有下列情形之一的,人民法院判决撤销或者部分撤销,并可以判决被告重新做出行政行为:(三)违反法定程序的。

② 《行政诉讼法》第八十九条:人民法院审理上诉案件,按照下列情形,分别处理:(四)原判决遗漏当事人或者违法缺席判决等严重违反法定程序的,裁定撤销原判决,发回原审人民法院重审。

思路的内在缺陷是分不开的。可以肯定地说,逻辑上的混乱与含糊是此种裁判路径的固有缺陷,而产生此种缺陷的根源在于此种裁判路径难逃司法裁量代替行政裁量之嫌。

虽然有的学者提出"法定程序"的另一层功能就是否定和排除,行政主体和法院可能以"法定"为借口限制行政相对人的最低限度的程序权利①。因此不可对"法定程序"做形式上的理解,而有必要从实质合法的角度对其进行适用。但在现有的裁判规则设置的情况下,显然并不是所有关于程序的问题都只能纳入"法定程序"的框架。正如有的学者所说的那样,"法定程序"看似是一个确切的、没有裁量余地的概念,但是在实践中并不一定②。法院采用扩大解释"法定程序"以纳入"正当程序"方式,意味着此时法定程序的内涵是极度不确定的,法院选择通过这种方式对行政行为进行合法性审查,就要不可避免地运用司法裁量。如上文所述,此种裁判路径的具体方式是审查行政机关是否遵循了正当程序,而正当程序的概念和内容都很宽泛,并且不可否认的是,在无法律明确规定程序的情况下,行政机关有程序裁量权,此时法院如果跳过行政机关的裁量权而直接对行政机关做出的程序进行审查,最终难免会以自己的裁量代替行政机关的裁量。正如最高人民法院行政庭在评析"陈某案"所指出的那样,正当程序和法定程序在逻辑关系上是并列的,在没有法律就相关程序作出明确规定的前提下,理论上就进入了裁量的范畴③。此时再运用"违反法定程序"进行裁判显然难以做到逻辑上的自洽和合法性审查功能的恰当发挥。

当然出现这种裁判路径也不是没有原因的,在《行政诉讼法》修改之前,法院为真正实现保护行政相对人的合法权益,在正当程序的具体运用上进行了长时间的探索和努力,也得到了学界的认可。正如有的学者所说的那样,这样的做法更符合中国法律发展的独特逻辑和司法审查的现实需要,因为中国的行政诉讼法的发展,是先有"法定程序"这一条文,后有"正当程序"的一般原则,因此就司法实践来说,正当程序原则是依附于法定程序的条文成长起来的④。虽然目前还有部分学者基于之前司法实践的探索和经验主张继续适用"违反法定程序",并且强调正当程序本身就是实质法定程序的应有之意⑤。但这样的做法基于上述缺陷,在现在修法的背景下已经不适宜再继续适用。

(二)主观过错与适用混乱

在《行政诉讼法》修改之前就已经存在同样针对裁量领域合法性审查的"滥用职权",但在实际的案件裁判中却并不多见,正如有学者通过实证调查所证实的那样,《行政诉讼法》第五十四条的"滥用职权"和"显失公正"的设置,在行政诉讼中并未有效发挥制约行政裁量的作用⑥。对此有学者提出滥用职权标准在司法实践中已与学理上的界定无关,呈现泛化趋

---

① 王锡锌:《正当法律程序与"最低限度的公正"——基于行政程序角度之考察》,载《法学评论》2002年第2期。
② 沈岿:《行政诉讼确立"裁量明显不当"标准之议》,载《法商研究》2004年第4期。
③ 中华人民共和国最高人民法院行政审判庭编:《中国行政审判案例》(第3卷),中国法制出版社2014年版,第132页。
④ 何海波:《行政诉讼法》(第二版),法律出版社2016年版,第340页。
⑤ 于洋:《明显不当审查标准的内涵与适用——以〈行政诉讼法〉第七十条第(六)项为核心》,载《交大法学》2017年第3期。
⑥ 郑春燕:《论"行政裁量理由明显不当"标准——走出行政裁量主观性审查的困境》,载《国家行政学院学报》2007年第4期。

势,主要表现为与其他标准在适用对象上的交叉和被泛化理解为违法①。甚至有学者通过对相关案例的分析得出人民法院可通过将与裁量有关的争议置于事实或法律问题的范畴,借助其他审查标准实现对行政裁量的审查,因此可取消"滥用裁量"标准,而仅规定法院对不同法律问题的司法审查强度即可②。

考察司法案例来看,以"滥用职权"为裁判依据的案例往往是行政机关严重侵犯了行政相对人的合法权益的情形,包括人身权益和财产权益,且主观违法性较大。如公报案例"王某萍诉中牟县交通局行政赔偿纠纷案"中行政机关没有考虑被扣押物的生理属性致使生猪死亡,不符合合理、适当的要求被判定为滥用职权③。类似的案件还有"黄某辉诉南安市丰州镇人民政府限制人身自由并要求赔偿案"中行政机关假借举办计划生育国策学习班为由,行非法限制人身自由之实,明显带有主观性和随意性,系超越职权和滥用职权的违法行为④。综合案例情况来看,很少仅因程序不正当而适用滥用职权作为裁判依据。

虽然"滥用职权"将无法定程序的情形纳入裁量的范畴,避免以司法裁量代替行政裁量,但鉴于目前司法实践和理论界对其适用标准的分歧难以统一,实践操作情况混乱,将违反正当程序原则的行政行为纳入滥用职权的情形并不明智。且也有学者指出滥用职权强调了行政机关在主观方面的"违法"⑤。也许这可能是实际操作中产生的误解,但目前是一个不可忽视的重大现实因素。正如有的学者所说,"立法—学说—判决"的互动关系中考察滥用职权的内涵⑥。通过修法的原意解释可知,目前无论是理论界还是实务界都对滥用职权的适用进行了一定的修正,主要将其定位于针对行政裁量的主观情况,采用"主观过错"标准⑦。这样的定位目前来说是可行的。

(三)尊重程序裁量与实现合法性审查

《行政诉讼法》修改之后增加了"明显不当"作为法定撤销行政行为情形之一,多数认为增加"明显不当"是为了弥补"滥用职权"和"显失公正"在规制行政裁量方面的不足,充分发挥行政诉讼的功能⑧。因此目前在审查裁量领域出现了"滥用职权"和"明显不当"并存的局面,那么究竟二者孰优孰劣?总结来说,"明显不当"对比"滥用职权"裁判路径的优势体现在:首先,"明显不当"不同于"滥用职权"强调主观过错,而是适用于多数的行政裁量不当(客

---

① 施立栋:《被滥用的"滥用职权"——行政判决中滥用职权审查标准的语义扩张及其成因》,载《政治与法律》2015年第1期。
② 郑春燕:《"隐匿"司法审查下的行政裁量观及其修正——以〈最高人民法院公报〉中的相关案例为样本的分析》,载《法商研究》2013年第1期。
③ 具体案件内容参见《最高人民法院公报》2003年第3期(总83期)。
④ 参见最高人民法院中国应用法学研究所:《人民法院案例选》2002年第4辑(总第42辑),人民法院出版社2003年版,第463页。类似的案例还有"刘某申请沛县公安局行政赔偿案""谢某新诉永和乡人民政府违法要求履行义务案[《最高人民法院公报》1993年第1期(总33期)]""薛某花诉青铜峡市城乡建设局扣押财产行政赔偿案"和"秦某等诉薄壁镇人民政府为征收车船税扣押其车辆要求撤销具体行政行为返还车辆并赔偿损失案"等。
⑤ 沈岿:《行政诉讼确立"裁量明显不当"标准之议》,载《法商研究》2004年第4期,第27页;余凌云:《对行政机关滥用职权的司法审查:从若干判案看法院审理的偏好与问题》,载《中国法学》2008年第1期;江必新、梁凤云:《行政诉讼理论与实务》(下卷),北京大学出版社2011年版,第1154-1155页。
⑥ 朱思懿:《"滥用职权"的行政法释义构建》,载《政治与法律》2017年第5期。
⑦ 全国人大法工委行政法室:《〈中华人民共和国行政诉讼法〉解读与适用》,法律出版社2015年版,第158页。
⑧ 江必新、邵长茂:《新行政诉讼法修改条文理解与适用》,中国法制出版社,第265页。

观情况)。其次,就"明显不当"作为裁判规则来讲,"明显"一词强调了审查行政行为裁量的程度,在尊重行政机关裁量的前提下较好地权衡了规制行政裁量和防止过度干预行政裁量二者的关系。具体来说,如上文所述,对于涉及合理性范畴的行政行为,只有被纳入行政诉讼合法性审查的范围才能够获得救济。最后将程序裁量纳入行政裁量的范畴进行合理性审查符合逻辑。因此,在以上三种裁判路径中"违反正当程序适用明显不当"为最优路径。

当然,这并不意味着"明显不当"裁判路径就已经足够完善。正如有的学者所说的那样,立法使用"明显不当"的表述,一方面给了法院审查行政裁量合理性的权力,另一方面要求法院节制审查权力,避免过度干预行政机关的管理行为[①]。因此运用"明显不当"审查行政程序裁量时既需要运用内含正当程序原则的裁量审查规则,又需要注意裁判规则本身的"明显"一词,把握好《行政诉讼法》所规定的"合法性审查原则"——审查和救济严重不合理,适用到程序裁量方面即为区分程序瑕疵程度判断行政行为合法性。德国《行政法院法》第一百一十四条和《行政程序法》第四十条中,对所谓的"裁量瑕疵"作了明确规定:包括未作裁量与裁量不足、裁量有误和滥用裁量、裁量越权[②]。德国法上将"显著轻微"解释为"只要这种疏忽(形式上)达不到违法程度,或忽略了其他一些程序或形式上的要件,但这种忽略不会导致行为实质内容变化和其他瑕疵产生"[③]。这些都可以成为辅助判断行政机关程序裁量是否适当,是否属于"明显不当"的判断标准。这一点在我国修法之后体现得更为突出,新法改变了对程序瑕疵一律设定撤销之后果,而是设定了"违反法定程序"和"程序轻微违法"二分法,并以此为出发点构建二者的法律后果,包括无效、可撤销和确认违法三种判决方式[④]。新出台的《最高人民法院关于适用〈中华人民共和国行政诉讼法〉的解释》明确规定了"程序轻微违法"的情形,其中排除性列举了"听证""陈述"和"申辩"三种具体权利,并在其后以"重要程序性权利"和"实质损害"加以概括,表现出立法对行政程序瑕疵区分对待的审慎态度,也为审判实践提供了更为具体的参照标准[⑤]。在我国的法律环境中,在相关具体的案例裁判过程中,一般的程序裁量瑕疵特别是程序轻微违法、对原告权利不产生实际影响的情形不应当认为是违反了正当程序原则,排除适用明显不当[⑥];只有在瑕疵的程度符合法定情形的时候,才应当认为违反了正当程序原则,属于明显不当,进而判决撤销该行政行为。

"薛某更案"较好地体现了这一点,法院指出"任何可能受到不利影响的人都有发表意见和提供证据的权利,这一正当程序是对行政行为的基本要求,也已经成为法治社会中公民的一项基本权利"。这表明行政机关未通知利害关系人参与复议的这一行为侵犯了其重大权益,致使利害关系人错过提供证据的机会而被撤销原房屋登记,属于可撤销的法定情形。在

---

① 何海波:《行政诉讼法》(第二版),法律出版社2016年版,第321页。
② 李广宇:《新行政诉讼法逐条注释(下)》,法律出版社2015年版,第578-579页。
③ [印]P. M. 赛夫:《德国行政法》,周伟译,五南图书出版公司1991年版,第109页。转引自黄锴:《论行政行为"明显不当"之定位——源于"唐慧案"的思考》,载《云南大学学报法学版》2013年第5期,第56页。
④ 梁君瑜:《行政程序瑕疵的三分法与司法审查》,载《法学家》2017年第3期。
⑤ 2018年2月8日《最高人民法院关于适用〈中华人民共和国行政诉讼法〉的解释》第九十六条:有下列情形之一,且对原告依法享有的听证、陈述、申辩等重要程序性权利不产生实质损害的,属于行政诉讼法第七十四条第一款第二项规定的"程序轻微违法":(一)处理期限轻微违法;(二)通知、送达等程序轻微违法;(三)其他程序轻微违法的情形。
⑥ 《行政诉讼法》第七十四条:行政行为有下列情形之一的,人民法院判决确认违法,但不撤销行政行为:(二)行政行为程序轻微违法,但对原告权利不产生实际影响的。

"张某生与德州市人力资源和社会保障局行政确认行政判决书案"①中法院表示"虽然被上诉人的送达行为违法,但没有对上诉人的实际权利产生影响,属于程序上轻微违法,故应确认违法但不予撤销该工伤认定决定书",也就是说,在程序轻微瑕疵,对上诉人的权利不产生实际影响的情况下,不影响行政行为的效力。这样的操作既符合"明显不当"裁判规则本身的内涵,也恰当地实现了行政诉讼对行政行为的合法性审查。

总结来说,"违反正当程序等于违反法定程序"的裁判路径因司法裁量替代程序裁量而不应予以继续适用,应当退出"历史舞台"。"违反正当程序适用滥用职权"则因强调主观过错和适用混乱,而主要定位于裁量范畴内行政机关的"主观过错",与"明显不当"在裁量体系内各司其职。"违反正当程序采用明显不当"则在尊重程序裁量的基础上较好地实现了合法性审查原则,为违反正当程序行政行为司法裁判的最优路径。

五、将正当程序原则纳入成文法框架

程序是保障正义的重要方式,2014年《行政诉讼法》修改后对违反行政程序的严格立场反映了法治建设时期我国对程序的愈加重视。但同时无法对行政程序穷尽规定也是全球行政执法普遍面临的问题,对法定程序以外的行政程序进行审查也是全球的普遍做法。但这样一来,容易产生法院对程序裁量进行审查缺少法律依据的困境。考察境外做法来看,部分国家和地区在行政程序部分同时规定了"法定程序"和正当程序原则的适用空间,以方便法院开展对程序裁量的司法审查。例如我国澳门特别行政区《行政程序法典》在规定合法性原则的基础上还规定了谋求公共利益及保护公民权益原则、平等原则与适度原则、公平与公正无私原则、参与原则等,这些都涉及对正当程序的判断;我国台湾地区"行政程序法"在第5条至第8条分别规定了明确性原则、平等原则、比例原则和信赖保护原则等;美国则可直接依据宪法修正案第5条和第14条关于正当法律程序的规定,对行政行为的程序是否正当进行司法审查②。我国目前对于行政行为的程序的规定主要限于成文法层面,且由于没有统一的行政程序立法,行政程序的规定主要散见于部门法的条款之中,正当程序原则虽然被广泛运用且出现在司法解释中,但多囿于实践层面,这样的法律环境不利于法院开展对程序裁量的司法审查③。

但由于正当程序原则的内涵和外延都很宽泛,无法准确界定其内涵,因此纳入成文法框架就面临着立法形式的问题,特别是在我国司法实践广泛适用正当程序进行裁判的背景下。值得注意的是,国务院2004年颁布的《全面推进依法行政实施纲要》中明确规定:"行政机关实施行政管理,除涉及国家秘密和依法受到保护的商业秘密、个人隐私的外,应当公开,注意听取公民、法人和其他组织的意见;要严格遵循法定程序,依法保障行政管理相对人、利害关系人的知情权、参与权和救济权。"虽然国务院纲要不属于法律的范畴,但此份纲要对于行政

---

① 山东省德州地区(市)中级人民法院(2016)鲁14行终130号行政判决书。
② 黄学贤:《正当程序有效运作的行政法保障——对中国正当程序理论研究与实践发展的学术梳理》,载《学习与探索》2013年第9期。
③ 最高人民法院在一个司法解释中要求,房屋征收补偿决定"严重违反法定程序或者正当程序"的,法院应当裁定不准予执行。具体参见《最高人民法院关于办理申请人民法院强制执行国有土地上房屋征收补偿决定案件若干问题的规定》,法释〔2012〕4号第6条。

程序的基本要求属于行政机关对实施行政行为的自我约束，不违反法律、法规的规定，且有利于保障行政相对人的合法权益，行政机关应当严格遵守，因此应当承认其约束行政行为的作用，此观点已经形成理论共识。同时此种做法在司法实践中也有所体现，如在"王某双与昌吉市人民政府房屋行政征收上诉案"①中法院认为"因新建法〔2011〕17号属于行政机关制定的行政规范性文件，系对作为行政法规的《国有土地上房屋征收与补偿条例》关于实施征收决定实体和程序的自我约束，行政机关应当遵守"。这也就意味着，对于"应当公开""注意听取意见"是对所有行政行为的要求。这两项标准可以成为行政机关程序裁量是否遵循正当程序，是否属于明显不当的判断依据。同样教育部2005年颁布的《普通高等学校学生管理规定》中要求"贯彻正当程序的原则"，并规定了学校的告知、送达等程序义务。以后关于正当程序的立法也可以参照此种形式，即将正当程序原则中普遍认可的程序列举规定。

近些年来法院发挥主观能动性，在实际操作中通过各种方式探索，已经形成了一些成熟的经验，可以适时上升为相关法律规定，从而为法院适用正当程序原则审查行政行为的合法性提供更为明确的法律支撑。

六、总结

"依法行政"虽然是法治国原理的要求，但是要实现其完全形态是困难的②。法律不可能对所有的行政程序作出规定，此时法院可以适用正当程序审查行政行为的合法性。在《行政诉讼法》修改之前，一般运用"违反正当程序等于违反法定程序"作为裁判路径，但因其存在司法裁量代替程序裁量的固有缺陷而应当退出历史舞台。"明显不当"是最优的程序裁量审查标准，应当予以发展和完善，从而成为成熟的裁判路径。

（责任编辑：熊樟林）

---

① 新疆维吾尔自治区高级人民法院（2014）新行中字第6号行政判决书。
② ［日］盐野宏：《行政法》，杨建顺译，法律出版社1999年版，第89页。

英国消费者保险(说明与告知)法

(2012年3月8日公布;2013年4月6日实施)

施文森 译注

第1条 定义

本法所称消费者保险契约,谓全部或主要部分成立于下列当事人间之保险契约。

(a) 与其所从事之经贸、商业或执行之业务无关而订立保险契约之个人;及

(b) 经营保险业务而成为契约另一方之人。

本法所称消费者,谓订立消费者契约之个人[①]。

本法所称保险人,谓消费者保险契约另一方当事人。

第2条 契约成立或变更前之说明及告知[②]

(1) 本条系就消费者于契约成立或变更前对保险人说明及告知为规定。

(2) 消费者应尽合理注意义务,对保险人不得为不实说明。

(3) 消费者不遵照保险人之要求而就先前所提供之说明为肯认或修正即构成本法所谓之不实说明。

(4) 于本法实施前,消费者于相同情况下对于保险人所须尽之说明或告知义务应适用本条第(2)项之规定。

(5)(a) 以消费者保险契约为最大诚信善意契约而形成之法则应按本法规定之意旨而变更;及

本法曾由我国台湾地区"行政院"译成中文,有鉴于该译文与原文颇多歧义,特按原文重行译述,并另增注解,承政治大学硕士生刘乾纬协助并提供意见,特于此注明。

本文由政治大学风险管理与保险学系兼任教授施文森译注,由东南大学法学院硕士研究生许梦迪整理。

① 本条规定之个人系指自然人,故公司与商业组织均不在本法之运用范围。

② 说明及告知在实质意义并无不同,前者指就订约有关事项主动为陈述,后者系就保险人之询及事项为回应。

③ 《1906年英国海上保险法》第17条规定:"海上保险契约以最大诚信为基础,契约当事人任何一方不为遵守者,他方即得解除契约。"该条规定保险契约双方应遵守最大诚信原则,然该原则为一不确定之法律概念,故于同法第18条至第20条有更进一步的规定。

④ 一般学者通称"最大诚信",该原则不存在于习惯法,至18世纪中叶以后始见于判例。

(b)《1906年英国海上保险法》第17条③关于海上保险为最大诚信善意④契约规定之适用,于海上保险为消费者保险契约之场合,应受制于本法之规定①。

第3条 合理注意

(1) 消费者就不实说明是否已尽其合理注意②应从一切有关情况为判断。

(2) 下列各点为依据前第(1)项所须考量之事项:

(a) 系争消费者保险契约之险种及目标市场;

(b) 任何经保险人授权或制作有关标的商品之解释性资料或宣传品;

(c) 保险人之询问是否明确、特定③;

(d) 对于保险人有关消费者保险契约之续约或变更所提供之询问投保人若未为回复者,保险人曾否将回复此项询问之重要性(或不为回复之可能结果)明告投保人;

(e) 代理人是否为消费者之代理人④。

(3) 本法所规定之注意标准,于本条第(4)项及第(5)项之限制下,指合理消费者之注意⑤。

(4) 保险人若知或应知消费者之特性或独特处境,应将此特性及处境列入考量。

(5) 不实说明系出于不诚实所为者,得视为未尽合理注意义务。

第4条 确切⑥不实说明:定义与救济

(1) 于下列情况,保险人对消费者于消费者保险契约成立或变更前所为之不实说明有请求救济之权:

(a) 消费者违反前二条第(2)项规定义务而为不实说明;及

(b) 保险人举证证明若非要保人之不实说明,保险人不致订立保险契约(或同意变更契约),或仅以不同条件订立契约。

(2) 本法就保险人据以向消费者请求救济之不实说明,称"确切不实说明"。

(3) 所谓救济仅以附表所列举者为限⑦。

---

① 有鉴于《1906年英国海上保险法》适用于所有保险契约,同法第18及第20条关于被保险人告知与说明之标准采谨慎保险人标准(prudent insurer test)。所谓谨慎保险人标准,又称合理保险人标准(reasonable insurer test),系指被保险人应告知与说明任何一谨慎或合理保险人认为足以影响承保与否之资讯。因此当善意被保险人对于某些事项认为不重要而未告知与说明,惟保险人却认为重要者,被保险人即违反告知与说明义务,此时保险人得解除保险契约。在此一规范下,对于被保险人相当不利,故英国乃在贯彻消费者保护政策下,提出一连串修正建议。

② 合理注意或合理谨慎之人之注意系侵权行为法过失认定标准,对于被保险人之说明则按《1906年英国海上保险法》采用善意原则。本法此一修正属理念上重大变更。

③ 消费者保险法以被保险人仅有据实说明义务取代被保险人之主动告知义务,其意义即课予保险人向被保险人询问其所承保风险之义务,而保险人对被保险人询问之内容应具体明确。

④ 如何判断保险中介人为被保险人之代理人,可参照本法附表2第3点第(3)项之规定。而在保险代理人为被保险人之代理人之情形下,被保险人获有保险代理人之辅助,因此其应尽之注意义务较高。反之,若保险代理人为保险人之代理人,被保险人对于保险人之书面询问内容可能受到误导,因此被保险人所负之注意义务较低。

⑤ 合理注意虽系抽象理念,惟于判断是否已尽此注意,应参酌行为人之学识、经验及出境不同而谕,此见第(4)项自明。

⑥ 原文中的Qualifying系指被保险人之不实说明达一定程度足以动摇契约效力之情形而言,此处暂以"确切"译之。

⑦ 参照附表1第2点及第4至8点分别对故意或重大过失不实说明、过失不实说明之保险人救济设有规定。

第 5 条　确切不实说明：种类与推定

(1) 基于本法之立法意旨，所谓"确定不实说明"，指其出于下列二者之一：

(a) 故意或重大过失；或

(b) 过失。

(2) 消费者若有下列情事，其不实说明出于故意或重大过失：

(a) 明知不实或足以误导，或蓄意忽视是否不实或足以误导；及

(b) 明知不实说明事项密切关及保险人，或蓄意忽视是否密切关及保险人。

(3) 不实说明非出于故意或重大过失者，及属出于过失。

(4) 不实说明是否出于故意或重大过失应由保险人举证证明。

(5) 除非另有反证，下列事项受本法推定：

(a) 消费者具有一般合理消费者之知识；及

(b) 凡经保险人明确询及之事项，消费者知其密切关及保险人。

第 6 条　担保①与说明

(1) 本条对消费者就下列事项所为之说明有其适用：

(a) 有关于所拟缔结之消费者保险契约；或

(b) 有关于就消费者保险契约所拟提出之变更。

(2) 说明不得经由消费者保险契约之任何规定方式转变为担保（或变更之条件），或任何其他协议（及是否宣告其为形成协议之基础）②。

第 7 条　团体保险

(1) 本条规定对以下列方式订立保险契约有其适用：

(a) 为保障第三人 C 而由 A 所订立、变更或展期之保险契约；

(b) C 非为保险契约之当事人；

(c) 就 C 所受之保障而言，若由 C 而非 A 所自行订立者仍为消费者保险契约；

(d) 于保险契约订立、变更或展期前，C 直接或间接对保险人为说明。

(2) 下列规定于 C 所受保障范围内有其适用：

(a) 本法第 2 及第 3 条适用于 C 对保险人所为之说明及告知其情形与 C 为获取相关保障自行与保险人缔结消费者保险契约；

(b) 于本条第(3)至(5)项及附表 1 第 3 部分所载有关于保险人救济规定之限制下，本法其余有关 C 所受保障之规定有其适用，其情形与 C 为获取该项保障而自行与保险人订立消费者保险契约同。

(3) 第 4 条第(1)项(b)款按如下变动而有其适用：

---

① 现代海上保险法之担保制度起源自英国，因当时海上通信不发达，如被保险人担保船舶将在某一特定日期开航，而被保险人有所未遵此项承诺，于当时时空环境下难为保险人即时通知。故保险人为控制风险，于保险契约中加入要求或禁止被保险人从事某作为或不为之条款，以缩减保险人之赔偿责任。

② 按美国保险法判例，担保分为肯定担保及承约担保两种。前者系由"说明"转变而来。说明与担保效果不同：前者仅需大致符合即可；后者则需百分之百正确，稍有偏离保险人即得据以解除契约，以致常为保险人滥用。自 20 世纪 40 年代以后，美国各州乃将肯定担保与说明同视，本项规定似承袭此惯例而成。

"(b) 保险人举证证明若无不实说明,保险人不致同意对 C 提供保障或仅于不同条件下提供保障。"

(4) 获得保障若非仅 C 一人,其中一人违反第 2 条第(2)项[即本条第(2)项(a)款所规定]之说明义务者,不影响其他人于契约下所受之保障。

(5) 本条规定不影响 A 对保险人所负之义务,或保险人因 A 违反义务所得请求之救济。

第 8 条　第三人寿险

(1) 本条规定对非契约当事人之个人 L 之生命为标的而订立之消费者保险契约有其适用。

(2) 对下列第三人提供之资讯应适用本条规定:

(a) 为贯彻本法之立法意旨,L 对保险人提供之资讯应如由契约当事人提供者为相同之处理;但

(b) 任何足以影响提供有关前款资讯之个人之心态、知识、境况或特性之情事,应按 L 而非契约当事人裁判断之。

第 9 条　代理人及其法律地位

为贯彻本法立法意旨,中介消费者保险契约签订之代理人是否为消费者或保险人之代理人,应适用附表 2 判断之。

第 10 条　权益排除规定①

(1) 足以使消费者就本条第(2)项规定之事项处于较本法规定更为不利之消费者保险契约约款或其他约定无效。

(2) 前项所谓之事项系指:

(a) 契约订立或变更前消费者对保险人之说明及告知;及

(b) 因确切不实说明所得请求之救济[见第 4 条第(2)项]。

(3) 本条不适用于因消费者保险契约所生关于理赔之和解契约。

第 11 条　相应规定

(1) 下列法规于消费者保险契约范围内应予废止:

(a)《1906 年英国海上保险法》第 18 条②(被保险人之说明);

---

① 契约当事人依据本法规定所应享之权益,不得经由当事人约定将之删减。

② 《1906 年英国海上保险法》第 18 条规定:"(1) 于本条规定限制下,被保险人于契约成立前,应向保险人告知其所知悉之一切重要事项,被保险人于其执行通常事务之过程中所应知悉之每一事项,是为均已知悉。被保险人如未为告知者,保险人得解除契约。(2) 凡足以影响谨慎之保险人厘定保险费,及是否承保危险判断之事项,为重要事项。(3) 下列事项未经保险人询问者,被保险人无须告知:(a) 风险减少之事项;(b) 保险人知悉或推定知悉之事项,众所周知及保险人于通常业务中应知悉之事项,均推定为保险人知悉;(c) 保险人不要求被保险人告知之事项;(d) 经明示或默示列为担保,被保险人无须为告知之事项。(4) 未经告知之事项是否重要属事实问题。(5) '事项'一词包含被保险人所收到或其所发送之讯息或资料。"

(b)《1906年英国海上保险法》第19条①(中介契约代理人之说明);

(c)《1906年英国海上保险法》第20条②(契约洽商中之告知)。

(2)《1906年英国海上保险法》应修正如下:

(a) 于第18条文末增订:

"(6) 海上保险契约若为2012年消费者保险法所规定范围内之消费者保险契约,不适用本条规定。"

(b) 第19条现行文字改列为第(1)项,另行增订:

"(2) 海上保险契约若为2012年消费者保险法所规定范围内之消费者保险契约,不适用本条规定。"

(c) 于第20条文末增订:

"(8) 海上保险契约若为2012年消费者保险法所规定范围内之消费者保险契约,不适用本条规定。"

余下及第12条属汽车保险及程序部分规定,不具参考价值,不予移译。

---

① 《1906年英国海上保险法》第19条规定:"于前条关于无须告知之限制下,保险如由代理人代表被保险人投保者,代理人应对保险人为如下之告知:(a) 其所知悉之重要事项,代理人于其通常业务中所应知悉或曾被通知之事项视为知悉;及(b) 被保险人应为告知之重要事项,惟被保险人于知悉时不及知会代理人者,不在此限。"

② 第20条:"(1) 被保险人或其代理人于缔约过程及契约成立前对保险人所为之重要事项之说明须为真实。如不真实,保险人得解除契约。(2) 凡说明足以影响谨慎之保险人厘定保险费或是否承保危险之判断者,即为重要之陈述。(3) 说明得为有关事实或有关期待或信念说明。(4) 关于事实之说明,若其实质上正确,亦即于说明于真实之歧义经谨慎之保险人认定非为重要者,即属真实。(5) 关于期待或信念所为之说明若出于善意者,即属真实。(6) 告知说明事项在订立契约前可撤回或更正。(7) 在各个案当中,某一特定告知及说明是否重要属事实问题。"

附表 1

第一部分 契约

第 1 点 一般规定

本表仅就消费者保险契约所为之确切不实说明有其适用。

第 2 点 出于故意或重大过失之确切不实说明

确定不实说明若出于故意或重大过失者,保险人得行使如下之权利:

(a) 解除契约,拒绝赔付;及

(b) 除保留保费显欠公平外,无须返还已收之保费。

过失之确切不实说明——索赔。

第 3 点

不实说明出于过失者,对于赔付请求适用第 4 至第 8 点之规定。

第 4 点 保险人救济基础

保险人之救济应以消费者若曾遵守本法第 2 条第(2)项规定之义务,并参阅本表第 5 至第 8 点所得行使者为基础。

第 5 点 退还保费

保险人若于任何条件下均不致缔结消费者保险契约者,保险人得解除契约,拒绝赔付,但须退还已受领之保险费。

第 6 点 按不同条件订约

保险人若愿以不同条件(不包括关于保费之条件)订立消费者保险契约者,当事人间之契约应于保险人之要求下按不同条件而成立之契约处理之。

第 7 点 比例减少赔付金额

但若保险人仅于收取较高之保险费始愿订立消费者保险契约(不论其关于保费以外事项之条件是否相同或不同)者,保险人得比例减少其赔付金额。

第 8 点 比例减少

所谓"比例减少",指保险人对赔偿请求仅须按原契约条件所须给付之"X"百分比为给付(或按前述第 6 点以不同条件订立之契约给付)。此处之"X"其计算方式如下:

$$X = \frac{实付保费}{应付之较高保费} \times 100\%$$

出于过失之确切不实说明及未来契约之处理。

第 9 点

(1) 本点规定仅对:

(a) 出于过失之确切不实说明有其适用;但

(b) 不及于任何基于事故已发生而提出之求偿。

(2) 前述第 5 及第 6 点(并参与前述第 4 点)对于已提出之求偿可资适用之情况下同有其适用。

(3) 前述第 7 点(并参阅前述第 4 点)于对已提出赔付请求有其适用之情况下对尚未提出之赔付请求同有其适用。

(4) 保险人由于本点第(2)或(3)项之规定若享有前述第 6 或第 7 点所赋予之二种权利

或其中之一者,得为下列行为:

(a) 于该效果范围内通知消费者;或

(b) 对消费者为合理通知以终止契约。

(5) 但若系争契约主要或全部为寿险,保险人不得援引前述(4)项(b)规定终止契约。

(6) 保险人若依本点第(4)项(b)规定对消费者为通知者,消费者得对保险人为合理之通知以终止契约。

(7) 契约当事人任一方若依本项规定终止契约者,保险人应将已收之保险费种按余下保险期间之比例退还。

(8) 依本点规定所为契约之终止不影响终止前所已发生之赔付请求之处理。

(9) 本点规定不影响任何以协议终止契约之权利。

第二部分　契约变更

第 10 点　适用

本部分规定仅对就消费者保险契约变更所为之确切不实说明有其适用。

第 11 点　变更标的之可分别处理

变更之标的若能合理地与契约之标的分别处理,本附表的一部分(经必要之用语更动)得适用于契约相同方式适用于变更。

第 12 点　标的不可分别处理

若不按前述第 11 点处理,亦得视确切不实说明系就整个契约(并为此目的将变更包括在内),非仅就变更为之,而有第一部分(经必要之用语更动)之适用。

第三部分　团体险用语更动

第 13 点　团体用语更动

前述第 7 条所规定之团体险其有关为 C 提供保障部分之下列用语更动应受本附表第一部分制约(本部分中之 A 及 C 与该条同义)。

第 14 点　消费者保险契约之意涵

所谓消费者保险契约系指为 C 提供保障之契约部分而言。

第 15 点　求偿及保费之意涵

所谓求偿及保险费指为 C 提供保障部分之求偿及保费而言。

第 16 点　消费者之意涵

所谓消费者,按下列规定:

(a) 于前述第 2 点(b),指为 C 之保障支付全部或部分保费之人;

(b) 于前述第 9(4)及(6)点,指 A 而言。

第四部分　增补

第 17 点

于海上保险为消费者保险契约之场合,《1906 年英国海上保险法》第 84 条关于因对价丧失而返还保费之规定应受本附表规定之制约。

附表 2

判断代理人身份之法则

第 1 点　判断法则

为贯彻本法之立法意旨,本附表系为判断代理人是否以消费者或保险人之代理人身份中介缔结消费者保险契约而订定其法则。

第 2 点　保险人之代理人

于下列场合,代理人应被视为保险人之代理人:

(a) 代理人犹如"金融服务及行销法"下之指定代表人(见该法第 39 条),以代理人之身份而为行为者;

(b) 代理人经保险人指定为其代理人并被明白授权从事消费者资讯之搜集而为此项行为者;

(c) 代理人经保险人明白授权以保险人之代理人之身份订立契约者。

第 3 点　消费者之代理人

(1) 于任何其他场合,除非观乎一切相关情况明白显示代理人系以保险人之代理人身份而为行为,应推定代理人为消费者之代理人。

(2) 某些相关因素载明于下文。

(3) 有助于肯认代理人为消费者之代理人之相关因素,兹例示如下:

(a) 代理人对消费者提供公正之建言;

(b) 代理人从事公平之市场调查;

(c) 消费者付费予代理人。

(4) 有助于证明代理人系代理保险人而为行为之因素,兹例示如下:

(a) 代理人将某类系争保险转嫁于专职经营该类险种业务之保险人;

(b) 代理人与某些保险人订有契约,负有将某类系争保险限向此等保险人转嫁之义务;

(c) 保险人仅经由少数受理某类系争保险之代理人承接该类保险;

(d) 保险人容许代理人使用其名义提供代理人服务;

(e) 系争保险系以代理人之名义行销;

(f) 保险人历有委请代理人招揽消费者之习惯。

第 4 点　无参考价值,不予移译。

(责任编辑:单平基)

错误出生案件中孩子的抚养费用能否得到赔偿：动机分析

杰夫·米尔斯腾

译者：唐 超

摘 要 错误出生案件中计划外孩子的抚养费用是否应予赔偿，就此问题，法律分析的关注重心应在于原告接受绝育手术寻求保护的特定利益何在。要确认这些利益，最好的办法就是通过动机分析，揭示原告接受医疗服务背后的原因。只有循此路径，才能得到对双方当事人来讲都公平的赔偿金额。

关键词 错误出生 计划外孩子 抚养费用 动机分析

一、引言

近年来，越来越多的人利用绝育手术来防止意外生育。倘手术未达到预期效果，而父母又能证明是医生过失造成意外怀孕，法院即面临难题，为救济父母因医生过失所受损害，应判给多少赔偿金。目前法院采纳的是个案分析思路，可以想见，解决方案众多①。诚如某位评论家最近所说，"在这个法律领域，用来限制错误出生损害赔偿金的规则要比错误出生案件还多"②。

错误出生诉因，不论定义如何多歧③，不过是特定形式医疗过失诉讼的标签④。在错误

Jeff L. Milsteen, Recovery of Childrearing Expenses in Wrongful Birth Cases: A Motivational Analysis, Emory Law Journal, 32(4)(Fall 1983): 1167-1198.

译者简介：唐超，首都医科大学法学系副教授。E-mail: lawtown@163.com. 感谢《埃默里法学杂志》授权翻译出版。

基金项目：2016年度北京市教委社科计划一般项目"中国医患关系法的困境与出路"（SM201610025003）。

① 近来错误出生案件的详尽清单，参见 Trotzig, The Defective Child and Actions for Wrongful Life and Wrongful Birth, 14 FAM. L. Q. 15, 16-18 n. 6 (1980).

② Amy Norwood Moore, Judicial Limitations on Damages Recoverable for the Wrongful Birth of a Healthy Infant, Virginia Law Review, 68(6)(September 1982): 1311-1331.

③ 参见，例如 Turpin v. Sortini, 31 Cal. 3d 220, 225 n. 4, 643 P. 2d 954, 957 n. 4, 182 Cal. Rptr. 337, 340 n. 4 (1982).

④ 参见，例如 Miller v. Duhart, 637 S. W. 2d 183, 187 (Mo. Ct. App. 1982)（"错误出生不过是描述性标签"）；Becker v. Schwartz, 46 N. Y. 2d 401, 410, 386 N. E. 2d 807, 811, 413 N. Y. S. 2d 895, 899 (1978)（"不论贴上什么标签，这里的诉求本质上是过失侵权或医疗过失侵权的诉求。正如任何过失侵权，这里的原告也必须证明被告负有义务、违反义务是受害人所受损害的近因。"）。有学者指出，尽管此诉因适用普通侵权法分析路径，但也展现出某些特质："一般来说，诞下健康孩子本是值得庆贺之事，而非引发诉争之事；只是在错误出生案件中，因为原告不打算要孩子，孩子的出生方构成损害。错误出生诉求另外的特征在于，孩子虽非诉讼当事人，法院于公平分摊损害之际亦应考虑孩子的福祉。最后的与众不同之处在于，原告得将胎儿堕掉或将孩子送养从而消灭损害来源。"[Amy Norwood Moore, Judicial Limitations on Damages Recoverable for the Wrongful Birth of a Healthy Infant, Virginia Law Review, 68(6)(September 1982): 1316.]

错误出生案件中孩子的抚养费用能否得到赔偿:动机分析

出生诉因涵盖的案件中,计划外孩子的父母对医生提起诉讼①,指控医生过失实施绝育手术②、术后检测③、基因咨询或产前检测④,或者堕胎手术⑤。父母要求赔偿的损害包括分娩相关费用以及计划外孩子的抚养费用。尽管在此类案件中要证明被告人应负责任有其内在困难⑥,但还是有不少法院判令被告人承担责任并着手解决赔偿金评定事宜。

总体来说,近年来处理错误出生诉因的所有判例都给予了父母部分赔偿。多数法院承认并判给传统侵权赔偿金:涉及所接受医疗服务的一般和特殊损害赔偿金,涉及妊娠分娩的一般和特殊赔偿金⑦。争议在于,除上述传统赔偿金之外,是否还应赔偿孩子的抚养费用,迄今尚未达成共识。有些法院不论案情如何,一律不准许赔偿抚养费用⑧。还有些法院,在孩子健康的情况下,驳回抚养费请求,但表示若孩子罹患精神疾病或身体残疾,愿意考虑抚养费的赔偿事宜⑨。各法院的分歧不仅在于孩子的抚养费应否赔偿,还在于这些赔偿金如何计算,尤其是如何适用《侵权法重述》第二版第920条的所谓"利益规则(benefit rule,即损益相抵规则)"。

不论分析手段如何,多数法院错误地将讨论重心放在所指控的过失行为的结果也就是孩子身上。换言之,依传统侵权构成(义务、义务违反、近因、损害),计划外孩子本身被看作父母所受损害。而依本文的观点,更合理的思路是避开"视孩子为损害"的路径("child-as-injury" approach),而首先从考察父母接受绝育手术的动机着手分析。侵权法指向的是,"个体受法律认可的利益遭受损失的,予以赔偿"⑩,故勘实父母通过绝育手术寻求保护的特

---

① 参见 White v. United States, 510 F. Supp. 146 (D. Kan. 1981); Sherlock v. Stillwater Clinic, 260 N. W. 2d 169 (Minn. 1977); Rieck v. Medical Protective Co., 64 Wis. 2d 514, 219 N. W. 2d 242 (1974); Custodio v. Bauer, 251 Cal. App. 2d 303, 59 Cal. Rptr. 463 (1967). 错误出生的孩子提起诉讼的,为错误生命诉讼。大多数法域不认可错误生命诉因,但也有少数支持的判例。参见 Turpin v. Sortini, 31 Cal. 3d 220, 643 P. 2d 954, 182 Cal. Rptr. 337 (1982); Curlender v. Bio-Science Labs, 106 Cal. App. 3d 811, 165 Cal. Rptr. 477 (1980).

② 参见,例如 Wilbur v. Kerr, 275 Ark. 239, 628 S. W. 2d 568 (1982)(输精管切除术); Ochs v. Borrelli, 187 Conn. 253, 445 A. 2d 883 (1982)(输卵管结扎); Miller v. Duhart, 637 S. W. 2d 183 (Mo. Ct. App. 1982)(输卵管结扎); Kingsbury v. Smith, 122 N. H. 237, 442 A. 2d 1003 (1982)(输卵管结扎); Sherlock v. Stillwater Clinic, 260 N. W. 2d 169 (Minn. 1977)(输精管切除术).

③ 参见,例如 Cockrum v. Baumgartner, 99 Ill. App. 3d 271, 425 N. E. 2d 968 (1981)(术后一个月接受检测,医生基于检测结果,告知原告已无生育能力), rev'd, 95 Ill. 2d 193, 447 N. E. 2d 385 (1983).

④ 参见 Berman v. Allan, 80 N. J. 421, 404 A. 2d 8 (1979); Jacobs v. Theimer, 519 S. W. 2d 846 (Tex. 1975); Dumer v. St. Michael's Hosp., 69 Wis. 2d 766, 233 N. W. 2d 372 (1975).

⑤ 参见,例如 Speck v. Finegold, 497 Pa. 77, 439 A. 2d 110 (1981)(过失操作的绝育和堕胎手术).

⑥ 责任的证明是很大的难题。第一,结扎的输卵管或切除的输精管可以自发疏通。Penofsky, Sexual Sterilization, in 21 AM. JuR. PROOF OF FAcTs 255, 272, 285 (1968). 第二,医生有过失的证据隐藏在原告体内,只有再次手术才能发现真相。就此难题的深入讨论,参见 Robertson, Civil Liability Arising from "Wrongful Birth" Following an Unsuccessful Sterilization Operation, 4 AM. J. L. & MED. 131, 141 (1978).

⑦ 参见,例如 Kingsbury v. Smith, 122 N. H. 237, 442 A. 2d 1003 (1982)(妊娠的医疗费用,妊娠的痛苦和创伤,妊娠期间的收入损失); Miller v. Duhart, 637 S. W. 2d 183 (Mo. Ct. App. 1982)(产前产后医疗费用,母亲妊娠分娩的痛苦和创伤,失去配偶陪伴,第二次绝育手术的费用); Maggard v. McKelvey, 627 S. W. 2d 44 (Ky. Ct. App. 1981)(因妊娠分娩所产生的一般和特殊损害赔偿,例如痛苦和创伤,失去配偶陪伴,医疗费用,误工损失); Bushman v. Burns Clinic Medical Center, 83 Mich. App. 453, 268 N. W. 2d 683 (1978)(母亲的痛苦和创伤,失去配偶陪伴,医疗费用).

⑧ 参见,例如 Terrell v. Garcia, 496 S. W. 2d 124 (Tex. Civ. App. 1973), cert. denied, 415 U. S. 927 (1974); Rieck v. Medical Protective Co., 64 Wis. 2d 514, 219 N. W. 2d 242 (1974).

⑨ 参见,例如 Boone v. Mullendore, 416 So. 2d 718 (Ala. 1982); Kingsbury v. Smith, 122 N. H. 237, 442 A. 2d 1003 (1982); Mason v. Western Pennsylvania Hosp., 499 Pa. 484, 453 A. 2d 974 (1982).

⑩ W. Prosser, Handbook on the Law of Torts, § 1 (4th ed. 1971).

定利益所在,必然关乎判定的赔偿金是否合适。这些利益可能差别很大。当事人接受绝育手术,可能是为了保护准母亲的健康,也可能是防范有遗传缺陷的孩子出生,也可能是为了避孕,以免因抚养计划外孩子而担负经济或社会重任。因为忽视了这些各不相同的利益,法院也就未充分注意原告为何要接受绝育手术。只有先查明动机("为何"),法院才能恰当确定赔偿金额("多少")。弃"视孩子为损害"的路径而取"动机分析",可以更好地厘清原告寻求保护的利益,进而就所受损害给予恰当赔偿。

本文第二部分和第三部分勾勒当前解决孩子抚养费争议的不同进路。第四部分就如何给错误出生案件中可予赔偿的损害划定界限,提供一个替代分析框架。本文结论为,只有把关注重心放在原告寻求避孕服务的特定动机上,方能在此类案件中厘定合适的赔偿金额。

二、驳回抚养费用赔偿请求

仅在1982年,就有5个州的最高法院驳回了孩子抚养费用的赔偿请求①。例如怀俄明州最高法院的比尔兹利诉威尔茨玛案(*Beardsley v. Wierdsma*)②,该案由18位原告提起共同诉讼,这些原告在接受结扎手术后仍然怀孕,遂将共同的医生、医院和医疗器械生产厂家告上法庭。至诉讼时,11位原告产下健康孩子,3位继续妊娠,4位将胎儿堕掉。就产下孩子后所承担的费用或遭受的损失,法院明确拒绝任何赔偿请求。赔偿限于:(1)绝育手术的医疗费用;(2)分娩的住院费用和医疗费用;(3)妊娠、分娩或堕胎期间的误工损失;(4)妊娠带来的痛苦和创伤;(5)堕胎费用(倘允许堕胎)。法院提出了几条驳回抚养费请求的理由:

"吾等以为,孩子的抚养费用过于莫测难定(too speculative);损害相距过失太遥远;损害与加害人应受之责难,两者不成比例;照准抚养费赔偿请求会使医生承担极不合理的重荷,因为此举可能催生欺诈性质的赔偿请求,并进入一个没有合理终点的领域。"③

亚拉巴马最高法院在布恩诉马伦多尔案(*Boone v. Mullendore*)中遵循类似进路。在该案中,医生称囊肿切除手术使得原告失去生育能力,不必再行避孕,原告基于对医生说法的信赖,停止服用避孕药物。后原告产下健康孩子,要求医生赔偿医疗费用以及抚养孩子的合理费用。最高法院照准下列名目的赔偿请求:母亲因妊娠遭受的身体疼痛和精神痛苦,丈夫在妻子妊娠期间和分娩后的短暂时间所失去的舒适、服务、配偶的陪伴和关爱等损失,以及妊娠相关医疗费用。法院驳回了抚养费请求,称此等损害赔偿"性质上极为莫测难定(extremely speculative)","可能会对家庭稳定和孩子造成重大影响"④。

---

① Boone v. Mullendore, 416 So. 2d 718 (Ala. 1982); Wilbur v. Kerr, 275 Ark. 239, 628 S. W. 2d 568 (1982); Kingsbury v. Smith, 122 N. H. 237, 442 A. 2d 1003 (1982); Mason v. Western Pennsylvania Hosp. 449 Pa. 484, 453 A. 2d 974 (1982); Beardsley v. Wierdsma, 650 P. 2d 288 (Wyo. 1982).

② 650 P. 2d 288 (Wyo. 1982).

③ 650 P. 2d 292 (Wyo. 1982). [quoting Rieck v. Medical Protective Co., 64 Wis. 2d 514, 517-18, 219 N. W. 2d 242, 244 (1974)].

④ 416 So. 2d 721 (Ala. 1982). 以损害莫测难定为由驳回抚养费请求的思路,遭受广泛批评。诸多文献援引最高法院 Story Parchment Co. v. Patterson Parchment Paper Co. 案,该案判决书写道:"由于特定侵权行为的性质使然,难以精确评定损害赔偿金的,倘以此为由将一切救济措施否决,则是对正义原则的颠覆……虽不能如其他案情下那般毫厘不爽地计算损害,加害人亦无从就此有所主张"[282 U. S. 555, 563 (1931)]。

对家庭稳定和父母子女间羁绊的担心,事实上可见于所有驳回抚养费请求的法院判决中,但这两者间的关系,从未得到充分阐述。例如,在布恩诉马伦多尔案中,法院驳回抚养费请求的判决部分基于下面的理由,即准予赔偿孩子抚养照顾费用的规则,会催生出"计划外孩子(unwanted child)"的概念,进而会"妨碍而不是促进天然的家庭关系"①。法院并没有解释如何得出这样的结论;完全有理由认为,这里假定的对家庭关系的妨碍,纯属玄想。阿肯色州最高法院在威尔伯诉克尔案(*Wilbur v. Kerr*)中做出类似判决②。在该案中,医生给丈夫施行绝育手术犯下过失,妻子后来产下健康孩子。法院驳回抚养费赔偿请求,认为此等事宜会"扰乱生命的概念和家庭的稳定"③。

威尔伯案判决还有个依据,即所谓"情感上的私生子"理论("emotional bastard" theory)④。依此理论,一旦孩子发现自己系父母不想要的(unwanted)孩子,而且自己的抚养费用也是由他人承担,会给孩子巨大打击,以故抚养费请求应予驳回⑤。有家法院遂将父母姓名隐去,以回避此难题⑥。另外一家法院则提出,孩子可以被认为是计划外的(unplanned),却不能说是不想要的(unwanted)或者不招疼爱的(unloved),而且待孩子心智成熟到足以理解父母诉讼的性质,"自然有充分的独立证据来评估父母对自己的情感"⑦。无论如何,只要没有司法精神病学的专家证据支持此种主张,法院即不得基于孩子可能受到心理伤害的凭空想象而驳回抚养费用赔偿请求。

还有一项用来排除抚养费请求的公共政策论辩,即所谓"更大利益(overriding benefits)"理论,或者称"福佑(blessing)"理论⑧。最近的梅森诉西宾州医院案(*Mason v. Western Pennsylvania Hospital*)⑨,法院即援引了此项公共政策论辩。在该案中,因绝育手术失败,原告产下健康孩子。宾州最高法院判决写道:

"依本州的公共政策,家庭之于社会至关重要,是以本院认为,健康孩子带给父母的欢愉、陪伴、情感,在法律上,必须将这些利益的价值看得重于抚养孩子的经济开销。"⑩

健康孩子带来的利益必定重于抚养负担,为证成此论辩,遂有如此说法,称父母既然决意将孩子养育成人,而不寻求其他合法替代方案(例如将胎儿堕掉或将孩子送养),"即以其行为表明,抚养孩子所获得的利益超过任何困难或者花费"⑪。这一论点遭到诸多法院和学

---

① Boone v. Mullendore 416 So. 2d at 728 (Jones and Shore, JJ., concurring specially).
② 275 Ark. 239, 628 S. W. 2d 568 (1982).
③ Id. at 243, 628 S. W. 2d at 571.
④ 参见 Brian McDonough, Wrongful Birth: A Child of Tort Comes of Age, 50 U. CIN. L. REV. 65(1981).
⑤ 275 Ark. at 242, 628 S. W. 2d at 570.
⑥ Anonymous v. Hospital, 33 Conn. Supp. 126, 366 A. 2d 204 (Super. Ct. 1976).
⑦ Moore, Wrongful Birth: The Problem of Damage Computation, 48 U. Mo. KANSAS CITY L. REV. 1, 11 (1979).
⑧ 更大利益理论是公共政策规则,而非损害赔偿规则,不能和《侵权法重述》第二版第 920 条的利益规则相混淆。参见 Robertson, Civil Liability Arising from "Wrongful Birth" Following an Unsuccessful Sterilization Operation, 4 AM. J. L. & MED. 131, 141 (1978), at 150.
⑨ Mason v. Western Pennsylvania Hosp., 499 Pa. 484, 453 A. 2d 974 (1982).
⑩ Id. 有学者质疑此论的逻辑,称"倘有某位父亲拒绝不支付孩子的抚养费,主张自己带给孩子母亲无价的福佑,没有法院会为此种谬论所动"。Bickenbach, Damages for Wrongful Conception: Doiron v. Orr, 18 U. W. ONTARIO L. REV. 498 (1980).
⑪ Coleman v. Garrison 327 A. 2d 757, 761 (Del. Super. Ct. 1974), aff'd, 349 A. 2d 8 (Del. 1975).

者的猛烈抨击。说孩子的出生永为福佑，孩子带来的利益必重于负担，是对"数百万夫妇采取避孕措施以免此等福佑"事实的装聋作哑、视而不见①。

有些法院不肯直面孩子的抚养费用事宜，而将此类诉因重新定义为"错误妊娠（wrongful pregnancy）"②，或者"错误怀孕（wrongful conception）"③。有两件错误妊娠案件，科尔曼诉加里森案（*Coleman v. Garrison*）④，布什曼诉伯恩医疗中心案（*Bushman v. Burns Clinic Medical Center*）⑤，都是过失实施绝育手术后产下健康孩子。在科尔曼案中，法院认为，解决损害赔偿事宜的合适路径乃是将此诉讼看作因"错误妊娠"而生的诉讼，非因"错误出生（wrongful birth）"而生的诉讼，从而将损害限于"真实费用（real expenses），以及意外妊娠所致的明显困难"。法院称，任何其他损害都莫测难定，原告可证明的损害应限于结扎手术的费用，妊娠相关医疗费用、痛苦和创伤以及失去的配偶陪伴⑥。布什曼案判给的赔偿金亦限于同样名目，密歇根上诉法院遵循科尔曼案思路，认为"错误妊娠的损害赔偿金在孩子出生前即已确定"⑦。

错误怀孕案件，正如错误妊娠案件，事实上几乎不能同错误出生标签下讨论的案件相区别。例如，在金斯伯里诉史密斯案中（*Kingsbury v. Smith*），医生施行结扎手术有过失，后来母亲产下健康孩子，新罕布什尔最高法院支持了错误怀孕诉因⑧。法院指出，倘不认可错误怀孕诉因，即在医疗过失领域留下法律漏洞。法院又认为，赔偿只能限于妊娠直接相关的医疗费用、手术费用、痛苦和创伤，以及妊娠期间的误工损失⑨。在米勒诉杜哈特案中（*Miller v. Duhart*），密苏里上诉法院亦认可了错误怀孕诉因⑩。同样是结扎手术失败，产下健康孩子，虽说米勒的诉讼请求为时效法所阻，法院还是指出，错误怀孕属过失诉讼的特定形式，"导致可赔偿的损害，这些损害可以计算"，大概包括产前产后的医疗费用、母亲妊娠分娩期间遭受的痛苦和创伤、配偶权利的丧失，以及第二次绝育手术的费用⑪。

在这些案件中，法院刻意避免错误出生标签而使用诸如"错误妊娠"和"错误怀孕"这类描述性质的表达。鉴于这些案件在法律事实和判决方面都很相似，重新考虑这个标签的效用自然甚为合宜。很多法院认为"错误出生"不过就是特定类型医疗过失或者过失诉讼的标签而已。但在有些法院看来，竟敢将出生称为错误，是可忍孰不可忍。或者正如学者指出

---

① Robertson, Civil Liability Arising from "Wrongful Birth" Following an Unsuccessful Sterilization Operation, 4 AM. J. L. & MED. 131, 141 (1978), at 151.
② 参见，例如 Coleman v. Garrison, 327 A. 2d 757 (Del. Super. Ct. 1974), aff'd, 349 A. 2d 8 (Del. 1975); Bushman v. Burns Clinic Medical Center, 83 Mich. App. 453, 268 N. W. 2d 683 (1978).
③ 参见，例如 Kingsbury v. Smith, 122 N. H. 237, 442 A. 2d 1003 (1982); Miller v. Duhart, 637 S. W. 2d 183 (Mo. Ct. App. 1982). 但请参见 Sherlock v. Stillwater Clinic, 260 N. W. 2d 169 (Minn. 1977)（法院在其所称错误怀孕案件中照准了抚养费请求）.
④ 327 A. 2d 757 (Del. Super. Ct. 1974).
⑤ 83 Mich. App. 453, 268 N. W. 2d 683 (1978).
⑥ 327 A. 2d at 761-62.
⑦ 83 Mich. App. at 463, 268 N. W. 2d at 687.
⑧ 122 N. H. 237, 442 A. 2d 1003, 1004(1982).
⑨ Id. at 243, 442 A. 2d at 1006.
⑩ 637 S. W. 2d 183 (Mo. Ct. App. 1982).
⑪ Id. at 188.

的,将"错误"语词和"出生"语词组合在一起,对有些人来说,意味着"对社会生育利益的攻击"①。倘真是如此,而这个拙劣的标签又将孩子的抚养费用事宜遮蔽,那么这个标签确应弃置不御。既然这些案件不管贴上怎样的标签,涉及的都是同样的事宜,为何不直呼之"医疗过失诉讼"? 正如怀俄明最高法院首席法官罗丝(Rose)在比尔兹利案中所说:"此类特别诉讼请求,涉及关乎妊娠分娩的一些道德和社会议题,但不能让这个事实破坏侵权法既成的、公认的概念。"②

在前面讨论的绝育手术失败案件中,另一个相似之处在于,在孩子心理或身体残疾的情形,有些法院愿意重新评估驳回抚养费请求的立场。例如,在伯恩诉马伦多尔案中,亚拉巴马最高法院即明确将驳回抚养费请求的立场限于计划外孩子为健康孩子的情形。法院宣称,法院意见中的任何地方"都不应解释为,意在处理孩子先天残疾或者注定将罹患遗传疾病场合的赔偿标准事宜"③。类似地,在金斯伯里诉史密斯案中,新罕布什尔最高法院于驳回抚养费请求之际亦道:"在其他不同情境下,包括但不限于孩子畸形或者健康严重受损害的情形,本院或会得出不同结论。"④

阿肯色州最高法院和宾州最高法院皆有类似表态,但它们亦受到质疑。在威尔伯诉克尔案和梅森诉西宾州医院案中,异议法官承认,于孩子健康情形驳回抚养费请求而在孩子残疾情形准予赔偿抚养费,理论上不能自洽⑤。梅森案首席法官奥布赖恩(O'Brien)巧妙论证,称"导致所有可预见损害的,不是孩子的相对健康,而是医生的过失"⑥。这个说法将法院考察的重心放在原告受侵害的利益上,而不是放在将孩子看作最终损害上,从而为探讨损害赔偿事宜提供了更好的框架。

三、判例法认可抚养费赔偿请求

(一)基础理论

那些照准了抚养费请求的法院,援引诸多法律和政策理由以支持自己的判决。这些理由中最主要的,就是认为个体享有不要孩子的宪法权利。在科克勒姆诉鲍姆加特纳案中(*Cockrum v. Baumgartner*)⑦,伊利诺伊上诉法院认可了限制生育的权利并就准予赔偿抚养费用发表意见说:"准许赔偿抚养费用并非对孩子生命价值的践踏。相反,是对父母控制

---

① Martine Carroll, Recovery for Wrongful Conception: Who Gets the Benefit—the Parents or the Public?, New England Law Review, 14(4) (Spring, 1979)784, 789;另见 Rivera v. State, 94 Misc. 2d 157, 161, 404 N. Y. S. 2d 950, 953 (Ct. Cl. 1978)["我们注意到有些法院和媒体使用了'错误(出生)'术语,多数是反对此诉因的。这术语实在是不幸的称号,因为不论对所实施的不法行为还是所受损害来说,都算不上精确的描述。"].
② 650 P. 2d 288, 293 (Wyo. 1982) (Rose, C. J., concurring specially).
③ 416 So. 2d 718, 723 (Ala. 1982).
④ 122 N. H. at 243, 442 A. 2d at 1006.
⑤ 275 Ark. at 246, 628 S. W. 2d at 572 (Dudley, J., dissenting).
⑥ Mason, 499 Pa. at 488, 453 A. 2d at 977 (O'Brien, C. J., concurring and dissenting).
⑦ 99 Ill. App. 3d 271, 425 N. E. 2d 968 (1981), rev'd, 95 Ill. 2d 193, 447 N. E. 2d 385 (1983).

生育事宜这项基本权利重要性的肯定。"①在科克勒姆案中，被告医生为科克勒姆先生施行输精管切除术，术后一个月接受精液检查，医生告知手术成功。谁知科克勒姆太太六周后怀孕，科克勒姆先生再接受精液检查，显示手术失败。科克勒姆夫妇后得到健康孩子，要求医生赔偿孩子的抚养教育费用。法院照准抚养费请求并指出，限制生育的权利落入宪法保护的隐私领域②。

类似的，在里韦拉诉纽约案中（*Rivera v. New York*）③，也是绝育手术失败案，原告得到第 6 个孩子，法院判决称，"医生过失使得父母得到计划外孩子的，父母的基本权利遭受重大侵害，很可能造成灾难性的经济后果"④。法院认为，医疗过失诉讼成立，原告的请求赔偿医疗费用、妊娠所致痛苦和创伤，以及抚养计划外孩子的预期费用⑤。

至少有一家法院在照准抚养费请求时认为，经济现实往往重于父母身份带来的欢愉，原告所受损害并非孩子本身，而是添丁进口的经济后果。库斯托迪奥诉鲍尔案（*Custodio v. Bauer*）⑥是认可抚养费赔偿请求权的较早判例。该案中，医生建议原告，考虑到原告年龄愈增而且已经有了 9 个孩子，最好接受绝育手术，以免膀胱和肾脏病情加重。谁知原告还是怀孕并产下第 10 个孩子，原告起诉医生，除其他赔偿名目，特别要求赔偿抚养费。本案法院未理会反对赔偿抚养费用的"视孩子为损害"进路，认为给予抚养费并不意味着对所谓计划外孩子的赔偿，而是意在"充实家帑，不致因这新生儿的到来，剥夺其他家庭成员在家庭收入中本该得到的份额"⑦。是以，库斯托迪奥诉鲍尔案所关注者，非在医生过失行为的结果（即孩子），而在过失行为对母亲的影响（表现为承担额外的费用）。

（二）利益规则的适用

如前所述，医生过失行为致原告夫妇得到计划外孩子的，有些法院同意，应令医生承担相应的抚养费用赔偿责任。但就责任的范围，以及父母身份的利益在多大程度上可以抵消抚养孩子的费用从而减轻损害赔偿额，这些法院却有争议。争议主要源于对《侵权法重述》（第二版）第 920 条利益规则（损益相抵规则）的不同解释。该条写道：

"被告的侵权行为致原告或其财产受侵害，同时使原告遭侵害的权益受有特别利益者，应于公平限度内，考虑所受利益的价值，以减轻损害赔偿额。"

在错误出生情形适用损益相抵规则，就要求勘明原告通过避孕行为所寻求保护的特定利益所在，而被告的侵权行为是否使得原告的该种利益得到了特别的好处。此即"同样利益"限制（"same interest" limitation），以防此种利益受侵害，却以彼种利益得到的好处相抵扣。

---

① 99 IMIA. pp. 3d at 273, 425 N. E. 2d at 970. 参见 Margaret J. Mullen, Wrongful Life: Birth Control Spawns a Tort, 13 John Marshall Law Review 401, 420 (1980).

② 99 IMIA. pp. 3d at 273, 425 N. E. 2d at 970. 另见 Curlender v. Bio-Science Labs, 106 Cal. App. 3d 811, 821-22, 165 Cal. Rptr. 477, 484 (quoting Park v. Chessin, 60 A. D. 2d 80, 86, 400 N. Y. S. 2d 110, 114 (1977)) ("立法既然废弃了对堕胎的禁止立场，这背后的公共政策考虑也就给了潜在的父母不要孩子的权利，当然，不能逾越制定法和判例法的限制。").

③ 94 Misc. 2d 157, 404 N. Y. S. 2d 950 (Ct. Cl. 1978).

④ Id. at 162, 404 N. Y. S. 2d at 953.

⑤ Id. at 160-61, 404 N. Y. S. 2d at 952-53.

⑥ 251 Cal. App. 2d 303, 59 Cal. Rptr. 463 (1967).

⑦ Id. at 324, 59 Cal. Rptr. at 477.

错误出生案件中孩子的抚养费用能否得到赔偿:动机分析

在错误出生案件中适用损益相抵规则,有些法院从宽解释同样利益限制规则,有些法院则严格解释同样利益限制规则。例如,在特罗普诉斯卡夫案中(*Troppi v. Scarf*)①,密歇根法院对同样利益限制规则的解释即极为宽松。在该案中,药剂师开具口服避孕药处方有过失,致原告得到第 8 个孩子。原告夫妇要求赔偿太太的误工损失、医疗及住院费用、妊娠分娩的痛苦和创伤,以及孩子的抚养费用。法院裁判,这些损害应予赔偿,但父母因孩子出生所得到的好处,应以抵扣损害赔偿金。法院指出,事实审理者要判断特定孩子的出生是否给父母带来好处,诸如家庭规模、家庭收入、父母的年纪、婚姻状况这些因素,皆应考虑。法院认为,一旦勘明这些好处,即应以之和损害的所有要素相衡量。"妊娠,还有妊娠伴随的焦虑,妊娠给行动能力造成的影响以及痛苦和创伤,这些都和生育脱不开干系","是以,于适用同样利益限制规则之际,试图将这些损害内容和抚养计划外孩子的费用区隔开来,即毫无根据"②。对同样利益限制规则如此宽松的解释,其实际效果为,得以产后父母身份带来的好处抵扣产前遭受的金钱损害,很可能大幅度减轻赔偿金额。特罗普案法院如此处理金钱利益/非金钱利益的界分事宜[这样的界分并不见于《侵权法重述》(第二版)第 920 条],也就忽视了确定所涉特定利益这个真正问题。

明尼苏达州最高法院在舍洛克诉静水诊所案(*Sherlock v. Stillwater Clinic*)中遵循类似进路③。舍洛克先生接受了绝育手术,手术施行有过失,舍洛克太太产下第 8 个孩子。原告请求赔偿分娩医疗费用,妊娠分娩期间的痛苦和创伤,舍洛克先生失去的配偶陪伴,以及孩子成年之前的抚养教育费用。法院判决赔偿抚养费用,认为"撇开伦理和宗教考虑,必须承认,抚养费用是父母遭受的直接经济损害,相较错误妊娠分娩生出的医疗费用,在直接效果上没有区别"。但就孩子出生后的抚养费用,法院这手给出却另手拿回,称既然同样利益限制规则的基本目的在于防止不当得利,事实审理者即应将"父母一生中,孩子带给父母的帮助、安慰、亲子利益这些惠及父母的价值",从赔偿的抚养费用中扣除④。如此这般得以非金钱利益抵消金钱利益,倘事实审理者通盘考虑,认定计划外孩子带来的利益重于抚养负担,即可能使得原告拿不到分文赔偿。

对同样利益限制规则的宽松解释可能将赔偿金额减少至无,严格解释就不许以非金钱利益抵扣金钱利益,从而使原告可以得到最多的赔偿。例如,在科克勒姆诉鲍姆加特纳案中,绝育手术失败,原告得到健康的孩子⑤,伊利诺伊州上诉法院指出,"倘损益相抵规则的适用,竟至允许以父母身份的情感回报抵消经济负担,则是对此规则的误用"。法院强调:"不得以父母身份的回报来抵消抚养费用,盖'此等回报于性质而言乃系情感回报,纵使回报巨大,亦于原告受侵害的经济利益毫无裨益'。"⑥依对同样利益限制规则的此等严格解释,只有孩子的存在于原告受侵害的经济利益有所补益的,方得于此限度内抵扣原告请求的损

---

① 31 Mich. App. 240, 187 N. W. 2d 511 (1971).
② Id. at 255, 187 N. W. 2d at 518. 另见 Boone v. Mullendore, 416 So. 2d 718, 726 (Ala. 1982) (Faulkner, J., concurring specially) ("在错误妊娠诉讼中,严格适用同样利益限制规则会导致不公平的结果,造成不当得利"); accord Sherlock v. Stillwater Clinic, 260 N. W. 2d at 176 (允许以孩子给父母的帮助、安慰和亲属利益来抵扣抚养费用).
③ 260 N. W. 2d 169 (Minn. 1977).
④ 260 N. W. 2d 176 (Minn. 1977).
⑤ 99 Il. App. 3d 271, 272, 425 N. E. 2d 968, 969 (1981), rev'd, 447 N. E. 2d 385 (1983).
⑥ Id. (quoting Kashi, The Case of the Unwanted Blessing: Wrongful Life, 31 U. MIAMI L. REV. 1409, 1415 (1977)).

害赔偿金。换言之，必以金钱利益方得抵消金钱损失。

对同样利益限制规则另外的严格解释可见于库斯托迪奥诉鲍尔案①。在该案中，原告罹患精神疾病，膀胱和肾脏也不太好，分娩会加重这些病情，故接受绝育手术。被告医生主张，倘认可抚养费请求，亦应宽松解释同样利益限制规则而将抚养费用大幅抵消。法院并不接受此进路，而是严格解释同样利益限制规则，认为用来抵消的利益必须和受保护的利益同样性质。判决称，"倘绝育手术的失败以及随之而来的妊娠过程，于妻子的情感和神经系统有所裨益，于其肾脏和膀胱疾病有所缓解"，仅在此限度内，方得抵扣得予赔偿的费用②。

由前述讨论可知，各法院通过坚持同样利益限制规则，对损益相抵规则要么宽松解释，要么严格解释，却不是首先精确界定所涉利益，也就是原告接受绝育手术所寻求保护的利益。科克勒姆案和库斯托迪奥案对同样利益的严格解释，要求以金钱利益抵消金钱损害，以非金钱利益抵消非金钱损害。相反，宽松解释则允许以非金钱利益抵消金钱损害。两条解释路径皆不能达致理想效果：绝育手术使原告特定利益遭受损害，使该特定利益所受损害得到赔偿。要判断被告的侵权行为是否"使原告遭侵害的权益受有特别利益"（《侵权法重述》第二版第920条），首先要做的就是辨识出原告接受绝育手术所寻求保护的利益到底何在，而不是金钱/非金钱的区分工作。

（三）可避免后果规则

随着错误出生诉讼的发展，有些法院开始触及对可予赔偿损害的另一项限制，即可避免后果规则③。可避免后果规则，如《侵权法重述》第二版第918条所言："因他人之侵权行为受侵害之人，就侵权行为实行后，以合理努力或费用本得避免之损害，不得请求赔偿。"在错误出生情形，得以两种方式避免实质损害，于法定期间内将胎儿堕掉或者将孩子送养。倘原告将胎儿堕掉或将孩子送养，损害赔偿即限于堕胎或送养前承担的费用，抚养费用不予考虑。

美国法院普遍认为，法院于评估原告损害赔偿请求之际，不应将原告未将胎儿堕掉或未将孩子送养这样的事实纳入考虑。例如，在特罗普诉斯卡夫案中（*Troppi v. Scarf*），法院裁判说，在法律上，令母亲将胎儿堕掉或将孩子送养，绝非合理要求④。因为该案判决时，选择性堕胎乃不法行为，故法院讨论集中于送养选项。法院指出反对送养选项的三组利益：（1）由生父母抚养孩子乃值得赞许的事情；（2）母亲有抚养孩子的权利（除非证明不合适）；（3）送养可能给孩子造成心理影响。法院认为，孩子的降生使得父母子女间建立起情感和精神上的羁绊，很少有父母能打破这样的羁绊，送养会给父母和孩子造成巨大的负面心理影

---

① 251 Cal. App. 2d 303, 59 Cal. Rptr. 463 (1967).
② Id. at 323, 59 Cal. Rptr. at 476.
③ 参见，例如 Boone v. Mullendore, 416 So. 2d at 728 (Jones and Shore, JJ., concurring specially) ("母亲既决意将胎儿足月娩出，也就决意抚养孩子。因抚养决定非出于经济动机，抚养孩子的损害即不得在经济上衡量。")；Coleman v. Garrison, 327 A. 2d 757, 761 (Del. Super. Ct. 1974) ("虽有其他合法替代方案可用，原告仍决意将孩子养大，在此情形，将抚养孩子的经济成本评定为被告应予赔偿的损害，本院以为并不合理……原告决意将孩子养大，也就意味着收益大于抚养孩子的困难或费用"), aff'd, 349 A. 2d 8 (Del. 1975)；Ziemba v. Sternberg, 45 App. Div. 2d 230, 234, 357 N. Y. S. 2d 265, 270 (1974) (Cardamone, J., dissenting) ("当时可以合法堕胎，原告既未利用此合法替代方案，即不得请求赔偿。").
④ 31 Mich. App. 240, 260, 187 N. W. 2d 511, 520 (1971).

响。法院进而主张,父母完全有理由相信,送养的危险会"伤害"孩子①。

自选择性堕胎除罪化,法院逐渐将关注重心从送养选项转移到堕胎选项上。在里韦拉诉纽约案中(Rivera v. New York),法院认为,倘有法律规则令原告堕胎,将是"对隐私利益令人发指的侵害",在这块如同身体主权般私密的领域,法律不得允许公众侵入个人地界。②在梅森诉西宾州医院案中(Mason v. Western Pennsylvania Hospital),布罗斯基法官(Justice Brosky)于其附议意见中表达了类似观点:

"那种应将胎儿堕掉的论辩又当如何看待?如何论调,可谓邪辟。正是那医生的过失行为,才造成了胎儿的孕育,而今那医生竟能强令将这胎儿扼杀,将自己应负的赔偿责任减至最轻,何其忍也!"③

更近些时候,在加州的莫里斯诉弗鲁登费尔德案中(Morris v. Frudenfeld),结扎手术失败,医生提议免费为患者堕胎。法院指示事实审理者说,于计算原告所受损害之际,不得考虑原告本可堕胎或将孩子送养的事实④。

这些反对考虑堕胎选项的论辩,极富情感,很能打动人,但忽视了侵权法的基本教义。依人身伤害案件中公认的规则,受害人没有正当理由而不去就医,就因此所致的损害,不得请求赔偿⑤。这里所谓就医,已延伸到手术:

"侵权行为的受害人,应尽到通常的注意,寻求医疗服务或者手术,以治愈病痛并将损害减到最小。否则,以通常注意本可避免的伤害,就其后果,不得请求赔偿。"⑥

如此,本来毫无疑问是侵害"身体主权"的手术⑦,在合理案情下遂为应为之事,倘原告不利用手术减轻损害,相应的损害赔偿请求往往即遭阻却。

要判断原告不寻求医疗服务的决定是否合理,法院应考察诸如原告病史、手术的难度和风险、手术费用、手术带来的不便,以及手术成功的可能性等因素⑧。依这些标准,事实审理者就相对容易判断堕胎之为纯粹手术是否合理;医疗专家可以较有把握地预测手术风险和成功可能性。

错误出生案件中的真正问题,并不在于原告接受手术是否合理,而在于是否应要求原告于堕胎和前述抚养费用间做出抉择。原告的选项有三:将孩子养大,将孩子送养,堕胎。倘原告决定将孩子养大,就必须承受由之而来的经济负担。事实审理者应判断此结果是否公

---

① Id. at 259, 187 N. W. 2d at 520.
② 94 Misc. 2d 157, 163, 404 N. Y. S. 2d 950, 954 (Ct. Cl. 1978).
③ 268 Pa. Super. 354, 371, 428 A. 2d 1366, 1374-75 (1981) (Brosky, J., concurring) [quoting Kashi, The Case of the Unwanted Blessing: Wrongful Life, 31 U. Min L. REv. 1409, 1418 (1977)], vacated and remanded, 499 Pa. 484, 453 A. 2d-974 (1982).
④ 135 Cal. App. 3d 23, —, 185 Cal. Rptr. 76, 80 (1982).
⑤ 参见,例如 MCCORMICK, HANDBOOK ON THE LAW OF DAMAGES § 36 (1935) ("遭受人身伤害而生的痛苦和残疾,倘以合理注意寻医就诊本可避免的部分,不得请求损害赔偿。").
⑥ Colton v. Benes, 176 Neb. 483, 497, 126 N. W. 2d 652, 661 (1964) [quoting Annot., 48 A. L. R. 2d 349 (1956)].
⑦ 94 Misc. 2d 157, 163, 404 N. Y. S. 2d 950, 954 (Ct. Cl. 1978).
⑧ 参见,例如 Young v. American Export Isbrandtsen Lines, 291 F. Supp. 447, 450 (S. D. N. Y. 1968) (病史、手术难易、所涉风险、成功的可能性,应纳入考虑); Franco v. Fujimoto, 47 Hawaii 408, 429, 390 P. 2d 740, 752 (1964) (手术费用、不便、专家意见,是应予考虑的因素); Zimmerman v. Ausland, 266 Ore. 427, 434, 513 P. 2d 1167, 1170 (1973) ("为此应考虑的因素通常包括所涉风险,即手术的危险性质、成功的可能性以及需要的金钱或能力。").

平合理。无论如何，要求原告以合理措施减轻损害，不得理解为司法强制，迫使原告堕胎或将孩子送养。毋宁说，可避免后果规则只是要求原告做出选择，选择是否合理，由事实审理者嗣后判断。

原告所处的两难困境，主要不在于手术本身的合理性，而在于所面对的道德议题的合理性。倘原告出于道德、宗教或其他非医疗事由而拒绝堕胎，驳回原告的抚养费请求是否合理？基于具体案情，答案有可能是肯定的。正如麦考密克教授于其损害赔偿法著作中所说："倘原告因伦理或宗教事由而犹疑，未接受相对不大的手术，事实审理者会将这些犹疑因素纳入整个案情，在整个案情下判断原告的行为是否合理。"①也就是说，原告出于道德理由而未堕胎的，并不必然因未能避免损害扩大而使原告得到不利判决，而只是事实审理者应予考虑的诸多因素之一。

在津巴诉斯滕伯格案中（*Ziemba v. Sternberg*）②，原告向其医生咨询避孕事宜。虽经治疗，原告仍疑有孕，但医生反复否认。后来其他医生查知原告已妊娠四个半月。原告诉称："完全由于医生过失，未能于合理时间内发现明显怀孕征兆，致未诊断出孕情，使得原告不能以必要医疗措施终止妊娠。"少数法官的异议主张，既然不能证明妊娠四个半月时堕胎的风险大于足月分娩的风险，那么原告未能接受合法堕胎手术，"其损害赔偿请求即遭阻却"。多数意见认可原告的赔偿请求乃为有效诉因，并认为是否堕胎的决定取决于诸多因素，包括妊娠所处阶段、发现妊娠时原告的健康状况，以及医生的判断和建议③。津巴案法院提出的这些因素，类似于在可避免规则下判断原告不接受手术的合理性时所探讨的那些因素。

在当今社会，堕胎既为寻常事，自法律而言，以堕胎减轻损害于所有案件中皆非合理措施，恐非复妥当。例如津巴案，原告即称，倘早些诊知妊娠，当会堕胎④。这难道不就是个事实问题吗？相较妊娠四个半月，妊娠三个月时堕胎是不是合理？如有学者指出："《侵权法重述》第二版的可避免损害规则，思路是在具体案情下逐案判断，令原告采取措施避免损害扩大是否合理；合理性问题一般是事实问题，而非法律问题。"⑤虽说以堕胎控制生育素有争议，将来终会愈获接受。倘果真如此，纵使原告主观上认为堕胎非为合理措施，亦不妨碍被告要求原告以此减轻损害。其他因素，例如寻求绝育医疗服务的动机，于判断原告未以堕胎手段减轻实质损害是否合理亦起作用，下文将予详细讨论。

四、动机分析

计划外孩子往往被看作医生过失操作绝育手术的最终成果。例如，沙欣诉奈特案（*Shaheen v. Knight*），原告（父亲）出于经济考虑，接受结扎手术以限制家庭规模。手术失败，父亲提起诉讼，法院将此件诉讼看作为孩子出生而提起的诉讼，而不是为抚养费用而提

---

① Troppi v. Scarf, 31 Mich. App. at 258 n. 11, 187 N. W. 2d at 519 n. 11.
② 45 A. D. 2d 230, 357 N. Y. S. 2d 265 (1974).
③ Id. at 233, 357 N. Y. S. 2d at 269. 基于这些因素，发回重审。
④ Id. at 231, 357 N. Y. S. 2d at 267.
⑤ Amy Norwood Moore, Judicial Limitations on Damages Recoverable for the Wrongful Birth of a Healthy Infant, Virginia Law Review, 68(6) (September 1982), p. 1328.

起的诉讼①。有必要将这两条进路区分开来,对损害的分析,应该从计划外孩子出生本身转移到医生过失和孩子出生造成父母利益受损害上来。

依侵权法的基本教义,在医疗过失诉讼中,任何涉及多少赔偿金合适的问题,必然要讲清楚父母因医生过失行为受到损害的利益何在。科克勒姆诉鲍姆加特纳案(*Cockrum v. Baumgartner*)中某位法官的复合意见提到,"必须认识到,这些父母控制生育的目的各异,不同案件中父母利益所受损害也不一样"②。正是在这个背景下,动机分析将有助于勘实受损害的具体利益。在斯佩克诉芬戈尔德案中(*Speck v. Finegold*),法院提炼出限制家庭规模的三个主要目的:(1)优生目的,防范残疾孩子出生;(2)治疗目的,防止母亲健康受损害;(3)社会经济目的③。怀着这三个目的,法院即可就原告寻求避孕服务的动机从事个案分析。只有发现了关乎这些动机的证据,法院才能恰当确定所涉利益,判断给予多少赔偿是合适的。仔细勘定所涉利益,同样会促进利益规则以及其间包含的"同样利益"限制规则的适用。

(一)治疗动机

治疗性的绝育手术,目的在于保护患者身心健康,或者在男性结扎的场合,保护患者的妻子。如果手术所要保护的唯一利益就是妻子(准母亲)的健康,那么当事人在接受绝育手术时考虑范围内的唯一伤害就是怀孕分娩给妻子(准母亲)健康造成的损害。在库斯托迪奥诉鲍尔案(*Custodio v. Bauer*)中,医生建议母亲接受绝育手术,避免膀胱和肾脏疾病恶化,法院援引此前克里斯滕森诉桑比案(*Christensen v. Thornby*)④,在判词中写道:

"手术目的是为了避免分娩给妻子生命带来的风险。并非当事人所声称的节省妊娠分娩造成的费用……当事人所声称的费用伴随怀孕而来,避免这些费用相距当事人承认的手术目的过于遥远。"⑤

遵循库斯托迪奥案阐发的基本原理,赔偿应限于失败手术的费用以及直接源于母亲健康损害的损失。依此思路,最初促使当事人决意接受绝育手术所要节省的那些费用,才是应予赔偿的费用,妊娠期间承担的费用才是此思路关注的重心,而残疾可能远远超出此期间。

因为担心妊娠分娩给母亲健康造成的影响,为治疗目的而接受了绝育手术的父母在整个妊娠期间当然会遭受精神痛苦。若非手术失败,当事人本不会遭受此精神痛苦,故此精神痛苦应予赔偿。父母接受手术,不仅是为了消除母亲面临的健康危险,也是为了避免因为妊娠而担惊受怕。医生未能成功实施绝育手术,使父母备感痛苦焦虑,就此应负损害赔偿责任。

像适才设想的就分娩前的精神痛苦请求赔偿的判例,还没有看到。有些错误出生案件,

---

① 11 Pa. D. & C. 2d 41 (1957).
② 99 Ill. App. 3d 271, 276, 425 N. E. 2d 968, 972 (1981) (Linn, J., concurring).
③ 268 Pa. Super. 342, 348 n. 4, 408 A. 2d 496, 499 n. 4 (1979), rev'd in part, 497 Pa. 77, 439 A. 2d 110 (1981).
④ 192 Minn. 123, 255 N. W. 620 (1934).
⑤ 251 Cal. App. 2d at 318, 59 Cal. Rptr. at 473 (quoting Christensen v. Thornby, 192 Minn. 123, 126, 255 N. W. 620, 622 (1934)).

当事人就妊娠期间以及分娩后的精神痛苦请求赔偿而遭驳回，法院认为损害赔偿金太过莫测难定，而且父母身份亲权职责带来精神痛苦，也是可接受的结果①。但这些和出于治疗目的情形没有关系。

为治疗目的接受绝育手术，手术失败引起错误出生诉讼，可予赔偿的损害限于该失败手术的费用、妊娠造成母亲健康损害所产生的一般和特别损害以及分娩前遭受的精神痛苦，故而，动用利益规则来抵消损害的余地就受到极大限制。援引"同样利益"限制规则，被告人只能请求抵消妊娠分娩给母亲健康带来的任何具体利益，因为这是当事人希望得到保护的利益。

不管母亲分娩后的健康状况如何，一般抚养费用都不能得到赔偿，因为当事人决意接受绝育手术不是为了避免这些费用。但如果妊娠分娩造成母亲残疾，没有特别帮助就无力抚养孩子，那么因特别帮助而产生的"特别"抚养费用，应予赔偿。

被告医生可能援引可避免后果规则，主张任何损害都不应赔偿（或许那些失败了的手术费用除外），因为母亲一旦发现妊娠即应堕胎。要解决这个难点，关键问题遂演变为：哪个方案更不合理，是堕胎，还是不堕胎（哪怕妊娠可能造成母亲健康损害）？是否堕胎的决定在个案中涉及不同因素，诸如继续妊娠的风险、堕掉胎儿的风险、原告个人的倾向，所以这个问题最好交由事实审理者。无论如何，既然一般抚养费用并非可予赔偿的损害，也就不能要求当事人以堕胎或送养来减轻损害。

（二）优生动机

某对夫妇接受绝育服务，如果是为了避免怀上有遗传缺陷的孩子，那么当事人寻求保护的利益显而易见。出于优生目的而绝育的父母也可能想要孩子，但仍决意绝育，是不想为了担心生下残疾孩子而忧心挂怀，也不想为了抚养残疾孩子而担受经济和精神上的重负。倘出于优生目的而接受的绝育手术失败致残疾孩子出生，父母就妊娠期间以及分娩后所遭受的精神痛苦，以及额外抚养费用，得请求赔偿。后者包括因孩子病情所需要的任何特殊医疗费用，例如手术、药物、治疗、机械设备、必要的特殊教育设施以及住院费用等。除了医疗费用，父母利益所受损害表现为抚养残疾孩子的经济和精神重负。因为残疾孩子的出生几乎不可能给父母带来任何得以金钱计算的利益，所以利益规则只能适用于极为狭窄的领域，也就是以对父母身份的回报（"rewards of parenthood"）来抵消父母因精神痛苦所遭受的不能以金钱计算的损害。

就额外抚养费用，被告医生可能主张，在产前检测阶段一旦发现胎儿有遗传缺陷，父母即应堕胎，或者孩子生下来后将之送养也是合理的选择。这套论辩方式仍是可避免后果规则的不同表达，强迫原告在合理的情况下避免进一步损害。把可避免后果规则适用于为优生目的接受绝育手术而手术失败的情形，有些困难显而易见。考虑到现在的医疗技术完全可以预先警示产下有遗传缺陷孩子的概率，那么原告夫妇是否有义务接受特别检测以确认缺陷的性质和程度？如果分娩前即发现缺陷，是否仍有合法堕胎的可能？倘有可能，缺陷的性质是否足以使得（合法）堕胎成为或多或少合理的选项？换言之，倘已知晓胎儿罹患严重

---

① 参见 Mason v. Western Pennsylvania Hosp., 286 Pa. Super. at 374, 428 A. 2d at 1376 (Brosky, J., concurring); Troppi v. Scarf, 31 Mich. App. at 260, 187 N. W. 2d at 520.

的精神或身体疾病,能不能提出这样的问题,即从社会角度看,哪个做法更可取,是堕胎,还是坚持生下严重残疾甚至难以存活的孩子? 要处理这些问题,个体面临道德两难,可能影响也可能不影响原告决策的合理性,但正是出于这个原因,合理性问题应是事实审理者的问题。当然可以设想,在某些情形,堕胎比继续妊娠更为人道,这个因素也应纳入权衡的天平。

在错误出生案件中区分可避免后果规则的法院,多数倾向于将堕胎方案和送养方案一并处理,认为两者同样不合理。可要说将孩子送养本身就是不合理的方案,在法律上真有那么确定吗? 应当承认,有遗传缺陷的孩子是很难送养的。是以,为了促进缺陷孩子的最佳利益,送养可能并非可行方案。送养方案的合理性,正如堕胎一样,应交由事实审理者。

显然,如果孩子生下来就是健康的,那么父母寻求保护的利益也就未受侵害。倘孩子健康,父母只能就关乎失败手术本身的损害请求赔偿,例如手术费用以及因为过失操作手术所致的任何副作用。此外,在父母确知孩子健康与否之前所遭受的精神痛苦,得请求赔偿(孩子最终生下来是健康的,这点没有影响)。

(三) 社会经济动机

1. 纯粹经济动机

接受绝育手术最常见的原因,恐怕就是避免抚养孩子的经济负担。在此类案件中,孩子诚为"不想要的(unwanted)"。在威尔伯诉克尔案中(*Wilbur v. Kerr*),阿肯色州最高法院如是表述此问题:"难道父母没有权利规划自己的家庭并且避免抚养计划外孩子的经济负担吗?"[①]美国最高法院的判决给出了肯定回答,例如格里斯沃尔德诉康涅狄格案(*Griswold v. Connecticut*)[②]和罗伊诉韦德案(*Roe v. Wade*)[③],这些判例给了父母通过避孕来限制生育的权利以及在一定限度内堕胎的权利。

为了避免养育孩子的经济负担而行使了自己限制生育的权利的,绝育手术失败所侵害的利益显然即为经济利益。倘经济考虑是促成绝育决定的唯一动机,可以认为,孩子的抚养费用应容易得到赔偿。当事人希望得到保护的是金钱利益,所有能够证明的经济损害,父母都可以得到赔偿。在适用利益规则时,应严格解释同样利益限制规则,以更好地赔偿父母因医生过失突然遭受的经济负担。只有孩子出生带给父母的经济利益,才可以拿来抵消损害赔偿金。正如某位评论家指出的,孩子贡献给家庭的经济利益,几乎不存在[④]。是以,虽说准许抵消,但几乎起不到减少赔偿金额的作用。

2. 社会经济动机

有些情形,当事人之所以不愿要孩子或者要限制家庭规模,并不完全是出于经济动因,而是出于"社会"动因:父母不愿要孩子,是怕影响自己的生活方式或者职业规划。在这些情形中,很难勘实哪些利益应该受到保护。比方说,夫妻两人都是职业人士,都将自己的职业看得无比重要,他们可以请求赔偿哪些损害呢? 假设一位单身大学生怀孕,再假设一对认为世界越变越糟而不愿要孩子的年轻夫妇,两者受侵害的利益一样吗? 再假设一位艺人,财务

---

① 275 Ark. at 241, 628 S. W. 2d at 570.
② 381 U. S. 479 (1965).
③ 410 U. S. 113 (1973).
④ 另见 Troppi, 31 Mich. App. at 255, 187 N. W. 2d at 518.

上安稳无虞,却怕怀孕或者养育孩子会妨碍自己从事演艺,又当如何?

在这些情形中,抚养孩子的经济负担并不是主要考虑事宜,是以原告寻求保护的利益并非财产利益。除了传统的妊娠分娩相关费用,就这些非财产利益所受损害,只要得到证明,也应予以赔偿。事实审判者可以援引利益规则,以父母身份带来的非财产利益(倘可以证明)抵扣原告主张的非财产损害。抵消的结果是,抚养费用得到赔偿的机会大为减少。

可避免后果规则最难适用于社会经济动因的绝育手术案件。母亲或孩子的健康并未面临什么危险,是以堕胎方案从社会角度来看并不那么合理。那么能不能说,在可以堕胎的情形,原告的经济利益和社会利益应受保护?法院是否应区分经济利益和社会利益,并给予不同的保护水平? 很有可能应予区分,即便有堕胎的可行性,原告的经济利益也应予以保护。倘出于经济动因而绝育而孩子已出生,国家应弥补原告家庭收入的不足,以保证孩子的健康成长。倘出于社会动因而绝育,即无此国家利益,倘有合理替代方案存在,原告的社会利益不应受保护。不论何种情形,送养都是应予考虑的可行替代方案。准父母都希望得到健康的孩子,恰当的机构监督(agency supervision)可以用来评估孩子的最佳利益。这一选项的合理性,正如前面提到的那些,应交由事实审理者。

应该指出,虽然这里的动机分析将各种利益区分得清清楚楚,实则这些利益往往重叠。原告必须证明其寻求绝育手术的动机,当然,有时出于多个动机。例如斯佩克诉芬戈尔德案(Speck v. Finegold),原告证明,被告医生清楚地知道,原告同时出于优生动机和经济动机而决定绝育①。这些动机并不彼此排斥,混合动机分析足以使事实审理者确定所涉不同利益,并恰当适用利益规则。

五、结论

在医生过失造成原告意外怀孕的案件中,为确定合适的赔偿金额,不能将孩子看作伤害本身。法院不应执着于有关孩子价值的哲学训诫。法律分析的关注重心应在于原告接受绝育手术寻求保护的特定利益。要确认这些利益,最好的办法就是通过动机分析,揭示原告接受医疗服务背后的原因。勘实所涉利益后,法院即应认定医生的过失行为是否侵害了这些利益。倘确实受侵害,即应赔偿所受损害。因孩子出生而使原告受保护的利益有所增加的,得适用利益规则以抵消损害赔偿金。最后,可避免后果规则应适用于错误出生案件,原告未减轻损害的,其行为是否合理应交由事实审理者。只有循此路径,裁定的损害赔偿金才能对双方当事人来讲都公平,才能"认可下面这个原理,计划外孩子会给家庭带来什么样的成本收益,取决于个案中父母的具体情况"②。

(责任编辑:叶 泉)

---

① 497 Pa. 77, 82, 439 A. 2d 110, 113 (1981).
② Beardsley v. Wierdsma, 650 P. 2d at 296 (Rose, C. J., concurring).

标准与买卖法中的货物相符

[英]贾康吉尔·赛多夫
译者：曾二秀 吴燕凌

摘 要 本文考察了与货物相符有关的公立或私立标准是否应对买卖合同的解释及买卖法默示条款的解释产生影响的问题。它整合了目前为止关于标准的完全不同的探讨，得出了有关理解和分析买卖法与各标准之间复杂的相互作用的准则和考量因素。本文的探讨是在几个普通法制度和联合国买卖法公约的背景下展开的。本文还主张，买卖法在标准方面的经验和买卖法之外关于标准的讨论能够相互促进。

关键词 标准 买卖法 货物相符 合同解释 法定默示条款

一、引言

标准是现代生活的普遍特征。今天，大多数的产品在其成分、特性方面，比如健康与安全，或制作流程方面，都有一些相应的标准。名目众多的标准，各有不同的起源、归属、特点和作用。其中一些由国家采用，通常载于公法规章中（"公立"标准）。其他标准，从它们的制定者为非国家机构和组织这个意义上说，是"私立的"。在过去的20多年间，这些标准的数量激增，在调整货物及其生产过程的方方面面发挥着重要作用。这些标准的激增，在法学和非法学学术研究中引发了大量的讨论，涉及标准的许多方面，包括标准的性质、内容、作用、系统化和类别化，公私标准之间的关系，标准在管理产品质量及生产过程方面的地位以及在"规范"全球供应链方面的作用。

作者简介：贾康吉尔·赛多夫（Djakhongir Saidov），伦敦国王学院商法教授。本文原文首次发表于英国英富曼法律出版社（www.about.i-law.com）2017年2月出版的《劳埃德海事商事法律季刊》（[2017] LMCLQ第65-94页）。
译者简介：曾二秀，华南师范大学法学院教授，法学博士；吴燕凌，华南师范大学法学院研究生。
本文注释使用下列缩略语：
Benjamin：M Bridge (ed), Benjamin's Sale of Goods, 9th edn (Sweet & Maxwell - Thomson Reuters, 2014)；
Bridge：M Bridge, The Sale of Goods, 3rd edn (Oxford University Press, Oxford, 2014)；
CISG：1980年《联合国（维也纳）国际货物买卖合同公约》；
SGA：《货物买卖法》；
Saidov, Conformity：D Saidov, Conformity of Goods and Documents—The Vienna Sales Convention (Hart, Oxford, 2015)；
SIT：法定默示条款；
UCC：《统一商法典》。
因中文刊物的注释格式不同，译稿注释做了相应的转化和调整——译者注。

在此背景下,有关各种标准在货物买卖法中的地位和相关性的讨论却是出人意料地少。毕竟,货物的"相符"①或"质量"②问题,作为诉讼中最常涉及的问题之一③,在货物买卖法中占据核心地位。而且,与产品标准相关的正是"货物的相符性"。货物买卖法的目的不是去执行标准,它的任务是确定卖方与货物有关的义务。然而,鉴于买卖法中的相符规则与标准所针对的问题大部分是相同的,标准会与买卖合同中的卖方义务和最终责任的确定密切相关。

本文探讨的具体问题是,公立或私立标准是否应对买卖合同的解释及买卖法默示条款的解释产生影响。这个问题在有关买卖法的研究中还没得到足够的重视,但它是十分重要的,因为标准的数量和地位只会不断增加和提高,它与买卖法的关系问题因此也会在未来愈受关注。本文整合了目前为止关于标准的完全不同的探讨,并得出了有助于理解和分析合同及买卖法中默示条款的解释和公立及私立标准双方之间复杂的交互关系的准则和考量因素。

本文将在几个普通法法律体系,如,英国法、加拿大法以及一定范围内的美国法和香港特别行政区法,和1980年《联合国(维也纳)国际货物买卖合同公约》("CISG")④的背景下仔细分析上一段提出的问题。这些买卖法律制度具有许多相似之处和共同特征,因此刚好可以将它们的经验放在一起讨论。加拿大普通法省份的法律⑤和香港特别行政区的买卖法是以英国《1893年货物买卖法》("SGA1893")为蓝本制定的,但英国的这部法律已为《1979年货物买卖法》("SGA1979")所取代,该法随后又做了数次修订,比如用"质量令人满意"的检验标准取代⑥"质量适销"检验标准。加拿大普通法省份的法律和香港特别行政区的法律继续适用质量适销检验标准⑦。某一普通法法域的判决也经常得到另一普通法法域法庭的考虑,如此便产生了一定程度的法律融合,包括货物质量或相符方面的法律。美国《统一商法典》("UCC")使用类似的"质量适销"⑧检验标准以及其他普通法国家法律也采用的"合于使用"检验标准⑨。CISG采用了相似的"合于使用"检验标准⑩,但它的后备默示条款与普通法相对应的"满意"或"适销"检验标准有实质的差别。CISG要求货物"适用于同一规格货物通常使用的目的"⑪。总的来说,所有这些买卖法的共同之处在于,确定卖方相符或质量义务,需要从具体事实出发,法律上的默示条款为此规定的只是一个基本框架。

---

① 这是一个常用的术语,在买卖法中经常用来涵盖货物的数量、种类、质量或包装等方面内容。这也是《联合国国际货物买卖合同公约》(第35条第1款)对相符的理解。
② 相符的一个方面。
③ 参见 CJ Murrow, "Warranty of Quality: A Comparative Survey" (1940) 14 Tul L Rev 327; S Kröll, "The Burden of Proof of the Non-Conformity of Goods under Article 35 CISG" (2011) 3 Belgrade L Rev 162.
④ 批准CISG的国家有84个,英国没有批准。
⑤ 本文只会引用到英属哥伦比亚省货物买卖法(RSBC 1996)的规定,因为与本文讨论有关的所有加拿大的案件都出自该省。
⑥ 通过1994年的《货物买卖与供应法》。
⑦ 参见 RSBC 1996《货物买卖法》第18条(b)("如果货物凭规格从卖方购买……而卖方是该规格货物的经销商,无论卖方……是不是制造商,都存在货物达到质量销售标准这一默示条件");香港特别行政区《货物买卖条例》第16条(2)。
⑧ 参见 UCC, §2-314。
⑨ 参见 UCC, §2-315。
⑩ 参见第35条(2)(b)。
⑪ 参见第35条(2)(a)。

因此，本文大部分内容将集中讨论和评估有关买卖法在与公立和私立标准相关方面的经验。然而，鉴于买卖法为了在订约双方间分配风险而以相当直接的方式对货物的质量和其他方面做出规定，人们可能会问，买卖法之外有关标准的讨论是否应该与买卖法的经验相结合。本文认为，无论是买卖法还是买卖法之外有关标准的讨论，确实都将从两者的深度结合中获益。后文将会详述这种互利产生的几个领域。

本文将首先介绍各种标准以及与本文有关的买卖法外关于标准的讨论。接下来的部分将重点分析买卖法和各种标准之间的相互作用。紧接着，是确定买卖法及买卖法之外关于标准的讨论可能产生互利的几个领域。文末做最后的总结。

二、现代贸易中的标准

关于"标准"，并不存在普遍接受的定义。一般而言，它可以被理解为用于评价某事某物或期望其与之相符的基准、质量等级或目标①。一些重要的标准设置组织，如国际标准化组织("ISO")，将标准定义为"可以得到一致适用以确保材料、产品、生产过程和服务合于使用目的的对要求、规格、指南或特征做出规定的文件"②。将"公立"标准与"私立"标准做出区分是有帮助的。前者由国家机构采用，通常包含在公法规章中。它们也还可以包括联合国、国际劳工组织或国际食品法典委员会③等政府间国际组织采用的标准。公立标准可以是强制性的也可以是任意性的。其他标准，从它们的制定者为非国家机构或组织这个意义上说，是"私立的"。这些机构包括：制定自己的标准或行为准则的公司，如乐购（大自然的选择）④；全国性行业机构，如英国零售商公会("BRC")及其全球标准⑤；国际公司联盟及其全球标准，如全球良好农业规范组织（良好农业规范）⑥、全球食品安全倡议组织("GFSI")⑦或者赤道原则("EP")协会⑧；跨不同行业和部门制定标准的国际组织，如 ISO 在包括技术、食品安全、农业、卫生保健、环保等广泛领域制定标准⑨；以非营利性的非政府组织("NGOs")为代表的民间团体，如颁布涉及人权、童工及其他劳工标准、环境保护、可持续发展和贪腐的所谓"道德"标准的公平贸易基金会⑩。

私立标准是由非国家主体制定，因而是任意性标准。然而，它们可以变成强制性或准强制性标准。前者是当一项私立标准纳入国家规范体系这种情形⑪。后一种情形的例子如：某些标准已为某一特定领域绝大多数企业所采用以及/或者被支配该领域的某几家大公司

---

① 参见 www.oxforddictionaries.com/definition/english/standard.
② 参见 www.iso.org/iso/home/standards.htm.
③ "国际食品法典委员会是由联合国粮农组织和世界卫生组织于 1963 年创立的旨在制定用于保护消费者健康和促进食品贸易公平实践的相互协调的国际食品标准"（www.codexalimentarius.org/）.
④ www.tesco.com/csr/g/g4.html.
⑤ www.brcglobalstandards.com/.
⑥ www.globalgap.org/uk_en/who-we-are/about-us/.
⑦ www.mygfsi.com/about-us/about-gfsi/what-is-gfsi.html.
⑧ www.equator-principles.com/index.php/about-ep/governance-and-management.
⑨ www.iso.org/iso/home/about.htm.
⑩ www.fairtrade.org.uk/en/what-is-fairtrade/who-we-are.
⑪ 参见，如，G Smith, Interaction of Public and Private Standards in Food Chain (2009) OECD Food, Agriculture and Fisheries Working Papers No. 15, OECD Publishing, 32-33.

(通常是买家)要求遵守①。该领域的公司,为了进入或留在市场或者有效开展业务,除了遵守这些标准外,可以说别无选择②。

标准和标准化有一系列的目的和目标追求。例如,道德标准,旨在保护和促进社会权利和人权,打击如雇佣童工或贿赂这类行为,或保护环境。更具技术性的标准,规定货物的成分和规格,确保其兼容性,更重要的是,造就"买方和供应商在识别和讨论产品质量问题时具有某种共同语言"③这样一种局面,以此促进贸易④。当今大多数的标准都会涉及确保和促进人类和动物的健康和安全,在这方面标准的重要性是难以估量的。企业通过坚持高标准来提升声誉⑤,将标准作为竞争手段及其区别于其他公司的方法。对于通过国际供应链⑥开展业务的跨国公司(如制造商或大型零售商)而言,如要采用某些标准,就需要采取措施确保在其供应链中的所有合同都遵守这些标准。标准因此成为规范供应链的一种方式,在此范围内,构成一种调整国际贸易的规范性框架⑦。

标准和标准化能带来很多好处⑧。它们帮助制造商管理制造流程并使其合理化,帮助降低成本,包括合同的磋商成本。它们对贸易商和消费者也是有价值的,因为它们表明人们对商品可以抱有怎样的预期,还就商品质量和其他方面提供了某些保障。通过提供明确的质量基准,标准有助于解决争议,避免诉讼。由于标准必然提供质量及其他方面的某些基准,所以它是一个有助于研究和开发如何不断提升商品质量的平台。

各种标准,特别是私立标准,以及各种标准制定机构如雨后春笋般出现,则是发生在过去二十年间⑨。促成这一发展的因素有很多。第一,自二十世纪九十年代以来,在经历了几次严重的食品危机(如疯牛病)之后,产品安全,特别是食品安全一直备受西方国家关注⑩。因此,许多政府已经强化了监管框架,以应对实际的和/或潜在的安全风险,并要求企业对消

---

① 参见,如,G Smith, Interaction of Public and Private Standards in Food Chain (2009) OECD Food, Agriculture and Fisheries Working Papers No. 15, OECD Publishing, 24.

② 参见,如,G Smith, Interaction of Public and Private Standards in Food Chain (2009) OECD Food, Agriculture and Fisheries Working Papers No. 15, OECD Publishing, 24.

③ S Henson and J Humphrey, Understanding the Complexities of Private Standards in Global Agri-Food Chains, www.ids.ac.uk/fies/dmfile/HensonHumphreyLeuvenOct08.pdf, 9.

④ 此外参见 N Brunsson, Organizations, Markets and Standardization in N Brunsson and B Jacobsson, A World of Standards (Oxford University Press, Oxford, 2002), 21; N Brunsson and B Jacobsson, The Contemporary Expansion of Standardization in Brunsson and B Jacobsson, A World of Standards (Oxford University Press, Oxford, 2002), 10.

⑤ 参见,如,L Fulponi, Private Voluntary Standards in the Food System: The Perspectives of Major Food Retailers in OECD Countries (2006) 31 Food Policy 1, 5.

⑥ 供应链可定义为"一系列公司,包括供货商、客户以及物流服务商,他们共同将有价值的商品和服务提供给最终消费者"。参见 A Rümkorf, Corporate Social Responsibility, Private Law and Global Supply Chains (Edward Elgar, Cheltenham, 2015), 79.

⑦ 参见,如,P Liu, Private Standards in International Trade: Issues and Opportunities, www.fao.org/fileadmin/templates/est/AG_MARKET_ANALYSIS/Standards/Private_standards___Trade_Liu_WTO_wkshp.pdf, 2.

⑧ 主要参见联合国工业发展组织(UNIDO), Role of Standards: A Guide for Small and Medium-Sized Enterprises, Working Paper, 2006, www.unido.org/fileadmin/media/documents/pdf/tcb_role_standards.pdf, 5.

⑨ 参见国际贸易中心, The Interplay of Public and Private Standards: Literature Review Series on the Impacts of Private Standards—Part III (ITC, Geneva, 2011), 15, www.unido.org/fileadmin/media/documents/pdf/tcb_role_standards.pdf.

⑩ E Giraud-Héraud et al, Joint Private Safety Standards and Vertical Relationships in Food Retailing (2012), 21 J Economics Management Strategy, 179.

费者负责,确保食品安全①。私营部门为此制定自己的标准以确保食品安全,避免或减少依据监管框架可能产生的责任②。第二,消费者不仅对产品安全而且对生产过程的道德方面的关注和意识大幅度提高③。第三,有些公司在制定其竞争策略时,融入了环境、社会和其他道德考量,消费者的这种关注因此得到强化④。第四,近几十年来,民间团体不断发展壮大,极大地促进了道德标准的出现⑤。第五,随着西方公司越来越多地将部分生产流程外包给发展中和转型期的经济体⑥,供应链因此出现全球化⑦。这些供应链中的商业活动必须协调一致,标准和标准化随之变成了跨国公司规范其供应链的主要方法。

以上因素加上一些其他因素(如,在公共层面缺乏资源和专业技术知识应对日益复杂的标准⑧)导致了许多人所理解的从公共到私人市场治理的转变⑨。换句话说,正是被纳入了全球供应链合同的私立标准,在管理货物质量及其生产过程方面发挥着主要作用。还有很多报道称,私立标准往往比公立标准要求更高、更严格和更灵活⑩。但是,这两套标准总是相辅相成的⑪。公立标准是必要的,不仅因为国家是最终承担公共安全责任的主体⑫,而且

---

① 参见,如,英国1990年《食品安全法》,特别是其中的第7,8,14,15条。另参见Henson & Humphrey, Understanding the Complexities of Private Standards in Global Agri-Food Chains, www. ids. ac. uk/fies/dmfile/HensonHumphreyLeuvenOct08. pdf,5; E Giraud-Héraud et al, Joint Private Safety Standards and Vertical Relationships in Food Retailing (2012),21 J Economics Management Strategy,180.

② 根据英国1990年《食品安全法》,证明被控违法者"为防止本人或其手下违法而采取了一切合理的防范措施并且尽了所有谨慎处理义务",是一项针对违法指控的抗辩[第21条第(1)款]。执行私立标准被视为是"一项确保谨慎处理并表明公司为防止事件发生采取了一切合理防范措施的重要手段":Giraud-Héraud et al, Joint Private Safety Standards and Vertical Relationships in Food Retailing (2012),21 J Economics Management Strategy,180.

③ 参见,如,Henson & Humphrey, Understanding the Complexities of Private Standards in Global Agri-Food Chains, www. ids. ac. uk/fies/dmfile/HensonHumphreyLeuvenOct08. pdf,5.

④ 参见 J Wouters and D Geraets, Private Food Standards and the World Trade Organization:Some Legal Considerations(2012) World Trade Rev,479,480.

⑤ 参见,如,Fulponi, Private Voluntary Standards in the Food System:The Perspectives of Major Food Retailers in OECD Countries (2006) 31 Food Policy,3.

⑥ 参见 Rümkorf, Corporate Social Responsibility, Private Law and Global Supply Chains,Edward Elgar, Cheltenham, 2015, 79.

⑦ 参见,如,Henson & Humphrey, Understanding the Complexities of Private Standards in Global Agri-Food Chains, www. ids. ac. uk/fies/dmfile/HensonHumphreyLeuvenOct08. pdf),5;Wouters &D Geraets, Private Food Standards and the World Trade Organization:Some Legal Considerations (2012) World Trade Rev),480.

⑧ 参见,如,国际贸易中心,The Interplay of Public and Private Standards:Literature Review Series on the Impacts of Private Standards—Part III (ITC, Geneva, 2011), 15, www. unido. org/fileadmin/media/ documents/pdf/tcb_role_standards. pdf.

⑨ 参见,如, Henson & Humphrey, Understanding the Complexities of Private Standards in Global Agri-Food Chains, www. ids. ac. uk/fies/dmfile/HensonHumphreyLeuvenOct08. pdf, 5; LC Backer, Multinational Corporations as Objects and Sources of Transnational Regulation (2008) ILSA J Int'l Comparative L, 499, 505.

⑩ 参见,如,国际贸易中心,The Interplay of Public and Private Standards:Literature Review Series on the Impacts of Private Standards—Part III (ITC, Geneva, 2011), 20, www. unido. org/fileadmin/media/documents/pdf/tcb_role_standards. pdf; Giraud-Héraud et al,Joint Private Safety Standards and Vertical Relationships in Food Retailing (2012) 21 J Economics Management Strategy, 182.

⑪ 参见 Y Naiki, The Dynamics of Private Food Safety Standards:A Case Study on The Regulatory Diffusion of GlobalG. A. P. (2014) 63 ICLQ 146.

⑫ 参见国际贸易中心,The Interplay of Public and Private Standards:Literature Review Series on the Impacts of Private Standards—Part III (ITC, Geneva, 2011), 17, www. unido. org/fileadmin/media/ documents/pdf/tcb_role_standards. pdf.

也因为需要它来"矫正与信息不对称或消费外部性相关的市场失灵,此外,具有明显公益特征的标准"[1]也应该是公立标准。它们有时触发私立标准的出台或为其出台奠定基础[2]。就公共监管来说,私立标准是很有用的,因为它们在公立标准薄弱或缺失的情况下,可以发挥监管作用[3]。

各种标准的激增产生了许多影响,引发了非法律和法律文献中大量的讨论。关于标准各方面的全面探讨,此处不宜赘述。本文只涉及其与当前讨论相关的领域。例如,大量的讨论都集中在私立标准的性质、内容、体系化和分类以及与公立标准的关系上[4]。关于私立标准并非不存在争议,这些争议有:私立标准是妨碍了还是促进了国际贸易发展?私立标准是否合法?它们对国际贸易和发展中国家有什么样的影响?关于其合法性[5],人们担心的一点是,私立标准的制定并不具备必要的透明度,也不受公众监督和法律审查[6]。另一点是,私立标准会受制定者自身利益驱动。考虑到它们越来越多地扮演类似公共监管的角色,这种基于追逐私人利益的举措并不是规范产品和生产过程的正道,盖因产品和生产过程的规范需要反映出共同目标和公共利益[7]。

商品供应链主体所在的发展中国家也感到担忧,因为他们的商业实际上受到来自发达国家的标准的约束。这些标准可能是基于发达国家法律法规的规定,如跨国公司在其供应链中的所有合同中都规定要遵守其母国法律时,就会出现这种情况[8]。或者,这些标准可能是公司联盟或供应链中的主导公司采用的私立标准。发展中国家在制定这些标准方面发挥作用的空间很小。最要紧的是,合规的成本负担很重,而违反规则会导致被排挤出国际市场,造成收入损失,丧失获取专门知识和技术的机会[9]。

围绕私立标准的另一个重要话题是,它们被广泛纳入供应链中通常是标准格式的合同中。如前所述,通常作为终端买家的跨国公司,为了将最终的产品投放到市场,往往要依赖由一系列合同构建而成的供应链。这些公司利用自身的主导地位,要求它们的供应商遵守

---

[1] Smith, Interaction of Public and Private Standards in Food Chain (2009) OECD Food, Agriculture and Fisheries Working Papers No. 15, OECD Publishing, 6.

[2] 参见,如,Liu,"Private Standards in International Trade:Issues and Opportunities",14,www.fao.org/fileadmin/templates/est/AG_MARKET_ANALYSIS/Standards/Private_standards___Trade_Liu_WTO_wkshp.pdf; Smith, Interaction of Public and Private Standards in Food Chain (2009) OECD Food, Agriculture and Fisheries Working Papers No. 15, OECD Publishing, 6.

[3] 参见 Smith, Interaction of Public and Private Standards in Food Chain (2009) OECD Food, Agriculture and Fisheries Working Papers No. 15, OECD Publishing, 6, 还表明,在某些情况下,私立标准能够"起到促进遵守公立标准的作用以使稀缺的合规资源能更有效地发挥作用"。

[4] 参见本节所引用的全部资源。

[5] 为有助于了解这一辩论的概观及更多的参考资料,参见 Naiki (2014) 63 ICLQ 146, 146 - 148.

[6] 参见,如,Naiki (2014) 63 ICLQ 146, 146.

[7] 参见,如,Naiki (2014) 63 ICLQ 146, 146 - 148.

[8] 这种趋势只可能会增强。参见,如,最近的《英国2015年现代奴役法》要求在英国有商业活动并达到特定总营业额(3600万英镑)的企业每个财政年度准备一份奴役和贩卖人口声明,列出机构采取的措施以"确保(1)在其供应链的任一环节,以及(2)在其企业的任何部门不发生奴役和贩卖人口问题",或者指明该机构"没有采取过这类措施"[第54条第(4)款]。

[9] Liu,"Private Standards in International Trade:Issues and Opportunities",17,www.fao.org/fileadmin/templates/est/AG_MARKET_ANALYSIS/Standards/Private_standards___Trade_Liu_WTO_wkshp.pdf.

指定的标准①。供应商们为了确保产品符合这些标准，将这些要求加入与自己的供应商签订的合同中，这些要求最终通过合同强加给了所有上游供应商。结果出现了一个建立在优势终端买家指定的标准上的一系列双边合同构成的供应链。这些供应链的运作方式在许多案例研究中得到了全面的记录，这些案例研究解释了大型跨国公司，如盖璞②、沃尔玛③或宜家，在零售、食品和制造行业使用的供应链的运行情况④。

许多人认为，在全球供应链内，纳入了各种标准的合同已变成了一种"跨国监管制度"⑤，并在实践中"替代公共监管发挥作用"⑥。首先，人权、劳工或环境标准的纳入意味着合同要追求产生远超缔约当事人的影响⑦。其次，由于将标准纳入合同并不能保证其得到遵守，供应链中的主导方及其直接供应商通常会采用内部和外部的审计和认证机制⑧。无论是主导方自己的审计员还是外部雇佣的，包括非政府组织，都可以被委托调查直接供应商以及供应链中的其他当事方是否遵守了相关标准。如果发现直接供应商不遵守某一标准，主导方可以对该供应商诉诸违约救济⑨。然而，总体上，这种监管计划被视为"和政府创设的计划一样令人反感"⑩，其"更像是公法准则下的立法或行政管理模式"⑪。

三、标准和买卖法

（一）法律框架

在探讨买卖法对标准的回应之前，有必要先了解普通法体系和 CISG 中相关的法律框

---

① 参见，如，菲利普-莫里斯国际公司的声明："我们要求每一位供应商遵守我们的（良好农业规范）计划，该计划的目的是使我们能够评估我们供应商的耕作过程并找到改进的机会。"（www. pmi. com/eng/about_us/how_we_operate/pages/good_agricultural_practices. aspx）.

② 参见 LC Backer, "Multinational Corporations as Objects and Sources of Transnational Regulation"（2008）ILSA J Int'l Comparative L 499, 505.

③ 参见 LC Backer, "Economic Globalization and the Rise of Efficient Systems of Global Private Law Making: Wal-Mart as Global Legislator"（2007）39 Connecticut L Rev 1741.

④ ER Pedersen and M Andersen, "Safeguarding Corporate Social Responsibility (CSR) in Global Supply Chains: How Codes of Conduct are Managed in Buyer-Supplier Relationships"（2006）6 J Public Affairs 228.

⑤ 参见，如，F Cafaggi, "The Regulatory Functions of Transnational Commercial Contracts: New Architectures"（2013）36 Fordham Int'l L J 1557, 1566; LC Backer, "Multinational Corporations as Objects and Sources of Transnational Regulation"（2008）ILSA J Int'l Comparative L, 1783.

⑥ 参见 F Cafaggi, "New Foundations of Transnational Private Regulation"（2011）38 J L Soc 20, 48.

⑦ F Cafaggi, "The Regulatory Functions of Transnational Commercial Contracts: New Architectures"（2013）36 Fordham Int'l L J 1557, 1565.

⑧ 参见，如，L Lin, "Legal Transplants Through Private Contracting: Codes of Vendor Conduct in Global Supply Chains as an Example"（2009）57 AJCL 711, 723 – 724.

⑨ Cafaggi (2011) 38 J L Soc 20, 1604.

⑩ LC Backer, "Multinational Corporations as Objects and Sources of Transnational Regulation"（2008）ILSA J Int'l Comparative L, 518.

⑪ LC Backer, "Multinational Corporations as Objects and Sources of Transnational Regulation"（2008）ILSA J Int'l Comparative L, 518 以及 Cafaggi (2011) 38 J L Soc 20, 1604. 关于"规范性规定的合同化"扩展了向供应链中各类当事人提出索赔的法律路径这种主张，参见，Cafaggi (2011) 38 J L Soc 20, 1604.

架。无论是普通法体系还是CISG,契约自由都是其基本的原则①,当合同明确规定卖方必须遵守某一标准时,该标准通常将构成卖方的合同义务②。然而,并非每一项与货物有关的声明都构成卖方的合同义务③。一项声明只在双方当事人都有此意图时才会构成合同义务。这样的意图可以从相关联的情况推断④,其相关因素包括声明的性质⑤、其对当事人的重要性、声明做出的时间⑥或各当事方对声明所涉特征方面的专门知识及了解程度的对比情况⑦。在普通法中,对当事人的意图应当进行"客观的"解释,即"通过了解合同另一方是否认为以及一个通情达理的人在相同情形下是否也会认为,做出声明的人应当对其陈述承担法律责任"⑧。根据CISG的规定,只有当另一方"已知道或不可能不知道该意图"⑨时,表述人的实际意图才会得到考虑。否则,且是最常见的情形,其证明方法也是客观的:"当事人所做的声明和其他行为,应按照一个与另一方当事人同等资格、通情达理的人处于相同情况中应有的理解来解释。"⑩

有时候,卖方并未就货物作出任何声明,但仍可能出现这样的问题:订约双方是否暗示过货物应具有某项特征或在生产过程中应遵守某一特定流程? 在这种情形下,可根据情况认定合同中隐含了某一条款(事实上的隐含)。在普通法中,传统的做法是,如果某一条款是从协议中明显推论出的⑪,或者是使合同得以履行所必需的⑫——也就是说,可以实现合同的商业效用或达成商业的或实用的连贯性,则会认可这一默示条款⑬。虽然CISG就相关认定标准的规定没有这么细⑭,但毫无疑问,若要认定CISG调整的合同隐含了某一条款,同样也必须证明该条款具有那样的基本特征⑮。

相关法规、公约或法典中也会有默示条款——以下称为"法定默示条款"(SITs)或"法

---

① 参见,如,Photo Production Ltd v Securicor Transport Ltd [1980] AC 827, 848;[1980] 1 Lloyd's Rep 545. 另外参见 CISG 第 6 条及第 35 条第(1)款。
② 参见,如,Photo Production v Securicor [1980] AC 827, 848;[1980] 1 Lloyd's Rep 545.
③ 普通法将声明归入以下几类:虚假陈述;诱导一方订立合同;构成主合同条款的合约性承诺;独立于主合同的合约性承诺(附属合同);不履行也不会导致法律责任的陈述,例如纯粹的吹嘘或表达意见或意图的陈述。主要参见 Benjamin, [10.001 - 10.023]。
④ 参见 CISG 第 8 条第(3)款("在确定一方当事人的意图或一个通情达理的人应有的理解时,应适当地考虑到与事实有关的一切情况,包括谈判情形、当事人之间确立的任何习惯做法、惯例和当事人其后的任何行为")。
⑤ 例如,所用语言是否是一种吹嘘或只是表达意见。
⑥ 离订立合同时间越近,有关陈述意在构成卖方义务(保证)的可能性越高,反之亦然。主要参见 Bridge, [8.11].
⑦ 主要参见,Bridge,[8.09 - 8.15]. 关于CISG背景下的详细讨论,参见 Saidov, Conformity 29-43。
⑧ Benjamin, [10.017].
⑨ CISG 第 8 条第(1)款。
⑩ CISG 第 8 条第(2)款。
⑪ 参见,如,Shirlaw v Southern Foundries (1926) Ltd [1939] 2 KB 206.
⑫ 参见,如,The Moorcock (1889) 14 PD 64.
⑬ Marks & Spencer Plc v BNP Paribas Securities Services Trust Co (Jersey) Ltd [2015] UKSC 72;[2016] AC 742, [21]. 另,参见 Attorney-General of Belize v Belize Telecom Ltd [2009] UKPC 10;[2009] Bus LR 1316, 在该案中,这些传统检验标准被当成回答这一核心问题的指南:"放在相关背景下整体来看,会如何合理地理解这一文书的意思?" [2016] AC 742, [21]。
⑭ 因为任何条款的默示都是合同解释过程的一部分,两种情况下都适用相同的规则[见上文,CISG 第 8 条第(1)(2)款有关讨论]。在英国法中,关于条款的默示是否是独立于合同解释的过程问题曾有过争论;比较 Marks & Spencer v BNP Paribas [2015] UKSC 72, [25 - 28] (Lord Neuberger) 与 A-G of Belize v Belize Telecom [2009] UKPC. 10, [18] (Lord Hoffmann)。
⑮ 进一步参见 Saidov, Conformity, 29-43。

律上的默示条款"①。这些条款在普通法和 CISG 中大致相似。根据英国 SGA1979 第 14 条第(3)款规定,如果买方有向卖方告知过"购买货物的特定用途,那么就存在这样的默示条款:依合同提供的货物是适合该用途的"。其他普通法国家/地区法律和 CISG 都包含有不完全等同但相似的"合于使用"检验标准②。这个检验标准与事实上的默示条款之间存在着密切的联系,因为将某一特定用途告知卖方通常会被归类为一条基于当时情形(事实上)默示的合同条款③。然而,就买方而言,"合于使用"检验标准的好处在于它无须证明声称的特定用途是合同条款。只要确定已适当告知卖方这一用途就足以要求卖方承担这一义务④。

所有买卖法中都有后备检验标准,如,SGA1979 的"质量令人满意"检验标准,要求货物"令一个理性的人,在考虑了货物的说明、价格(如果相关)和所有其他相关情况后,感到满意"⑤。SGA1979 中质量标准的一个重要方面,在适当的情况下,是指商品"能合乎通常供应此类货物的所有用途"⑥。其他普通法法域采用"质量适销"检验标准⑦,英国过去也采用该标准⑧,不过,如前所述,已用"质量令人满意"检验标准取代。传统上,采用质量适销检验标准,强调的是货物依合同说明具有"商业上的适销性"⑨,即使买方已知货物的实际状况也无须减价⑩。该检验标准的另一相关方面是,货物只需适合通常根据说明购买此货物的一个或多个用途,而无须适合所有用途⑪。CISG 不依赖"质量"检验标准而是采用了合于通常用途标准。这些后备检验标准和合于使用检验标准之间常有相当部分的交叉重叠,特别是,当后者涉及通常是前者所覆盖的常规或一般用途时⑫。只有当合于使用涉及不寻常、不正常或奇特的用途时,两种检验标准才显出真正的差异。此时,合于使用会对卖方施加更高的标

---

① 如果合同具体规定了一项货物必须与之相符的标准,则可以被认定为是凭规格交货的买卖合同。这种情况下,SGA 及其他基于 SGA 制定的普通法法规认定存在默示条款,即,货物必须与规格,也即明确规定的标准相符。参见 SGA 1979 第 13 条;RSBC1996《货物买卖法》第 17 条;香港特别行政区《货物买卖条例》第 15 条。另,参见下文关于香港特别行政区案例 Taurus Importgesellschaft J Seebohm MBH v Wide Loyal Industries Ltd 的有关讨论。

② 参见,如,UCC,§2-315;RSBC1996《货物买卖法》第 18 条(b)("如果买方……,明示或默示地使卖方知道……所需货物的特定用途,以表明,买方依赖卖方的技能或判断力,以及货物达到卖方在供货业务期间的规格标准,则无论卖方是否是制造商,都存在这一默示条件:货物应合理地合于该使用用途");香港特别行政区《货物买卖条例》第 16 条第(3)款;CISG 第 35 条第(2)款(b)项。

③ 与 CISG 有关的情形,参见 Saidov, Conformity, 72-74。在普通法中,合同解释与合于使用检验标准之间的联系也由后者范围的扩张降低了法律对明示保证的影响这点得到证明;参见 Bridge [7.89]。

④ 但是,在英国法律和 CISG 中,如果买方没有依赖卖方的技能和判断或者没有合理理由依赖时,卖方就可以阻止这种义务产生。在适用普通法的其他一些地区,如果买方为了表明其依赖卖方的技能和判断而将货物的特定用途传达给了卖方,则可以确定存在应符合该特定用途的义务。后一种方法似乎为买方设置了更高的门槛。然而,总的来说,技能和判断的规定使得事实上默示条款和合于使用标准下的默示条款的门槛达到一定程度的相似。

⑤ SGA 1979 第 14 条(2A)。

⑥ SGA 1979 第 14 条(2B)(a)。此外,参见第 14 条(2B)(b)(c)(d)(e)。

⑦ 参见 UCC,§2-314;RSBC 1996《货物买卖法》第 18 条(b)("如果货物凭规格从卖方购买……而卖方是该规格货物的经销商,无论卖方……是不是制造商,都存在货物达到质量销售标准这一默示条件");香港特别行政区《货物买卖条例》第 16 条(2)。

⑧ 参见 SGA1893 原条文第 14 条(2)。

⑨ 参见,如,Henry Kendall & Sons v William Lillico & Sons Ltd [1969] 2 AC 31, 74-79 (Lord Reid)。

⑩ Australian Knitting Mills v Grant (1933) 50 CLR 387, 413。

⑪ 参见,如,M/S Aswan Engineering Establishment Co v Lupdine Ltd [1987] 1 WLR 1, 12;[1986] 2 Lloyd's Rep 347.

⑫ 参见前文关于 CISG 第 35 条(2)(a)的讨论。

准要求①。

（二）公立标准

虽然标准有不同等级并由不同主体制定，但是国家层面的标准始终是非常重要的②。确定和保护公众利益是国家的特权。政府对制定和实施关乎卫生、安全、环境或其他道德考量③以及大体上说为促进社会期望目标的标准负有主要的责任。因此，绝大多数国家都有无数涉及各种人类活动和商业活动的公法规定。就买卖法而言，其主要作用是分配订约方之间的风险和责任，执行公立标准不是其任务。然而，考虑到公立标准往往涉及货物及其各种特性，这些在买卖法看来是构成"相符"或"质量"的问题，因而就出现了公立标准和买卖法规则之间是什么关系的问题。

买卖合同的解释和法定默示条款的解释会在多大程度上受到公立标准的影响呢？当合同明确要求卖方遵守指定的公立标准时，没有遵守这样的标准就通常足以认定卖方违约。合同也可能没有明确的规定，但仍可能包含反映当事人意图的表述，要求遵守货物拟使用地的公立标准。在香港特别行政区判决的 Taurus Importgesellschaft J Seebohm MBH v. Wide Loyal Industries Ltd④ 一案中，一份香港特别行政区卖方向德国买方销售彩虹管的合同约定，彩虹管需得到"CE 认证"。德国当局发现，这款彩虹管的镉含量超过了德国法律依欧共体（EC）指令所能许可的标准，因此禁止其销售。法院⑤认为，虽然"CE 认证"只是"商业惯例或贸易术语，不是欧共体指令或德国法律中使用的法律术语"⑥，但卖方行为还是构成违约⑦。在合同订立前，卖方称自己为彩虹管国际供应商，并展示各种证书，包括 CE 证书。这些因素使得买方与卖方接洽并订立合同。判决认为，卖方知晓货物将在德国销售以及货物需贴有 CE 标志，那么其就有合同义务遵守禁止销售镉含量超规定标准的产品的 EC 指令⑧。法院认可了 CE 标志是"进入欧洲的护照"，并认定"如果无须全面遵守所有相关指令，则很难想象，CE 标志如何能成为有关产品'进入欧洲的护照'"⑨。

解释的真正困难出现于合同没有相关规定时。此时，这种义务就只能通过事实上的默示条款或法定默示条款推断出来。前者可举个 CISG 的案例⑩，关于荷兰卖方出售小麦面粉

---

① 参见 Benjamin，［11.071］。有关 CISG 情形下这两种检验标准的关系，参见 Saidov, Conformity, 110 - 111.

② "正是在国家层面，对个人、公司和企业的标准化要求得到协调并整合成目标明确的国家标准"。联合国工业发展组织（UNIDO）, Role of Standards: A Guide for Small and Medium-Sized Enterprises, Working Paper, 2006, 9.

③ 参见，如，国际贸易中心，The Interplay of Public and Private Standards: Literature Review Series on the Impacts of Private Standards—Part III (ITC, Geneva, 2011), 17, www. unido. org/fileadmin/media/ documents/pdf/tcb_role_standards. pdf. 另参见 I Schwenzer and B Leisinger, "Ethical Values and International Sales Contracts", in R Cranston, J Ramberg and J Ziegel (eds), Commercial Law Challenges in the 21st Century, Jan Hellner in Memorium (Stockholm Centre for Commercial Law Juridiska Institutionen, 2007), 252, 论及与道德标准相关的这方面问题。

④ ［2009］HKEC 1236.

⑤ 香港特别行政区高等法院初审法庭。

⑥ ［2009］HKEC 1236, ［66］。

⑦ 还违反法定默示条款关于与规格一致的要求（CE 标志被视为规格一部分）（同上，［79］）；参见香港特别行政区《货物买卖条例》第 15 条）以及质量适销的标准（因为该货物在德国不可销售（［2009］HKEC 1236, ［85］）。

⑧ 除了彩虹管灯，指令还涉及其他产品。

⑨ ［2009］HKEC 1236, ［71］。

⑩ CISG Case, Appellate Court's-Gravenhage, 99/474, 23 April 2003 (Netherlands) (Rynpoort Trading & Transport NV et al v Meneba Meel Wormerveer BV et al) cisgw3. law. pace. edu/cases/030423n1. html.

给比利时买方以供其转售到莫桑比克。卖方在面粉中添加了一种能够致癌并破坏 DNA 结构的溴酸钾物质,货物一到莫桑比克就被当局没收。有证据表明,莫桑比克事实上允许进口富含溴酸钾的面粉,而且莫桑比克政府指定的一家公司在装船前已对这些批次的小麦进行了检测,并为其获取进口许可证签发了一份清洁报告。卖方被判承担责任,主要因为荷兰和欧盟都禁用溴酸钾,卖方对此是知情的,另外的依据是荷兰和莫桑比克都同意采用国际公立标准《食品法典》①,法院认为,该法典是"合适的通用标准"。法院还拒绝了莫桑比克事实上允许进口这类货物的观点。因为接受这一观点将意味着:"高度发达国家的卖方可以将不适合人类消费的产品出售给欠发达国家的买方而不受合同制裁,虽然买方基于合同会正当地期望向他交付的产品依据国际标准是可靠的和适合人类消费的。"②

不遵守公立标准可能会导致违反法定默示条款。在英国的 Lowe v. W Machell Joinery Ltd③ 一案中,买方从卖方订购一架定制木质楼梯,打算安装在其谷仓内。卖方根据双方约定好的设计制作,但该楼梯却不符合其应当适用的建造规范④。上诉法庭的多数意见⑤认为,依据质量令人满意检验标准和合于使用检验标准⑥,卖方都应承担责任⑦,即使买方负责根据"建造规范"获取批准⑧。同样,在美国的 Woodbury Chemical Co v. Holgerson⑨ 一案中,除草剂没能达到政府细则的要求消灭灌木蒿,这一点成为一家化学公司违反合于使用的默示条款而应对其除草剂空中洒播器承担责任的认定因素。可以说,参照公立标准来解释法定默示条款,使得此类条款成为执行公共法规的渠道⑩。

上述两个案例表明,订约双方若在同一个国家或在同一个监管框架下活动,人们通常期望卖方遵守可适用的公立标准,特别是当卖方在该领域具有相关经验和专业知识时。然而,如果订约双方来自不同国家,公立标准对合同解释和法定默示条款解释的影响程度应该取决于卖方是否能够了解这些标准,以及在买方意图使用或销售货物的地方是否需要遵守这些标准。若不能默示卖方知晓这些标准,则无论是普通法还是 CISG,都会要求买方承担不遵守公立标准的风险,即使卖方知晓货物拟在哪个国家使用或销售⑪。

这种风险分配是公平合理的,因为,一般来说,买方比卖方更有条件知晓货物在买方(或其下家买方)拟使用或销售货物的地方必须符合或者期望符合的标准。不这样做的话,卖方

---

① 参见 www.codexalimentarius.org/.
② 参见 CISG Case, Appellate Court's-Gravenhage, 99/474, 23 April 2003 (Netherlands) (Rynpoort Trading & Transport NV et al v Meneba Meel Wormerveer BV et al)第 8 点,cisgw3.law.pace.edu/cases/030423n1.html.
③ [2011] EWCA Civ 794;[2011] BLR 591.
④ 依据 1984 年发布的《建筑法》。
⑤ 劳埃德大法官(Lloyd LJ)和路易森法官(Lewison J);瑞克斯大法官(Rix LJ)持异议。
⑥ 特定用途是:物品作为楼梯在改装为居住用的谷仓内安装和使用。
⑦ [2011] EWCA Civ 794;[2011] BLR 591,[38].
⑧ 这是使瑞克斯大法官在其异议判决中困扰的一点;参见[2011] EWCA Civ 794;[2011] BLR 591.,[107].
⑨ (1971) 439 F 2d 1052.
⑩ 此外,还可参见 D Saidov, "Quality Control, Public Law Regulations and the Implied Terms of Quality" [2015] LMCLQ 491, 500 - 505.
⑪ 参见 Sumner Permain & Co v Webb & Co [1922] 1 KB 55 (质量适销); Phoenix Distributors Ltd v L B Clarke (London) Ltd [1967] 1 Lloyd's Rep 518 (不存在违约,不违反质量适销和合于使用标准); CISG Case, Supreme Court, 8 March 1995, VIII ZR 159/94 (Germany) cisgw3.law.pace.edu/cases/950308g3.html (不违反 CISG 的合理使用和通常用途标准)。

可能不得不提高价格,以将因采取措施处理其潜在责任风险而产生的额外费用转嫁给买方①。其结果是,商业和贸易成本将大幅增加,违背了商法通过降低交易成本促进贸易的基本宗旨。但是,如果卖方能够知晓有关公立标准以及在货物拟使用或销售地需要遵守这些标准,则卖方仍须承担责任。如一起典型的 CISG 案件②所认定的,在下列情况下可以认为卖方知晓有关标准:卖方国家采用相同的标准;买方特意提请卖方注意相关规定③;卖方有充分理由知晓有关标准,比如,当卖方在买方国家设有分支机构、与买方有着长期的业务往来或者过去经常出口货物至该国或在该国促销货物④。

还有其他因素与确定卖方是否应知晓并遵守货物拟使用或销售地的公立标准相关。如:双方具备与货物有关的专门知识的均衡程度⑤;合同价格⑥;相关标准的复杂程度以及有关国家是否是不同行政区域当局采用不同标准的联邦国家⑦;卖方⑧和买方⑨的身份与特性;获取有关标准信息的便捷性⑩;标准众所周知的程度⑪;双方之间是否存在遵循某一特定标准的贸易惯例或习惯做法;买方密切参与产品的设计并向卖方就制造过程提供意见⑫;卖方在订立合同前后的表现。每个案件都要对这些因素权衡,结果取决于哪些因素的权重能胜出。例如,在一个 CISG 案件⑬中,与买方存在长期的业务关系被当成认定卖方知晓的因素;但在另一个 CISG 案件⑭中,卖方尽管与买方存在长期的关系却没有被要求承担责任。在后一案中,荷兰卖方不仅知道其移动设备将会在德国使用,而且还被买方告知德国当局已就这类移动设备发布了规范要求。尽管双方当事人在移动设备的制造方面具有同等的专门知识,但德国各州采用不同的建造规范要求,这两项事实意味着:综合来看,买方比卖方能更快捷地获取信息,所以卖方没有义务遵守在德国适用的标准。

最后,公立标准是自愿适用还是强制适用,这会在多大程度上影响法律分析⑮? 一般认为,这种性质上的差别既不是不相干的也不会具有决定性。标准的性质,只是据以对当事人

---

① 例如,起草责任免除或限制条款的成本,或者投入研究货物预期使用或销售地的公共标准的成本。
② Supreme Court, 8 March 1995, VIII ZR 159/94 (Germany) cisgw3. law. pace. edu/cases/950308g3. html.
③ 这种情况下通常会触发合于使用标准。
④ 更全面的探讨,参见 Saidov, Conformity, 52-59, 80-86, 134-142.
⑤ 参见下文案例讨论 CISG Case, Appellate Court Arnhem, 97/700 and 98/046, 27 April 1999 (Netherlands) (G Mainzer Raumzellen v Van Keulen Mobielbouw Nijverdal BV) cisgw3. law. pace. edu/cases/990427n1. html.
⑥ 可能很高(低)以至于表明了一种对货物将符合(或不符合)相关法规规定的高质量标准的合理期待。
⑦ 参见下文案例讨论 CISG Case, Appellate Court Arnhem, 97/700 and 98/046, 27 April 1999 (Netherlands) (G Mainzer Raumzellen v Van Keulen Mobielbouw Nijverdal BV) cisgw3. law. pace. edu/cases/990427n1. html.
⑧ 如果卖方是大型跨国公司,那么可能就有理由期望该卖方会去调查货物预期使用和销售地的相关标准。
⑨ 买方销售高质量产品的声誉,可以传递给卖方货物应符合有关法规规定的高标准这样的信息。
⑩ 若容易从互联网查阅和/或以能看懂的语言得到,则可得出这样的结论:可以合理地期待卖方知晓并遵守标准。
⑪ 越广为人知的标准,越可以期待卖方遵守[参见前文的 CISG 案例 Appellate Court's-Gravenhage, 99/474, 23 April 2003 (Netherlands) (Rynpoort Trading & Transport NV et al v Meneba Meel Wormerveer BV et al) cisgw3. law. pace. edu/cases/030423n1. html].
⑫ 在这种情况下,就买方建议卖方的那些方面若不符合相关标准,卖方可以不用承担责任。
⑬ 参见上文案例讨论 Supreme Court, 8 March 1995 (Germany), VIII ZR 159/94 (Germany) cisgw3. law. pace. edu/cases/950308g3. html.
⑭ CISG Case, Appellate Court Arnhem, 97/700 and 98/046, 27 April 1999 (Netherlands) (G Mainzer Raumzellen v Van Keulen Mobielbouw Nijverdal BV) cisgw3. law. pace. edu/cases/990427n1. htm.
⑮ 参见,如 Smith, Interaction of Public and Private Standards in Food Chain (2009) OECD Food, Agriculture and Fisheries Working Papers No. 15, OECD Publishing, 14.

的合理期待以及法定默示条款做出解释的事实背景的一部分。对一个与当事人同等地位的通情达理的人而言,强制性质通常表明,货物除非达到标准否则不能使用或出售。因此,从一开始,标准的强制性质就是指向卖方有义务遵循该标准的因素。

然而,可能有这样的情况,某个形式上是强制性的标准,在实践中并没有得到严格执行。这种情况下,双方可能就不会合理地期待卖方严格遵守标准。在英国的 Bramhill v. Edwards①一案中,一辆车没有符合应适用的规章关于宽度的规定,却没有被认定为违反 SGA1979 第 14 条第(2)款关于质量令人满意的检验标准,因为,实际上,这样的车辆仍然可以投保,当局并没有严格执行这些规章,也即意味着不存在真正被起诉的风险②。同样,某一标准属于自愿适用这样的事实也并不能表明卖方就没有违约。这一标准可能是众所周知并得到确认的,对该标准的遵守成为相关领域或市场的普遍期待,不遵守则可能会导致声誉损失和/或业务损失。在这种情况下,自愿标准很可能会获得通常是强制性标准才会得到的权重,从而导致有利于买方的对合同和法定默示条款的解释③。

(三)私立标准

1. 技术标准

符合技术标准并不必然使卖方免于货物不符的诉讼,而不符合技术标准也并不必然使卖方担责。货物是否不符取决于合同的情况。合同双方始终可以在合同中明确规定卖方必须遵守的标准。若是这种情况,当货物不符合约定的标准时,卖方就是违约④。反之则不然。有可能卖方遵守了合同约定的标准,但买方在不符之诉中提出的问题却超出了该标准的范围。这种情况下,卖方仍可能没能遵守应适用的法定默示条款,除非能认定双方当事人排除了这些条款⑤。例如,在英国的 Messer UK Ltd v. Britvic Soft Drinks Ltd⑥一案中,卖方向买方提供了被苯污染的二氧化碳,买方将其用于制造气泡饮料。尽管受污染程度较低,不足以使货物对健康和安全构成危险,符合了纳入合同的标准[英国标准(BS)4105]。但是,苯的存在足以影响公众的认知,使货物不可销售,损害买方的声誉。鉴于这些原因,上诉法庭维持了原审法官关于卖方违反 SGA1979 第 14 条默示条款的决定⑦。

---

① [2004] EWCA Civ 403.

② 参见,类似案件 Activa DPS Europe SARL v Pressure Seal Solutions Ltd, T/A Welltec System (UK) [2012] EWCA Civ 943.

③ 以这种方式解释自愿标准的另一种情况是:它的自愿性质显然是暂时的,它必将变成强制性标准。参见 Hazlewood Grocery Ltd v Lion Foods Ltd [2007] EWHC 1887 (QB).

④ 合同可以参照一般标准制定卖方义务,例如"良好制造或农业实践"。已经稳固确立和广泛使用的相关行业标准/守则(如《全球良好农业规范》)很可能会影响这些一般条款的含义并使之更加确切。不过,最终起决定作用的还是条款的措辞及其解释。例如,条款的含义可能被解释为不限于某一相关行业标准/守则,如 Scottish Power UK Plc v BP Exploration Operating Co Ltd [2015] EWHC 2658 (Comm)一案所表明的。这个英国近期案件涉及天然气长期销售协议,要求卖方应是"理性而谨慎的经营者"("ROP")。法院认为遵守自愿行业行为守则不足以符合 ROP 标准。ROP 的定义没有表明,其意图忽略除行业守则明列以外的其他因素:Scottish Power UK Plc v BP Exploration Operating Co Ltd [2015] EWHC 2658 (Comm) [118].

⑤ 参见 SGA 1979 第 55 条;CISG 第 6 条。

⑥ [2002] EWCA Civ 548;[2002] 2 Lloyd's Rep 368.

⑦ 然而,原审法官认为 BS 4105 里包含一条导致卖方损害赔偿责任的明示条款,这被判定为错:[2002] EWCA Civ 548;[2002] 2 Lloyd's Rep 368,[16],[28].

更棘手的是合同没有明确纳入标准这样的情况。如果货物不符合某一标准,卖方是否违反合同或法定默示条款? 合同和法定默示条款的解释,特别是在相符问题上,是与事实紧密联系的,因此可能没办法给出明确答案。买卖法对事实的容纳意味着相关标准会得到考虑。一般认为,如果是买方主张卖方没有遵守某一标准,则解释过程所面临的关键而又宽泛的问题应该是,是否能够合理地预期卖方知晓该标准的存在并根据买方拟使用或销售货物所在地主流市场期待遵守该标准。除了在上述公立标准中提及的因素①外,还有一些相关的考虑因素。

有时,合同双方之间已经形成了确定的惯例,卖方在他们之间的过往交易中遵守了某一特定标准。在诸如 CISG 等承认惯例约束力的买卖法律中,如果存在确定的惯例②,这一事实将使合同和法定默示条款被解释为施加卖方遵守该标准的义务。在一则 CISG 案例③中,买方为了减少葡萄藤被感染的风险而购买了藤蜡,其过后指称蜡"有缺陷",德国最高法院认为该蜡"不符合行业标准……这是双方都知道且双方都适用的标准",因此,该蜡看似既不符合合同也不符合 CISG 的默示条款。即使双方以前的行为和交易并不构成对其有约束力的"惯例",此类过往行为仍然是一个有利于认定双方意图并让卖方遵守某个标准的因素④。

买方可能明示或默示地告知了卖方应遵守某一标准,在这种情况下,基于合于使用的默示条款,卖方必须要遵守该标准。默示告知的一个例子是:双方都是某个采用了该标准的行业组织或协会的会员。如果这样一个组织或协会要求其会员在业务活动中采用其标准⑤,则极有可能卖方要承担遵守该标准的义务,无论是基于合于使用检验标准、事实上默示条款还是依据后备的默示条款。如果双方都知道彼此的会员资格须遵守该标准,则很难对合同和法定默示条款作另外的解释。

即使采用某一标准的组织并不要求会员遵守其标准,双方在同一个行业体系内活动这一事实很可能极大地影响合同和法定默示条款的解释。如果只有卖方是该组织的会员,则要对卖方施加遵守相关标准的义务并不容易。在加拿大的 ARL Lighting(Manitoba)Ltd v. Dixon ARL Lighting(Manitoba)Ltd⑥ 一案中,买方认为卖方提供的模具不符合质量适销标准,因为这些模具与北美压铸协会("NADCA")的标准不符。买方所依赖的事实是:作为制造商的卖方是 NADCA 的会员并且也是这么宣传自己的,而且在合同签订前后的几次交流中都使用了 NADCA 标志。英属哥伦比亚省最高法院认为,卖方没有违反质量适销标准,原因有三。首先,买方"没有拿出任何权威依据来支持其主张:制造商宣称自己是设定标准的某一组织的会员,就有义务遵循这些标准和建议"⑦。其次,不能说,买方知道卖方的会员身份,或者无论如何依赖了该会员身份就推定 NADCA 的标准会得到遵守⑧。最后,使用

---

① 参见前文关于公立标准有关因素的讨论。
② 参见第 9 条(1)。
③ CISG Case, Federal Supreme Court, VIII ZR 121/98, 24 March 1999 (Germany), www. cisg. law. pace. edu/cases/990324g1. html.
④ 参见,如,CISG 第 8 条(3)。
⑤ Kingspan Environmental Ltd v Borealis A/S [2012] EWHC 1147 (Comm), [645]。
⑥ [1998] BCJ No 2442。
⑦ [1998] BCJ No 2442, [52]。
⑧ [1998] BCJ No 2442, [54]。

NADCA 标志不能推出或不能视为卖方表示 NADCA 标准会得到遵守①。

这种说理对买方来说似乎很苛刻。即使没有证据证明买方依赖卖方 NADCA 的会员身份,但卖方通过广告、标志的使用,甚至在与买方的往来沟通中都着重强调了其会员身份。卖方声称"我们的质量项目能向您确保产品达到行业接受标准"②,这似乎也表示卖方需要遵守(NADCA)行业标准。可以说,这些情况在总体上应该足以使买方合理地期望卖方会遵守行业标准。尽管如此,此案表明,仅有卖方是标准制定机构会员这个事实可能不足以推出其应遵守相关标准的义务。

标准尽管只是解释合同和法定默示条款的一个因素,但却是一个强有力的因素。解释合同和法定默示条款需要权衡考虑所有相关情况。法定默示条款也可能没有提供足够精确的相符标准,而技术标准通常包含详细的规范和参数,有助于依据行业认为是可取的或可接受的标准来解决纠纷。基于此出现严重依赖标准的案件也就不足为奇了。

在加拿大的 Lafarge Concrete Ltd v. Rempel Bros Concrete Ltd③ 一案中,法院认定,没有遵守行业标准(加拿大标准协会,CSA)引致这一推论:买方从卖方买来制作混凝土的沙子受到污染导致混凝土"有缺陷"。卖方因此得证明,买方的混合方案是导致产品缺陷的关键因素。卖方证明不了这一点,因此被认定违约④。另一起加拿大案件 Universal Printed Circuit Co Canada v. Omni Graphics Ltd⑤ 的判决则更进了一步,仅依赖行业标准来界定法定默示条款的含义。此案的买方购买电路板进行转售,而且,已确定有相关行业标准允许百分之二的故障率。英属哥伦比亚省最高法院认为,这个标准"是实现电路板销售目的的合理的合于使用标准"且它"同样可以作为质量适销标准的默示条件"⑥。由于货物远低于行业标准,卖方既违反了合于使用标准也违反了质量适销标准。

标准对于法定默示条款解释发挥的巨大影响力,还表现在卖方需要依赖遵守某一标准来表明其没有违反法定默示条款时。在一起英国的 Medivance Instruments Ltd v. Gaslane Pipework Services Ltd, Vulcana Gas Appliances Ltd⑦ 案件中,买方是一家 X 射线和其他设备的制造商,其认为,卖方违约,包括违反了质量适销检验标准和合于使用检验标准。卖方提供的加热器被放置于靠近纸板箱的地方,导致了一场大火,给买方工厂造成了严重损失。卖方则认为其加热器符合英国标准协会⑧标准。上诉法庭认为,就两项法定检验标准而言,遵守了英国标准"当然是重要的考虑因素",但并不是"必然的决定性因素"⑨。上诉法庭进一步认为,这一因素对于质量适销检验标准的适用尤其重要,因为,无论是标准还是适

---

① [1998] BCJ No 2442,[54].

② [1998] BCJ No 2442, [13].

③ [1985] BCWLD 3022.

④ 由于没有阐述清楚责任基础,这个判决饱受批评。卖方因交付被认为是造成混凝土"不合格"的"受污染的沙子"而被判承担责任。然而,"污染"和"缺陷"本身并不是责任的基础。卖方的责任本应该基于有关合同条款或法定默示条款,其中"污染"和"缺陷"被作为指向不遵守法定默示条款的因素。该判决似乎是基于合同解释分析,虽然买方也依赖质量适销检验标准。

⑤ (1998) 85 ACWS (3d) 1193.

⑥ (1998) 85 ACWS (3d) 1193, [43].

⑦ [2002] EWCA Civ 500.

⑧ "一家独立非营利起草机构,设立……以承担产品生产标准的起草和颁布,并提供认证和检验":[2002] EWCA Civ 500,[27]。

⑨ [2002] EWCA Civ 500,[34].

销性检验标准都不涉及该货物拟使用的特定用途。但它与合于使用检验标准也并非毫无关系,"虽然特定用途的情况越特殊,货物与英国标准相符的主张的作用就越小"①。卖方遵守了标准,这极大地影响了对其没有违反适销性检验标准的认定②。出于同样的原因,卖方也没有违反合于使用检验标准,因为这个案件中的具体用途与适销性检验标准下的"一般用途"无异③。

通过认定一些指向货物虽符合标准但不具适销性的情况和因素,该判决还有助于理清各种标准与适销性检验标准之间的关系。这些情况包括:标准制定之时有关缺陷和问题还不为人所知;某个标准与要处理的缺陷和问题无关;某个标准在某一方面"过低或不足"④。后一点似乎反映了这样一个事实:法院在确定卖方义务时,已有判定相符的基准。可以肯定的是,存在某种参考基准用以认定某个标准"过低或不足";通常就是后备法定条款,如,质量"令人满意"或"适销"标准,为设定该基准提供依据。因此,在美国的 John Handrigan v. Apex Warwick Inc⑤ 一案中,一名男子从买家购得梯子,因从梯子上摔落而提出索赔,罗德岛最高法院认定⑥:"该梯子符合《美国标准安全守则》的所有规定,从法律上看,并不能证明该梯子满足建造梯子的一般用途。专家关于梯子'不结实'和'不安全'的证言,提出了一个事实问题,因此,我们认为,初审法官将案件提交给陪审团是正确的,这样他们就可以依据所有证据判定梯子是否符合《统一商法典》规定的合于使用标准。"

虽然后备的法定检验标准与行业标准紧密相关,但它们在根本上是独立的检验标准,并具有独立的含义,只有在适当的情况下才会受到行业标准的影响。因此,后备检验标准不可避免地在社会上设定和提高了质量的最低门槛,可以说取得了某种监管功能⑦。后备检验标准虽然缺乏精确性,但并非没有内容,而且以不断丰富其内容的判例法为基础。

2. 道德标准

涉及人权、劳工标准、工作条件、环境保护、透明度和腐败等问题的道德标准,在当今世界比以往任何时候都更加引人注目。买卖法所面对的问题是,是否依合同或法定默示条款要求卖方确保遵守这些标准。与涉及货物物理特性的标准不同,道德标准主要关注货物制造过程。货物在物理性质方面可能是无可挑剔的,但可能是在恶劣的工作条件下生产的,涉及使用童工或有害环境的操作。这样的商品是否不符呢?

越来越多的人认识到,相符性不仅涉及货物的物理特性,还涉及货物与其使用或销售所置身的环境的关系⑧。道德标准可以是这种环境的重要组成部分。然而,仅有道德标准不足以说明能用它们来界定卖方义务。与其他标准一样,这个问题取决于如何在特定情况下

---

① [2002] EWCA Civ 500,[34].
② "加热器符合英国标准这一事实……就适销性而言对被告非常有利":[2002] EWCA Civ 500,[38].
③ "法官接受了专家证言……大意是:加热器的使用'与在其他良好的商业环境相比,在经营妥当的库房里并不会出现明显更大的危险'。他接着说,虽然包装区内有可燃材料,但地方不大,无机械搬运,'库房的管理质量通常很高'。法官表示自己'相信这种风险程度不需要安装与所供应不同的另一种加热器'":[2002] EWCA Civ 500,[39].
④ [2002] EWCA Civ 500,[37].
⑤ (1971) 275 A 2d 262.
⑥ (1971) 275 A 2d 262,265.
⑦ 更多内容,参看 Saidov [2015] LMCLQ 491,492,496.
⑧ I Schwenzer, in I Schwenzer (ed), Schlechtriem and Schwenzer, Commentary on the UN Convention on the International Sale of Goods (CISG), 3rd edn (Oxford University Press, Oxford, 2010), Art. 35, para. 9.

考虑了相关因素后对合同和法定默示条款做出解释,这其中的许多相关因素上文已有提及①。另外,还需要谨记与道德标准背景所特别相关的其他考量因素。

当今,许多公司都采用自己的行为准则②,其中包含他们制定的以及/或者以下文件界定的道德标准:国际性文件,如《国际劳工组织(ILO)公约》③《联合国儿童权利公约》④或《世界人权宣言》⑤;国际倡议文件,如《联合国全球契约》(UNGC)⑥、"金伯利进程"(KP)⑦;非政府组织的文件,如 ISO14000⑧ 或 SA8000⑨;行业联盟文件,如电子行业公民联盟(EICC)⑩。这些标准通常被明确地纳入合同,在这种情况下,遵守这些标准就是卖方的合同义务。标准常以援引⑪方式纳入合同,即在合同中写明参看相关文件,或者标准本身就被明确列明在合同中⑫。

如果合同没有对此做出明确规定,要确定卖方是否有义务遵守这种标准会更加困难。首先要谈到的情形是,双方都是某一志愿倡议组织的成员,如 UNGC。如果合同中没提及要遵守任何道德标准,能否因为双方都是该倡议组织的成员而默示合同含有要求卖方遵从 UNGC 的条款? 在解决这一问题之前,值得说明的是,UNGC 成员资格要求参与的公司提交年度"进程报告"(COP),详细列出各公司为在其战略和运营中落实 UNGC 原则和支持"社会优先事项"所做的工作⑬:"COP 是公司对可持续发展做出的可见的承诺表示,利害关系人可以在公司主页上查看。没有报告或在规定时间内没有达到标准的公司,可能被踢出倡议组织。"

---

① 参见前文关于公立标准有关因素的讨论。

② 美国和英国的 500 强企业中大多数都制定了某种行为准则,www. ilo. org/global/standards/introduction-to-international-labour-standards/international-labour-standards-use/lang—en/index. htm.

③ 参见,如,《苹果供应商行为守则》规定:"供应商雇佣的工人,年龄不得低于 15 岁或法定最低年龄,以高者为准。供应商应提供符合国际劳工组织 138 号《最低年龄公约》第 6 条或者低强度工作时第 7 条规定的合法的工作场所教育培训项目"(www. apple. com/supplier-responsibility/pdfs/supplier_code_of_conduct. pdf).

④ 参见,如,《爱立信行为守则》,www. ericsson. com/res/thecompany/docs/corporate-responsibility/Codeofconduct. pdf.

⑤ 参见,如,《索尼集团行为守则》,www. sony. net/SonyInfo/csr_report/compliance/index3. html.

⑥ UNGC 是最大的志愿性国际企业可持续发展责任倡议组织,包括 8000 家公司和 4000 家非商业组织。《UNGC 十原则》涉及人权、劳工、环境和反腐败。参见:www. unglobalcompact. org/.

⑦ KP 是一个"政府、行业和民间团体联合倡议组织,致力于遏制'冲突钻石'——被反政府运动用以资助反合法政府战争的毛坯钻石的流通"(www. kimberleyprocess. com/).

⑧ ISO14000 标准体系为希望管理自身环境责任的各类公司和组织提供了实用的工具(www. iso. org/iso/home/standards/management-standards/iso14000. htm).

⑨ 本标准的制定者是社会责任国际,一家旨在执行社会责任标准的非政府组织。SA8000 是世界上首批可审计的社会认证标准之一,适用于各个行业部门体面的工作场所的认定。它基于《联合国人权宣言》《国际劳工组织公约》、联合国和国家法律,并跨越行业和公司守则创建衡量社会绩效的共同语言(www. sa-intl. org/index. cfm? fuseaction=Page. ViewPage&pageId=1689).

⑩ 《EICC 行为准则》是电子产业供应链中有关社会、环境和道德问题的一套标准。该行为准则中列出的标准参考了国际性的规范和标准,包括《世界人权宣言》、ILO《国际劳工标准》、OECD《跨国企业指南》、ISO 和 SA 标准,以及更多标准(www. eiccoalition. org/standards/code-of-conduct/).

⑪ 在英国法中,一方的条款可以通过引用方式并入,只要将其合理地通知到了另一方,参见,如,H Beale (ed), Chitty on Contracts, 32nd edn (Sweet & Maxwell, London, 2015), vol. I, [13. 013 - 13. 014].

⑫ 更多内容,参见 A Rümkorf, Corporate Social Responsibility, Private Law and Global Supply Chains, Edward Elgar, Cheltenham, 2015, 87 - 88, 举了许多例子。

⑬ 参见 www. unglobalcompact. org/participation/report.

如前文所解释,看起来,若要将期望遵从 UNGC 认定为默示条款,普通法和 CISG 都要求,这种遵从须是对当事人和合同至关重要①。

是否属于这种情况,在某种程度上,取决于合同是否被视为实施和促进社会道德价值观的规范工具②。如果是,法院可能倾向于给出肯定的答案。即使跳出合同的规范功能来看这个问题,仍然可以说,有充足的理由推断双方当事人的意图是卖方将遵从 UNGC③。成为 UNGC 的成员,意味着做出了一个落实文件所载价值观的公开的承诺宣言,要求提交年度 COP 证明了这一点。商业活动是通过合同展开的,如果公司不能确保将这些标准纳入合同,则几乎不能认定它承诺落实 UNGC④。如果双方各自知晓对方的 UNGC 成员身份,这一观点就更有说服力,更有可能认定遵从 UNGC 是为双方当事人所合理期待的。

就法定默示条款而言,可以说,双方当事人在同一倡议组织的成员资格,足以传达给卖方须遵守 UNGC 标准这一特定目的⑤,由此触发了合于使用检验标准的运用。通过后备检验标准来推出这种义务可能更为困难。对道德价值观的遵从与否可能并不妨碍货物具有可转售性或以其他一般方式使用(例如进入制造过程)。话虽如此,但很大程度上还要看货物销售或使用的环境。如果是一个期望遵从如 UNGC 这样标准的市场或环境,则可以认为,在那种环境下,货物质量是不适销或不能令人满意的,或不适于一般或普通用途。

另一种情况是,只有一方当事人(通常在其行为准则中)表示过承诺遵从道德标准。这些标准是否构成合同条款,取决于并入条款所适用的法律。简言之,依照英国法律,这些(书面)条款会成为合同的一部分,如果它们被记载于一份其接收方或一个通情达理的人会期望包含合同条款的文件中⑥,并且,就这些条款在合同订立前和订立后都曾知会过对方⑦,或者,当事方之间存在这样的交易习惯:"每一方都曾使另一方合理地相信,自己打算援引他们在之前的交易中一贯使用的文件中的条款来确定他们的权利和义务"⑧。根据 CISG,要推出任何并入条款的意图,同样地,必须使一方的条款让对方有合适的机会了解⑨。如果当事人之间存在遵守某些条款的旧例,也会产生卖方遵守这些条款的义务⑩。

---

① 参见前文"法律框架"部分第二段内容。

② "为商业效用所需涉及价值判断":Marks & Spencer v BNP Paribas [2015] UKSC 72,[21] (Lord Neuberger).

③ 参见 I Schwenzer and B Leisinger, "Ethical Values and International Sales Contracts", in R Cranston, J Ramberg and J Ziegel (eds), Commercial Law Challenges in the 21st Century, Jan Hellner in Memorium (Stockholm Centre for Commercial Law Juridiska Institutionen,2007),263 - 264,将 UNGC 视为可以依 CISG 第 9 条(1)认定当事人业已同意的贸易惯例。

④ 关于相反的观点,参见 C Ramberg, "Emotional Non-Conformity in the International Sale of Goods, Particularly in Relation to CSR-Policies and Codes of Conduct", in I Schwenzer and L Spagnolo (eds), Boundaries and Intersections: 5th Annual Schlechtriem CISG Conference (Eleven International Publishing 2014), 80(一般地参与和支持某联合国的倡议是一回事,通过合同同意在不遵守道德标准时合同当事方有权得到合同法上的救济是另一回事)。

⑤ 参见上文案例 Kingspan Environmental Ltd v Borealis A/S [2012] EWHC 1147 (Comm)有关讨论。

⑥ 参见,如,Parker v South Eastern Railway (1877) 2 CPD 416; Thompson v London, Midland and Scottish Railway Co Ltd [1930] 1 KB 41.

⑦ 参见,如,Olley v Marlborough Court Hotel Ltd [1949] 1 KB 532.

⑧ Chitty on Contracts, 32nd edn (Sweet & Maxwell, London, 2015), vol. I, [13.011].

⑨ 参见 CISG 咨询委员会第 13 号意见规则 2 和规则 3,CISG 项下标准条款的并入,www.cisg.law.pace.edu/cisg/CISG-AC-op13.html.

⑩ 参见 CISG 第 8 条第 3 款和第 9 条第 1 款。即使先前习惯不构成"惯例",在解释当事人意图时仍应将其考虑在内;参见第 8 条第 3 款。

上述情况表明,一方的行为准则是否变成合同的一部分取决于具体情况,不能一概而论。值得强调的是几个与确定当事人意图有关的因素,如货物的价格、是否可以认定一方依赖了另一方的条款等①。合同没有明确要求买方遵守行为准则这一事实,在买方主张卖方不遵守买方行为准则构成违约时,有可能对他构成不利。如果买方非常在意自己的标准,并打算要卖方遵守这些标准,那为什么不将其行为准则纳入合同,或者,如卖方拒绝这样的纳入时拒绝与卖方订立合同?② 在全球供应链背景下,这一论点显得尤为有力,因为终端买家通常是贯穿整个供应链标准的制定者。强势而老练的商业方如果没有明确地将其行为准则纳入合同,意味着他不打算要求卖方遵守其行为准则。若合同规定了审计和检查流程,则可能表明双方有将一方(通常是供应链的终端买家)的行为准则纳入合同的默示意图,因为买方正是通过检验、认证和审计方案力求确保整个供应链遵从标准③。

总的说来,要证明买方的行为准则已被纳入合同,似乎并不容易。道德标准反映精神信念,这意味着,合同未做规定会使买方难以利用卖方未遵守道德标准来要求其承担责任。这也意味着,证明违背法定默示条款,特别是与合同解释紧密交界的合于使用检验标准④,不应当变成买方证明卖方责任的另一条更加容易⑤的路径⑥。因此,建议同等严格地运用合同的解释与合于使用检验标准的解释⑦,除非有额外因素表明就某个特定用途存在信息交流。这种因素可能是买方的商业身份及其因遵守道德标准而积累的良好声誉。比如,以下这种情况:卖方知道买方一贯在专售有机产品或公平贸易产品的市场上销售货物,或者从买方的商业名称可以明显看出其对道德标准的重视⑧。然而,这些因素对于合同的解释同等重要,这些因素的存在会使合同默示条款和合于使用检验标准的运用取得同样的结果。同样,适用后备检验标准认定卖方责任,不太可能仅仅是因为买方在其行为准则中宣称遵守某些道德标准。只有当各方经营活动整体上普遍地遵从类似的标准时,才有可能认定货物不适销、质量不能令人满意,或者不适合于一般⑨用途。

一般情况下,这种讨论也适用于买方依赖于将卖方的行为准则纳入合同的情况。但是,还会出现某些不同的考量因素,如卖方宣称遵从道德标准但又主张自己没有遵守道德标准的合同义务这种情形。考虑到公司通常想要通过宣称遵从某一标准来诱导公众与其开展业

---

① 主要参见 Saidov, Conformity, 35 – 37.

② 参见 P Schlechtriem, "Non-Material Damages—Recovery under the CISG?" (2007) 19 Pace Int'l L Rev89, 100 – 101.

③ 参见 C Ramberg, "Emotional Non-Conformity in the International Sale of Goods, Particularly in Relation to CSR-Policies and Codes of Conduct", in I Schwenzer and L Spagnolo (eds), Boundaries and Intersections: 5th Annual Schlechtriem CISG Conference (Eleven International Publishing 2014),81。然而,正如 Ramberg 所说,情况并不必然是这样:"在某些情况下……供应商可以成功地辩称,他只是将审计程序理解为买方用来确定是否希望继续从供应商那里购入商品的手段,而且他并不认为审计程序意味着他需要对采用有悖于买方(企业社会责任)政策的生产方式承担责任":同上。

④ 参见前文"法律框架"第三段。

⑤ 相比默示合同条款,特定用途沟通是一个较低的门槛:参见 Saidov, Conformity, 72 – 74; Bridge [7.89]。

⑥ Bridge, [7.85].

⑦ 无论如何,沟通特定用途这一要求肯定不会仅仅因为买方公开声明遵守某一行为准则而且卖方知道这点而得到满足。

⑧ 参见 I Schwenzer and B Leisinger, "Ethical Values and International Sales Contracts", in R Cranston, J Ramberg and J Ziegel (eds), Commercial Law Challenges in the 21st Century, Jan Hellner in Memorium (Stockholm Centre for Commercial Law Juridiska Institutionen, 2007), 266.

⑨ 在那种特定环境中所得的理解。

务,可能还会有政策原因支持默示合同义务。可以说,这样的卖家应该被要求承担责任,以保护公众及鼓励卖家忠实于其公众形象①。买方对卖方标准的合理依赖,虽然不具决定性,但具有特定的意义,可以用于支持认定卖方的行为准则为合同一部分。卖方的身份和信誉也很重要。如果其公司名称和/或产品品牌反映了它具有"道德企业"的卓著的声誉和身份,则能使将其行为准则中的道德标准纳入合同这一主张更具说服力。归根结底,双方当事人的意图很关键,并且还需要依赖具体环境推出卖方有关承担合同义务、遵守自己准则的合理意图。

相比买方依赖自己的行为准则的情形,法定默示条款对买方的用处没那么大。买方的行为准则和/或商业身份/声誉本身可以是沟通特定用途的方式。相反,卖方的行为准则或商业身份/声誉②几乎与向卖方沟通特定用途无关③。在其他方面,之前的与合于使用和后备检验标准相关因素的讨论,在此同样适用④。

3. 买卖合同中的最低道德标准

有人主张,相符性或质量的概念应包括货物的非物理特性,如,在货物的制造或生产过程中是否遵守了道德标准⑤。事实上,越来越多的人承认,相符性包含货物与其周围环境的关系,相符性的核心是关于买方能从货物合理地期望得到的东西⑥。谨记消费者对道德问题的认知,则可以主张说,现在很多买家希望货物能符合各种各样的道德标准。这种说理思路未必意味着必须始终将每一份买卖合同和/或法定默示条款都解释为施加了遵守道德标准的义务。相反,它似乎是要鼓励法律界随时准备并愿意,在适当的时候,根据买方的合理期待,引用这类标准来解释合同和法定默示条款。买方的期待可以从围绕合同的特定事实场景、商事环境及更大的环境推出⑦。即使如此,买卖合同和法定默示条款,还是因为被用来弘扬价值观、保护远超订约双方利益以外的利益而获得了监管特征⑧。

然而,还有一些更激进的建议,如果得到采纳,将使买卖合同和法定默示条款变成真正的监管工具。有人主张,某些最低限度的道德标准,如"禁止童工""禁止强制劳动"和"保障

---

① 参见 Draft Common Frame of Reference (DCFR), Comment A on Art. 2:303, in C von Bar and E Clive(eds), Principles, Definitions and Model Rules of European Private Law: Draft Common Frame of Reference(DCFR) (Munich, Sellier European Law Publishers, 2009), vol. II, 1296.
② 然而,在合于使用检验标准中,这个因素与确立买方合理信赖卖方的技能和判断力高度相关。
③ 虽然可以想象,买方可能辩称他与因道德标准而知名的卖方订立合同这个事实本身就是一种将特定用途——货物得符合这种标准向对方沟通的方式。
④ 参见之前两段的论述。
⑤ 主要参见 H Collins, "Conformity of Goods, the Network Society, and the Ethical Consumer"(2014) 5 ERPL L 619; I Schwenzer, "Conformity of theGoods—Physical Features on Wane?", in I Schwenzerand L Spagnolo (eds), State of Play: The 3rd Annual MAA Schlechtriem CISG Conference (Eleven InternationalPublishing 2012), 103 - 106; K Maley, "The Limits to the Conformity of Goods in the United Nations Convention on Contracts for the International Sale of Goods (CISG)" (2009) 12 Int'l Trade Business L Rev 82.
⑥ 参见,如 Collins (2014) 5 ERPL L 61, 633("在英国法中,以'质量令人满意'标准取代质量适销标准,将焦点从卖方的承诺和货物的内在品质转移到消费者对获得足够满意产品的期待")。
⑦ "二氧化碳可能不适合在食品工业中应用,只因为它含有公众或媒体认为是血汗劳动产品这种成分。" Messer v Britvic [2002] EWCA Civ 548,[2002] 2 Lloyd's Rep 368, [14].
⑧ 参见 Collins (2014) 5 ERPL L 619, 623, 639. 其提出了类似的观点,并挑战"合同法与公共规范之间就劳动问题涉及劳动权利方面的传统分歧"[Collins (2014) 5 ERPL L 619, 623.]。

最低劳动条件"等,应作为每一份买卖合同的默示条款①。在 CISG 背景下,为取得这种结果,所建议采取的法律机制是,将这些最低标准当成贸易惯例,认定双方当事人"已默示地同意对他们的合同或合同的订立适用"②。在 CISG 中,贸易惯例被定义为"双方当事人已知道或理应知道的,在国际贸易上,已为有关特定贸易所涉同类合同的当事人所广泛知道并为他们所经常遵守的"惯例③。该建议的背后是一份强烈的意识:某些道德标准是如此的重要,必须得到普遍适用;买卖合同和买卖法不仅应该是赋权买家和最终消费者实施最低道德标准的工具,还应该是促进和落实这些标准的媒介④。

虽然列举了几个可以说体现了买卖法监管特征的例子,但问题在于:是否有正当理由扩展买卖法的这种作用以涵盖道德标准。有人认为,国际买卖法律应该是促进道德标准的渠道,对此多有质疑之声。一是,这么做将过分扩展买卖法的作用,因为买卖法的主要作用是在订约双方间分配风险,其主要的考量因素是商事的而非道德的。二是,并非所有道德标准都具有普适性:"应该考虑到,在全球贸易背景下,广大公众是否以及在多大程度上明确且大多数共享某些道德价值观,或者,对某些生产方式的谴责是否只是反映了想要做好事且不需要这些问题产品也能过得很好的富裕的少数人的社会标准。同样不能确定的是,这一群体的成员在多大程度上共享相同的信念……"⑤

该引文强调的很显然的危险是,某些人共享的道德信念可能会通过买卖法或者合同强加给那些可能并不共享的人。如果国际买卖法要在世界上促进和保护道德标准,则需要小心确保这些标准已得到全球接受。

还有一点是,即便有些道德标准已经获得了广泛的国际认可,是否就能将它们等同于国际贸易惯例?比如,如禁止童工这类标准已得到广泛接受和全球承诺遵守⑥,保护儿童权利类国际公约得到大多数国家批准⑦就是明证。然而,这一标准几乎在全球范围内得到国家接受,并不意味着它得到世界各地的公司如 CISG 对惯例的要求般的"经常遵守"。更何况,最近数据显示,全球有 1.68 亿童工(几乎占整个儿童人口的 11%)⑧,这表明,企业,特别是在世界上最贫穷地区的企业⑨,还远远谈不上经常遵守这些标准。尽管 CISG 被法院解释为

---

① I Schwenzer and B Leisinger, "Ethical Values and International Sales Contracts", in R Cranston, J Ramberg and J Ziegel (eds), Commercial Law Challenges in the 21st Century, Jan Hellner in Memorium (Stockholm Centre for Commercial Law Juridiska Institutionen, 2007), 264. 然而,这些评论员对这种建议做了限制,如果合同价格"如此之低以至于道德生产标准不可能得到适用"时,则不应默示最低限度的道德标准。

② CISG 第 9 条第 2 款。

③ CISG 第 9 条第 2 款。

④ 还可参见 Collins (2014) 5 ERPL L 619, 639.

⑤ P Schlechtriem, "Non-Material Damages—Recovery under the CISG?" (2007) 19 Pace Int'l L Rev 89, 97.

⑥ 参见 www.unicef.org/crc/.

⑦ 194 个国家是《儿童权利公约》的缔约国,这是一项人权公约得到批准数量之最(参见 www.unicef.org/crc/index_30225.html)。国际劳工组织第 138 号《允许就业最低年龄公约》(1973 年)得到 156 个国家批准,第 182 号《童工最恶劣形式公约》(1999 年)得到 173 个国家的批准(参见 www.un.org/en/globalissues/briefingpapers/childlabour/intlconvs.shtml)。

⑧ International Labour Office, Making Progress against Child Labour: Global Estimates and Trends 2000—2012 (Geneva, International Labour Organization 2013), vii (www.ilo.org/wcmsp5/groups/public/—ed_norm/—ipec/documents/publication/wcms_221513.pdf).

⑨ 参见,如,J Moulds, "Child Labour in the Fashion Supply Chain: Where, Why and What Can Be Done", labs.theguardian.com/unicef-child-labour/.

并不要求惯例得到普遍遵守,而只要求得到大多数的公司遵守即可①。但遗憾的是,想要正当地将禁止童工当成一项国际贸易惯例的条件还尚未成熟。

然而,这类贸易惯例可能存在于特定的贸易或商业部门。以前文提及的 EICC 为例,该组织包含一百多家电子公司,很可能包括了所有大公司②。EICC 的成员不仅同意和遵循一项共同的行为准则③,其中的许多公司还制定了自己的准则④。除 EICC 成员外,这些公司数千家供应商也被要求落实 EICC 准则⑤。在这种背景下,可以这么说⑥,道德标准,包括 EICC 准则及依该准则制定的各个公司的行为准则中的禁止童工⑦,构成了电子行业公司"广泛知道并经常遵守"的贸易惯例。如果一份电子产品供应合同受 CISG 调整⑧,那么可以这么主张:即使没有同意遵守 EICC 准则⑨,卖方也有默示义务遵守 EICC 准则中的标准⑩,除非合同已将其排除⑪。

有关买卖法是否应该作为促进道德标准的工具以及是否每份买卖合同都应默示包含最低限度标准的争论,在未来几年很可能会持续下去⑫。在国内法的范围内达成共识比在 CISG 背景下达成共识更容易,因为 CISG 必须反映全球的"共同点"。国内法的解释可能会受到该国公众期待的影响,但这些期待比起在世界范围内的期待更容易衡量和识别。如果未来的政策导向能使人期望最低限度的道德标准得到每份买卖合同的遵守,则法定默示条款将成为强制落实这种义务的主要手段,尤其是因为,作为法律上的默示,它们在概念上是最适合履行监管职能的。

像质量适销或令人满意这类后备检验标准,顾名思义,是建立在某种质量基准上的⑬,具备足够的灵活性以覆盖和扩展到道德层面。通过合于使用检验标准也能达到类似的结果。如果对于某些最低限度的道德标准存在巨大的公众期望,这样的环境本身就可以将该

---

① 参见 CISG Case, Supreme Court, 2 Ob 191/98x, 15 October 1998 (Austria), cisgw3. law. pace. edu/ cases/981015a3. html; CISG Case, Supreme Court, 10 Ob 344/99g, 21 March 2000 (Austria), cisgw3. law. pace. edu/ cases/000321a3. html.

② 例如,Apple, Dell Inc, Hewlett-Packard, HTC Corp, IBM Corporation, Intel Corporation, LG Electronics, Microsoft, Philips, Samsung Electronics, Texas Instruments, Toshiba Corp and others. 参见 www. eiccoalition. org/about/members/.

③ 参见 www. eiccoalition. org/about/.

④ 参见 G Nimbalker et al, "The Truth Behind the Barcode: Electronic Industry Trend", www. baptistworldaid. org. au/assets/BehindtheBarcode/Electronics-Industry-Trends-Report-Australia. pdf, 15. 对于 EICC 的 39 名成员的调查结果表明,82%的公司制定了涵盖国际劳工组织核心原则的行为守则。

⑤ 参见 www. eiccoalition. org/about/members/.

⑥ 参见 S Wilson, "Ethical Standards in International Sales Contracts: Can the CISG be Used to PreventChild Labor?", researcharchive. vuw. ac. nz/xmlui/bitstream/handle/10063/4622/thesis. pdf? sequence=2.

⑦ 参见 EICC 守则,2,禁止"在任何生产环节"使用童工(www. eiccoalition. org/media/docs/EICCCodeofConduct5_English. pdf)。

⑧ 如果合同受国内法调整,可以采用相同的推理。

⑨ 这种情况下,可适用 CISG 第 9 条第 2 款追究责任。

⑩ 对于已经同意接受 EICC 守则的当事方,可适用 CISG 第 9 条(1)或(2)追究责任。

⑪ 参见 CISG 第 6 条。

⑫ 还可参见 Bridge,[7.112]。

⑬ 参见前文"技术标准"部分最后两段。

期望传达到卖方并将其转化为每份合同的义务①。然而,这种方法将不可避免地使法定默示条款得到自动适用,但设计法定默示条款的目的却主要是为了应对个案的特殊性。

四、买卖法与其之外关于标准的讨论

在详细分析了买卖法对标准的回应后,接下来我们要探寻的是,这种经验是否以及如何影响买卖法之外关于标准的讨论,反之又如何。目前已出现几大趋向:

首先,我们指出了买卖法似乎已获得监管特征的几种情况,如:货物相符的规则不可避免地提高了最低质量基准②,甚至促进了某些如发达国家和发展中国家平等这类道德考量③;买卖法使公法要求得以适用于界定卖方义务④;因为能够纳入道德标准,买卖法因而能够促进和保护远超手头合同之外的利益⑤。之前说过,买卖法之外的讨论表明,在全球供应链体系下,纳入各种标准的合同已经变成"跨国监管制度"。这对买卖法而言是很有价值的见解。它还突出了另一种情况,即买卖法和合同法通过为合同的解释和强制执行奠定基础和提供框架而履行了一定的监管职能。同时,表明买卖法之于监管并不陌生,这点只会强化关于它在全球供应链中履行这种职能的主张。在买卖法及对于标准的更广泛的讨论方面,这些论证思路因此互相强化。

其次,有人主张,以标准数量的激增为一种主要表现形式⑥的标准化现象,本身就是规范的来源,是一种"有组织的治理"⑦形式。标准化被视为不仅"为私主体自行强制执行合同开辟了新的途径",而且"以相当于立法的方式影响个人权利"⑧。买卖法的经验表明,有必要对这种观点予以一定的矫正。商事交易是以合同为基础的,如果卖方不遵守标准,则合同和买卖法中的救济措施才是落实买方权利的主要机制。本文讨论过的几个法域的经验表

---

① "假如消费者对(劳工)标准的关注竟能够变得比现在更加普及,才可以提出更加可信的理由来证明违反这些标准生产的货物普遍地不合于使用":参见 Bridge,[7.112](着重是后加的)。Bridge 认为,在这种关注尚不普遍的情况下,买方是供应链的中间方比他是终端买方时,更容易依据 SGA1979 的合于使用标准认定卖方责任。在前一种情况下,卖方根据第14条第3款承担责任,"考虑到买方的转售目的以及现今大部分消费群众对(恶劣)劳动实践众所周知的反对。在后一种情况下,终端买方不得不更加困难地证明:"不遵守公立标准意味着所提供的货物不能令人安心地使用,因此在某种意义上就是不合于使用,因此,卖方需要承担责任,即使买方在得到货物时没有披露他的顾虑":参见 Bridge,[7.112]。
② 参见前文"技术标准"部分最后两段。
③ 参见前文案例 CISG Case, Appellate Court's-Gravenhage, 99/474, 23 April 2003 (Netherlands) (Rynpoort Trading & Transport NV et al v Meneba Meel Wormerveer BV et al)第8点,cisgw3.law.pace.edu/cases/030423n1.html。
④ 参见 D Saidov, "Quality Control, Public Law Regulations and the Implied Terms of Quality" [2015] LMCLQ 491, 500 – 505。
⑤ 参见前文第二部分最后一段及第三部分"买卖合同中的最低道德标准"部分第一段。
⑥ 标准格式合同的激增是另一种形式。
⑦ N Brunsson and B Jacobsson, "The Contemporary Expansion of Standardization" in Brunsson and Jacobsson, A World of Standards(Oxford University Press, Oxford, 2002)。
⑧ D Wielsch, "Global Law's Toolbox: How Standards Form Contracts", in H Eidenmuller (ed), Regulatory Competition in Contract Law and Dispute Resolution (Beck-Hart-Nomos, Munich, 2013),73(在标准格式合同语境下)。

明，鉴于存在相当数量的有关货物相符性的判例法①，涉及标准，特别是私立标准的案件数量还是相对较少的。如果标准确实是一种有组织的治理形式，也是跨国监管的主要来源，为什么因标准而产生的案件数量如此之少呢？如果标准真如声称那般被如此广泛地纳入合同，为什么几乎没有关于违反与标准有关的"明示保证"的案件呢？这点特别适用于道德标准，因为与其有关的案件一件都找不到。确实，如果遵守标准（包括道德标准）对商业买家是如此重要的话②，他们是会更频繁更严格地强制执行这些标准的。

有一种回应是，当事人可能更倾向于诉诸合同和买卖法传统救济领域之外的执法机制。特别是，在全球供应链中，合同通常包含自己的补救方案，设法防止不遵守标准的情况发生，或者使供应链内的当事人在发生不遵守情况之前或之后互相合作③。之前提到的认证和检查程序是这种补救方案的重要组成部分："认证方案反映了一种与现行合同法中所采用的逻辑不同的逻辑：它们引导合作，要求采取补救措施的程度要更高得多。它们着重遵守而不是违反，着重解决而不是赔偿。"④

也可能有这种情况，因为担心声誉受损，公司宁愿对与其生产过程有关的问题（特别是那些与道德标准有关的问题）保密，设法避免诉讼⑤。尽管如此，这些主张是不可能完全否定好几个法域的买卖法及一份全球适用的重要的国际文件的经验的。买卖法传递的信息是，标准化和标准作为对商业事务的实际治理来源的程度，可能不如在买卖法外的学术研究中所常常展现出的那般重要。特别是，关于道德标准，买卖法的经验提出了这样的质疑：尽管存在大量的行为准则，但公司是否有足够认真地对待它们？仅仅是一份有关使用童工的统计数据⑥就足以表明全世界都远没有达到这样的标准。

最后，还有一些其他领域，买卖法和其之外关于标准的讨论可以互利。关于标准的性质和作用、在实践中使用的程度和它们的应用现状方面的研究，对买卖法颇有助益。它诠释了对合同及法定默示条款做出解释的商业背景。反过来，买卖法涉及标准的案例也有助于更广泛地增加对标准的认识⑦。为了确定某项标准是否能用于界定卖方义务，通常需要对有关标准进行仔细审查。这种审查可以揭示出标准的方方面面，包括它们的合法性、在相关商

---

① 截至本文写作时，依 CISG 判决的关于货物相符的已报告的案例有 500 多件（参见 www.cisg.law.pace.edu/cgi-bin/isearch? DATABASE=cases2&SEARCH_TYPE=ADVANCED&ISEARCH_TERM=articles/35&ELEMENT_SET=TITLE&MAXHITS=500）。在 UCC 背景下，据估计仅是有关质量适销和合于使用标准方面就有"几千甚至几万件案件"：(JJ White and RS Summers, Uniform Commercial Code, 6th edn (West, Thomson Reuters, 2010), 483. 在这样的数据面前，涉及标准的案件又是少得多么令人吃惊。

② 相反，在美国有许多根据消费者保护法提起的集团诉讼。参见，如，D Wallace, "Seller Beware: A Look at Liability Risk for the Labour Practices of Business Partners in the Global Supply Chain", www.lexology.com/library/detail.aspx? g=895b1249-54d1-4710-9437-5c639609ad3f.

③ 主要参见 F Cafaggi and P Iamiceli, "Contracting in Global Supply Chains and Cooperative Remedies" (2015) Uniform L Rev 135.

④ 同上，149.

⑤ L Lin, "Legal Transplants Through Private Contracting: Codes of Vendor Conduct in Global Supply Chains as an Example" (2009) 57 AJCL, 725-726.

⑥ 参见 International Labour Office, Making Progress against Child Labour: Global Estimates and Trends 2000—2012 (Geneva, International Labour Organization 2013), vii(www.ilo.org/wcmsp5/groups/public/—ed_norm/—ipec/documents/publication/wcms_221513.pdf).

⑦ 若论标准得到较细致探讨的好案例，可参见，如，Medivance v Gaslane [2002] EWCA Civ 500; Kingspan Environmental Ltd v Borealis A/S [2012] EWHC 1147 (Comm).

业领域的地位以及它们对各方利益的考量程度。这意味着,法院对某一标准采取的态度,即,是否可以依赖还是不可以依赖某一标准,对关于标准的争论是有促进的。尤其是在融入①了建立国际经济新秩序理念②的 CISG 背景下,如前所述③,发展中国家的需求在有关货物相符性纠纷中可以成为相关考量因素。因此,可以想象,今后会有案例揭示某一特定的标准是否考虑到了发展中国家的利益,从这个方面促进对标准合法性的争论④。因此,有许多这样的领域,买卖法和其之外关于标准的讨论能够相得益彰。

五、结语

过去几十年见证了不同机构制定的产品标准大量涌现。国家标准仍然很重要,但日见突出的却是"私立"标准,通常能取代"公立"标准或者比其更严格。所有这些标准的增加和不断延展的特性,以及更普遍意义上的标准化现象,引起了法律和非法律学术研究的广泛讨论。然而,货物买卖法的经验及其有关货物"相符性"或"质量"的一系列判例,在这样的讨论中却很少出现。更何况,在买卖法本身,就没有开展过充分的以调查标准对合同的解释和法定默示条款的影响为目的的研究。本文通过借鉴普通法和 CISG 的经验,设法解决这两个问题。

由此经验得出的结论是,虽然标准能够影响合同及法定默示条款的解释,但其确切的法律意义取决于本文提到的各种因素在特定情况下的权衡。本文主张,卖方是否能够知悉相关标准且是否有必要遵守该标准这样宽泛的问题,以及应适用的法定默示条款的逻辑和根据(如果相关的话),都应成为这种权衡工作的驱动力和内容。本文还认为,从买卖法及其之外关于标准的探讨更深度的交融中,我们的收获还可以更多。在好几个领域,每一方关于标准的讨论取得的知识和经验都是相互关联且相得益彰的。

(责任编辑:叶　泉)

---

① 参见 CISG 序言。
② 比如平等、公正、各民族的经济进步与社会发展以及消除发达国家与发展中国家之间的差距。参见 the UN General Assembly Resolution 3201 (S-VI): "Declaration on the Establishment of a New International Economic Order", 1 May 1974, www.un-documents.net/s6r3201.htm.
③ 参见 CISG Case, Appellate Court's-Gravenhage, 99/474, 23 April 2003 (Netherlands) (Rynpoort Trading & Transport NV et al v Meneba Meel Wormerveer BV et al) cisgw3.law.pace.edu/cases/030423n1.html.
④ 参见前文第二部分第七段和第八段的探讨。